道路交通政策とITS

編集・発行／道路交通問題研究会

大成出版社

発刊に当たって

　この度、近年における道路交通に関する政策等を総合的な視点から取りまとめた「道路交通政策とITS」を私どもの道路交通問題研究会から発刊いたしました。

　本書は、平成に入ってからの道路交通に関する政策を中心に、進展著しいITSや今後の課題等について記述しています。その意味で、昭和年代までの道路交通政策について記述した、故・内海倫氏（元・人事院総裁）が中心となって編纂された「道路交通政策史概観」（平成14年12月発行）の続編というべきものであります。

　平成時代における道路交通政策の最大の特徴は、ITS（Intelligent Transport Systems）の出現とその進展です。本書では、ITSの形成と展開の経緯について道路交通政策の視点から振り返るとともに、道路交通政策とITSが、将来どのような方向に進展し、どのような交通社会を実現する可能性があるかについて考察を加えています。また、情報ネットワーク社会の急速な進展に伴い、ITSと他のシステムとのネットワーク化、統合化、標準化が今後の重要な課題になるとの問題意識を持って記述したところです。この社会全体の情報ネットワークの連鎖は、道路交通があくまで社会生活の一断面であることを改めて想起させるものであり、道路交通政策を進める上で、他の政策とのさらなる連携、総合化の必要性を痛感しているところです。

　これらの諸課題を考察し、考究する上で、本書は、道路交通問題に関わる皆様の必読の書と自負しております。座右の書として、ご活用いただければ幸いです。

　　　　　　　　　　　道路交通問題研究会会長　元警察庁長官　田　中　節　夫

発刊に寄せて

　道路交通は、社会の発展を支えてきました。人々は、古来、道路交通を発展させることにより、時間と空間の距離を詰め、多様なコミュニケーションを可能にしてきました。道路交通の発展こそが、人の生きる場の拡大、経済、文化の発展、社会の発展を支えてきたといえるでしょう。

　そして、道路交通が、安全、円滑で、快適であること、すなわち、信頼できる秩序を備えていることが、社会の発展の前提になるからこそ、その信頼性を確保するため、様々な行政的対応が図られ、多様な施策が積み重ねられてきたのであります。

　他方、現在、サイバー空間が、時間と空間の距離をなくし、さらに多様なコミュニケーションを可能にしています。そして、サイバー空間と道路交通の融合が、ITSです。その秩序ある融合により、道路交通の信頼性と社会的意義は飛躍的に高まることでしょう。

　本書は、交通警察行政、道路行政、運輸行政において、数々の多大な業績を上げられた諸先輩方が、自ら推進された平成時代の道路交通政策を体系的に概観するとともに、これまでのITS施策の発展と今後の方向を論じたものであり、まさに、道路交通政策の現代的課題を指し示すものであります。

　道路交通行政、とりわけ交通警察に携わる後進にとって、道標になるものであることは言うまでもありませんが、広く道路交通やITSの発展に関心を持たれる多くの方々にとっても、大いに参考になるものであります。

　本書が多くの方々に活用されることを願うものであります。

警察庁長官　米　田　　　壯

発刊に寄せて

　道路交通政策は、関係する省庁が多くその全容をなかなかとらえにくい。この度関係者の努力により、平成時代の道路交通政策の概要が取りまとめられたことは大変意義深いものがある。既に、明治から昭和までの道路交通政策の概要は、「道路交通政策史概観」として取りまとめられて発行されており、本書の出版はそれに続くものである。

　道路交通の三要素である人、道、クルマは、時代とともに変化し、これに伴い道路交通政策もまた変化してきた。

　平成時代の我が国は、昭和時代末期から続いた一時期のバブル経済を経て長期にわたる経済の停滞が続く一方で、自動車の保有台数は引き続いて増加し車社会は次第に成熟するに至った。その後自動車の保有台数は、頭打ちとなり、今ではむしろ緩やかに減少している。

　本書は、このような時代の変化の中で、当時道路交通行政に携わった方々を中心に平成時代の道路交通行政を振り返り、その施策の概要を取りまとめたものであり、今後道路交通に関与する多くの関係者にとって、本書に記された道路交通政策の軌跡と展望は大いに参考となるであろう。

　道路交通は、社会生活を維持し産業活動を支える交通体系の重要な一翼を担うものであり、安全かつ円滑で利便性の高い道路交通の維持は、国民の福祉と国の発展に不可欠である。本書が示唆するように、道路交通に係る課題はまだまだ多く残っている。今後ともより豊かな交通社会の実現に向け多くの関係者の力が結集されていくことを期待する。

国土交通事務次官　増　田　優　一

発刊に寄せて

　我が国のモータリゼーションが急速に発展する中で、自動車交通は国民生活を支え、国の産業の発展に大きく貢献してきました。この間、私たち自動車メーカーは、安全で、より環境負荷の少ない自動車づくりに努める一方で、他の交通関係団体とも連携し、安全で豊かな交通社会を実現するための様々な提言を行い、政府や地方公共団体の道路交通政策に協力してまいりました。

　我が国の道路交通をめぐるかつての深刻な状況を思い返すとき、現在は、安全性、利便性、環境負荷の低減のいずれについても道路交通の状況は著しく改善してきているといえます。これは、これまでの多くの方々のたゆまぬ努力の結果であり、また、困難であっても対策を打てば必ずその結果が出るということの証左でもあります。

　本書を通覧するならば、平成時代において我が国の道路交通政策がどのように展開し、官と民とがどのように協力して平成時代の新しい交通社会を切り開いてきたかをうかがうことができます。

　現在もなお、自動車の技術は日々進化し続けており、特に情報通信技術の発展と相まってその進歩のスピードは目覚ましいものがあります。自動車は、今後とも我が国の交通体系の重要な一翼を担い、国民の福祉の実現と我が国の更なる発展に寄与していくものと考えます。

　本書が、次の時代に向け、自動車に関わる多くの方々に広く活用されることを心から期待します。

　　　　　　　　　　　　　　　一般社団法人　日本自動車工業会会長　豊　田　章　男

目　次

第1章　社会の変化と交通情勢
 1　社会の変化……………………………………………………………………………3
  (1)　社会の高齢化と人口の減少……………………………………………………3
  (2)　情報化の進展……………………………………………………………………3
  (3)　国際化の進展……………………………………………………………………4
  (4)　地球温暖化問題の発生…………………………………………………………5
  (5)　地域活性化と都市再生の要請…………………………………………………5
   ア　地域活性化…………………………………………………………………5
   イ　都市の再生…………………………………………………………………5
  (6)　交通バリアフリーの要請………………………………………………………5
  (7)　過度に自動車に依存した交通体系からの脱却に向けた動き………………5
  (8)　規制緩和及び行財政改革の進行………………………………………………6
   ア　規制緩和……………………………………………………………………6
   イ　行政改革……………………………………………………………………7
   ウ　財政再建……………………………………………………………………8
 2　交通情勢………………………………………………………………………………8
  (1)　交通量はピークアウト…………………………………………………………8
  (2)　道路ネットワークの充実………………………………………………………8
   ア　道路延長……………………………………………………………………8
   イ　歩行者、自転車に配慮した道路整備……………………………………9
  (3)　国民総免許時代の到来…………………………………………………………9
  (4)　第2次交通戦争の発生とこれに対する取組…………………………………9
  (5)　都市交通問題の改善……………………………………………………………10
   ア　交通渋滞……………………………………………………………………10
   イ　路上違法駐車………………………………………………………………10
   ウ　道路交通に係る環境問題…………………………………………………10
  (6)　交通対策の効果…………………………………………………………………11
  (7)　成熟期を迎えた交通社会………………………………………………………11
  (8)　高齢化社会が道路交通にもたらした新たな課題……………………………11
  (9)　道路交通政策を支える情報通信技術…………………………………………12

第2章　道路交通政策
 第1節　概説………………………………………………………………………………15
  1　道路交通政策の課題………………………………………………………………15

		2　取組体制⋯⋯⋯⋯⋯⋯⋯⋯⋯⋯⋯⋯⋯⋯⋯⋯⋯⋯⋯⋯⋯⋯⋯⋯⋯⋯⋯⋯⋯⋯⋯⋯15
	第2節　交通体系の整備とモビリティの確保⋯⋯⋯⋯⋯⋯⋯⋯⋯⋯⋯⋯⋯⋯⋯⋯⋯⋯⋯16
		1　概要⋯⋯⋯⋯⋯⋯⋯⋯⋯⋯⋯⋯⋯⋯⋯⋯⋯⋯⋯⋯⋯⋯⋯⋯⋯⋯⋯⋯⋯⋯⋯⋯⋯⋯16
			(1)　交通体系の推移⋯⋯⋯⋯⋯⋯⋯⋯⋯⋯⋯⋯⋯⋯⋯⋯⋯⋯⋯⋯⋯⋯⋯⋯⋯⋯⋯16
			(2)　国土整備計画における交通体系の位置付け⋯⋯⋯⋯⋯⋯⋯⋯⋯⋯⋯⋯⋯⋯16
				ア　第4次全国総合開発計画（四全総）―　昭和62年⋯⋯⋯⋯⋯⋯⋯⋯⋯⋯16
				イ　21世紀の国土のグランドデザイン　―　平成10年⋯⋯⋯⋯⋯⋯⋯⋯⋯17
				ウ　国土形成計画（全国計画）―　平成20年⋯⋯⋯⋯⋯⋯⋯⋯⋯⋯⋯⋯⋯17
			(3)　平成期を通じた交通体系整備の状況⋯⋯⋯⋯⋯⋯⋯⋯⋯⋯⋯⋯⋯⋯⋯⋯18
		2　道路の整備⋯⋯⋯⋯⋯⋯⋯⋯⋯⋯⋯⋯⋯⋯⋯⋯⋯⋯⋯⋯⋯⋯⋯⋯⋯⋯⋯⋯⋯18
			(1)　高規格幹線道路⋯⋯⋯⋯⋯⋯⋯⋯⋯⋯⋯⋯⋯⋯⋯⋯⋯⋯⋯⋯⋯⋯⋯⋯⋯18
			(2)　地域高規格道路⋯⋯⋯⋯⋯⋯⋯⋯⋯⋯⋯⋯⋯⋯⋯⋯⋯⋯⋯⋯⋯⋯⋯⋯⋯19
			(3)　一般道⋯⋯⋯⋯⋯⋯⋯⋯⋯⋯⋯⋯⋯⋯⋯⋯⋯⋯⋯⋯⋯⋯⋯⋯⋯⋯⋯⋯⋯19
				ア　概況⋯⋯⋯⋯⋯⋯⋯⋯⋯⋯⋯⋯⋯⋯⋯⋯⋯⋯⋯⋯⋯⋯⋯⋯⋯⋯⋯⋯⋯19
				イ　地方における道路整備基準の弾力化⋯⋯⋯⋯⋯⋯⋯⋯⋯⋯⋯⋯⋯⋯⋯19
			(4)　道路整備計画の実施状況⋯⋯⋯⋯⋯⋯⋯⋯⋯⋯⋯⋯⋯⋯⋯⋯⋯⋯⋯⋯⋯19
		3　鉄道輸送力の強化と新交通システムの整備⋯⋯⋯⋯⋯⋯⋯⋯⋯⋯⋯⋯⋯⋯⋯20
			(1)　鉄道輸送力の強化⋯⋯⋯⋯⋯⋯⋯⋯⋯⋯⋯⋯⋯⋯⋯⋯⋯⋯⋯⋯⋯⋯⋯⋯20
				ア　長距離輸送⋯⋯⋯⋯⋯⋯⋯⋯⋯⋯⋯⋯⋯⋯⋯⋯⋯⋯⋯⋯⋯⋯⋯⋯⋯⋯20
				イ　都市内交通⋯⋯⋯⋯⋯⋯⋯⋯⋯⋯⋯⋯⋯⋯⋯⋯⋯⋯⋯⋯⋯⋯⋯⋯⋯⋯21
			(2)　新交通システムの整備⋯⋯⋯⋯⋯⋯⋯⋯⋯⋯⋯⋯⋯⋯⋯⋯⋯⋯⋯⋯⋯⋯21
		4　バスの高質化⋯⋯⋯⋯⋯⋯⋯⋯⋯⋯⋯⋯⋯⋯⋯⋯⋯⋯⋯⋯⋯⋯⋯⋯⋯⋯⋯⋯21
			(1)　高速バス⋯⋯⋯⋯⋯⋯⋯⋯⋯⋯⋯⋯⋯⋯⋯⋯⋯⋯⋯⋯⋯⋯⋯⋯⋯⋯⋯⋯21
				ア　高速道路の延伸に伴う路線の拡大⋯⋯⋯⋯⋯⋯⋯⋯⋯⋯⋯⋯⋯⋯⋯⋯21
				イ　ツアーバス会社の参入⋯⋯⋯⋯⋯⋯⋯⋯⋯⋯⋯⋯⋯⋯⋯⋯⋯⋯⋯⋯⋯22
				ウ　競争の激化と安全対策⋯⋯⋯⋯⋯⋯⋯⋯⋯⋯⋯⋯⋯⋯⋯⋯⋯⋯⋯⋯⋯22
			(2)　コミュニティバス⋯⋯⋯⋯⋯⋯⋯⋯⋯⋯⋯⋯⋯⋯⋯⋯⋯⋯⋯⋯⋯⋯⋯⋯22
				ア　コミュニティバスの登場と拡大⋯⋯⋯⋯⋯⋯⋯⋯⋯⋯⋯⋯⋯⋯⋯⋯⋯22
				イ　「地域交通会議」の仕組みの導入と「コミュニティバスの導入に関する
					ガイドライン」の策定⋯⋯⋯⋯⋯⋯⋯⋯⋯⋯⋯⋯⋯⋯⋯⋯⋯⋯⋯⋯⋯⋯23
			(3)　地方におけるバス路線の縮小とモビリティの確保⋯⋯⋯⋯⋯⋯⋯⋯⋯⋯23
	第3節　交通安全⋯⋯⋯⋯⋯⋯⋯⋯⋯⋯⋯⋯⋯⋯⋯⋯⋯⋯⋯⋯⋯⋯⋯⋯⋯⋯⋯⋯⋯25
		1　概要⋯⋯⋯⋯⋯⋯⋯⋯⋯⋯⋯⋯⋯⋯⋯⋯⋯⋯⋯⋯⋯⋯⋯⋯⋯⋯⋯⋯⋯⋯⋯⋯25
			(1)　被害軽減対策⋯⋯⋯⋯⋯⋯⋯⋯⋯⋯⋯⋯⋯⋯⋯⋯⋯⋯⋯⋯⋯⋯⋯⋯⋯⋯25
			(2)　事故多発地点に対する重点的対策⋯⋯⋯⋯⋯⋯⋯⋯⋯⋯⋯⋯⋯⋯⋯⋯⋯25
			(3)　高齢者対策⋯⋯⋯⋯⋯⋯⋯⋯⋯⋯⋯⋯⋯⋯⋯⋯⋯⋯⋯⋯⋯⋯⋯⋯⋯⋯⋯25

目　次

　　　ア　高齢歩行者··25
　　　イ　高齢運転者··25
　(4)　無謀運転の防止対策··26
　　　ア　若年運転者対策··26
　　　イ　悪質運転者に対する制裁強化······································26
　(5)　車両の知能化及び情報通信技術の活用による安全運転支援··············26
　(6)　多角的な交通事故分析の進展··26
　(7)　交通安全教育の体系化··26
2　シートベルト、チャイルドシートの着用義務化について······················26
　(1)　経緯··26
　(2)　シートベルトの着用率向上の取組····································27
　(3)　チャイルドシートの着用義務化······································27
　　　ア　法改正··27
　　　イ　改正法の施行状況··28
　(4)　後部座席のシートベルトの着用義務化································28
　　　ア　法改正··28
　　　イ　改正法の施行状況··28
3　運転免許制度の改善··29
　(1)　免許区分の見直し··29
　　　ア　概要··29
　　　イ　自動二輪免許の区分の見直し（平成7年）························29
　　　ウ　中型免許の新設（平成16年）····································30
　(2)　オートマチック車限定免許··31
　　　ア　概要··31
　　　イ　普通自動車··31
　　　ウ　自動二輪車··32
　(3)　初心運転者期間制度～平成元年12月15日（法律第90号）道路交通法の一部
　　　　改正～··32
　　　ア　制度導入の背景··32
　　　イ　初心運転者期間制度の導入······································34
　　　ウ　効果··35
　(4)　有効期間のメリット制··35
　　　ア　背景··35
　　　イ　優良運転者については有効期間を5年に延長～平成5年5月12日（法律
　　　　　第43号）道路交通法の一部改正～··································35
　　　ウ　有効期間の基本を実質5年に延長～平成13年6月20日（法律第51号）道

目次3

　　　　　路交通法の一部改正〜……………………………………………………36
　4　高齢者対策………………………………………………………………………38
　　(1) 高齢者に係る交通安全対策の展開……………………………………………38
　　　ア　高齢者対策の背景……………………………………………………………38
　　　イ　高齢者交通安全対策の展開…………………………………………………38
　　(2) 高齢歩行者対策の推進…………………………………………………………40
　　　ア　道路交通環境の整備…………………………………………………………40
　　　イ　高齢者に係る交通安全啓発活動……………………………………………42
　　　ウ　歩行者保護のための安全な車両の開発・普及……………………………43
　　(3) 高齢運転者対策の推進…………………………………………………………43
　　　ア　高齢運転者講習制度の導入…………………………………………………44
　　　イ　高齢運転者標識………………………………………………………………45
　　　ウ　申請による運転免許の取消制度……………………………………………46
　5　交通安全教育の指針制定………………………………………………………46
　　(1) 交通安全対策における交通安全教育の位置付け……………………………46
　　(2) 交通安全教育の取組……………………………………………………………46
　　(3) 平成9年道路交通法の一部改正………………………………………………47
　　　ア　交通安全教育指針の策定・公表……………………………………………47
　　　イ　交通安全教育に対する警察の活動支援等…………………………………47
　　(4) 「交通安全教育指針」に基づく交通安全教育の推進 ………………………48
　6　財団法人交通事故総合分析センターの設立…………………………………48
　　(1) 背景………………………………………………………………………………48
　　(2) 設立の経緯及び趣旨……………………………………………………………49
　　(3) 設立当初における組織体制等の整備と活動の枠組み………………………49
　　　ア　道路交通法に基づく指定法人化等…………………………………………49
　　　イ　事業推進体制の整備…………………………………………………………50
　7　交通安全施設等整備事業………………………………………………………50
　　(1) 沿革………………………………………………………………………………50
　　(2) 事業の具体的な内容……………………………………………………………51
　　　ア　重点的、効果的かつ効率的な実施に向けた取組…………………………51
　　　イ　今後取り組む具体的な施策…………………………………………………51
　8　踏切の安全対策…………………………………………………………………60
　　(1) 踏切道の改良……………………………………………………………………60
　　(2) 踏切事故防止総合対策…………………………………………………………60
　　(3) 対策の効果及び近年の状況……………………………………………………60

9 大型貨物自動車の安全対策 …… 60
- (1) 概要 …… 60
- (2) 過積載対策 …… 61
- (3) 高速道路における貨物自動車の走行車線の指定 …… 61
- (4) 速度リミッターの導入 …… 61

10 運送事業者の安全対策 …… 61
- (1) 自動車運送事業の安全対策の概要 …… 61
  - ア 事業開始に当たっての審査 …… 62
  - イ 「運行管理者」の選任と運転者の管理義務 …… 62
  - ウ 「整備管理者」の選任 …… 62
  - エ 監査の実施による事後チェックの強化 …… 62
- (2) 「安全マネジメント制度」の導入 …… 63
  - ア 運輸事業の安全風土の重要性と「運輸安全一括法」の制定 …… 63
  - イ 「運輸安全マネジメント評価制度」の導入 …… 63
- (3) 安全対策のPDCAサイクル …… 63
  - ア 「事業用自動車総合安全プラン2009」 …… 63
  - イ 具体的施策 …… 63

11 自動車の安全基準の見直し等 …… 64
- (1) 保安基準の見直し、強化 …… 64
  - ア 概要 …… 64
  - イ 具体的な基準の見直し …… 65
- (2) 自動車アセスメント …… 66
  - ア 米国における自動車アセスメントの実施及びその経緯 …… 66
  - イ 我が国のJNCAP事業 …… 66

12 救急救命士、ドクターカー、ドクターヘリの導入 …… 68
- (1) 救急救命士 …… 68
- (2) ドクターカー …… 68
- (3) ドクターヘリ …… 69

13 被害者対策 …… 70
- (1) 交通事故被害者に対する支援 …… 70
  - ア 背景 …… 70
  - イ 犯罪被害者等基本法の制定に至るまでの状況 …… 70
  - ウ 犯罪被害者等基本法の制定と犯罪被害者等基本計画 …… 72
- (2) 自賠責保険制度による交通事故被害者の救済 …… 74
  - ア 概要 …… 74
  - イ 支払い限度額の引き上げ …… 74

		ウ	消費生活協同組合及び事業協同組合等の責任共済事業への参入……………75
		エ	政府再保険制度の廃止…………………………………………………………75
		オ	政府保障事業における損害てん補限度額の引き上げ………………………75
		カ	一般会計への積立金繰り入れ問題……………………………………………75
	(3)	自動車事故対策事業等による被害者支援活動………………………………………76	
		ア	(独)自動車事故対策機構(「NASVA ナスバ」)の事故対策事業 ………76
		イ	(公財)日弁連交通事故相談センター………………………………………77
		ウ	(一財)自賠責保険・共済紛争処理機構……………………………………77
		エ	その他の機関、団体……………………………………………………………77
14	交通事故の厳罰化……………………………………………………………………………77		
	(1)	交通事故の厳罰化を求める世論の高まり…………………………………………77	
	(2)	刑法における危険運転致死傷罪、自動車運転致死傷罪の導入…………………78	
	(3)	道路交通法違反の罰則強化と飲酒運転の制裁強化………………………………78	
		ア	道路交通法違反の罰則強化……………………………………………………78
		イ	飲酒運転の制裁強化……………………………………………………………79
	(4)	自動車の運転により人を死傷させる行為等の処罰に関する法律の制定………80	
15	交通指導取締り活動…………………………………………………………………………81		
	(1)	概要……………………………………………………………………………………81	
	(2)	いわゆる「3.29通達」と違反取締り………………………………………………81	
	(3)	ヘルメット及びシートベルト非着用の取締り……………………………………82	
	(4)	過積載の取締り………………………………………………………………………82	
	(5)	飲酒運転の取締り……………………………………………………………………83	
	(6)	運転中の携帯電話使用取締り………………………………………………………83	
	(7)	駐車違反取締り………………………………………………………………………83	
16	交通安全推進体制……………………………………………………………………………84		
	(1)	中央省庁再編と交通安全推進体制…………………………………………………84	
		ア	概要………………………………………………………………………………84
		イ	省庁再編…………………………………………………………………………84
		ウ	交通安全に係る総合調整機能…………………………………………………85
	(2)	交通安全基本計画の推移……………………………………………………………88	
		ア	概説………………………………………………………………………………88
		イ	各計画期間における主要な対策………………………………………………90
		ウ	評価………………………………………………………………………………92
	(3)	交通関連団体の活動…………………………………………………………………93	
第4節	都市交通対策 ……………………………………………………………………………100		
1	概要 …………………………………………………………………………………………100		

目　次

2　円滑化対策 …………………………………………………………………100
⑴　道路の整備 …………………………………………………………………100
　ア　概要 ………………………………………………………………………100
　イ　都市高速道路等の整備状況 ……………………………………………101
⑵　踏切道の立体交差化及び高架事業 ………………………………………102
　ア　踏切道改良促進法に基づく踏切改良事業 ……………………………102
　イ　踏切事故総合対策の取組状況 …………………………………………103
⑶　交通規制・管制による交通流コントロール ……………………………104
　ア　交通規制・管制 …………………………………………………………104
　イ　交通情報の提供 …………………………………………………………104
⑷　交通需要マネジメント（TDM）の推進 …………………………………105
　ア　概説 ………………………………………………………………………105
　イ　大量公共輸送機関の整備及び利用促進 ………………………………107
　ウ　交通需要の抑制 …………………………………………………………109
⑸　物流対策 ……………………………………………………………………110
　ア　概説 ………………………………………………………………………110
　イ　物流改善のための流通業務施設の再配置と輸送の合理化 …………110
　ウ　物流改善による交通量低減効果の評価 ………………………………111
⑹　交通渋滞の状況 ……………………………………………………………112

3　駐車対策 ………………………………………………………………………113
⑴　概説 …………………………………………………………………………113
　ア　駐車対策の再度の取組及び考え方の転換 ……………………………113
　イ　取組の概要 ………………………………………………………………114
⑵　昭和61年の道路交通法改正 ………………………………………………115
　ア　パーキングチケット制度の導入 ………………………………………115
　イ　指定移動保管機関の制度 ………………………………………………115
　ウ　反則金及び違反点数 ……………………………………………………115
　エ　規制の見直しと取締りの強化 …………………………………………116
⑶　平成2年及び5年の道路交通法改正 ……………………………………116
　ア　放置車両概念の導入と車両の使用者責任の導入 ……………………116
　イ　使用者責任の内容 ………………………………………………………116
　ウ　車輪止め装置の導入 ……………………………………………………116
　エ　取締りの強化 ……………………………………………………………116
⑷　平成3年の駐車場法及び道路法の改正並びに平成6年の標準駐車場
　　条例（荷捌き施設関係）の改正 …………………………………………116
　ア　駐車場法の改正 …………………………………………………………116

　　　　イ　荷捌きスペースの整備促進のための標準駐車場条例の改正 ……………117
　　　　ウ　道路法に基づく駐車場の整備促進 ……………………………………………117
　　(5)　駐車誘導システム等の整備及び違法駐車防止条例の制定状況 ……………118
　　　　ア　駐車誘導（案内）システム ……………………………………………………118
　　　　イ　違法駐車抑止システム …………………………………………………………118
　　　　ウ　違法駐車防止条例 ………………………………………………………………118
　　(6)　平成16年の道路交通法改正による新たな取組 ……………………………119
　　　　ア　背景 …………………………………………………………………………………119
　　　　イ　車両の使用者責任追及のための放置違反金制度の導入 ……………119
　　　　ウ　放置駐車確認事務の民間委託 ………………………………………………119
　4　自転車対策 ……………………………………………………………………………………120
　　(1)　概説 ……………………………………………………………………………………120
　　(2)　自転車道等の整備状況 …………………………………………………………120
　　(3)　自転車の通行区分と歩道通行 …………………………………………………120
　　　　ア　経緯 …………………………………………………………………………………120
　　　　イ　平成19年の法改正 ………………………………………………………………121
　　　　ウ　平成25年の法改正 ………………………………………………………………124
　　(4)　自転車の安全利用に係るその他の問題 ………………………………………124
　　　　ア　自転車の幼児2人同乗 ………………………………………………………124
　　　　イ　アシスト自転車 …………………………………………………………………124
　　(5)　放置自転車問題 ……………………………………………………………………124
　　　　ア　放置自転車問題の発生とその対策 ……………………………………………124
　　　　イ　平成5年の自転車法の一部改正 ……………………………………………124
　5　バリアフリー …………………………………………………………………………………125
　　(1)　交通バリアフリー法 ………………………………………………………………125
　　　　ア　交通バリアフリー法の制定 …………………………………………………125
　　　　イ　具体的事業 ………………………………………………………………………125
　　(2)　運転免許制度における高齢者、障害者への配慮 ……………………………126
　　(3)　高齢者、障害者に対するその他の施策 ………………………………………127
　　　　ア　電動車いすの取扱い …………………………………………………………127
　　　　イ　高齢歩行者、身体に障害のある歩行者に対する保護義務の法制化 ………127
　　　　ウ　高齢者、障害者専用駐車区間の設定 ………………………………………127
　6　多様な道路使用への対応 ………………………………………………………………127
　　(1)　従来の考え方 ………………………………………………………………………127
　　(2)　平成に入ってからの状況の変化 ………………………………………………127
　　(3)　弾力化の進行経緯 …………………………………………………………………128

第5節　環境対策	130
1　概要	130
2　単体対策	130
(1)　自動車排出ガス規制	130
ア　概要	130
イ　ガソリン車に対する排出ガス規制	131
ウ　ディーゼル車に対する排出ガス規制	131
(2)　自動車騒音規制	132
ア　概要	132
イ　具体的規制と適合状況	132
3　交通管理	133
(1)　騒音、振動対策	133
(2)　大気汚染対策	133
4　沿道対策	134
(1)　幹線道路の沿道の整備に関する法律の制定とその対策	134
(2)　平成8年の沿道整備法改正	134
5　大規模交通公害訴訟の終結	134
(1)　国道43号訴訟	134
(2)　東京訴訟	135
6　CO_2問題への取組	135
(1)　京都議定書に至る経緯	135
(2)　CO_2削減の取組	136
ア　自動車単体対策（燃費低減目標の設定）	136
イ　次世代自動車（低公害車）の開発・普及	137
ウ　エコドライブ	138
(3)　対策の効果	139
第6節　省エネルギー対策と道路交通行政	140
1　対策の枠組み	140
(1)　国民運動としての省エネルギーの取組	140
(2)　いわゆる「省エネ法」による省エネルギーの義務付け	140
(3)　省エネルギー対策と他の対策との関係	140
2　省エネルギー等のための具体的施策の取組状況	140
(1)　道路運送車両の省エネルギー基準におけるトップランナー方式の導入	141
(2)　グリーン化税制	141
(3)　エコカー減税	141
(4)　エコドライブの推進	141

第7節　防災と道路交通行政 …………………………………………………142
　1　概要 …………………………………………………………………………142
　2　災害発生時の交通管理 ……………………………………………………142
　　(1)　阪神淡路大震災に伴う交通管理とその後の対策 …………………142
　　　ア　緊急交通路の確保と災害対策基本法の改正 ………………………142
　　　イ　広域緊急援助隊 …………………………………………………………143
　　　ウ　信号機の発動発電機 ……………………………………………………143
　　(2)　新潟中越地震に伴う交通管理 …………………………………………144
　　(3)　東日本大震災に対する対応 ……………………………………………144
　　　ア　被災地における交通対策 ………………………………………………144
　　　イ　原発事故に伴う交通対策 ………………………………………………144
　　　ウ　計画停電に伴う交通対策 ………………………………………………144
　3　防災と道路整備 ……………………………………………………………145
　　(1)　阪神淡路大震災とその後の道路整備 …………………………………145
　　(2)　東日本大震災と道路整備の重要性の認識 ……………………………145
第8節　国際化と道路交通行政 …………………………………………………146
　1　道路交通に関するウィーン条約の加入問題 ……………………………146
　2　運転免許証の扱い …………………………………………………………146
　　(1)　国際免許証 …………………………………………………………………146
　　(2)　IC免許証の仕様の標準化 ………………………………………………146
　3　道路運送車両の安全基準の国際化と変遷 ………………………………147
　　(1)　背景 …………………………………………………………………………147
　　(2)　具体的な取組 ………………………………………………………………147
　　　ア　ECE/WP29における基準調和活動への参画 ………………………147
　　　イ　グローバル協定への参加 ………………………………………………148
　　(3)　今後に向けた取組 …………………………………………………………149
　4　国際海上コンテナの陸上輸送 ……………………………………………149
　　(1)　問題の所在 …………………………………………………………………149
　　(2)　車高規制 ……………………………………………………………………149
　　(3)　重量制限 ……………………………………………………………………150
第9節　技術革新と道路交通行政 ………………………………………………152
　1　交通管制の高度化 …………………………………………………………152
　　(1)　交通管制システムの機能 ………………………………………………152
　　(2)　情報収集機能の高度化 …………………………………………………152
　　(3)　信号制御の高度化 ………………………………………………………152
　　(4)　情報提供機能の高度化 …………………………………………………153

(5)　交通管制システムのサブシステム ………………………………………154
　　ア　公共車両優先システム（PTPS）………………………………………154
　　イ　車両運行管理システム（MOCS）………………………………………154
　　ウ　現場急行支援システム（FAST）………………………………………154
　　エ　その他のシステム ………………………………………………………154
　2　自動車の知能化の進展 ………………………………………………………155
　(1)　概要 ……………………………………………………………………………155
　(2)　知能化の技術 ………………………………………………………………155
　　ア　自動車の知能化の分野と適用技術 ……………………………………155
　　イ　技術開発の推移 …………………………………………………………155
　(3)　課題 ……………………………………………………………………………156
　3　事業者における車両の運行管理の高度化 …………………………………156
　(1)　新しい技術を活用した走行記録装置類の導入 …………………………156
　(2)　各種ロケーションシステムの導入、活用 ………………………………157
第10節　行政改革、規制緩和と道路交通行政 ……………………………………158
　1　交通警察 ………………………………………………………………………158
　(1)　運転免許の有効期間延長 …………………………………………………159
　(2)　自動二輪車の二人乗りの解禁 ……………………………………………160
　(3)　車両の大型化と中型免許の導入 …………………………………………160
　(4)　その他 ………………………………………………………………………161
　2　運輸行政 ………………………………………………………………………161
　(1)　自動車輸送の発展経緯 ……………………………………………………161
　(2)　昭和末期の貨物輸送の規制緩和と平成以降の物流効率化 ……………161
　　ア　貨物運送事業の免許制度及び需給調整の廃止 ………………………161
　　イ　物流の効率化 ……………………………………………………………162
　(3)　旅客輸送分野の規制緩和（旅客運送事業に係る免許制度及び需給調
　　　整の廃止）……………………………………………………………………162
　(4)　規制緩和後の状況 …………………………………………………………162
　　ア　貨物輸送分野 ……………………………………………………………162
　　イ　旅客輸送の分野 …………………………………………………………163
　(5)　規制緩和後の運送事業の安全確保の仕組み ……………………………164
　　ア　安全に係る事前規制から事後監督への移行 …………………………164
　　イ　「安全マネジメント制度」の導入 ………………………………………165
　3　道路行政 ………………………………………………………………………165
　(1)　物流の国際化、車両の大型化等に対応した特殊車両通行許可関係の
　　　規制緩和 ……………………………………………………………………165

ア　道路通行車両の総重量等の制限の緩和（平成5年）……………………165
　　　イ　重さ指定道路の大幅追加及び国際海上コンテナをフル積載した海
　　　　　上コンテナ用セミトレーラ連結車の特例（平成10年）………………166
　　　ウ　車高規制の許可対象の見直しなど（平成15年）…………………………166
　　　エ　公道を横断する場合の車両の総重量の特例（平成22年）………………167
　　　オ　構造改革特別区域制度に基づく地域的な規制緩和 …………………………167
　　　カ　申請手続き関係の見直し ………………………………………………………168
　　(2)　地域特性に応じた道路の多様な利用のための公物管理に係る規制緩和 ……168
　　　ア　立体道路制度の創設（平成元年）……………………………………………168
　　　イ　高速自動車国道管理の規制緩和による民間活力の活用（平成10年）………168
　　　ウ　道路管理用光ファイバーケーブルの芯線貸し（平成14年）………………168
　　　エ　イベント等に伴う道路占用許可の弾力化（平成16年）……………………168
　　　オ　地域の実情に応じた柔軟な道路管理のための規制緩和（平成19年）……169
　　　カ　道路空間のオープン化推進のための規制緩和（平成23年）………………169
　4　道路公団の民営化及び道路財源の一般財源化 ……………………………………169
　　(1)　道路公団の民営化 ……………………………………………………………………169
　　　ア　民営化に至る経緯 ………………………………………………………………169
　　　イ　道路関係四公団民営化の基本的枠組みに関する政府与党・申し合
　　　　　わせ（平成15年12月22日）……………………………………………………170
　　　ウ　道路関係四公団民営化関係四法の整備 ………………………………………172
　　　エ　新たな組織の設立と民営化の成果 ……………………………………………174
　　(2)　道路財源の一般財源化 ………………………………………………………………175
　　　ア　背景 …………………………………………………………………………………175
　　　イ　一般財源化に至る経緯 …………………………………………………………175

第11節　法律改正及び組織改編の推移 ……………………………………………………179
　1　交通警察行政 ……………………………………………………………………………179
　　(1)　法律改正 ……………………………………………………………………………179
　　　ア　概要 …………………………………………………………………………………179
　　　イ　道路交通法の改正 ………………………………………………………………179
　　　ウ　自動車の保管場所の確保等に関する法律（平成2年7月3日　法律第74号）……180
　　　エ　自動車運転代行業の業務の適正化に関する法律（平成13年6月20日
　　　　　法律第57号）…………………………………………………………………………181
　　(2)　組織改正 ……………………………………………………………………………181
　　　ア　都市交通対策課の新設及び高速道路課の廃止（平成4年4月10日）………181
　　　イ　都市交通対策課の廃止（平成13年1月6日）………………………………181
　　　ウ　高度道路交通政策担当参事官の新設（平成13年1月6日）………………182

2　運輸行政 …………………………………………………………………182
　　(1) 法律改正 ………………………………………………………………182
　　　ア　道路運送法 …………………………………………………………182
　　　イ　道路運送車両法 ……………………………………………………185
　　(2) 組織改正 ………………………………………………………………188
　　　ア　平成3年の組織改編 ………………………………………………188
　　　イ　平成13年の組織改正 ………………………………………………189
　　　ウ　平成19年の組織改正 ………………………………………………189
　　　エ　平成23年の組織改正 ………………………………………………189
　　3　道路行政 …………………………………………………………………190
　　(1) 法律改正 ………………………………………………………………190
　　　ア　概要 …………………………………………………………………190
　　　イ　道路（交通安全施設等を含む。）整備計画及びその財源措置………190
　　　ウ　道路交通に関連し生じる諸問題に向けた制度改正 ………………191
　　　エ　道路整備や管理の新たな手法を導入するもの ……………………191
　　　オ　地方分権推進のため必要な措置 ……………………………………191
　　　カ　道路公団等の民営化に伴う制度改正 ………………………………191
　　(2) 組織改正 ………………………………………………………………192

第3章　ITS
　第1節　概説 …………………………………………………………………195
　第2節　ITSの概要 …………………………………………………………197
　　1　ITSの意義 ………………………………………………………………197
　　(1) ITSとは ………………………………………………………………197
　　(2) ITSの対象分野 ………………………………………………………197
　　(3) ITSにより実現される社会的価値 …………………………………198
　　2　ITSの歴史 ………………………………………………………………199
　　(1) 日本のITSの進展の経緯 ……………………………………………199
　　　ア　黎明期（1970年代～1995年）………………………………………199
　　　イ　ファーストステージ（1996年～2004年）…………………………200
　　　ウ　セカンドステージ（2005年以降）…………………………………200
　　　エ　最近のITSの進展トレンド ………………………………………201
　　(2) 海外のITSの進展の経緯 ……………………………………………202
　　　ア　米国 …………………………………………………………………202
　　　イ　欧州 …………………………………………………………………204
　　　ウ　アジア・太平洋地域 ………………………………………………205

      3 ITSサービスと要素技術 ………………………………………………206
        (1) ITSサービス ……………………………………………………206
        (2) ITSの要素技術 …………………………………………………208
          ア センシング技術 ……………………………………………208
          イ 車両制御技術 ………………………………………………208
          ウ 交通管制技術 ………………………………………………209
          エ 位置特定技術 ………………………………………………209
          オ 移動体通信技術 ……………………………………………209
          カ デジタル地図技術 …………………………………………210
          キ デジタル情報処理技術 ……………………………………210
      4 ITS推進の枠組みと取組状況 ………………………………………211
        (1) 概要 ………………………………………………………………211
        (2) 各部門の取組状況 ………………………………………………211
          ア 政府 …………………………………………………………211
          イ 地域 …………………………………………………………213
          ウ 大学 …………………………………………………………213
          エ 民間企業・団体 ……………………………………………214
        (3) 今後のITS推進に向けた関係機関の連携 ……………………216
    第3節 道路交通政策とITS …………………………………………………222
      1 情報化社会とITS ……………………………………………………222
      2 道路交通行政の情報化の経緯 ………………………………………222
        (1) 概要 ………………………………………………………………222
        (2) 交通警察行政への情報通信技術の導入 ………………………223
          ア 信号制御 ……………………………………………………223
          イ 交通情報の収集・提供 ……………………………………224
          ウ ドライバーに対する情報提供 ……………………………225
          エ 新交通管理システム ………………………………………225
        (3) 道路行政への情報通信技術の導入 ……………………………225
          ア 道路交通情報の収集・提供 ………………………………226
          イ 課金システム ………………………………………………226
          ウ スマートウェイサービス …………………………………227
        (4) 運輸行政への情報通信技術の導入 ……………………………227
          ア 車両の検査・整備体制等の充実 …………………………227
          イ 自動車の安全性の確保〜ASVの取組 ……………………228
          ウ 公共交通の高度化 …………………………………………228
          エ 物流事業の高度化 …………………………………………229

目　次

　　3　道路交通行政における ITS の進展 ……………………………………………230
　　　(1)　ITS 推進のための戦略 …………………………………………………231
　　　　ア　高度道路交通システム（ITS）推進に関する全体構想 ……………231
　　　　イ　e-Japan 戦略 ……………………………………………………………232
　　　　ウ　IT 新改革戦略……………………………………………………………232
　　　　エ　新たな情報通信技術戦略 ………………………………………………233
　　　　オ　世界最先端 IT 国家創造宣言 …………………………………………233
　　　(2)　道路交通政策への ITS 戦略の反映 …………………………………234
　　　　ア　交通警察政策への ITS 施策の導入 …………………………………234
　　　　イ　道路政策への ITS 施策の導入 ………………………………………235
　　　　ウ　運輸政策への ITS 施策の導入 ………………………………………236
　　　(3)　ITS 推進のための連携体制の推移 …………………………………237
　　　　ア　連携体制の構築 …………………………………………………………237
　　　　イ　ITS 推進の総合的取組の状況 ………………………………………238
　　　　ウ　我が国の ITS の推進体制の特徴 ……………………………………239
　第 4 節　道路交通政策に対する ITS の貢献と課題 ………………………………240
　　1　道路交通政策に対する ITS の貢献 …………………………………………240
　　　(1)　道路交通政策への ITS の活用状況 …………………………………240
　　　　ア　安全問題 …………………………………………………………………240
　　　　イ　渋滞問題 …………………………………………………………………240
　　　　ウ　環境問題 …………………………………………………………………241
　　　(2)　ITS による効果推定 …………………………………………………241
　　　　ア　安全面 ……………………………………………………………………242
　　　　イ　渋滞面 ……………………………………………………………………244
　　　　ウ　環境面 ……………………………………………………………………245
　　　　エ　利便性、快適性 …………………………………………………………246
　　2　道路交通政策における ITS の現在の動向と活用拡大の可能性 …………246
　　　(1)　交通安全と ITS ………………………………………………………246
　　　(2)　交通需要マネジメントと ITS ………………………………………247
　　　　ア　交通需要マネジメントとその現状 ……………………………………247
　　　　イ　道路交通情報の提供とプローブ情報 …………………………………247
　　　　ウ　課金制度 …………………………………………………………………248
　　　　エ　TDM のための交通需要の実態把握と予測 …………………………248
　　　　オ　シミュレーション技術 …………………………………………………249
　　　(3)　ITS を活用した新たな手法による交通管理 ………………………249
　　　　ア　官民が連携した高度な情報システムによる賢い移動や交通の実現 ………249

　　　　イ　道路交通管理に対する道路利用者の理解促進 ……………………………250
　　(4)　交通モードの連携促進とITS ……………………………………………………250
　　　　ア　自家用車両と大・中量交通機関の連携 …………………………………251
　　　　イ　物流に係る輸送におけるモード連携 ……………………………………251
　　　　ウ　準公共交通（パラトランジット）の活用拡大 …………………………252

第4章　将来展望
　第1節　社会の変化の長期展望 ………………………………………………………258
　　1　超高齢社会の進行 ……………………………………………………………258
　　2　人口の地域的偏在の進行 ……………………………………………………259
　　3　生活のゆとりと質の向上 ……………………………………………………261
　　4　情報社会の更なる進化 ………………………………………………………266
　第2節　道路交通政策とITSの今後の方向 …………………………………………268
　　1　道路交通政策の今後の方向 …………………………………………………268
　　(1)　交通需要及び交通体系 …………………………………………………268
　　　　ア　交通需要 …………………………………………………………………268
　　　　イ　交通体系と輸送（移動）手段 …………………………………………268
　　(2)　道路及び車両 ……………………………………………………………268
　　　　ア　道路 ………………………………………………………………………268
　　　　イ　車両 ………………………………………………………………………269
　　(3)　交通体系における自動車交通の役割と自動車交通量 ………………269
　　　　ア　物の輸送 …………………………………………………………………269
　　　　イ　人の輸送（移動） ………………………………………………………270
　　　　ウ　自動車交通の役割 ………………………………………………………271
　　(4)　政策課題 …………………………………………………………………271
　　　　ア　交通体系の基礎となる国土形成の考え方 ……………………………271
　　　　イ　社会生活と経済活動を支えるシームレスな交通体系の実現 ………272
　　　　ウ　都市政策に対する貢献 …………………………………………………272
　　　　エ　持続可能な社会の形成に向けた取組 …………………………………272
　　　　オ　非常時における避難、救援の交通路及び輸送力の確保 ……………272
　　　　カ　外部費用とされる交通事故、渋滞、環境被害の問題 ………………273
　　2　ITSの今後の方向 ……………………………………………………………273
　　(1)　ITSサービスの進展方向 ………………………………………………273
　　(2)　ITSの推進主体 …………………………………………………………275
　　　　ア　ITS進展の経緯と官と民の役割 ………………………………………275
　　　　イ　地域へのITSの導入と実用化 …………………………………………276
　　(3)　ITS推進体制における連携の深化 ……………………………………276

　　　　ア　ITS推進のための国の取組体制 …………………………………276
　　　　イ　道路交通政策におけるITS施策の組み合わせ活用と総合化 …………277
　　(4)　道路交通政策の課題に対するITSの可能性 …………………………………277
　　　　ア　社会生活と経済活動を支えるシームレスな交通体系の実現 …………277
　　　　イ　都市政策に対する貢献 …………………………………278
　　　　ウ　持続可能な社会の形成に向けた取組 …………………………………278
　　　　エ　非常時における避難、救援の交通路及び輸送力の確保 …………279
　　　　オ　外部費用とされる交通事故、渋滞、環境被害 …………………………………280
　3　道路交通政策とITSが実現する将来のモビリティ …………………………………280
　　(1)　安全・安心なモビリティを目指して …………………………………281
　　　　ア　自動車－ドライバー系における安全機能 …………………………………282
　　　　イ　安全な道路交通環境の実現 …………………………………282
　　　　ウ　交通参加者への安全教育 …………………………………283
　　　　エ　安全研究の基盤強化 …………………………………283
　　(2)　豊かなモビリティを目指して …………………………………284
　　　　ア　快適で利便性の高いモビリティ …………………………………284
　　　　イ　多様な物流サービス …………………………………284
　　　　ウ　道路交通の境界領域におけるサービス …………………………………285
　　(3)　サステイナブルなモビリティの実現 …………………………………285
　　　　ア　自動車の燃費向上努力 …………………………………285
　　　　イ　省エネルギー走行支援 …………………………………286
　　　　ウ　交通・輸送手段の選択 …………………………………287
　　　　エ　社会の情報化と構造変化に伴う交通・輸送行動の合理化 …………288
　　　　オ　物流の効率化 …………………………………288
　　　　カ　円滑な道路交通に向けた社会制度改善の新たな努力 …………289
　　(4)　プローブ情報とその活用 …………………………………289
　　　　ア　プローブ情報の意義 …………………………………289
　　　　イ　プローブ情報の活用 …………………………………289
　　　　ウ　物流分野において派生するプローブ情報とその活用 …………290
　　　　エ　プローブ情報の活用上の課題 …………………………………291
　　(5)　対話促進の必要性 …………………………………292
第3節　未来の交通社会 …………………………………293
　(1)　人 …………………………………293
　(2)　自動車 …………………………………293
　　　　ア　動力系 …………………………………293
　　　　イ　車両構造 …………………………………294

　　　　　ウ　車のITS機能 ……………………………………………………………294
　　　　　エ　車両台数 …………………………………………………………………294
　　　(3)　道路交通インフラ ………………………………………………………………294
　　　(4)　道路交通を取り巻く社会インフラ ……………………………………………295
　　　(5)　物流システム ……………………………………………………………………295
　　　(6)　情報集約センター ………………………………………………………………296
　　　(7)　課金制度 …………………………………………………………………………296
　　　(8)　未来の交通社会の実現のために ………………………………………………297

【平成年間の交通年表】
　　平成年間の交通年表 …………………………………………………………………………301

【資料編】
＜参考資料＞
1　道路交通法（昭和35年6月25日法律第105号）関連の改正経緯 ……………………315
2　道路局関連法改正経緯（平成元年以降） ………………………………………………319
3　自動車局関連法改正経緯（平成元年以降） ……………………………………………326
4　交通局組織改編の推移（平成元年以降） ………………………………………………332
5　道路局組織の変遷（平成24年4月1日現在） …………………………………………334
6　自動車局組織の変遷（昭和59年以降） …………………………………………………335
7　交通安全推進体制の推移 …………………………………………………………………337

＜調査統計資料＞
1 -(1)　交通関係指標の推移 …………………………………………………………………339
　 (2)　交通事故発生状況の推移 ……………………………………………………………340
　 (3)　年齢層別死者数の推移 ………………………………………………………………341
　 (4)　状態別死者数の推移 …………………………………………………………………342
　 (5)　昼夜別交通事故発生状況の推移 ……………………………………………………343
　 (6)　自動車等1万台当たり及び人口10万人当たりの死者数・負傷者数の推移 ……345
　 (7)　自動車走行キロ当たりの事故率の推移 ……………………………………………346
　 (8)　警察統計と厚生統計の交通事故死者数比較の推移 ………………………………347
2 -(1)　男女別運転免許保有者数の推移 ……………………………………………………349
　 (2)　車種別運転免許保有者数の推移 ……………………………………………………350
3 -(1)　車種別車両保有台数の推移 …………………………………………………………352
　 (2)　車種別自動車走行キロの推移 ………………………………………………………354
4 -(1)　道路実延長の推移 ……………………………………………………………………356
　 (2)　自転車道の整備状況の推移 …………………………………………………………357
　 (3)　道路事業費の推移 ……………………………………………………………………358
5 -(1)　東京の交通渋滞発生状況 ……………………………………………………………359

	(2) 大阪の交通渋滞発生状況	……………………………………………360
6	東京、大阪の瞬間路上駐車台数の推移	……………………………………361
7	交通安全施設等整備状況の推移	……………………………………………362
8 −(1)	道路交通法違反等検挙（告知・送致）件数の推移	…………………………364
	(2) 道路交通法違反取締り総件数の推移	……………………………………365
	(3) 自動車運転過失致死傷等検挙件数等の推移	……………………………366
9	高速道路における交通事故発生状況の推移	………………………………368
10 −(1)	シートベルト着用率の推移	…………………………………………………369
	(2) 乗車位置別・シートベルト着用有無別・自動車乗車中死者数の推移	…………370
	(3) 乗車位置別・チャイルドシート使用有無別・自動車乗車中死者数の推移	……372
	(4) ヘルメット着用有無別死者数の推移	……………………………………374
11 −(1)	安全運転管理者数等の推移	…………………………………………………375
	(2) 運行管理者数の推移	………………………………………………………376
【略語集】		……………………………………………………………………………377
【参考文献】		…………………………………………………………………………380
【編集後記】		…………………………………………………………………………391
「道路交通問題研究会」会員及び執筆協力者（名簿）		………………………………392

第1章
社会の変化と交通情勢

1 社会の変化

平成時代の社会の変化の最大のものは、少子高齢化の著しい進展と国内人口動態の減少局面への転換である。少子高齢化と人口の減少は、長期的に国内の経済活動を停滞させる一方、福祉予算の増大を招き財政構造を大きく転換させることとなった。社会全体としては、経済規模の拡大を求める方向から、社会制度や公共財の維持と資源配分の調整に重点が置かれるようになった。これに伴い、交通政策の内容も交通量の増大に見合った輸送力増強最優先の考え方から、地域づくり、街づくりへの貢献、ゆとりや快適性の追求、多様な交通参加者への配慮等の質的向上が強く求められるようになった。

この間、情報通信技術の発達とともに経済社会のグローバル化や情報化が進み、国内外の人やモノの移動が広域化し、かつスピードが速くなった。また、行財政制度の変革が進み、地方分権や規制緩和が進行した。

総じていうならば、我が国の社会は、昭和30年代、40年代の高度成長期、昭和50年代の安定成長期、昭和60年代から平成初期にかけてのバブル経済とその崩壊を経て、現在は、経済の活性化と財政の立て直しを図りつつ、これまで実現された豊かさを享受しながら如何にこれを維持していくかという成熟型社会へ移行しているといえる。

以下、平成時代における社会の主な変化を簡記する。

(1) 社会の高齢化と人口の減少

我が国の合計特殊出生率は、昭和49年に人口置換水準を割り込み、その後も低下が続いた。この結果、我が国の総人口は、平成16年の約1億2,780万人をピークに減少に転じ、本格的な人口減少局面を迎えた。

これに伴い、我が国の社会の高齢化は、急激に進展し、65歳以上の人口は、昭和30年には、475万人で、全人口の5.3％であったが、昭和60年には、1,247万人（全人口の10.3％）となり、平成17年には、2,556万人（全人口の20.0％）となった。総務省の推計では、平成23年9月現在、65歳以上の人口は、2,980万人（全人口の23.1％）となっている。

少子高齢化の進行とこれに続く人口の減少は、国内の経済活動を停滞させる一方、福祉予算の増大を招いた。このため、特にバブル経済消滅後、国、地方を通じた財政悪化により、交通関係の公共施設整備は財政的に大きな制約を受けるに至った。そこで、平成15年には、各種の社会資本整備計画（道路、交通安全、空港、港湾、都市公園、下水道、治水、急傾斜地、海岸）を一本化して、「社会資本整備重点化計画」として再編し重点的な社会資本整備を進めることとなった。また、従来の各計画では、5年間ごとの事業量を示して計画決定がなされていたが、「社会資本整備重点化計画」では、計画期間中の事業量を明示せず、これに代えて事業により達成すべき政策目標の指標を提示するにとどめることとした。

交通現象面においては、社会の急速な高齢化は、高齢者に係るモビリティの確保と交通安全という新たな政策課題を生じさせた。

(2) 情報化の進展

平成時代を通じ、情報通信技術及びこれを活用した情報産業が急速に発達し、社会の情報化が進んだ。

情報化社会の進展を端的に示すものは、パソコン及び携帯電話の普及とインターネットの急速な利用増加である。インターネットや携帯電話を用いた各種サービスが広がったことにより、社会、経済活動は拡大し、また人やモノの移動形態に大きな変化をもたらした。

平成時代におけるパソコン、携帯電話の普及状況及びインターネットの利用状況の推移を簡記すれば、以下のとおりである。

パソコンは、当初は主に企業等の業務用に用いられ、個人的な利用は限られていたが、平成6年に個人向けインターネットサービスが始まると次第に一般に普及するようになった。その後、光ファイバー等を用いた定額制のブロードバンドサービス（高速インターネット接続サービス）が始まると、パソコンの利用世帯は急速に増加した。内閣府の調査によると、平成元年3月時点のパソコン普及率（単身世帯、外国人世帯を除く一般世帯が調査対象）は、9.7％、平成6年には13.9％であったが、その後平成10年に25.2％、平成15年に57.2％、平成20年には73.2％と急速に上昇した（内閣府「消費動向調査」）。なお、総務省の単身世帯を含む世帯及び企業を対象とした平成20年1月の調査では、パソコンの利用率が85.9％、インターネット利用者数は、9,091万人（対人口普及率75.3％）に達している（総務省情報通信政策局「通信利用動向調査」）。

携帯電話のサービスは、昭和62年に開始された。平成5年から6年にかけてデジタルサービスが始まり、また小型軽量化が進むと携帯電話の利用率は急速に高まった。平成9年に携帯電話によるメールサービスが、また、平成11年に携帯電話とインターネットとの接続サービスが開始されると、携帯電話の機能や利用形態は、急速に多様化した。平成元年3月の携帯電話（PHSを含む。）の加入契約数は、24万2,888台（人口当たり普及率0.2％）であったが、平成10年3月には、3,825万3,893台（同30.3％）となり、平成20年3月には、1億733万8,974台（同84.0％）となった（総務省情報通信統計データベースによる。）。

この間、平成13年に、携帯電話の加入件数（6,678万台）が固定電話の加入件数（6,196万台）を超えた（同）。

(3) 国際化の進展

平成時代においては、国際間交通網の発達と全世界的な情報化の流れを背景に各国の経済活動及び社会生活のグローバル化が進む中で、我が国の国際化は急速に進展した。

これを受け、我が国の国際間の人の往来は拡大し、またモノの移動も広域化し、かつ移動速度が速くなった。

法務省入国管理局の統計によれば、昭和60年の日本人海外旅行者は494万人、訪日外国人旅行者は232万人であった。その後日本人海外旅行者は、急速に増加し、平成12年に1,781万人を記録し、以後高水準を維持している。また訪日外国人旅行者も、累次増加し平成20年は835万人となった。

このような国際化の進展は、我が国の社会インフラ整備において国際空港の整備・拡充、陸海一貫輸送体制の整備、国内及び

第1章　社会の変化と交通情勢

国際宅配便の制度拡充、国内移動における一日交通圏の拡大など国際化する経済社会活動を支えるための交通体系の整備や物流システムの構築を促すこととなった。

(4) 地球温暖化問題の発生

昭和63年に米上院の公聴会において地球温暖化問題が取り上げられたのを契機に、地球温暖化問題に対する国際的な関心が高まり、平成4年に開催された「環境と開発に関する国際連合会議（地球サミット）」において「気候変動に関する国際連合枠組条約」が締結された。これを受け、平成9年に各国間で温室効果ガスの削減義務を定めた京都議定書が締結され、平成17年に発効した。

京都議定書は、我が国の社会経済全体に対し温室効果ガスの削減を求めるものであるが、我が国が排出するCO_2の約2割が運輸分野によるものであることから、運輸部門においても相応の削減努力が求められることとなった。

(5) 地域活性化と都市再生の要請

ア　地域活性化

昭和37年に策定された「全国総合開発計画」を始め、累次の政府の国土総合開発計画においてそれぞれ国土の均衡ある発展を目標に様々な構想が打ち出されてきたが、結果としては大都市圏、特に東京圏への一極集中と地方の過疎化が進んだ。このため、昭和62年に策定された「第4次全国総合開発計画」及び平成10年に策定された「21世紀の国土のグランドデザイン」においては、多極分散型の国土ないし多軸型国土の構築を目指し、一層強く地域重視の方向が示された。これを受け、平成時代の政府の諸施策において「地域の活性化」が強く意識された。

イ　都市の再生

平成10年代に入り、進行する国際化に対処し、また少子高齢化等の社会構造の変化に的確に対処するには、国際競争力あるいは地域間競争力を高めるための都市機能の高度化並びに環境及び防災を含む都市居住環境の向上、すなわち都市の再生が必要であるとの認識が高まった。このため、政府は、平成13年に内閣に都市再生本部を設置し（平成13年5月8日閣議決定）、都市の再生に関する施策を総合的に推進することとした[注1]。

平成20年に策定された政府の「国土形成計画（全国計画）」においても、広域ブロックの自立的発展とその核となる都市機能強化の考え方が強く打ち出されている。

(6) 交通バリアフリーの要請

平成時代においては、障害者の自立と社会参加の要請が強まり、道路交通の場においても障害者に対する一層の配慮が求められるようになった。また、社会の高齢化の進展により、高齢者の移動を容易にするためのインフラ整備の必要性が生じていた。

このため、高齢者、障害者等の移動の円滑化を促進するための一連の法整備がなされ、施策が推進された。

(7) 過度に自動車に依存した交通体系から

[注1] 平成14年6月1日に都市再生特別措置法が施行され、閣議決定に基づく従来の都市再生本部は、法律に基づく組織に移行した。

の脱却に向けた動き

　戦後、我が国の自動車交通は一貫して拡大を続け、旅客輸送については昭和54年に、貨物輸送については昭和60年にそれぞれ自動車輸送が国内輸送の首位を占めるに至った。

　この間、自動車交通の増大に伴う負の側面、すなわち交通事故の増加や交通渋滞、交通公害の深刻化を背景に、自動車交通総量の削減、公共交通機関や自転車等への交通手段の転換などが繰り返し主張されてきたが、現実には自動車交通量は増大を続け、これに対処するための交通インフラの整備と交通管理を余儀なくされてきた。

　平成に入り自動車交通の伸びが次第に鈍化し、社会風潮としても経済の量的な拡大よりも生活の質的向上を重んずる国民意識が広まってくると、改めて過度に自動車に依存した交通体系からの脱却が主張されるようになった。

　平成12年10月の「21世紀初頭における総合的な交通政策の基本的方向について」（運輸政策審議会第20号答申）は、この点をはっきりと打ち出しており、「クルマ社会からの脱皮」のため都市と交通を改善すべきことを提言している。また、平成6年11月の「21世紀に向けた道路構造のあり方—新時代の道の姿を求めて」（道路審議会答申）は、道路整備について「モビリティだけではなく、総合的なユーティリティ重視の道作りを目指す」とし、平成9年6月の「道路政策変換への提言〜より高い社会的価値を目指して〜」（道路審議会建議）は、従来道路整備は、「供給量の拡充」を主な目的としてきたが、これを改め、評価のモノサシを「供給量から、国民生活や経済活動にとっての価値に転換」するとした。

　その後、平成20年7月4日に閣議決定した国土形成計画（全国計画）では、これまで「過度に一般自動車交通に依存してきたが、これを魅力と秩序ある都市空間に変えていくため、総合的な交通政策を戦略的に推進」していくとしている。

(8) 規制緩和及び行財政改革の進行

　平成時代においては、下記のような規制緩和、行・財政改革が推進され、これを受け道路交通行政の分野においても様々な制度改革や規制緩和が進められた。

ア　規制緩和

　平成時代においては、大きく2つの事情を背景に規制緩和が重層的に進行した。

　第一は、国際的な経済関係、特に日米の貿易不均衡を背景とするものである。昭和50年代半ばに日米の貿易不均衡は拡大し、米国の対日輸出の不振は日本の非関税障壁にあるとの主張が強まったため、我が国は昭和57年から政府のOTO（市場解放問題苦情処理対策本部）による各国からの市場開放問題の苦情処理を推進した。

　昭和60年にはプラザ合意により協調的なドル安が図られたが、なお米国の貿易赤字が続いたため、平成元年から2年にかけての日米構造協議、平成5年の日米包括経済協議、平成6年からはこれに基づく年次改革要望により米国からの具体的な規制改革等の要望が寄せられ、継続的な対応を迫られた。

　また、平成7年には世界の自由貿易体制の枠組みがGATTからWTOへと移行したことから、これに対処するため国内の広

範な分野で国際標準へ移行するための措置が求められることとなった。

第二は、我が国の経済政策の転換に伴う規制緩和政策である。まず、昭和56年から58年にかけて設けられた第2次臨時行政調査会においても、許認可等の整理合理化についての答申がなされたが、これは、主として国民負担の軽減と行政事務の簡素合理化を狙いとしたものであった。その後、プラザ合意（昭和60年）に伴う円高の状況下で我が国が安定的な成長を維持するためには、国際協調の下に内需主導による経済運営を進める必要があるとの考え方が強く打ち出され、内需拡大と経済活性化のための規制緩和が進められることとなった。

第2次臨時行政調査会の終了後設置された第1次臨時行政改革審議会は、昭和60年7月の答申において、規制緩和による民間活力の発揮・推進、民主導・競争原理の導入による経済の活性化を図るため広範な分野において大幅な自由化の方針を打ち出した。さらに、昭和62年に設置された第2次臨時行政改革審議会は、公的規制の実質半減を目指すとの考えを示し、また平成2年に設置された第3次臨時行政改革審議会は、平成6年2月の最終答申において、政府は規制緩和計画を策定し計画的に規制緩和を進めるべき旨を提言した。

その後も、バブル経済崩壊後の経済の停滞を背景に、経済の再活性化のためには民間活力を引き出し、地方の自主性を高める必要があるとの考え方から規制緩和政策が進められた。平成6年12月には行政改革委員会、平成10年1月には、内閣総理大臣を本部長とする行政改革推進本部の下に規制緩和委員会が設置され（翌11年、規制改革委員会と名称変更）、平成13年には総合規制改革会議、平成16年には規制改革・民間開放推進会議、平成19年には規制改革会議とその組織体制を変えながら規制緩和が進められた。また、上記OTOの機能は、平成20年に規制改革会議が引き継がれた。

平成22年、規制改革会議は廃止され、前年の政権交代後に新たに政府に設置されていた行政刷新会議に規制・制度に関する分科会が設置され、規制改革の検討を行うこととなった。

イ　行政改革

上記アの一連の規制緩和の取組は、広く行政改革の一環として捉えることができる。昭和56年から58年にかけて鈴木内閣及び中曽根内閣の時代に累次出された第2次臨時行政調査会答申を受け、昭和60年代から平成にかけて各種の行政改革が進められた。この第2次臨時行政調査会答申に基づく行政改革は、上記の許認可等の整理合理化のほか、補助金の整理合理化、国と地方の機能分担の見直し、三公社を含む行政組織・特殊法人の改革、政府の内部部局の総合調整機能強化等広範に及ぶものであった。この改革において、国鉄の分割・民営化、内閣及び各省庁の内部部局の組織改正などが行われた。

平成8年から10年にかけては、当時の橋本内閣により、「六大改革」の名の下に大規模な行財政改革が取り組まれた。この改革においては、各種規制緩和のほか、中央省庁の再編、特殊法人等の整理合理化、国と地方の事務配分の抜本的見直しなどが進められた。

平成13年から17年にかけて当時の小泉内閣は、官から民へ、中央から地方へのス

ローガンの下にいわゆる「聖域なき構造改革」を進めた。この改革においては、構造改革特区などによる各種規制緩和のほか、道路公団、郵政公社の民営化、国と地方の行財政システムに係るいわゆる三位一体の改革、独立行政法人や政策金融機関の統廃合などが進められた。平成18年に成立した第1次安倍内閣では、官製市場の民間開放が重要な目標とされた。これら一連の行政改革の過程で、道路特定財源の一般財源化の問題も取り上げられたが結論が出ず、その後政府・与党間の検討を経て福田内閣において一般財源化の方針が決定し、平成21年度から一般財源化された。

平成21年に政権交代がなされると、新政府は行政刷新会議を設け、政治主導による行政を実現するための制度改正、行政の無駄をなくすための独立行政法人、政府関係公益法人の事業仕分けなどに取り組んだ。

ウ　財政再建

これらの行政改革の背景には、社会情勢の変化に加え、我が国の財政状況が時代とともに徐々に悪化したという事情がある。

昭和50年代に入り我が国経済の高度成長が終わると、国の財政赤字を補うための特例公債の発行が常態化し、財政の硬直化を招いた。昭和56年から58年にかけての第2次臨時行政調査会は、これを打開するために行われたものであった。

昭和60年から平成5年頃にかけての経済バブルの一時期、一時的に我が国の財政状況は好転するが、バブル崩壊とともに再び財政が悪化し、その後歴代の内閣による財政再建の取組にも関わらず我が国の公債残高は急速に拡大した。平成6年度末には、国の公債残高は193兆円であったが、平成20年度末には546兆円となり、対GNP比で100％を超えた。これに地方の借入残高197兆円を加えると、平成20年度末の国・地方の長期債務残高は合計743兆円となり、我が国のGNPの約1.5倍に達した。

このような財政状況の悪化は、政府の継続的な財政再建の取組を促すとともに、行政諸施策を進める上で大きな制約要因となった。

2　交通情勢

(1)　交通量はピークアウト

平成時代に入り、我が国の自動車交通量の伸び率は徐々に低下した。平成10年代半ばには自動車交通量の増加は、ほぼ頭打ちとなり、平成16年以降は減少に転じた。

自動車（原付を含む。）の保有台数も、平成18年の9,144万台をピークに平成19年以降減少に転じており、戦後一貫して増加してきた我が国の自動車交通は、大きな転換点を迎えた。

この間、車種別には二輪の原付の保有台数が減少し、四輪の軽自動車が大幅に増加したため、車両（自動車及び原付）に占める四輪自動車の割合は、平成元年に75.8％であったものが平成20年には85.8％まで上昇した。

このように交通量はピークアウトしたものの、それまでに大都市を中心に都市の過密化が進行しており、その状況に目立った変化はない。

(2)　道路ネットワークの充実

ア　道路延長

高速自動車国道は、昭和時代の末期には、日本列島を縦貫する路線は概ね整備さ

れ、供用されるに至った。これを受け、平成時代においては、主に日本列島の肋骨に当たる横断道（本州四国の横断橋を含む。）の整備が進められた。また、首都圏、近畿圏、名古屋市地域においては、都市高速道路の延伸、湾岸線や環状道路の整備に力が入れられた。さらに、高速道路のインターチェンジや空港、港湾へアクセス道路、地域間を結ぶ高規格の一般道の整備も進められた。

この結果、我が国における高規格道路のネットワークは全国に広がり、平成時代を通じて大幅に充実した。

また、一般道の改良も引き続き計画的に行われた。

この結果、我が国の高速自動車国道の総延長は、平成元年に4,407kmであったものが、平成20年には7,560kmとなった。また、改良済み道路延長は、平成元年には、52万6,095km（全体の47.4％）であったが、平成20年には、71万636km（全体の59％）となった。

イ　歩行者、自転車に配慮した道路整備

平成時代においては、引き続き歩行者、自転車の通行に配慮した道路整備も進んだ。平成5年及び平成13年には道路構造令が改正され、歩道の最小幅員の拡大、歩行者滞留スペースの確保や歩道及び自転車歩行車道設置要件の拡充が行われた。

この結果、歩道等設置済み道路の総延長は、平成元年は10万247kmであったが、平成20年には16万5,443kmとなった。このうち、自転車歩行車道（自転車道、自転車歩行者専用道路を含む。）が設置されたものの延長は、平成元年には4万1,968kmであり、平成20年には7万9,741kmとなった。

(3) 国民総免許時代の到来

昭和50年代に入ると、女性の免許保有者の数の増加数が男性のそれを上回るようになり、平成に入ってからもこの傾向は続いた。この結果、昭和44年に女性の免許保有率（免許適齢人口に対する割合）は10.7％であったが、昭和62年に40.6％となり、平成17年には60.0％まで上昇した。

我が国の男女を通じた免許保有率は、平成13年に70％（男性84.6％、女性56.6％）を超え、平成23年には73.9％（男性85.7％、女性62.9％）となっている。運転免許人口は、その後も少しずつ増えているが、その伸び率は低減しており、まもなくピークを迎えると見られる。

(4) 第2次交通戦争の発生とこれに対する取組

昭和63年に、年間の交通事故死者（事故後24時間以内）が1万344人と13年ぶりに1万人を超え、その後平成に入ってからも年間の交通事故死者数が毎年1万人を超える高原状態が続き、第2次交通戦争と呼ばれた。

交通事故死者は、平成8年にようやく9,942人と1万人を下回り、平成14年には8,326人とピーク時（昭和45年の1万6,765人）の半数以下となった。

これを受け、政府は、平成15年に、10年間でさらに交通事故死者数を半減させるとの目標（年間5,000人以下）を設定し、諸対策を進めることとした。また、平成18年を初年度とする政府の第8次交通安全基本計画において、従来の交通事故死者の抑止目標に加え、交通事故の負傷者を年間100万人以下にするとの目標を掲げた。

この結果、交通事故による年間の負傷者数は、ピーク時の平成16年には118万3,120人であったが、平成20年には94万5,504人となり目標を達成した。また、年間の交通事故死者は、平成21年に4,914人となり、政府の目標年次より3年早く目標が達成された。

なお、この間平成5年から交通事故後30日以内の死者の統計が取られるようになった。平成5年の30日以内死者は年間1万3,269人であったところ、平成21年には5,772人まで減少した。

(5) 都市交通問題の改善
ア 交通渋滞

平成時代においては、徐々に交通量の伸びが鈍化し、一方で道路整備や交通管理の高度化が進んだことから、平均混雑度（12時間総走行台キロ÷12時間総容量台キロ）は、平成9年頃をピークに同11年頃にかけて緩和に転じ（国土交通省による道路交通センサス）、交通渋滞は総じて改善に向かった。

警視庁及び大阪府警の交通管制エリア内における交通渋滞（車列の走行速度が20km/h以下の状態）の発生状況をみても、平成10年前後頃から徐々に渋滞長や渋滞時間が減少し、改善してきている。

もっとも、このような全般的な交通渋滞の改善にも関わらず、混雑時旅行速度（朝夕のラッシュ時の走行速度）は必ずしも向上していない。国土交通省の道路交通センサスによれば、全国の平日の人口集中地区における混雑時平均旅行速度の推移は、次のとおりとなっている[注2]。

平成 6年　19.8km/h
　　 9年　20.8
　　11年　20.6
　　17年　21.0
　　22年　20.1

イ 路上違法駐車

平成時代においては、駐車場の整備が良く進んだ。全国の駐車場（都市計画駐車場、届出駐車場、附置義務駐車場、路上駐車場）は、平成元年には158万8,330台分であったが、平成16年には359万8,414台分となった（国土交通省「自動車駐車場年報」）。これは、自動車1万台当たり287台分から479台分に増加した計算になる。統計数字はないが、平成時代は、このほか都市部で小規模な空き地を利用したコインパーキングが急速に増加した。

これに伴い、路上違法駐車の状況も改善され、警視庁及び大阪府警の調査によれば、東京23区内及び大阪市内のある1日（平日午後）における瞬間路上違法駐車台数は、平成15年でそれぞれ9万9,214台、9万2,551台で、平成5年と比べてそれぞれ17.1％、35.5％減少した。

平成21年調査では、東京23区の瞬間路上違法駐車は、4万5,033台、大阪市内1万1,005台とさらに大きく減少している。

ウ 道路交通に係る環境問題

自動車の走行に伴う排出ガスは、車両構造の改善等を始めとする諸対策の推進により、徐々に改善した。平成20年度の環境省

[注2] 混雑時旅行速度の調査時間帯は、午前7時から9時まで、午後5時から7時までのラッシュ時である。また、平成22年の数字は、人口集中地区を商業地域とそれ以外の地域に分けて旅行速度の加重平均を求め、両者の数値を単純平均したもので、近似値である。

まとめによる大気汚染状況（一般環境大気測定局1,549局、自動車排出ガス測定局438局）によれば、環境基準達成状況は、次のとおりである。

	一般局	自排局
二酸化窒素（NO_2）	100%	92.0%
浮遊粒子状物質（SPM）	99.6%	99.3%
二酸化硫黄（SO_2）	99.8%	100%
一酸化炭素（CO）	100%	100%

もっとも、光化学オキシダント（Ox）の環境基準達成率については、一般局0.1％、自排局0％と、達成率はまだ低い水準にとどまっている。

また、道路交通騒音と道路交通振動についても状況は改善している。道路交通騒音と道路交通振動については、都道府県知事が指定した地域において苦情の申し立てがあった場合、市町村長が当該場所の騒音又は振動の大きさを測定することとしているが、環境省の平成20年度調査によれば、公安委員会への措置要請基準を超えるケースは、騒音が7件（指定地域を有する市区町村の数1,279）、振動0件（指定地域を有する市区町村の数1,243）であった。

(6) 交通対策の効果

上記(4)、(5)に見られるように、平成の時代に交通事故や都市交通問題の改善が進んだのは、基本的には、平成時代において自動車交通量の伸びが徐々に鈍化したのに対し、道路交通に係る諸対策の努力が引き続き続けられたためであると考えられる。

すなわち、昭和50年代半ば以降、道路交通に係る諸対策の効果は自動車交通量の増加による問題状況の悪化に打ち消され、現象的には対策の効果が目に見える形で現れなかったのであるが、自動車交通量の伸びが鈍化するにつれ効果が目に見える形で改善につながるようなったと見ることができる。

(7) 成熟期を迎えた交通社会

我が国の自動車交通は、長年にわたり増大を続け、我が国の陸上輸送の交通体系において首座の地位を占めるようになり、運転免許の保有者も国民各層に及ぶようになった。また地域的にも、均一的な規格の自動車交通網が全国に展開し、広域にわたる道路ネットワークを形成した。この間、道路交通の安全性、環境適合性が向上する中で、さらに利便性、快適性に対する要望が高まった。

平成10年代に入り車両の保有台数の伸びが頭打ちとなり、これに伴い自動車交通量は減少に向かったが、我が国の人口当たりの自動車の保有率は既に世界有数の水準に達しており、我が国の交通社会は、現在成熟期を迎えていると見ることができる。

交通社会の成熟期においては、それまでの急激な自動車交通の増大によりもたらされたひずみを是正するとともに、より質が高く、利便性、快適性に富んだ道路交通を実現するための施策を実施していくことが求められる。

(8) 高齢化社会が道路交通にもたらした新たな課題

社会の高齢化は、道路交通の場においていくつかの問題をもたらした。

1つは高齢者の交通安全の問題である。対人口比でみた場合、高齢者の歩行中や自転車乗車中の交通事故は、以前から他の年

齢層に比べ高い割合で発生しているが、高齢者の人口が急激に増加したことから、これらの事故の絶対数が急増し、交通安全対策上大きな問題となった。

また、高齢ドライバーが増加したことにより、高齢運転者に対する交通安全対策の問題が大きな課題として生じてきた。

もう1つは、高齢者のモビリティの確保の問題である。自動車交通が大きな役割を果たす交通社会において、自動車の便益を享受できない高齢者のモビリティをどのように確保するかという問題が交通政策上大きな課題として現れてきた。

(9) 道路交通政策を支える情報通信技術

道路交通政策の各施策は、多くの技術に支えられて進められてきた。自動車の素材や製造技術、設計の高度化、排気ガス中の汚染物質の除去や自動車の走行に伴う騒音、振動を軽減する技術、道路の整備と舗装技術、交通管制や交通処理技術などである。

この中でも、平成時代において特に急速に進展したのが、情報通信技術である。平成時代に入り、情報処理技術と通信技術が飛躍的に進展し、いわゆる社会のIT化が進んだのであるが、この情報通信技術の活用は、道路交通の分野にも急速に及んだ。

平成に入り、道路交通の関係者の間でこれらの情報通信技術が道路交通を大きく変えていくことになるであろうことが強く意識されるようになっていたが、平成7年に横浜で第2回ITS世界会議が開催されて以降、ITS（Intelligent Transport Systems）の名の下に、道路交通における情報通信技術の活用を一括りのものとして認識するようになり、各省庁や関連企業が競い合い、あるいは協力、連携しながら施策を進めることとなった。

第2章
道路交通政策

第1節　概説

1　道路交通政策の課題

　人々の豊かな生活と経済活動を支える輸送力の確保とモビリティの向上は、陸、海、空を通じた交通政策の基本的な目標である。

　我が国では、昭和30年代の高度成長期以降、交通体系における自動車交通の果たす役割は急激に拡大したが、同時に、自動車交通の増大による交通事故、交通渋滞、交通公害等の深刻な社会問題を生じた。このため、昭和時代においても、これらの社会のひずみを是正するために、交通体系を見直し、陸上輸送における道路交通への過度の負担を軽減する必要があるとの見解が各方面で提起されたが、現実には交通体系に占める道路交通の役割はむしろ拡大し、これらの道路交通に係る諸問題は、平成時代の道路交通政策の課題として引き継がれた。

　また、平成時代には、規制改革や国際化への対応、科学技術の活用も道路交通政策の大きな課題とされ、地球温暖化問題への対応も求められた。

　以上、平成時代における道路交通政策の主要課題を列記すると次のとおりである。

- ○　交通体系の整備とモビリティの向上
- ○　交通の安全、安心の確保
- ○　渋滞対策及び駐車対策
- ○　環境問題（地球温暖化問題を含む。）
- ○　省エネルギー、防災対策等の国民生活の重要事項に対する対応
- ○　国際協調及び規制改革への対応
- ○　科学技術の活用

2　取組体制

　平成時代における国の道路交通政策は、従来どおり道路整備を所管する建設省、運輸行政及び車両の安全管理を所管する運輸省、交通管理及び運転免許行政を所管する警察庁を中心に進められた。また、交通安全や都市交通対策に係る省庁間の調整は、総務庁において、道路交通に係る環境問題を含む環境問題に係る省庁間の調整は、環境庁においてそれぞれ行われた。

　平成13年の中央省庁再編により、建設省と運輸省が国土交通省に統合され、環境庁が環境省となり、新設された内閣府にそれまで総務庁が所管していた交通安全や都市交通対策に係る省庁間の調整機能の基本的部分が引き継がれたが、内閣総理大臣を頂点に各省庁が事務を分担して道路交通政策を進めるという国の基本的な体制は変わっていない。

　行政施策を進める上で、各関係機関による協力・連携が不可欠である。交通安全については、以前から交通安全対策基本法に基づく強力な連携体制ができていたが、交通渋滞対策、駐車対策、地球温暖化対策、ITSへの対処についても、テーマごとに協力体制がとられ、政策調整を行いながら施策が進められた。平成時代を通じてその協力体制はよく構築されたといえる。

第2節 交通体系の整備とモビリティの確保

1 概要

(1) 交通体系の推移

　我が国の国内輸送は、明治の近代化以来久しく鉄道と内航船を主軸としていたが、昭和30年代に急速に自動車輸送が拡大し、貨物輸送については、昭和41年に自動車輸送が鉄軌道輸送を超え、昭和60年には内航船を超え首位を占めるに至った（いずれもトン・キロベース）。また、これに先立ち、旅客輸送については、昭和54年に自動車輸送が鉄軌道輸送を超え輸送手段の首位を占めた（人・キロベース）。この間、航空輸送も、国内経済社会の広域化に伴い、国内線、国際線ともに急速に拡大した。

　平成時代においては、政府は、国土の均衡ある発展と国際化に対応した経済活動を推進するため、引き続き全国的な国内高速交通体系と地域交通体系を整備することとし、陸海空にわたる交通関連の公共施設整備を進めた。もっとも、平成10年代の半ばからは、我が国の人口減少が現実のものとなり、国内経済の停滞と福祉関係予算の増大等の影響により財政上の制約が強まったため、交通基盤整備に向けられる関係予算は縮減され、施設整備のペースは徐々に低下した。

(2) 国土整備計画における交通体系の位置付け

ア　第4次全国総合開発計画（四全総）―昭和62年

　政府は、昭和62年6月30日に、多極分散型国土の構築を目指し、目標年次を昭和75年（2000年、平成12年）とする「第4次全国総合開発計画（四全総）」を閣議決定した。

　この四全総は、前計画である三全総（昭和52年11月4日閣議決定）において提示した、大都市への人口と産業の集中を抑制しつつ地方を振興して全国土の利用の均衡を図るという「定住構想」が必ずしも構想どおり進んでいないとの認識に立ち、さらに徹底した多極分散型の国土構築を目指すものであった。

　具体的には、各地方において、
- ○　地方の中枢的都市機能の集積拠点
- ○　先端技術産業の集積拠点
- ○　特色ある農林水産業の拠点
- ○　大規模リゾート地等の豊かな自然とのふれあいの拠点
- ○　国際交流拠点

等の多様で独自性ある地域を形成し、全国を網羅する高規格道路や地方空港等の高速交通体系の整備及び高度な情報・通信体系の全国展開を図り、ソフト、ハードから成る全国的な「交流ネットワーク」を構築することにより、地域間、国際間の多様な交流を推進するというものであった。

　また、一極集中が進んでいる東京については、業務核都市等への機能分散を図る一方、本格的な国際化に対応するため、東京圏を世界の中枢的都市の1つと位置付け、業務、居住機能を整備すべきものとした。

　このような考え方に立ち、四全総においては地方中枢・中核都市間の連絡を強化し、全国主要都市間で日帰り可能な一日交通圏を構築するため、

- ○　総延長1万4,000kmで形成する高規

格幹線道路網
○ 新幹線を含む高速鉄道
○ 小型機用空港を含む地方空港

の整備を進めることとされた。

イ 21世紀の国土のグランドデザイン―平成10年

政府は、平成10年3月31日に、目標年次を平成22年から27年（2010年から2015年）とする全国総合開発計画「21世紀のグランドデザイン」を閣議決定した。

この長期計画は、我が国において規制緩和と地方分権が進む中で、多様な主体の参加と地域の連携による自立的発展を促し、一極一軸型から多軸型国土構造への転換を図ろうとするものであった。

また、この長期計画は、①国民意識が、経済の量的拡大から経済社会の質的向上へと価値観が変化してきていること、②地球時代ともいうべきグローバル化した状況下で、国境を越えた地域間の競争がさらに激しいものとなり、グローバルネットワークとの接続性等の国際化対応が決定的に重要になっていること、③人口減少時代を目前にして、経済の効率化や技術革新の促進、国土基盤投資の重点化、効率化等が一層推進されるべきことを指摘している。

このような考え方に立ち、「21世紀の国土のグランドデザイン」においては、国際交通体系の整備を推進するほか、国内交通体系においても地域の連携と自立的発展を可能にするため「全国1日交通圏」及び「地域半日交通圏」を形成することとし、
○ 全国の主要都市間を連結する1万4,000kmの高規格幹線道路網に加え、地域相互の交流促進等の役割を担う6,000〜8,000kmの地域高規格道路の整備
○ 鉄道、空港の引き続きの整備
○ 交通機関相互の連携の推進

を図るものとされた。

ウ 国土形成計画（全国計画）―平成20年

政府は、平成20年7月4日に、計画期間を概ね10年間とする「国土形成計画（全国計画）」を閣議決定した。この計画は、平成17年に従前の国土総合開発法が国土形成計画法へと全面改正された最初の長期計画である。

この「国土形成計画（全国計画）」は、我が国が人口減少局面に入ったことを踏まえ、量的拡大の「開発」基調から、「成熟社会型」の計画に移行したこと、地方分権の進展を踏まえ全国計画と広域地方計画の二層とする分権型の計画体系としたことが特徴的である。

国土形成の基本的な考え方は、「21世紀のグランドデザイン」の構想をさらに徹底させ、多様な広域ブロックが自立的に発展する国土を構築するとともに、美しく暮らしやすい国土の形成を図るとしている。

このような考え方に立ち、「国土形成計画（全国計画）」においては
○ 従前からの高規格幹線道路及び地域高規格道路の整備
○ 鉄道、空港の整備

を引き続き進めるとしながらも
○ 道路整備の重点化（県庁所在地など主要都市間を連絡する規格の高い道路、大都市の環状道路、拠点的な空港・港湾へのアクセス道路や国際競争力確保のために必要な道路など）
○ 広域的都市機能が集積したコンパクトな街づくり及び地域における公共交

通機関と自家用車の適切な役割分担
○　高齢者等移動制約者のモビリティ確保

等に言及している。

　また、国際化対応として特に東アジアとの円滑な交流・連携に向けた国際交通拠点の整備の重要性を強調している。

(3)　平成期を通じた交通体系整備の状況

　道路の整備については、四全総の決定を受け、国内の道路交通の骨格を成す1万4,000kmにわたる高規格幹線道路網（高速自動車国道及びこれと一体となって高速交通網を構成する自動車専用道路の総称）を整備することとし、昭和63年の第10次道路整備5箇年計画から三次にわたる道路整備計画及びその後継の計画である平成15年及び平成21年の社会資本整備重点化計画により逐次整備を進めた。

　鉄道については、累次の運輸政策審議会答申等に基づき、旅客輸送において長距離の大量高速輸送を可能とする新幹線の延伸、都市圏の近距離交通等を支える鉄軌道の輸送力の強化が進められた。しかし、一方で不採算の地方鉄道の廃止、バス路線への転換が進行した。

　航空路については、地方空港のジェット化による時間距離の短縮が図られたほか、鉄道や高速道路でカバーできない高速交通を補うため、小型機用空港やコミューター空港の整備が試みられた。

　これらの交通インフラの整備に当たっては、各交通モード間のスムーズな接続を実現し、交通体系全体の機能が発揮されるよう、空港、港湾、高速道路のインター相互のアクセス向上に意が用いられた。

　このように全体として国内の経済社会活動のためのモビリティは大きく向上したが、過疎地などにおいては、自動車交通の利便性を享受できない高齢者等のモビリティの確保が課題として浮かび上がってきた。また、都市部においても鉄軌道やバス路線網で十分カバーされない地域のモビリティの確保が課題となった。

2　道路の整備

(1)　高規格幹線道路

　高規格幹線道路の中心となる高速自動車国道は、昭和30年代に整備が始まり、当初は全国を縦貫する路線を中心に建設が進められていた。昭和62年に東北自動車道が全線開通し、平成7年に九州自動車道が全線開通したことにより青森から鹿児島間（約2,170km）が完全に高速道路で結ばれた。この間、昭和63年には、瀬戸中央自動車道（瀬戸大橋）が開通し、本州と四国が結ばれている。

　このように、昭和時代の末期には既に全国を縦断する高速自動車国道の路線が概成しており、平成時代は、このような状況を受け、列島の肋骨に当たる横断部分の建設が進んだ。これにより、高速自動車国道等の各路線が接続してループが形成され、ルートの複線化が実現した。

　昭和60年度末当時の高速自動車国道の供用延長は、3,555kmであったが、平成2年度末には、4,661km、平成7年度末には5,677km、平成12年度末には6,617km、平成20年度末には、7,641kmと延伸した。

　自動車専用道路を含む高規格幹線道路の供用延長は、平成12年度末には7,843kmであったが、平成20年度末には9,468kmと

なった。

(2) 地域高規格道路

政府は、第11次道路整備五箇年計画（平成4年5月28日閣議決定）において、高規格幹線道路を補完し一体となって高速交通網を形成する道路として、高規格幹線道路以外の一般道の一部を地域高規格道路として指定し整備することとした。

地域高規格道路は、高規格幹線道路網を補完し、①地方集積圏の拠点都市から空港、港湾、高速道路インターへのアクセスの向上、②地域集積圏の拡大、③地域集積圏同士のモノの移動や人の交流の活発化を図るためのものである。

この考え方は、平成10年に閣議決定された「21世紀のグランドデザイン」に採用され、平成20年に閣議決定された「国土形成計画（全国計画）」にも引き継がれた。

地域高規格道路の供用延長は、平成12年度末には1,331kmであったが、平成20年度末には、1,515kmとなった。

(3) 一般道
ア 概況

平成時代の一般道路の整備は、従来からの都市内幹線街路の整備、交通結節点の改善、市街地再開発事業や土地区画整理事業に伴う街路整備のほか、都市再生のための交通拠点整備、地域の交流、連携を促進するための中山間地域（都市的地域及び平地農業地域を除く地域の総称）の道路整備などが進められた。

この結果、一般道路の総延長は、平成元年には約110万5,000km（改良率47.2%）であったが、平成20年には約119万6,000km（改良率58.8%）となった。なお、平成4年には、基幹的な一般国道のネットワークを拡充するため、主要地方道を中心に102路線、6,061kmについて一般国道の追加指定を行った。これにより、一般国道は、459路線、5万314kmとなった。

平成時代の道路整備に当たっては、道路の持つ多様な機能に着目し、電線等の共同溝の整備、街並みに配意した修景事業、道の駅の整備などが併せて取り組まれた。

イ 地方における道路整備基準の弾力化

道路整備を進める上で、限られた予算を有効に活用し、地域の交通実態に即した道路を整備するためには、全国画一の規格ではなく地域に応じた特例を設けるべきであるとの考え方に立ち、平成15年に道路構造令の改正を行い、高規格幹線道路における追い越し区間付き2車線構造の導入、乗用車専用の小型道路の導入、中央帯幅員の特例措置による縮小などのローカルルールが設けられた。

地方においては、このようなローカルルールの考え方に立ち、特に山間部において1.5車線的道路（可能な限り現道を活用し、局部改良や1車線区間と2車線区間の連続改良を行うことにより一定の走行速度を確保する整備手法）の整備が進められた。

(4) 道路整備計画の実施状況

政府の道路整備計画は、建設省道路局が策定したその時々の「道路整備の長期計画（期間20年程度）」、あるいは「中期計画（期間10年程度）」を基に、政府内で調整の上、五箇年の年次計画を策定し実施されてきた。平成時代における、累次の道路整備

五箇年計画及びその後継である社会資本重点化計画（道路整備事業）の実施状況は、次のとおりである。

単位：億円

区分	一般道事業	有料道路事業	地方単独事業	合計
第10次計画 昭和63—平成4年度 達成率	238,000 226,376 95.1%	140,000 142,387 101.7%	139,000 181,643 130.7%	530,000 550,406 103.9%
第11次計画 平成5—9年度 達成率	288,000 286,274 99.4%	206,000 177,036 85.9%	252,000 254,762 101.1%	760,000 718,072 94.5%
第12次計画 平成10—14年度 達成率	292,000 317,290 108.7%	170,000 134,312 79.0%	268,000 201,554 75.2%	780,000 653,156 83.7%
社会資本重点化計画 平成15年度以降	—	—	—	—

この間の高速道路の開通状況（全線開通）は、次のとおりである。

　　昭和62年　東北自動車道
　　　　63年　北陸自動車道
　　　　　　　近畿自動車道
　　平成3年　中国横断自動車道
　　　　5年　長野自動車道
　　　　6年　長崎自動車道
　　　　7年　九州縦貫自動車道鹿児島線
　　　　8年　大分自動車道
　　　　9年　山陽自動車道本線
　　　　　　　磐越自動車道
　　　11年　上信越自動車道
　　　12年　四国縦貫自動車道
　　　20年　東海北陸自動車道
　　　23年　北関東自動車道

また、本州四国自動車道の開通状況は、次のとおりである。

　　昭和63年　瀬戸中央自動車道（児島—坂出ルート）開通
　　平成10年　明石海峡大橋（神戸—鳴門ルート）開通
　　　　18年　西瀬戸自動車道（尾道—今治ルート）開通

この間、平成9年に東京湾アクアラインが開通している。

3　鉄道輸送力の強化と新交通システムの整備

(1)　鉄道輸送力の強化

ア　長距離輸送

昭和63年3月に青函トンネルが開通し、同年4月瀬戸大橋が開通したことにより、鉄道による我が国の列島の一本化が実現した。

しかし、既に昭和48年に運輸大臣が整備計画を決定していた新幹線の5つの路線（いわゆる「整備新幹線」）については、折りから進行中の国鉄民営化を踏まえ、これを整備した場合の各鉄道会社の経営上の見

通しや費用負担の在り方が問題となり、政府において検討が重ねられ、整備は先送りされていた。その後、平成に入り、既に計画中の新幹線の各路線の整備は断続的に進められたものの、整備新幹線を含む計画の実現は全体として大幅に遅れた。また、昭和62年の国鉄民営化に伴い、不採算の地方のローカル線の廃止が進むとともに、都市部の貨物路線の旅客輸送への振替えにより貨物の輸送力もかなり低下した。

なお、平成に入ってからの新幹線の延伸状況は、次のとおりである。

  平成3年 東北新幹線（東京―上野間）開通、東京駅に乗入れ
    4年 山形新幹線（福島―山形間）開業
    9年 秋田新幹線（盛岡―秋田間）開業
       長野新幹線（高崎―長野間）開業
    14年 東北新幹線（盛岡―八戸間）延伸
    16年 九州新幹線（八代―鹿児島間）開業
    22年 東北新幹線（八戸―青森間）延伸、全線開業
    23年 九州新幹線（博多南―八代間）延伸、全線開業

イ　都市内交通

この間、都市部においては、通勤・通学に係る旅客輸送力強化を図るため、地下鉄を含む新線の整備や複々線化、鉄道間の相互乗り入れなどが進められ、旅客の輸送力は、大幅に強化された。また、大規模開発地域や空港に向けたアクセス鉄道の整備も、重点的に進められた。

平成に入ってからの都市部における鉄軌道輸送力の増強の具体的状況については、第4節「都市交通対策」において交通需要マネジメントの一環として触れる。

(2) 新交通システムの整備

都市部においては、新たな鉄道用地を取得することは困難であり、また地下鉄の建設は膨大な建設費を要するため大量の旅客が見込めないと建設することができない。

このため、平成時代においては、新たな手法として道路等の公共空間の上部等を活用した新交通システムやモノレールの整備が積極的に進められた。

もっとも、これらの新都市交通システム等の整備も、建設費及び運営費に見合う一定の乗降客数を見込む必要があり、実際に整備が進められた地域は東京のほか、千葉市、横浜市、名古屋市、大阪市、神戸市、広島市など一定規模の人口集積のある地域に限られている（モノレール及び新交通システムの設置状況は、「第2章第4節2(4)イ(ア)」を参照）。

4　バスの高質化

(1) 高速バス

ア　高速道路の延伸に伴う路線の拡大

昭和39年に名神間で初めて高速バスの運行が開始されて以降、路線バス会社の運行する長距離高速バスは、高速道路の整備とともに着実に路線を増やしていった。平成に入ってからも、高速道路の延伸によって地方中核都市が次々と主要都市間と結ばれた結果、都市部のバス事業者が地方の事業者と共同運行をする形で路線拡大が進み、JRの長距離夜行列車削減などもあって、

全国に高速バス路線が張り巡らされた。このことは、昭和50年代以降バス需要の減少に悩んでいた路線バス会社にとっては、安定的な需要と高い採算性の期待できる新たな事業分野となり、その収益は、赤字が続いていた地方生活路線などを維持していくための経営面での下支えの役割を果たした。

イ ツアーバス会社の参入

しかし、平成12年2月の道路運送法の改正（国による需給調整規制の廃止）により、バス事業の規制緩和が行われて以降、高速バス事業についても厳しい競争の時代に入った。特に、平成17、8年頃からは、従来路線バス会社が中心となって運行されてきた従来型の高速バスに加えて、旅行会社の企画による募集型のツアーバスや会員制の都市間ツアーバス会社が、高速道路を利用した二地点間輸送に相次いで参入し、高速道路を利用した高速バスサービスが急拡大した。これら新規参入事業者は、低廉な運賃や車両の多様化、そしてなによりもインターネットによる効率的な予約システムの導入により、幅広い年齢層において利用者の支持を集め、平成21年3月末までに、事業者数は295者、4,049系統、年間輸送人員は1億1千人に及んだ。

ウ 競争の激化と安全対策

こうした環境の変化により、高速路線バスと高速ツアーバスとの間の競争は急速に激化し、先行してサービスを提供してきた高速路線バス会社に対抗するため、旅行代金を値下げして客を集めたい旅行会社と、運賃を値下げしても車両の稼働率を上げたい貸切バス会社の思惑が一致することで、急激に高速バス料金の低廉下が進んだ。このような料金の低廉化は、利用者の増加に拍車をかけたが、運転手の長時間運転による過労が原因とされた平成19年2月の「あずみ野観光バス死傷事故」を契機に、過当競争が高速バスの安全性に与える悪影響に対し懸念が高まった。国土交通省は、平成22年9月に総務省行政評価局の勧告が出されたことをきっかけに、同年12月に「バス事業のあり方検討会」を設置し、貸切バス事業の安全を確保するための今後の規制のあり方について検討を進めていたところ、平成24年6月に、さらに7人が死亡、39人が負傷する「関越自動車高速バス居眠り運転事故」が発生した。このため、国土交通省は、①長距離バスの単独運転に係る運転距離の規制強化、②事業者のバス運行の再委託の制限等の安全対策を講じた。

(2) コミュニティバス

ア コミュニティバスの登場と拡大

コミュニティバスとは一般的に、交通空白地域や不便地域の解消等を図るため、市町村等が主体的に計画し、乗合バス事業者に委託するなどして運行する乗合サービスをいう。コミュニティバスが最初に登場したのは昭和50年代後半であるが、平成7年10月に東京都武蔵野市が高齢者の移動手段として運行を開始した「ムーバス」の成功が引き金となって、高齢化と過疎化に悩む全国各地に急速に普及した。平成21年4月現在、全国1,800市区町村のうち1,099市区町村において2,207種類のコミュニティバスが運行している。

近年は、コミュニティバスの一形態として、需要が少ない地域において乗用車両を使用した乗合タクシーや、利用者の要望に

応じて機動的にルートを迂回したり、要望のあった地点まで送迎したりする「デマンド型」の乗合サービスも普及しつつある。

イ 「地域交通会議」の仕組みの導入と「コミュニティバスの導入に関するガイドライン」の策定

コミュニティバスが地域にとって安全で利便性の高い公共交通機関として持続的に運行されるためには、市町村等が中心となって、地域住民、交通事業者などの関係者の十分な議論と合意を得た上で導入することが必要であり、平成18年10月の道路運送法の改正により、地域においてそうした議論を行う「地域公共交通会議」の仕組みが導入された。また、翌年平成19年には「地域交通の活性化及び再生に関する法律（平成19年法律第59号）」が制定され、バスのみならず、鉄道・LRT・フェリーなどを含めた地域の公共交通機関の連携と再生が、国の財政的支援を背景に模索され始めた。

他方で、コミュニティバスの導入によってかえって既存の路線バスの利用者が減り、減便などによって地域住民の利便性が低下したり、市町村の財政負担が増大し、路線が維持できなくなったりするとの問題が発生した。国土交通省では、平成21年12月に、市町村等がコミュニティバスを導入する際に留意すべき事項を整理した「コミュニティバスの導入に関するガイドライン」を策定し、路線バスと整合性のとれたコミュニティバスの導入の促進により、地域住民にとって便利で効率的な地域交流ネットワークの構築を模索している。

(3) 地方におけるバス路線の縮小とモビリティの確保

乗合バスの輸送人員は、昭和40年代の年間100億人をピークに平成に入っても減少を続け、平成22年現在、年間43億人にまで落ち込んでいる。近年、三大都市圏では下げ止まりの傾向が見られているが、その他の地域では高齢化や過疎化の進展により、引き続きバス需要は減少している。

こうした需要動向の中で、特に地方部の乗合バス事業者の経営環境は厳しい状態が続いている。輸送人員の長期的な減少による収入減に加え、関連事業の不調などにより赤字となっているケースが多く、路線撤退や経営破綻に追い込まれた事業者も少なくない[注1]。

高速バス路線を除くと、平成20年代では乗合バス事業者の路線廃止は毎年5千キロに達している。このうち、コミュニティバスやデマンド交通等により代替交通手段が継続的に確保される場合もあるが、約4割に当たる2千キロでは、毎年新たな「公共交通空白地域」が生まれている。

このような状況を受け、危機的な状況にあるバス交通を含む公共交通を維持・再生

[注1] 平成10年以降21年までに産業再生機構や他社の支援を受けた主なバス事業者は、次のとおりである。
- 平成13年　　ことでん
- 平成15年　　九州産交・那覇バス
- 平成16年　　関東自動車・京都交通・北都交通
- 平成17年　　宮崎交通・水間鉄道
- 平成20年　　福島交通
- 平成21年　　岩手県北自動車

し、地域における人々の移動を確保するとともに、人口減少、少子高齢化の進展、地球温暖化対策等の諸課題にも対応するため、平成25年11月に交通政策基本法（平成25年法律第92号）が制定された。

第3節　交通安全

1　概要

交通事故の年間の発生件数は、昭和52年を底に増加に転じ、また年間の交通事故死者数は昭和54年を底に増加に転じた。それまで自動車交通量が増加していたにも関わらず各種の安全対策の実施により交通事故は減少していたのであるが、対策の効果が一巡した結果、追加的な安全対策による事故減少効果が自動車交通量の伸びに伴う交通事故の増加分を吸収できなくなったためである。その後、昭和時代の終わりから平成にかけて交通事故の増勢が明らかとなり、年間の交通事故死者数が1万人を超えると、やがて第2次交通戦争と呼ばれるようになった。

第1次交通戦争においては、我が国政府は道路の交通安全に係る様々な対策を網羅し、総合的な交通安全対策を進めたが、第2次交通戦争においてはその基本的な考え方を踏襲しつつも、特に有効と考えられるいくつかの重点事項に焦点を当てた対策が進められた。

その主な事項を列挙すると次のとおりである。

(1)　被害軽減対策

被害軽減対策は、交通事故の発生そのものを防ぐものではなく、交通事故が発生した場合にその被害を最小限に止めるための対策である。

具体的な被害軽減対策の主なものは、次のとおりである。

○　シートベルト（チャイルドシート）の着用義務の強化
○　自動車の構造強化やエアバッグの普及等による衝突時の安全性向上
○　救急救命士、ドクターカー、ドクターヘリ等による救急体制の強化

(2)　事故多発地点に対する重点的対策

従来の交通安全施設の整備は交通量が一定水準以上の道路を対象に網羅的に進めてきたが、第2次交通戦争の時期は、その中でも特に道路延長当たりの交通事故発生件数の多い区間を抽出し、当該道路の区間を重点に優先的な施設整備を行うようになった。

また、国民の生活に密着する生活道路について、警察、道路管理者、住民が共同で安全点検を行い、危険箇所に対し必要な対策を講じる取組も行われた。

(3)　高齢者対策

高齢化社会の進展とともに、高齢歩行者、高齢運転者の交通事故が増加し、政府はその対応を迫られた。

ア　高齢歩行者

平成に入り高齢歩行者の交通死亡事故が増加し、高齢者の歩行事故防止対策が急務となったため、高齢者の横断事故防止を中心とした交通安全教育や反射材の活用促進の取組が行われた。

イ　高齢運転者

平成に入り、高齢化社会の進展とともに高齢者の運転免許の保有率も徐々に高まり、高齢運転者による交通事故は急激に増加した。このため、免許の更新時における高齢者講習導入など一連の高齢運転者対策が進められた。

(4) 無謀運転の防止対策

ア 若年運転者対策

　10代から20代にかけての若年運転者は、二輪車、四輪車ともに重大事故につながるスピード運転等の無謀運転を行う者が多い。その対策として、教習時の運転者教育の内容を改善するとともに、平成元年には、免許取得後1年以内の初心運転者が一定の違反を行った場合に再試験を行う初心運転者期間制度を導入した。

イ 悪質運転者に対する制裁強化

　昭和60年頃から全国的に交通事故に係る業務上過失致死傷罪の起訴率が低下し、徐々に交通事故に対する緩刑化が進む一方で、飲酒運転や過度のスピード運転などによる重大事故が後を絶たない状況が続いていた。

　これに対し交通事故被害者やその遺族からの批判が高まり、平成13年に危険運転致死傷罪が新設され、翌14年に飲酒運転等の制裁強化、平成19年には飲酒運転やひき逃げの再度の制裁強化、自動車運転過失致死傷罪の導入など一連の制裁強化が進められた。

(5) 車両の知能化及び情報通信技術の活用による安全運転支援

　平成に入り先進安全自動車（ASV）の各種システムが開発され、車両の制御技術も向上し、これによる交通事故防止と安全運転支援が進んだ。

　また、カーナビの発達と路車間通信の導入により運転者に対する地理案内や安全運転に必要な情報を含む各種情報の提供が簡便に行われるようになり、運転者の運転中の負担軽減や幅広い危険予知が可能となった。

(6) 多角的な交通事故分析の進展

　平成に入り、更なる交通事故防止のため交通事故分析の高度化の必要性が認識された。そこで、平成4年に（財）交通事故総合分析センターが設立され、それまでの警察の交通事故統計に基づく事故分析に加え、道路台帳や自動車登録台帳と交通事故統計とのマッチングによる事故分析、交通事故の現場調査等により得られた詳細情報の蓄積によるミクロ分析が進められ、交通事故対策に反映されるようになった。

(7) 交通安全教育の体系化

　交通安全教育は、従来から様々な場面で、その対象に応じ必要と考えられる内容の講習や教育が行われていたが、平成に入り第2次交通戦争が進行する中で、長期的に交通安全の水準を高めるため生涯を通じた交通安全教育の体系を明確にすべきであるとの認識が強まった。これを踏まえ、平成10年に国家公安委員会は「交通安全教育指針」を策定し告示した。

2 シートベルト、チャイルドシートの着用義務化について

(1) 経緯

　我が国においてシートベルトの製造販売が始まったのは昭和35年で、昭和44年に道路運送車両の保安基準により自動車への備え付けが義務付けられた。昭和46年に道路交通法に高速道路等におけるシートベルト着用の努力義務の規定が置かれた。これは、着用義務の法制化としては世界で2番目であった（1番目は、オーストラリアの

ビクトリア州で昭和45年)。

昭和49年には、道路運送車両の保安基準が改正され、運転席、助手席ともに3点式ベルトの備え付けが義務付けられたが、道路交通法ではその着用について努力義務のままとされていた。その後、昭和60年に道路交通法の一部改正により運転者及び助手席同乗者の着用が義務化され、同年から高速道路等における運転者の義務違反について、翌61年からすべての道路における運転者及び助手席同乗者の着用義務の違反について行政処分の基礎点数が付された。

この時点では、既にヨーロッパ諸国やアメリカを含む30カ国においてシートベルトの着用が義務化されており、結果的に我が国の法制化は、先進諸国の中ではかなり遅れてなされた。また、この時点で自動車の後部座席におけるシートベルトの着用及び幼児、児童のチャイルドシートの扱いは、爾後の課題として残された。

(2) シートベルトの着用率向上の取組

昭和50年8月の政府の交通安全対策本部決定を受けて全国で「シートベルト着用推進運動」が続けられていたにも関わらず、シートベルトの着用率は低迷したままであり、昭和60年の道路交通法改正後一時的に着用率が上昇したものの、その後また低下した。

そこで警察庁は、平成2年頃からシートベルトの非着用の取締りを強化した。その後、平成5年の道路交通法の一部改正により一定期間違反や事故のない優良運転者の運転免許証の有効期間を延長するいわゆるメリット制が導入され、平成6年から同制度が施行されるとシートベルトの着用率は上昇に転じ、平成7年には一般道路の運転席で82.9%、高速道路の運転席で91.2%となった(警察庁調べ)。このシートベルトの着用率の向上に伴い、自動車乗車中の事故の致死率は徐々に低下し、交通事故の発生件数が増加しているにも関わらず、死者数は減少するようになった。平成5年中の自動車乗車中の交通事故の死者数は4,835人であったが、平成10年には3,972人となり、その後も減少を続けている。

(3) チャイルドシートの着用義務化
ア 法改正

平成11年の道路交通法の一部改正により、幼児、児童のチャイルドシートの着用が義務化された。

警察庁がそれまでチャイルドシートの着用義務化に踏み切れないでいたのは、①昭和60年のシートベルト着用義務化の法律改正の際、「自分の安全を守るのは自己責任であり、義務化すべきではない」として各方面で強い反対があり、チャイルドシートについても十分な世論の支持がないままに法改正手続きに踏み切った場合、難航が懸念されたこと、②チャイルドシートの着用を義務化すると保護者が新たにチャイルドシートを購入する必要が生じ、保護者に大きな経済的負担を与えることになること等を懸念したためである。

しかし、①諸外国では、昭和51年にオーストラリアのビクトリア州が着用義務の法制化を行ったのを皮切りに、既に早い段階で多くの国がチャイルドシートの着用を義務化していたこと、②平成8、9年頃には、交通問題の専門家の間でチャイルドシートの着用を義務化すべきとの論説が目

立つようになり、また国会においてもチャイルドシートの着用を義務化すべきとの質問が繰り返され、チャイルドシートの着用義務化を容認する一定の世論があると判断されたことから、平成11年に至り法制化に踏み切ったものである。

なお、チャイルドシート着用の効果については、平成6年から10年までの5年間の大破を除く自動車乗車中の交通事故による幼児の被害状況をみると、チャイルドシートを使用していた場合には死傷者4,321人のうち死者は2人で致死率が0.05％であったのに対し、チャイルドシートを使用していなかった場合には死傷者3万570人のうち死者は63人、致死率0.21％であることから、チャイルドシートを使用した場合は、事故時の致死率が4分の1以下になると見込まれた。

イ　改正法の施行状況

チャイルドシートの着用を義務付ける改正法は、平成12年4月から施行された。施行に当たっては、チャイルドシートの普及を円滑にするため、地方自治体や交通安全協会などに働きかけ、チャイルドシート購入の補助金やチャイルドシートの貸出制度などの取組を促した。

また、チャイルドシート非着用の取締りについては警告・指導を先行させ、違反の検挙はチャイルドシートの普及状況を見ながら進める方針とした。

法施行後の平成12年6月に（社）日本自動車連盟が行った「チャイルドシート着用実態全国調査」によると、着用率は、39.9％（前年15.1％）と大幅に増加し、幼児の交通事故防止に一定の成果をあげたが、法施行後10年を経た平成22年4月に警察庁と（社）日本自動車連盟が合同で行った調査では着用率は、56.8％と6割以下の水準にとどまっており、平成25年4月調査でようやく60.2％となった。

(4)　後部座席のシートベルトの着用義務化
ア　法改正

平成19年の道路交通法の一部改正により、後部座席のシートベルト着用が義務化され、平成20年6月に施行された。

シートベルトの着用率の推移をみると、運転席や助手席の着用率が着実に向上しているのに対し、後部座席の着用率は、高速道路で9〜13％、一般道路で6〜8％とともに極めて低調であり、後部座席同乗者に係るシートベルトの着用が努力義務のままでは着用促進が困難であると判断されたためである。

欧米諸国では、当時既に多くの国で後部座席のシートベルト着用が義務化されていることや、平成18年10月の内閣府大臣官房政府広報室の行った「交通安全に関する特別世論調査」によると、後部座席同乗者のシートベルト着用に関し何らかの形で義務化を望む者の割合が約55％となったことなども、この時期に法改正を行う必要性を後押しした。

イ　改正法の施行状況

平成19年改正法の施行においては、後部座席同乗者のシートベルト着用義務違反のうち、高速道路における違反についてのみ運転免許の行政処分の基礎点数を付与することとし、一般道路における違反については、その後の着用状況の推移を見ながら判断していくこととした。これは、後部座席におけるシートベルトの着用率が高速道

路、一般道路とも低い状態にある状況下では、まず高速道路における着用率の向上を図ることが適当と考えられたこと、また高速道路と一般道路では、後部座席シートベルトの着用による死亡事故率低減効果に差異があることを勘案したものである。

法改正がなされた平成19年10月時点の後部座席のシートベルト着用率は、警察庁と（社）日本自動車連盟による合同調査では一般道路で8.8％、高速道路で13.5％であったが、法改正の施行後の平成20年10月の調査では、一般道路で30.8％、高速道路で62.5％と急増し、法改正の成果が見られた。ただ、後部座席の着用率は、その後も一般道路で30％台、高速道路で60％台にとどまっている。

平成18年中の後部座席同乗者の死者数192人のうち、シートベルト着用者は21人、非着用者は162人で、後部座席における非着用者の致死率（0.34）は、着用者の致死率（0.09）の約4倍である。自動車事故対策機構が、平成20年に行った実験、解析によると、後部座席同乗者がシートベルト非着用の場合、後部座席同乗者の頭部重症確率は、95.4％（シートベルト着用の場合9.6％）、後席同乗者が前席に衝突することによる前席乗員の頭部重症確率は、30.8％（シートベルト着用の場合は0.6％）となっている（平成11年6月国際交通安全学会誌Vol.34.No.1 99ページ以下を参照）。以上から、シートベルト着用の効果は歴然としており、更なる着用率の向上が望まれる。

3　運転免許制度の改善

(1)　免許区分の見直し

ア　概要

道路交通法における運転免許は、第一種、第二種、仮免許の3分類に加え、法制定当時の自動車の種類に応じてさらにこれが区分されていたが、その後、自動車等の性能の向上等に伴い、免許区分の集約化が行われてきた。しかしながら、平成に入り自動車の大型化が進むと、四輪車、二輪車ともに免許の再分割が行われた。また、オートマチック車の限定免許も制度化された。

イ　自動二輪免許の区分の見直し（平成7年）

(ア)　経緯

自動二輪車の運転免許については、昭和40年の道路交通法の改正により、総排気量等を基準とする免許区分をなくし、排気量51cc以上の二輪車は、すべて「自動二輪」の免許証で運転することができることとした。しかし、その後排気量の大きい二輪車の事故が増加したことから、事故防止のため排気量に応じた二輪免許の段階的取得を進めることとし、昭和47年4月と昭和50年10月の2回にわたり技能試験に用いる試験車両の総排気量を区分する措置を取り、試験に用いられた車両の区分によって、運転できる車種を①125cc以下、②400cc以下、③限定なしの3種類とした。このうち、前2者の限定免許は、指定自動車教習所で技能検定を受け、合格すれば免許を取得することが可能であるが、限定なしの免許は直接公安委員会の実技試験を受けるものとされていた。

その後、駐日アメリカ大使館から、政府の設けた市場開放問題苦情処理対策本部に対し、限定なしの自動二輪免許について指定自動車教習所における技能検定が行われ

ていないことが、日本における大型自動二輪車の販売阻害要因の1つとなっているのではないかとの申し立てがなされ、閣議決定「今後における規制緩和の推進等について」（平成6年7月5日）により、検討事項とされた。

当時、警察庁としても、二輪車の大型化が進む中で二輪免許の在り方について検討を進めていたので、この際、自動二輪免許制度自体を見直すこととした。

(イ) 制度改正

新しい免許制度では、従来1つであった二輪免許を、総排気量400ccを境として大型自動二輪免許と普通自動二輪免許に区分し、必要な安全対策を進めることとした。

なお、総排気量125cc以下の限定免許については、本人の体格等の問題から125cc以下でなければ運転できない人々が存在することなどから、免許としては、普通自動二輪免許としつつ、従来の限定免許の制度を残すこととした。

大型自動二輪免許と普通自動二輪免許の区分を設ける道路交通法の一部改正は、平成7年4月21日公布され、平成8年9月1日から施行された。

ウ　中型免許の新設（平成16年）

(ア) 経緯

昭和50年代半ばより、社会、経済活動の活性化を図る立場から、輸送コストを削減するため車両の総重量の制限の緩和を求める声が高まり、これを受け、平成5年に「道路運送車両の保安基準」が改正され、一律20トンまでとされていた車両総重量の基準が緩和され、軸距等に応じて25トンまで引き上げられ、車両の大型化が進むこととなった。

一方、運転免許についても、平成3年3月には、経済団体連合会から、「普通自動車の範囲を、車両総重量8トン未満から10トン未満に見直すべきである」との要望書が警察庁に出され、警察庁では、運転免許に関する懇談会[注2]において意見を聴取するなど検討を始めた。さらに、平成12年10月には、経済団体連合会が政府に提出した規制緩和要望項目にも同様の内容が盛り込まれ、平成13年10月には、全日本トラック協会から、警察庁に対して、運転免許制度の見直し等の要望がなされた。

(イ) 自動車の区分の見直しと中型免許の新設

このような情勢の下、警察庁において検討を進めた結果、

○　第一当事者別の車両保有台数当たりの死亡事故件数が、普通自動車のうち車両総重量の上限に近い層（車両総重量5トン以上8トン未満）、及び大型自動車のうち特に車両総重量が大きな層（車両総重量11トン以上25トン以下）において顕著に高くなっていること

○　昭和35年の道路交通法制定時と比べて、車両総重量5トン以上8トン未満の普通自動車の大半を占める普通貨物自動車の軽量化、ロングボディー化が

[注2]　運転免許制度に関する懇談会は、平成9年6月に設置された警察庁交通局長の私的諮問機関であり、運転免許をめぐる国民の要望等に対応し、真に国民各層の意見を反映した運転免許の在り方についての方向付けを行うための提言を行っている。「貨物自動車を運転することができる運転免許のあり方」は、同懇談会の発足当初から検討課題として挙げられていた。

進んでおり、この結果、車両総重量5トン程度の普通貨物自動車であっても、その車長が法制定時の大型貨物自動車とほぼ同じになっていること

○ 大型自動車の車格は、制定時は台数が少なかった車両総重量11トン以上、最大積載量6.5トン以上のものが主流となっていること

等の状況を踏まえ、新たに中型自動車免許（以下「中型免許」という。）の区分を設け、運転手に対し普通、中型、大型の各運転免許の区分に見合った知識・技能を求めることとした。

このため、中型免許を設ける前提として、道路交通法施行規則の改正により自動車の種類に新たに「中型自動車」の区分が設けられ、「大型自動車」は、従来の「大型自動車」に該当する車両のうち、運転免許取得に特別の要件を必要とし政令大型と呼ばれていた車両総重量11トン以上、最大積載量6.5トン以上又は乗車定員30人以上のものとし、「中型自動車」は、交通事故実態や車格、運転特性等を踏まえ、車両総重量5トン以上11トン未満、最大積載量3トン以上6.5トン未満、乗車定員11人以上30人未満とされた。

呼称については、「大型自動車」「普通自動車」の名称が、既に国民に広く認識されている社会実態を踏まえ、混乱回避のため引き続きこれらの呼称を使用することとし、新たに設けられる自動車の区分についてはその中間にある自動車ということから「中型自動車」とされ、その自動車を運転できる免許として「中型自動車免許」が新設された。

中型免許を含む新しい運転免許制度を設ける道路交通法の一部改正は、平成16年6月9日に公布され、平成19年6月2日から施行された。

(2) オートマチック車限定免許
ア　概要

ギア・チェンジやクラッチ操作を必要とせずアクセル操作のみで車の発進、加速を行うことができるいわゆるオートマチック車（以下「AT車」という。）を対象とした限定免許制度は、新たな免許区分を設けるものではなく、道路交通法第91条に基づき、「免許を受ける者の運転の技能に応じ、その者が運転することができる自動車等の種類を限定」するものである。AT車の限定免許の制度は、普通自動車については平成3年、二輪車については平成17年に導入された。

その経緯は、以下のとおりである。

イ　普通自動車

普通自動車のAT車限定免許は、昭和46年に警察庁交通局内で一時導入が検討されたものの、AT車の普及率が低い（昭和44年で普通乗用車の保有台数の約3％）ことなどから、実現に至らなかった。

その後、AT車の普及が進むにつれて、不慣れな運転者によるAT車の急発進事故等のマニュアル車では起こり得ない重大事故が発生するようになり、マスコミで大きく取り上げられるなど社会の関心が高まった。このため、まず指定自動車教習所の普通自動車の学科教習におけるAT車の構造及び運転操作上の注意事項の説明の実施、指定自動車教習所の技能検定合格者に対する任意のAT車の技能教習制度等の施策を経て、昭和62年から普通自動車の技能教習

の課程中にAT車を使用した教習が盛り込まれた（当初、技能教習27時限中2時限、平成元年からは4時限）。さらに、平成元年には、普通乗用車の新規登録台数（軽乗用車と輸入車を除く。）のうちAT車の割合が72.5％に達し、総務庁行政監察局からも普通自動車のAT車の運転免許制度の創設の早急な検討を求める報告書が公表されたことから、AT車限定免許導入の機運が高まり、警察庁においてAT車の実験教習等の調査・研究を行った結果、普通免許、普通第二種免許及び普通仮免許についてAT車限定免許が導入されることとなった。

これを受け平成3年6月26日付けで技能教習の教習時間等に関する道路交通法施行規則の規定が改正され、同年11月1日から施行された。

ウ　自動二輪車

自動二輪車については、普通自動車から遅れてAT車の普及が進んだが、平成に入ると、特に小型限定普通二輪免許の対象である原付二種は、新規販売台数のうちAT車が50％を超えるようになっていた。このような状況を背景として、平成14年3月14日、自動車工業会から警察庁に対して、自動二輪車免許についてもAT車限定免許の導入を求める要望書が提出され、さらに、平成15年6月に政府の総合規制改革会議に対しても、同趣旨の要望がなされた。

その後、警察庁において調査、研究の結果、AT自動二輪車については、クラッチ操作を習得する必要がないこと等の操作上の容易さはある反面、AT車の大半を占めるスクータータイプについては、他の自動二輪車と比べて軸距が長いため走行中の小回りが難しく、また、安定した運転姿勢を維持しにくい等の問題点があり、これらのAT車の車両特性を踏まえた教習を行うことが交通安全の観点から望ましいと考えられた。

この調査、研究の結果を踏まえ、AT車限定免許が導入されることとなり、平成16年5月28日付けで技能教習の教習時間等に関する道路交通法施行規則の規定が改正され、平成17年6月1日から施行された。

(3) 初心運転者期間制度
　　～平成元年12月15日（法律第90号）道路交通法の一部改正～

初心運転者期間制度は、免許取得後1年未満の運転者（以下「初心運転者」という。）の事故率が高く、また、この間に一定の違反行為を行った者はその後においても事故を起こしやすいという傾向があることにかんがみ、免許取得後1年間の期間、一定の違反行為をすれば講習ないし再試験を受けなければならず、再試験に不合格又は再試験を受験しない場合は免許が取り消されることになるという負担を課すものである。

この心理的圧力により、初心運転者に対して、教習所等で学んだ安全な運転に必要な技能・知識を真に定着させるための動機付けを行うとともに、この間に一定の違反行為を行い危険性の徴候が表れた者に対しては、講習等により早期にその改善を図ろうとするものである。

ア　制度導入の背景

(ア)　初心運転者の事故状況

運転免許を取得してからの期間と交通事故の関係についてみると、初心運転者の事

故率には、免許取得後1年以上の他の運転者との間には当時2倍以上の大きな違いがみられた。

昭和63年の統計では、初心運転者の数は、全運転免許保有者の約6％に過ぎないが、この初心運転者が全交通事故のうち約12.5％の事故を引き起こし、さらに死亡事故については、全体の14.9％の事故を引き起こしている。事故率でみると運転経験1年以上の運転者は、1000人当たり9.3件、初心運転者は同じく20.6件と2.2倍となり、死亡事故でみれば運転経験1年以上の運転者が0.14件であるのに対し、初心運転者は0.38件と2.7倍もの高い割合で事故を引き起こしている。また、事故と相関関係にあるとされる交通違反についても、運転経験1年以上の者が100人当たり19.1件であるのに対し、初心運転者は39.2件と2倍以上の高い割合を示している。

(ｲ) 従来の初心運転者対策の問題点

初心運転者対策としては、それまでに、①初心運転者による自動二輪車の二人乗り禁止（昭和60年改正）、②初心運転者講習受講義務（昭和60年改正）、③初心運転者標識（初心者マーク）表示義務及び初心運転者保護義務（昭和47年改正）などが道路交通法に定められていた。しかし、直接の安全教育機会である上記②の初心運転者講習の受講に関しては、法的な受講の担保措置がなく徹底されていないこと、講習時間が不十分である等の問題点が指摘されていた。

このような状況を打開し、交通の安全を図るためには、初心運転者に対して、特別の講習の受講や見極めのための措置等何らかの義務負担を課すことが必要であると考えられた。しかし、社会的には、行政の簡素合理化の観点から国民負担の軽減及び規制緩和が大きな課題となっており、また、国民皆免許と称されるほど、運転免許保有者数が増大し、車が国民の生活に密着したものとなっている状況を考慮すれば、初心運転者の事故率が他の運転者に比較して高く、格別の対策が必要であるとしても、ペナルティの強化や更なる講習の義務付けなどの負担は必要最小限度のものであるべきであり、また制度の目的からしても、単に講習の受講義務を課すだけではなく、道路交通に参加する主体（運転者）としての自主的、自律的努力を本人に促すようなものが望ましいと考えられた。

(ｳ) 諸外国における暫定免許制度

諸外国においても若年運転者を中心とする初心運転者による事故が問題視されており、その対策の一環として、当時既に、免許取得後一定の期間を暫定的な免許として扱ういわゆる暫定免許制度がノルウェー、ニュージーランド、米国及びオーストラリアの一部の州で導入されていた。

また、西ドイツにおける試行期間付免許制度は、初心運転者に対して一応他の運転者と同じ完全な効力を有する免許を与える形を取るが、初心運転者の間は試行期間とし、この間に一定の違反行為をした者には講習又は再試験を義務付けるもので、厳密な意味での暫定免許とはいえないが、暫定免許制度と同様の機能を有するものであった。この西ドイツの制度は、初心運転者に対しても他の運転者と同じ完全な効力を有する免許を与えつつ一定の措置を講ずるという点で、我が国の従来の初心運転者講習制度に極めて近いものであり、大いに参考

とされた。

イ 初心運転者期間制度の導入

(ア) 制度の考え方

初心運転者期間は、新たに運転免許を取得した者が自動車等を安全に運転するための技能・知識の定着を図るよう努め、これが定着をしたことを自らが証明するための期間であり、免許の種別ごとに免許取得後1年間（免許停止期間は含まれない。）とされている。この間に一定の違反行為がないか、又は初心運転者講習受講後一定の違反行為がなかった場合は、この技能・知識が定着したものとみなされる。

初心運転者期間を1年間としたのは、① 免許取得後1年未満の者の事故率が他の運転者のそれと比較して著しく高いこと、② 免許取得後1年間の状況をみれば、その後の事故発生の可能性を推察し得ること、③ 従来の初心運転者対策（初心運転者講習の受講義務、自動二輪車の二人乗り禁止、初心者マーク表示義務等）が免許取得後1年未満の期間を対象としており、免許取得後1年未満の者を初心運転者として捉えることが既に定着していると考えられたことによる。

また、それまでの初心運転者講習制度は、対象を「第一種免許を受けた者」として免許の種別を限定していないのに対し、本制度では、普通免許、二輪免許又は原付免許を受けた者のみを対象とし、かつ取得した免許の種別ごとに適用される。これは、第一種免許のうちこれらの3種類の免許以外の免許取得者については、初心運転者である間に事故が多いといういわゆる初心者性が見られないこと、それまでの初心運転者講習においても受講対象者が少ないことなどによるものである。

(イ) 初心運転者講習の実施

初心運転者講習は、初心運転者期間内に一定の違反行為があり、自動車等の安全な運転のための技能・知識が定着しておらず、又は誤った技能・知識が定着しつつあると認められる者に対し、正しい技能・知識を定着させ、又は誤った技能・知識を矯正することにより、初心運転者期間内及びその後における事故の防止を図るものである。

従来の初心運転者講習については、受講義務について担保措置がないことから受講が徹底されていなかったことが問題であったが、本制度においては、免許の取消につながる再試験制度を置くことにより受講を担保している。

この講習を修了した者は、安全な運転のための技能・知識が定着したものと推定され、受講後初心運転者期間内にさらに一定の違反行為を行い、その推定が破られない限り、再試験が免除される。

(ウ) 再試験

再試験は、初心運転者期間内に一定の違反行為を行い危険性の徴候が見られる者について、免許取得時の試験でチェックした安全に運転するために必要な正しい技能・知識を初心運転者期間経過後においても有しているか否かを確認するために行われる。再試験に合格した者については、所要の技能・知識が定着したものと見なされる。一方、再試験に不合格の者については、引き続き運転させることは危険であるから、その免許を取り消すこととなる。

また、再試験を受けなかった者も当該免許を取り消される。

ウ　効果

初心運転者期間制度の実施前後の状況についてみると、初心運転者講習の受講率（前後各2年間の平均）は、69.6％から84.3％と大きく向上し、事故率（前後各3年間の平均）は、2.10から1.72と低下しており、制度創設の目的に沿った成果を上げているといえる。

また、再試験については、平成18年から20年までの3年間の状況をみると、受験者数は、2000人～5000人と年によってバラつきはみられるが、平均合格率は、普通車約9.3％、二輪車6.2％、原付49％となっている。

通常の運転免許試験の合格率と比較すると、原付に関しては、ほとんど差はないが、他の免許種別では、再試験の方が低くなっている。再試験と通常の運転免許試験の試験内容は同一である。

初心運転者期間制度は、直接的には危険運転者を道路交通から排除することを目的としたものではないが、結果的に危険な運転者を未然に排除することになり、その点においても本制度は、道路交通の安全確保に大きな役割を果たしているものといえよう。

(4) 有効期間のメリット制
ア　背景

そもそも、運転免許制度は、交通安全を確保するためのものであり、免許証の更新手続き事務や講習の受講など、その運用に際してはある程度の国民負担はやむを得ないものとしてきた。

しかし、一方で車社会の進展とともに運転免許保有者数は増加の一途をたどり、昭和55年末の運転免許保有者数は、約4,300万人と昭和41年のほぼ2倍となり、さらにその後も年間200万人規模での増加傾向を示し、まさに国民皆免許時代が実感されるところであった。

このような状況の中で、昭和56年から審議が始まった第2次臨時行政調査会において、国民負担軽減の観点から運転免許の有効期間を延長すべきではないかとの問題が提起された。この時点では、警察庁としては、交通安全確保の観点から、現行法上3年とされている運転免許証の有効期間の延長は不適切であるとしつつ、国民負担の軽減の観点から、昭和57年以降、免許証の即日交付、日曜窓口の開設、優良運転者に係る講習の短時間化、更新窓口の拡大といった施策を講じることとした。しかし、その後も運転免許証の有効期間の延長を求める声が少なからずあり、規制緩和の議論の対象となっていた。

イ　優良運転者については有効期間を5年に延長
〜平成5年5月12日（法律第43号）道路交通法の一部改正〜

(ｱ)　改正の経緯及びその内容

平成に入って、規制緩和、国民負担の軽減等の流れが強まると、運転免許に関しても更新手続き等に関する負担軽減が一層強く求められるようになり、平成4年6月の臨時行政改革審議会の第3次答申において、運転免許証更新手続きの簡素合理化として、「運転免許証の有効期間（現行3年）にメリット制を導入し、優良運転者については更新時に5年に延長」する旨が盛り込まれた。

これらを受け、平成5年5月の道路交通

法の一部改正により、運転免許証の有効期間にメリット制を導入し、一定期間（5年間）無違反を継続した優良運転者については、更新期間を5年に延長した。

なお、70歳以上の高齢者については、加齢に伴う身体状況の変化を考慮して優良運転者であっても年齢によって制限され、70歳は4年、71歳以上では3年のままとされた。また、初回更新者についても安全な運転の定着化のために教育を行う必要性が高いことから、同じく3年のままとされた。

併せて、運転者の安全運転への自覚を促し、かつ外見上も優良運転者であることが一目でわかるようにするため、運転免許証の有効期間欄の色を優良運転者については、金色（ゴールド）、それ以外は青色（ブルー）とした。

従来の運転免許制度は、運転行動不良者に対して行政処分や講習の受講等の制裁や負担を課すことで違反行為に対する抑止力としてきた。これに対し、新しく導入したメリット制は、安全な道路交通の確保のために好ましい運転を継続した者に対しては、更新時講習における講習時間短縮等のそれまでの優遇措置に止まらず、積極的により大きなメリットを与えることにより、安全運転意識を高め、自主的、自律的努力を促し、安全な運転を継続して行う方向に誘導していこうというものである[注3]。

(イ) 効果

平成12年に警察庁運転免許課が行った「運転免許証の更新制度の効果等に関する調査結果」によれば、更新後2年間の事故率は、優良運転者が0.82％であるのに対し、非優良運転者（初回更新者を除く）は2.07％、初回更新者は2.08％であり、優良運転者が安全な運転を継続していることが示された[注4]。

この有効期間5年の優良運転者であることを表す免許は、一般的に「ゴールド免許」と呼称され、いわば優良運転者の代名詞として国民に広く浸透、定着した。言い換えれば、優良免許が運転者の一種のステータスとして、国民に認知、確立されたともいえるもので、有効期間のメリット制導入の当初目的は達成されたといえる。

なお、社会的にも、ゴールド免許は自動車保険の保険料の割引のほか、ガソリンの値引きなどの対象とされるなど、ゴールド（優良運転者）を優遇するような措置が講じられている。

ウ　有効期間の基本を実質5年に延長
　　〜平成13年6月20日（法律第51号）道路交通法の一部改正〜

[注3] メリット制導入以前にも、優良運転者に対しては、免許証の更新時の講習時間を短縮するなどの優遇措置が取られていた。

[注4] メリット制に対する運転者の反応
平成11年の（財）全日本交通安全協会によるアンケート結果では、免許更新者（9,582人）中、「次回更新時に優良免許となるため、無事故・無違反を心がけようと思う」とした者は87.3％（8,365人）と高い割合を示し、なかでも一般免許から優良免許になった者では89.2％とさらに高い割合を示している。また、一般免許から一般免許になった者でも、82.6％の者が優良免許となるために心がけるとしている。

また、同年に（社）日本自動車連盟が行ったアンケート調査においても、全回答者（5,588人）中、「次回更新時に優良免許となるために、無事故・無違反を心がける」とした者は78.5％（4,389人）と高い割合を占めている。

第2章 道路交通政策

(ア) 背景

　平成5年の改正では、優良運転者についてのみ、例外的に有効期間を5年としたもので、免許証の有効期間の原則は3年のままであった。その後、政府全体として各種の有効期間を見直し、国民の負担を軽減するという方針に基づき、平成9年2月の閣議決定「申請負担軽減対策」において、「有効期間の倍化」の基本方針[注5]が示された。

　さらに、平成10年3月に閣議決定された規制緩和推進三箇年計画においては、「自動車運転免許証の有効期間の延長及び更新手続きの一層の簡素化について、交通安全の確保に配慮しつつ、調査の結果を踏まえ平成12年5月末に方向性を明確化する」こととされた。これを受け、警察庁は、更新制度の効果、諸外国の制度等についての調査、有識者からの意見聴取等を実施し[注6]、この結果を踏まえ、平成13年の法改正に踏み切った。

　なお、当時の国家公安委員会からは、「交通安全には厳しく、手続きは簡素に」との見解が示され、また、部外有識者等による懇談会(運転免許制度に関する懇談会)からは、「交通安全の確保が損なわれないようにすることを第一としつつ、国民の負担が実質的に軽減されるようにすることが求められる」との見解が示されている[注7]。

(イ) 改正の内容

　平成13年の改正では、従来、運転免許証の有効期間を優良運転者のみ5年としていたものを、5年間で軽微な違反が1回にとどまる一般運転者についても優良運転者に準ずるものとして5年とし、それ以外の者は3年のままとした。これにより、有効期間が5年とならない者は、70歳以上の高齢者、免許経験が5年未満の者(初回更新者)のほか、軽微な違反を繰り返し、あるいは重大な違反を犯した者となった。この結果、70歳未満で5年以上免許を保有する者のうち、約4分の3が有効期間5年に該当することとなり、実質的には5年免許が基本となった。

　なお、優良運転者及び優良運転者に交付

[注5] 申請負担軽減対策(平成9年2月閣議決定抜粋)
　「有効期間のある許認可について、有効期間を見直すとともに、有効期間を設定する必要のある場合であっても長期とする。具体的には、明らかに不適切なものを除き、現行の有効期間を倍化する。倍化が困難なケースでも最大限延長する。」

[注6] 規制緩和推進三箇年計画(平成10年3月閣議決定)に基づく警察庁の調査結果概要
　免許証更新後は更新前に比べ事故が約5.8%減少している。優良運転者の場合、4年目には1年目に比較して4%以上も事故が増加している。
　眼科医等の専門家の意見でも定期的視力検査として適当と考えられる期間が5年を超えてもよいとするものはほとんどなかった。
　英国などそれまで一定年齢まで更新なしで有効としてきた国においても名義人との同一性を確認できるようにするため新たに更新制度が導入されてきている。

[注7] 運転免許証の更新制度についての運転免許制度に関する懇談会提言(平成12年5月)
　更新制度の在り方については、「交通安全の確保が損なわれないようにすることを第一としつつ、国民の負担が実質的に軽減されるようにすることが求められる。」
　運転免許証の有効期間については、「長期でも5年としている現行の制度を維持すべきである。」、「運転者の事故・違反の状況等に応じて運転免許証の有効期間に差異を設けるべきである。」

されているゴールド免許の扱いについては、優良運転者（ゴールド免許）は、運転者の模範として称揚されるものであるから、あくまでも無事故無違反に限られること、優良運転者であることに伴うメリットは免許証の有効期間の年数延長だけではないこと及びゴールド免許の制度により運転者全体に対し安全運転を促すことが引き続き重要であることから、従来どおり、5年間無事故無違反の者に限られることとされた。

このほか、運転免許証の更新間隔が伸びることによる事故防止機能への影響を考慮して、新たに更新時講習を優良運転者、一般運転者、違反運転者等の別に行うことや優良運転者については、住居地以外の他の都道府県公安委員会の窓口でも更新申請が行えること、やむを得ない理由によって更新期間内に更新できなかった者についても、5年間無事故無違反であれば、優良運転者の対象とすることとされた。

4　高齢者対策

(1)　高齢者に係る交通安全対策の展開
ア　高齢者対策の背景

我が国の65歳以上の高齢者人口は、昭和45年には、739万人であったが、平成10年に2,051万人、平成17年には、2,576万人となり総人口の20％を超えた。このような中、高齢者[注8]の交通事故死者数は、昭和50年代半ばから増加を続け、平成5年以降は、若者（16～24歳）を上回って最多の年齢層となっている。高齢者の交通事故死者数は、平成14年頃からは減少傾向にあるが、他の年齢層はさらに減少しているため、全交通事故死者に占める割合は年々増加し、平成23年には全交通事故死者の49％となっている。

また、高齢者の運転免許保有者は、昭和45年には、21万人に過ぎなかったが、昭和60年には163万人となり、平成18年には、1,032万人と1,000万人を超え、平成23年には、1,426万人となっている。

これに伴い、自動車又は原付運転中に高齢運転者が第一当事者となる事故は、昭和45年には、2,596件に過ぎなかったものが、昭和55年には、6,259件、昭和60年には、1万1,721件と大幅に増加し、平成19年には、10万2,086件と10万件を超えた。その後、高齢運転者による事故の発生は、横ばい傾向にあるものの、高齢者の運転免許保有者数の増加につれて、更なる増加が懸念されている。

イ　高齢者交通安全対策の展開

従来から、高齢者は、子供と並んで交通弱者としてその対策が交通安全対策を進める上で大きな課題であったが、平成に入り高齢者人口が大幅に増加し、政府の全般的な高齢者対策が展開される中で、高齢者の交通安全対策も、これに対応する形で推進

[注8]　高齢者の定義
　警察庁の交通事故統計では、現在65歳以上を高齢者としているが、昭和63年6月までは60歳以上を高齢者として扱っており、「交通事故統計年報」（警察庁交通局）は、昭和62年版までは60歳以上を高齢者として計上している。昭和63年以前の警察白書、交通安全白書等も同様であり、参照する場合は注意を要する。本稿においては、統計の不整合を避けるため、昭和63年以前についても65歳以上を高齢者とした。

された。

(ア) 長寿社会対策大綱と高齢者の交通安全総合対策

昭和61年6月に決定された政府の長寿社会対策大綱は、我が国社会が人生80年時代を迎えるとの認識に立って、活力ある長寿社会を築くため経済社会システムの転換に取り組むとし、安全で住みよい生活環境の形成のため、高齢者が安全かつ円滑に行動できるように取り組むものとした。

第4次交通安全基本計画（昭和61年3月）では、そのような考え方を反映し、従来の交通弱者としての高齢者事故防止対策に加えて、「高齢運転者対策の充実」も課題として取り上げられた。その後、策定された交通対策本部決定「高齢者の交通安全総合対策について」（昭和63年9月。以下「高齢者交通安全総合対策」という。）も、交通弱者としての高齢者を事故から守るための施策に加え、運転適性診断等高齢運転者の事故防止のための施策を取り上げている。

この交通対策本部決定に基づき、昭和63年9月に、関係省庁や民間団体等が参加する「高齢者交通安全対策推進会議」が設置され、平成2年2月、高齢者交通安全対策推進会議によって「高齢者交通安全教育指導指針」が策定された。さらに、平成4年9月には、高齢者交通安全対策推進会議において、高齢者保護対策の強化や高齢者にとって安全な車両の開発等に取り組むとする「今後の高齢者の交通安全対策の推進について」が決定された。

また、高齢者の安全かつ円滑な移動を可能とするため、高齢運転者が運転しやすい道路環境の整備も必要と認識されるようになり、「第11次道路整備五箇年計画」（平成5年）では、従来の歩行者対策に加えて、都市間を結ぶ幹線道路におけるゆずりあい車線や休憩施設（「道の駅」）の整備、道路照明の整備等に取り組むとされた。

(イ) 高齢社会対策基本法と高齢者交通安全対策

平成7年11月に施行された「高齢社会対策基本法」（平成7年法律第129号）に基づき策定された「高齢社会対策要綱」（平成8年7月）では、「高齢者の移動しやすさの確保」のため、「高齢者が安心して自動車を運転し外出できるよう道路交通環境の整備」、「高齢者に配慮した交通安全施設の整備」等を進めるとされた。その後策定された、第6次及び第7次の「交通安全基本計画」（平成8年3月、平成13年3月）や「第6次特定交通安全施設等整備事業五箇年計画」（平成8年12月）では、高齢者が安心して暮らせる道路交通環境の整備、都市間道路における追い越しのための付加車線の整備等、高齢運転者が運転しやすい道路交通環境の整備の推進や高齢者が乗りやすい自動車の開発についても推進事項とされた。

平成13年12月に、新しい高齢社会対策大綱（以下「新高齢社会大綱」という。）が決定された。新高齢社会大綱は、健康面でも経済面でも恵まれないという旧来の画一的な高齢者像を見直し、高齢者の多様なライフスタイルを可能とし、安全で安心な生活と積極的な社会参加等を進めることができるように、環境の整備や高齢者自身の地域社会への参加を支援し、地域社会や家庭が適切な役割を果たすようにすることが必要としている。

この新高齢社会大綱の考え方を踏まえて、高齢者の多様性、通行形態ごとの交通事故のリスクの分析、家庭・地域・学校等の役割の重視等の考え方に基づき、高齢者の交通安全対策の指針となる新たな交通対策本部決定「本格的な高齢社会への移行に向けた総合的な高齢者交通安全対策」（平成15年3月）が策定された。

この時期以降、高齢者に係る交通事故防止対策（第8次及び第9次「交通安全基本計画」（平成18年3月、平成23年3月）、第1次及び第2次「社会資本整備重点計画」（平成15年10月、平成21年3月）等）は、高齢者が安全にかつ安心して、外出、移動できるように、各交通モードにおける特性を踏まえ安全を確保するという視点と、快適に通行できる環境を確保するという視点から推進されている。

(ｳ) 道路交通法改正による高齢者交通安全対策のバックアップ

警察庁は、高齢者対策をさらに強力に進めるために制度的なバックアップが必要であるとの認識に立ち、交通安全対策に係る有識者の参加を得て、交通局長の私的諮問機関として「高齢者にやさしい交通社会をめざす懇談会」を開催し、同懇談会の提言（平成8年4月）を踏まえ、平成9年に道路交通法の改正を行った。

この改正には、交通安全教育指針の作成、道路を通行する高齢者の保護、高齢運転者講習（75歳以上対象）、高齢運転者標識（75歳以上対象）、高齢運転者の申し出による運転免許取消制度等の規定が盛り込まれている。

また、平成21年4月の道路交通法改正では、高齢運転者の保護及び道路利用の利便性の向上等のため、福祉施設等の周辺の道路上に高齢者等専用駐車区間を設置できる制度の創設、高速自動車国道等における車間距離不保持に対する罰則の引き上げもなされている。

(2) **高齢歩行者対策の推進**

平成時代においては、高齢歩行者の交通事故防止対策として、①高齢者の道路利用や特性に配慮した道路交通環境の整備を推進するとともに、②交通ルールや道路上の危険についての理解不足や、加齢による身体能力の低下が交通行動に与える影響についての認識不足が高齢者の不適切な交通行動につながっているとの認識に立ち、交通安全意識の啓発や交通安全教育・指導、地域社会における保護活動等の取組が進められた。さらに、③交通事故の際、歩行者にとってダメージの少ない車両の開発も進められた。

ア **道路交通環境の整備**

(ｱ) 道路施設の整備と交通規制の実施

道路整備においては、従来から、歩行者事故対策として歩道や立体横断施設、コミュニティ道路等の整備が進められていた。昭和60年代に入り、高齢歩行者対策が課題となると、これらの整備に当たっては、高齢者の利用に配意し安全・快適に通行できるように幅の広い歩道の整備や段差の解消、立体横断施設へのスロープ設置等が進められた。平成5年11月には、道路審議会の答申を受けた道路構造令や道路法施行令の改正により、高齢者の心身機能に配慮した道路整備推進のため、歩道の最少幅員が2mとされるとともに、高齢歩行者が休憩するためのベンチ及びベンチを覆うた

めの上屋が道路付属物とされた。

　一方、警察の行う交通規制では、昭和63年から、従来実施されてきた生活ゾーン規制の一手法として、高齢者保護に特化したシルバー・ゾーン規制が行われるようになった。シルバー・ゾーン規制は、老人福祉施設や高齢者の利用度の高い施設の周辺地域等において、高齢者が安心して通行できる道路交通環境を確保するため、歩行者用道路、速度規制等の交通規制や視覚障害者用付加装置付信号機等の整備を総合的に組み合わせて行うものである。

　このように、高齢歩行者の安全な歩行空間の確保に向けた道路交通環境の整備は、道路管理者と警察が相互の連携を図りつつ、それぞれの計画により進めていたが、平成７年の高齢社会対策基本法制定等により、高齢者の社会参加を支援するため「高齢者等の生活空間における安全・快適な道路交通環境の整備」を推進する必要があるとの考え方が強まる中で、平成８年から実施された第６次交通安全施設等整備事業５箇年計画において、歩行者等の事故死傷者が多発している地域を対象に、警察と道路管理者が連携して、ゾーン規制等とコミュニティ道路等の面的整備を併せて実施するコミュニティ・ゾーンの整備が始められた。

　さらに、平成12年に制定されたいわゆる交通バリアフリー法（平成18年からは、新交通バリアフリー法）に基づき、市町村によって基本構想が策定された重点地区等において道路管理者と警察が連携して幅の広い歩道の設置、段差改善、路面改善等の整備や歩行者用道路規制、バリアフリー信号機等の整備を推進し、高齢者等が円滑に移動できる歩行空間のネットワークを形成していくこととされた。

　その後、平成15年の社会資本整備重点計画等においては、歩行空間のユニバーサルデザインの考え方を踏まえ、ゾーン整備とバリアフリー化された歩道等の整備をその内容とする「あんしん歩行エリア」の整備が推進されている。

(ｲ)　信号制御の高度化

　高齢者や身体障害者は、歩行速度が遅いために青信号の時間内に道路を渡りきれないことがあることから、新しいエレクトロニクス技術等を取り入れながら、信号制御の高度化が図られてきている。

a　歩行者感応信号機

　昭和50年代後半から警視庁等において、道路上に設置した赤外線センサーを用いて横断歩行者を感知することにより歩行者用青時間を延長する歩行者感応信号機が導入され、平成８年の第６次交通安全施設等整備事業５箇年計画で全国的に採用されるようになった。この方式では、横断者の多寡等に対応した表示時間の調整はできなかったが、平成22年３月から、画像センサーを利用して横断歩道上や歩道上を広範囲に感知し、横断者の多寡等による青時間の延長・短縮を行うことのできる新たな歩行者感応式信号機の設置が始まった。

b　弱者感応式信号機（高齢者等感応信号機）

　昭和60年から、警視庁において高齢者等が持つ携帯発信器の発信する電波に信号制御機の付加装置が反応し、歩行者用の青時間を延長する信号機システムが運用されていたが、平成３年から実施された第５次交通安全施設等整備事業五箇年計画で、携帯

発信機（電波）により遠隔操作する機能に加え、携帯発信器を持たない高齢者等も利用できるように押しボタンにより青時間を延長できる機能を備えるものに改良し、「弱者感応式信号機」として採用された（平成12年の交通バリアフリー法制定以降は、「高齢者等感応信号機」と呼称されている。）。

平成10年から、上記の弱者感応式信号機を発展させた歩行者等支援情報通信システム（PICS）の実験が始まり、平成12年から、全国的に整備されるようになった。PICSは、高齢者等が携帯する端末装置等と信号機に併設された赤外線を利用した通信装置との双方向通信により、歩行者用青信号の延長や信号機の状態等の情報提供を行うシステムである。

　　c　歩車分離式信号機

歩車分離式信号は、交差点において自動車と歩行者を別々に分け、相互に交錯が全く生じないか又は交錯が少なくなるように信号制御するもので、昭和43年にスクランブル交差点として熊本市において運用を開始し、その後全国の都市部の大規模交差点において運用されていた。

交通バリアフリー法の制定など、「人優先」で交通弱者の安全を確保することが一層必要であるとの社会のコンセンサスができつつある中で、警察庁は、平成13年度に、いくつかのパターンの歩車分離式信号のモデル運用を行い、フィールド評価を行った後、平成14年9月に「歩車分離式信号に関する指針」を示し、歩車分離式信号の導入を積極的に推進することとし、さらに平成23年4月には交通規制課長通達（「歩行者分離式信号の整備推進について」）

を発出し、整備の促進を全国警察に求めている。

　イ　高齢者に係る交通安全啓発活動

　　(ア)　横断歩行事故防止の安全教育、広報・啓発活動

高齢者の歩行中の事故死者は、道路を横断中の者が大半であり（昭和61年には、歩行中事故の75.6％）、高齢者の不適切な行動にも原因があると考えられたことから、歩行中の横断事故防止を中心に、交通安全意識を啓発するための交通安全教育や広報・啓発活動が推進された。

　　(イ)　反射材の普及促進

歩行中の高齢者の事故は、夕刻から夜の早い時間にかけて多く発生していることから、反射材の活用が有効な対策の一つと考えられ、反射材の利用を促進するため、反射材の効果と使用方法等の周知が図られている。

講習等の教材としては、夜間における被視認性についてのビデオ、DVD等が作成され、また、参加・体験・実践型の交通安全教育では、暗い中で視認性を実際に体験させるなどの手法が採られている。

また、従来、反射材を手軽に装着できるとして反射シールの活用が推奨されていたが、平成に入ると反射材を組み込んだ小物類や靴、鞄等の開発が進められるようになった。平成5年3月には、反射材の製造、加工メーカー等が参加する全国反射材普及促進協議会が設置され（平成23年10月一般社団法人に改組）、さらに、平成16年6月には、反射材製造業者のほかアパレル業界等が参加した反射材活用推進委員会が組織され、反射糸を利用した反射材衣料の開発、普及が進められている。

(ウ) 高齢歩行者保護の思想の普及

　道路交通の場においては高齢者を交通事故から守るためには、運転者ばかりでなく、社会全体が高齢者に思いやりのある対応をすることが必要である。

　このような考えに基づいて、上記(1)イ(ウ)のとおり道路交通法は、平成9年の道路交通法改正により、高齢の歩行者が通行しているときは、車両等の運転者はその通行を妨げないようにしなければならないこととされ、また「高齢の歩行者で通行に支障のある者」が道路を横断し又は横断しようとしている場合において、「歩行者等から申し出があったとき」等には、その場に居合わせた者は、歩行者が安全に道路を横断することができるように努めなければならないこととされた。

　また、平成21年の道路交通法改正では、高齢化の進展やバリアフリー化の推進等により、高齢者等が道路交通の場に参加する機会の一層の高まりが予想されるとして、そのような場合に歩行中の高齢者等交通弱者の「通行の安全を確保する方法について住民の理解を深めるため」の活動が、地域交通安全活動推進委員の活動に加えられた。

ウ　歩行者保護のための安全な車両の開発・普及

　交通事故発生時の被害軽減対策は、従来、車両の乗員の保護を中心に進められてきたが、車両技術の進歩とともに、事故が発生した場合における歩行者の被害軽減を図ることが考えられるようになってきた。特に、歩行中の死者の多くは、頭部を損傷して死亡していたため（平成15年では、歩行中の死者2,332人中、1,307人（56％））、頭部の損傷を軽減するための技術開発、技術基準や評価方法等についての研究が進められた。

　折しも外国では、EU委員会が、平成10年の自動車安全に係るEUの統一安全基準導入を機に歩行者保護対策の強化を宣言し、平成17年を目途に新しい基準を導入するとした。このような情勢の下、我が国でも平成10年には、歩行者障害軽減ボディを採用した自動車が発売され、その後、衝撃緩和装置・衝撃吸収スペースを設けたり、歩行者と接触する可能性のある部品を変形・脱落しやすくする等の車両が発売された。

　平成15年には、国土交通省と独立行政法人交通事故対策機構による自動車アセスメントにおいて、歩行者頭部保護性能についての評価が行われることとなった。平成16年4月に改正された道路運送車両の保安基準に、自動車と衝突した歩行者が頭部に受ける衝撃を少なくするため、自動車のボンネットの衝撃吸収性に関する基準が設けられ、平成17年9月から7箇年間で段階的に適用されることとなった。

　さらに、歩行者の重傷部位として、脚部が最も多いこと（交通事故総合分析センターによる平成18年中の重症事故の分析では、全体の43％）から、脚部への衝撃軽減対策の技術開発や、技術基準及び評価方法の研究が進められた。そして平成23年度の自動車アセスメントから歩行者脚部保護性能評価が行われ、平成23年6月には道路運送車両の保安基準に歩行者の脚部を保護するための基準が導入された。

(3) 高齢運転者対策の推進

高齢運転者対策としては、高齢運転者が運転しやすい道路交通環境の整備や高齢者が乗りやすい自動車の開発のほか、高齢運転者自身の安全な運転行動を促すことが必要であり、その取組の概要は、上記(1)イの各項目で触れたとおりである。ここでは、このうち特に高齢運転者の安全な運転行動を促すための制度的な取組について詳述する。

ア 高齢運転者講習制度の導入
(ア) 任意の高齢運転者講習

高齢運転免許保有者数の増加に伴い、その対策として高齢運転者自身が高齢者の心身特性等について認識を持ち、身体的変化に応じた運転を行う必要があると考えられるようになり、昭和50年代後半には、警察や関係団体による交通安全教室等において、高齢運転者を対象に高齢運転者に係る交通事故の実態や高齢運転者に見られる身体的な機能の低下について自覚を促すための交通安全指導が行われるようになった。

昭和58年から、一部の公安委員会では、運転免許証の更新時講習において高齢者を対象とした特別学級が実施されるようになり、昭和63年からは、警察庁の指導により高齢運転者対象の特別学級が全国で行われるようになった。また、別途、高齢運転者の自覚を促す参加・体験・実践型の高齢運転者講習(シルバー・ドライビング・スクール)なども行われていた。

(イ) 高齢運転者講習の受講義務化

上記の高齢者学級等を受講するかどうかはあくまで本人の任意の意思によるものであり、高齢運転免許保有者の増加が続く中では、任意の制度で高齢運転者すべてに更新時講習の高齢者学級等の講習を受けさせることには無理があると考えられた[注9]。

このため、平成9年に道路交通法が改正され、平成10年10月から、更新期間満了時の年齢が75歳以上の者を対象に高齢運転者講習の受講が義務付けられた。

その後も、全体として交通死亡事故が減少する中で、高齢運転者による交通死亡事故の増加が続いたことから[注10]、平成13年の道路交通法の改正により、高齢者講習の受講対象年齢が70歳以上に引き下げられた(平成14年6月から施行)。

(ウ) 講習予備検査(認知機能検査)の導入

さらに、高齢運転者の交通事故の要因として、加齢に伴う記憶力、判断力等の認知機能の低下があることが明らかになってきたことから、高齢運転者講習に認知機能検査が導入された。

平成18年11月に、警察庁交通局長の私的諮問機関である「運転免許制度懇談会」(石井威望東京大学名誉教授)から、「高齢運転者に係る記憶力、判断力等に関する検査の導入等についての提言」が出された。

これを受け、警察庁は平成19年道路交通法の一部改正を行い、運転免許証の更新期間が満了する日における年齢が75歳以上の者に対して、免許証の更新等の際に認知機能検査を受験するよう義務付けるとともに、都道府県公安委員会は、検査結果に基

[注9] 平成6年中の高齢者特別学級の受講者は、免許を更新した高齢者の5%程度であった。
[注10] 平成12年中における各年齢層別の死亡事故件数は、平成3年と比較すると、60歳から64歳の年齢層は、38.8%増(260件→361件)、75歳以上の年齢層は、87.8%増(172件→323件)であるのに対し、70歳から74歳までの年齢層は、99.4%増(160件→319件)となっていた。

づき高齢者講習を行い、一定の要件に該当する場合に免許の取消等の行政処分を行うこととした。

この検査は、高齢者に自己の記憶力や判断力の状況を検査によって自覚してもらい、引き続き安全運転を継続することができるようにすることを目的とするものであり、平成21年6月1日から施行された。講習予備検査は、30分程度の検査であるが、その結果、記憶力・判断力が低下していると見られた者のうち、一定期間内に認知機能の低下との関係が疑われる違反を行っている者は医者による臨時適性検査を受ける義務が生じることとされ、その他の者についても、検査結果に基づいて、講習が行うこととされた。検査は、高齢者講習の一部として行われており、道路交通法では、「認知機能検査」と規定されているが、高齢者講習の前に実施してそれを講習に生かすという検査の性格を示す目的から、講習の現場においては「講習予備検査」の呼称が用いられることとなっている[注11]。

イ 高齢運転者標識

平成9年の道路交通法改正により、高齢運転者標識制度が導入された。高齢運転者標識制度は、高齢運転者に係る交通事故防止のためには、他の自動車運転者が高齢運転者に思いやりのある運転をする必要があるとの考えから、高齢者が運転している普通自動車に標識を表示している場合は、他の自動車の運転者に幅寄せ等の行為を行うことを禁じるものである。

高齢運転者標識の表示は、交通事故防止効果が認められたにもかかわらず、標識の表示が高齢運転者の自主的な判断に委ねられていたため表示の実績は低い水準にとどまっていた。このため、75歳以上の高齢運転者について、認知機能検査を実施することとした前記平成19年の道路交通法の改正に際して、75歳以上の運転者に標識の表示を一律に義務付け、違反者には罰則が科されることとなった。

ところが、罰則を科すことについて、保護対象として扱われる高齢運転者に酷である等の異論が唱えられる状況がみられたことから、法律の施行日（平成20年6月1

[注11] 認知機能検査制度の導入に至る背景

　各種の高齢者対策が進められる中で、75歳以上の者が第一当事者となる交通事故の運転免許保有者1万人当たりの件数は、平成18年には1.6件と平成6年の3.2件と比べて半減した。しかしながら、高齢運転者の増加に伴い、高齢運転者に係る交通事故の総数は増加しており（75歳以上の高齢運転者による交通死亡事故は、平成6年の228件から平成18年は414件と82％増加）、また、高齢運転者が高速道路を逆行して交通事故を起こす等の事例が相次いで発生していた。

　このような状況の中で、加齢に伴う記憶力、判断力等の認知機能の低下と運転行動の関係の解明及びその対策が課題となっていた。

　平成17年に警察庁運転免許課が設けた「認知機能検査の開発のための委員会」（委員長　本間昭東京都老人総合研究所参事研究員）によって作成された認知機能検査表による検査結果、高齢運転者講習において行われる運転実習における受講者の運転行動の観察結果を照らし合わせる調査が行われた結果、認知機能の低下した者は、信号無視や一時不停止、運転操舵不適等の危険な運転行動を取る割合が健常者に比較して多いことが判明した。このような結果と、70歳以上の高齢運転者による交通事故の特徴として、出会い頭の事故や一時不停止による事故、正面衝突や通行区分違反による事故等の割合が高いことを照らし合わせ、認知機能の低下が高齢運転者による事故に相当程度影響を及ぼしていると考えられた。

日）から1年間は、標識表示義務違反があっても指導にとどめることとされた。さらに、その後、平成21年4月の道路交通法の改正により、当面の間、75歳以上の運転者に対して高齢運転者標識の表示を義務付ける規定は運用されないこととされた。

ウ 申請による運転免許の取消制度

平成9年の道路交通法改正により、本人の申請による運転免許の取消制度が導入された。申請による運転免許の取消制度は、高齢運転者が視力、聴力等身体的機能の低下を自覚した場合において、本人が希望したとしても運転免許を失効させる手段がなかったことから導入されたもので、加齢による運転能力の低下を自覚した運転者が自発的な意思によって公安委員会に申し出ることにより、運転免許が取り消される制度である（平成10年4月1日施行）。

制度が発足した平成10年中の申請による運転免許取消件数は2,596件、翌11年は4,558件であった。その後、申請による取消件数は徐々に増加し、平成15年には10,632件、平成20年には29,150件となり、平成24年には117,613件となっている。

5 交通安全教育の指針制定

(1) 交通安全対策における交通安全教育の位置付け

道路交通を構成するものは、「人」、「車」、「道路」であるが、交通事故の直接的な原因の多くは、運転者及び歩行者（人）の交通行動にある。したがって、交通事故の防止対策において、道路交通に係る人に対する対策は、基本的、かつ重要なものといえる。

交通安全対策基本法に基づく累次の交通安全基本計画において、交通安全教育は重要な推進事項の1つとされており、交通警察行政においても、交通安全教育は、交通の指導取締りや交通安全施設等の整備とともに、道路交通の安全と円滑を図るための重要な手段の一つとして進められてきた。

(2) 交通安全教育の取組

国においては、交通安全対策基本法（昭和45年法律第110号）に基づく交通安全基本計画において、交通安全教育を生涯教育の一環として位置付け、①心身の発達段階、道路交通への参加態様等に応じた教育機会の確保、②幼児から高齢者に至るまでの年齢段階に応じた体系的な交通安全教育の推進、③家庭、学校、職場、地域等で行われる教育相互の有機的な連携の実施、④指導者の養成・確保、教材等の充実、⑤参加・体験・実践型の教育方法の普及に努めている。

公安委員会（警察）は、運転者行政を所管する立場から、運転免許証の更新時における講習や行政処分時における講習等運転免許保有者を中心に、道路交通法に基づく各種講習を実施しているほか、広く地方自治体や学校、幼稚園、交通安全協会、自動車教習所等の関係機関、団体と連携を図り、警察官等を講師として派遣するなど、積極的な交通安全教育活動を展開している。

文部科学省においては、小・中・高等学校を通じ、学習指導要領において、体育科又は保健体育科等の指導内容の一つとして交通安全の指導を明示し、これを踏まえ小・中学校の安全指導の手引きを作成し、安全指導の目標・内容等を明確にしてい

る。旧総務庁（平成13年1月1日廃止、新設の内閣府などに業務を移管）においては、参加・体験・実践型の交通安全教育の普及促進のための事業や地域における交通安全教育指導者の養成講座などの施策を行っていた。

(3) 平成9年道路交通法の一部改正
ア 交通安全教育指針の策定・公表

交通安全教育は、その実施主体が、国、地方自治体、学校、交通関係団体、会社、事業所など、多岐にわたり、またその対象も幼児から高齢者、自転車利用者、運転者など多様な形態に及んでいる。そのため道路や車に対する対策と比較してみた場合、免許制度に基づく運転者教育を除くと、実施主体の組織化や教育内容、方法の標準化、体系化は進んでいるといえる状況にはなかった。

平成に入り、第2次交通戦争が深刻化する様相を見せ始めた頃、マスコミの報道[注12]をきっかけに、交通事故死者を大きく減少させつつあった西ドイツにおける体系的な交通安全教育が注目され、我が国においても交通安全教育の体系化を進めるべきであるとの認識が高まった。その後、平成9年の道路交通法の一部改正において、我が国の交通安全教育が効果的かつ体系的に行われるようにするため、国家公安委員会が適正な交通の方法や交通事故防止に関する技能及び知識を習得するための交通安全教育の内容及び方法等の事項を内容とする交通安全教育に関する指針（以下「交通安全教育指針」という。）を作成、公表するものとした。

交通安全教育指針は、各年齢層ごとに、また、その道路の通行の態様ごとに効果的かつ適切に交通安全教育を実施するための「手引き」であり、これを活用した交通安全教育が推進されることにより、我が国の交通安全教育が段階的かつ体系的に実施されることが期待された。

この道路交通法の一部改正を受け、交通安全教育指針は、平成10年9月に国家公安委員会告示第15号として作成、公表された。

イ 交通安全教育に対する警察の活動支援等

長期的に交通安全の水準を向上させ、交通事故の減少を実現するためには、関係する行政機関が協力して取組を進める必要がある。交通安全教育についても、警察自らがその取組を強化していくことはもちろんであるが、加えて地方自治体や民間団体の取組に対して警察が支援の措置を講じることにより、交通安全教育や広報啓発活動が効果的かつ円滑に実施されるようにしていくことが必要である。

そのため、平成9年の道路交通法の一部改正においては、公安委員会は、交通安全活動を主催する民間団体等に対して、交通事故の発生状況等の情報提供や交通安全教育の講習会等への警察官等の講師派遣など、必要な情報の提供、助言、指導等を行っていくこととされた。

また、公安委員会が委嘱する地域交通安全活動推進委員の活動及び安全運転管理者の業務として、交通安全教育を行うべきこ

[注12] NHK特集「西ドイツ死者半減〜第2次交通戦争の処方箋」が、平成元年12月に、その続編の「日本・死者急増〜第2次交通戦争の構造」が、平成2年4月に放映された。

とを法文上に明示し、かつ当該交通安全教育は交通安全教育指針に従って行わなければならないことを明確にした。

なお、交通安全教育指針は、公安委員会、地域交通安全活動推進委員及び安全運転管理者以外の者に対しては、法的な拘束力を有するものではないが、交通安全教育を行うに当たって積極的にこれに準拠することが期待されている。

(4) 「交通安全教育指針」に基づく交通安全教育の推進

警察庁では、交通安全教育指針に基づき、段階的かつ体系的な交通安全教育を全国的に展開し、交通安全教育のレベルアップを図る具体的な道筋を示すため、平成11年10月22日付けで各都道府県警察に対して、交通局長通達「今後の交通安全教育の在り方について」を発出した。

その基本的考え方として、今後の交通安全教育においては、①幼児、児童に対する交通安全教育から、②運転者前教育としての性格を有する中学・高校生に対する交通安全教育、③運転免許取得時の交通安全教育及び④運転免許保有者に対する交通安全教育（運転者教育）までが、一連のものとして、段階的かつ体系的に行われるよう努めなければならないとしている。なかでも国民皆免許時代の下では、運転者前教育が重要であり、また、高齢化社会の進展を踏まえ、高齢者に対しては、身体機能の変化に対する自覚を促すことに重点を置くなど、生涯教育の一環としての位置付けも明確にしている。

さらに交通安全教育を実施する警察を始め、自治体、学校、民間団体等の交通安全教育の主体となる者が相互に連携して実施するための協議会などの「場」を持つこと、警察部内はもとより、警察以外の実施主体の指導者の育成を図っていくこと、交通安全教育に必要な資器材の相互利用、効果的な実施事例等に関する情報の交換を進めなければならないことなど、交通安全教育の充実を図るための基本的事項が示された。

6　財団法人交通事故総合分析センターの設立

(1) 背景

平成元年12月と同2年4月の2回にわたり放映されたNHK特集（第1回「西ドイツ死者半減～第2次交通戦争の処方箋」、第2回「日本・死者急増～第2次交通戦争の構造」）は、我が国の交通安全対策について、諸外国との比較、行政機関相互の連携の重要性、車両の安全基準の在り方等に重点を置いて報道され、大きな社会的反響を呼んだ。その中で、注目された事項の一つが西ドイツにおける徹底した交通事故分析であった。その後、日本においても、現下の深刻な交通事故情勢に対処するには、各種機関・団体によって行われている既存の交通安全対策を現状のまま継続しているだけでは限界があり、交通事故の原因を的確かつ徹底的に解明した上で、これを基礎としてより効果的な対策を推進していくことが不可欠であるとの認識が醸成され、総合的な交通事故調査・分析の必要性が、国会、マスコミ、関係業界等において、活発に議論される状況となった。

国会においては、衆議院交通安全対策特別委員会等において、こうした問題意識を

基に、所管省庁の枠を越えて総合的な交通事故調査分析を行う機関を設立すべきとの観点から各種の質疑が行われ、平成2年6月の道路交通法の一部を改正する法律案及び自動車の保管場所の確保に関する法律の一部を改正する法律案の委員会決議において、交通事故の総合的分析体制の充実等を求める付帯決議が決議された。

　自動車業界においても、交通事故防止、被害軽減の観点から、交通事故の総合的な調査・分析等について、その必要性が強く認識されるところとなっていた。特に、(社)日本自動車工業会では、平成元年12月に、「交通安全に関する今後の取組について～交通安全特別委員会報告～」を発表し、総合的な交通事故調査分析体制が実現される際には、積極的な協力を行うことを打ち出す等民間サイドにおける主導的役割を果たした。また、(社)日本損害保険協会においても、自動車保険部内に交通安全推進室が設置された。

　また、平成2年6月には、総務庁(現総務省)行政監察局の「交通安全対策に関する実態調査結果に基づく勧告」において、関係省庁に対し、交通事故調査分析の充実・高度化を図るよう勧告が行われ、さらに、第5次交通安全基本計画(平成3年3月12日中央交通安全対策会議決定)においても、具体的施策として、交通事故の総合的な調査研究の推進が掲げられた。

(2) 設立の経緯及び趣旨

　こうした状況の中、官民一体となった総合的な交通事故調査・分析体制の構築に向けて、関係省庁において具体的な検討が進められ、各般の状況を考慮した結果、新たな組織を財団法人として整備することについて、関係者による合意が整ったことから、平成2年11月18日に、有識者等による交通事故総合分析センター設立準備室が発足し、本格的な設立作業が開始された。

　平成3年2月10日には、設立発起人会が開催され、同月20日には警察庁、運輸省及び建設省(現国土交通省)に対して設立許可申請が行われ、同年3月5日付けで、財団法人交通事故総合分析センター(以下「事故分析センター」という。)の設立が許可された。

(3) 設立当初における組織体制等の整備と活動の枠組み
ア　道路交通法に基づく指定法人化等

　事故分析センターが、その公益的使命を果たすためには、事業活動を行うための人的物的体制の整備はもとより、道路交通法等に基づく公的位置付けを与えられることが望ましく、こうした観点から、次のような措置が取られた。

　まず、平成4年6月11日、事故分析センターは、道路交通法第108条の13に基づく交通事故調査分析センターとして指定され、これにより警察庁等の保有する交通事故に関するデータや運転者に関するデータ等の提供を受けることができる等の法的地位を享受することとなった。また、同年12月3日、同法108条の17第1項の規定に基づき、事故分析センターの「財団法人交通事故総合分析センター特定情報管理規程」が、特定情報管理規程として国家公安委員会の認可を受けた。

　事故分析センターは、このほか、同年6月25日付けで、所得税法及び法人税法に定

めるところにより税法上の優遇措置を受けることができる特定公益増進法人及び特定科学教育振興法人としての認定を受けるなど、その事業推進基盤の整備が行われた。

イ 事業推進体制の整備

関係省庁の保有するデータを統合した交通事故統合データベースは、事故分析センター設立の眼目の一つである交通事故のマクロ分析の高度化に不可欠のものであり、警察庁から交通事故統計データ、運転者管理データ、運輸省から自動車登録データの提供を受け、構築された。また、建設省の保有する道路交通センサスデータについても、都道府県道等の幹線道路について統合が図られた。

一方、ミクロ分析（個別の交通事故の分析）についても、平成5年4月1日に、茨城県つくば市に、つくば交通事故調査事務所が開設され、同年7月1日より、同市、土浦市及びその周辺地域を対象として、事故例調査が開始された。平成21年度末における累計調査件数は、4,640件に達している。

【参考】財団法人交通事故総合分析センター設立発起人　　平成3年2月10日

（五十音順・敬称略・肩書は当時）

氏　名	役　職
○　内海　倫	前人事院総裁
金沢　昭雄	自動車安全運転センター理事長
久米　豊	（社）日本自動車工業会会長
後藤　康男	（社）日本損害保険協会会長
鈴木　道雄	日本道路公団総裁
武石　章	自動車事故対策センター理事長
豊田　章一郎	（社）経済団体連合会副会長
平岩　外四	（財）全日本交通安全協会会長
マキノ正美	（社）日本自動車連盟会長
八十島義之助	東京大学名誉教授

備考：○印は、設立発起人代表を意味する。

7　交通安全施設等整備事業

(1) 沿革

昭和41年に、交通事故が多発している道路等を対象に道路管理者と公安委員会が総合的な計画の下に交通安全施設等整備事業を実施することにより交通事故の防止を図ること等を目的として、「交通安全施設等整備事業に関する緊急措置法」（昭和41年法律第45号）が制定された。

同法に基づき、2次にわたる交通安全施設等整備事業三箇年計画、さらに5次にわたる五箇年計画、1次の七箇年計画が作成され、道路管理者が行う事業として、歩道、自転車道、横断歩道橋、道路照明等の設置が、都道府県公安委員会が行う事業として、信号機、交通管制センター等の設置が強力に推進されてきた。

その後、平成15年に「社会資本整備重点計画法」が制定され、交通安全施設等整備事業に関する計画を含む9本の社会資本整備事業を「社会資本整備重点計画」に一本化し、社会資本整備を重点的、効果的かつ効率的に実施することとした（これに伴い個別の分野別計画の根拠規定は廃止されることとなり、「交通安全施設等整備事業に関する緊急措置法」は「交通安全施設等整備事業の推進に関する法律」に改められた。）。

　その計画内容については、計画目標を「事業費」から「達成される成果」（アウトカム目標）へと転換するとともに、事業間連携、事業評価、コスト改革、透明性の確保等当時の社会資本整備の改革方針に沿ったものとしている。

(2) 事業の具体的な内容

　政府の社会資本整備重点計画は、5年ごとに策定されているが、平成20年度策定の計画では、交通安全施設等整備事業については、以下のような内容が盛り込まれている。

ア　重点的、効果的かつ効率的な実施に向けた取組

　交通事故の発生割合が高いなど、特に交通安全を確保する必要がある区間を対象として、都道府県公安委員会及び道路管理者が緊密に連携し、事故原因の検証を行いつつ、効果的かつ効率的に事業を推進する。

イ　今後取り組む具体的な施策

① 歩行者・自転車対策及び生活道路対策
　生活道路において人優先の考えの下、あんしん歩行エリア（歩行者・自転車死傷事故発生割合が高く、面的な事故抑止対策を実施すべき地区であり、市区町村が主体的に対策を実施する地区について、警察庁と国土交通省が指定するもの）における面的な交通事故対策を推進する。

　少子高齢化社会の進展を踏まえ、歩行空間のバリアフリー化及び通学路における安全・安心な歩行空間の確保を推進する。自転車利用環境の整備、無電柱化の推進等により歩行者・自転車の安全な通行空間を確保する。

② 幹線道路対策の推進
　事故危険箇所（事故の発生割合の高い区間のうち、特に重点的に対策を実施すべき箇所として警察庁と国土交通省が指定するもの）等事故の発生割合の高い区間において、事故データの客観的な分析による事故原因の検証に基づき、信号機の高度化、交差点改良等の対策を重点的に実施する。

③ 交通円滑化対策の推進
　信号制御の高度化、交差点の立体化、開かずの踏切の解消、駐車対策等を推進する。

④ 高度道路交通システム（ITS）の推進
　光ビーコンの整備拡充、交通管制センターの高度化等により新交通管理システム（UTMS）を推進する。併せて、道路交通情報提供の充実等を推進する。

　また、成果目標として、道路交通における死傷事故率について平成19年をベースに平成24年までに約1割削減、あんしん歩行エリア内の歩行者・自転車死傷事故件数について約2割抑止（平成24年までに）、事故危険箇所の死傷事故件数について約3割抑止（平成24年までに）等の指標が掲げられている。

表1　交通安全施設等整備事業計画の推移

区　　　分		特定事業		
		計　画（億円）	実　績（億円）	達成率（％）
第1次三箇年計画（昭和41〜43）	道路管理者	721.9	722.1	100.0
	公安委員会	60.3	60.3	100.0
第2次三箇年計画（44〜46）	道路管理者	750.0	(507.4)	67.7
	公安委員会	46.3	(28.5)	61.6
第1次五箇年計画（46〜50）	道路管理者	2,292.8	2,380.9	103.8
	公安委員会	685.5	720.9	105.2
第2次五箇年計画（51〜55）	道路管理者	5,700	5,922.1	103.9
	公安委員会	1,500	1,424.1	94.9
第3次五箇年計画（56〜60）	道路管理者	9,100	8,153.8	89.6
	公安委員会	1,900	1,311.5	69.0
第4次五箇年計画（61〜平成2）	道路管理者	(13,500) 11,500	11,596	100.8
	公安委員会	(1,350) 1,150	1,165	101.3
第5次五箇年計画（3〜7）	道路管理者	(18,500) 15,900	17,635	110.9
	公安委員会	(1,650) 1,550	1,678	108.3
七箇年計画（8〜14）	道路管理者	(24,800) 21,300	25,606	120.2
	公安委員会	(2,100) 1,900	2,797	147.2

（注）　1．第1次三箇年計画の地方単独事業は、昭和42〜43年度の2箇年分の通学路分の
　　　　2．第2次三箇年計画の実績は中途改定したので、昭和44〜45年度の2箇年分であ
　　　　3．第4次、第5次、七箇年計画の特定事業の上段（　）書きは、調整費を含む総
出典：全国道路利用者会議発行「道路行政」平成21年度版

地方単独事業			備　考
計　画 （億円）	実　績 （億円）	達成率 （％）	
(134) (38)	253.2 112.0	− −	閣議決定（変更） 昭和42年12月1日
623.0 230.7	(456.2) (151.1)	73.2 65.5	閣議決定 昭和44年12月2日
2,304.1 1,052.7	2,324.0 1,000.1	109.9 95.0	閣議決定（変更） 昭和48年2月20日
4,115.3 2,300	4,525.5 1,636.4	110.0 71.1	閣議決定 昭和51年11月9日
6,876.9 3,049.6	6,144.0 2,365.4	89.3 77.6	閣議決定 昭和56年11月27日
10,235.0 3,680.1	7,739.1 3,509.1	75.6 95.4	閣議決定 昭和61年11月28日
14,400 4,970	13,091 5,149	90.9 103.6	閣議決定 平成3年11月29日
19,500 6,300	15,844 6,144	81.3 97.5	閣議決定 平成10年1月30日

みである。
る。
計画額である。

表2　交通安全施設等の整備状況の推移（公安委員会分）

計画	年度	事業費（単位：億円）			事業
		計画	実績	進捗率	特定事業
第1次三箇年計画	昭41〜43	特定　　60.3 単独　　　— 計　　　60.3	60.3 (112) (172)	100.0% 100.0%	○信号機 ○道路標識 ○道路標示
第2次三箇年計画	44〜46 (44〜45)	特定　　46.3 単独　　230.7 計　　　277.0	28.5 151.1 179.6	61.6% 65.5% 64.8%	○信号機
第1次五箇年計画	46〜50	特定　　685.5 単独　1,052.7 計　　1,738.2	720.9 1,000.1 1,721.0	105.2% 95.0% 99.0%	○交通管制センター ○信号機 ○道路標識（可変） ○調査器材・調査費 ＊道路標識・道路標示
第2次五箇年計画	51〜55	特定　1,500 単独　2,300 計　　3,800	1,424.2 1,636.4 3,060.6	94.9% 71.1% 80.5%	○交通管制センター ○信号機 ○道路標識（可変・大型） ○中央線変移装置 ○車線分離鋲併用標示 ○調査器材・調査費 ○信号機電源付加装置（54〜55） ＊道路標識・道路標示
第3次五箇年計画	56〜60	特定　1,900 単独　3,049.6 計　　4,949.6	1,311.5 2,365.4 3,676.9	69.0% 77.6% 74.3%	○交通管制センター ○信号機 ○道路標識（可変・大型） ○中央線変移装置 ○車線分離鋲併用標示 ○調査器材・調査費 ○信号機電源付加装置 ＊路側標識・道路標示
第4次五箇年計画	61〜平2	特定　1,350 （内調整費　200） 単独　3,680 計　　5,030 （内調整費　200）	1,165 3,509 4,674	86.3% 95.4% 92.9%	○交通管制センター ○中央線変移装置 ○信号機改良・系統化 ○調査費 ＊道路標識・道路標示 ＊信号機新設 ＊信号機電源付加装置
第5次五箇年計画	3〜7	特定　1,650 （内調整費　100） 単独　4,970 計　　6,620 （内調整費　100）	1,678 5,149 6,827	101.7% 103.6% 104.7%	○交通管制センター ○中央線変移装置 ○信号機改良・系統化 ○高速走行抑止装置 ○違法駐車抑止システム ○調査費 ＊道路標識・道路標示 ＊信号機新設 ＊信号機電源付加装置
七箇年計画	8〜14	特定　2,100 （内調整費　200） 単独　6,300 計　　8,400 （内調整費　8,400）	2,797 6,144 8.941	133.2% 97.5% 106.4%	○交通管制センター ○中央線変移装置 ○信号機改良・系統化 ○高速走行抑止装置 ○違法駐車抑止システム ○調査費 ＊道路標識・道路標示 ＊信号機新設 ＊信号機電源付加装置

第 2 章　道路交通政策

内容　　　地方単独事業	指定道路（km）	緊措法（交通安全施設等整備事業に関する緊急措置法）改正等	備考
	57,177	・緊措法成立 ・通学路法成立 （42.7.31〜44.4.1）	・交通事故防止の徹底を図るための緊急対策について（40.1.13）
○信号機 ○道路標識 ○道路標示	70,389	・緊措法成立 →地方単独事業の計画化 →国の財政上の措置	・交通安全対策特別交付金制度（43.4.11政令）発足 →地方単独事業の財源
○道路標識（可変以外） ○道路標示	88,061 沖縄復帰に伴い、 89,170 （48年2月）	・緊措法成立 →交通管制センターの設置 ・沖縄復帰 （四箇年計画47〜50）	・交通安全対策基本法成立 ・交通安全基本計画 ・交通事故長期予測 （総理府） ・縁故債の活用
○路側標識 ○道路標示	138,769	・緊措法改正 （制度面の変更なし）	・交通安全対策基本法改正 ・交通安全基本計画 ・交通事故長期予測 （総理府） ・大規模地震対策特別措置法成立（53.6.7）
○路側標識 ○道路標示	158,416	・緊措法改正 （制度面の変更なし）	・交通安全対策基本法改正 ・交通安全基本計画 ・交通事故長期予測 （総理府）
○信号機新設 ○灯器増灯・改良 ○道路標識・標示 ○車線分離鋲併用標示 ○信号機電源付加装置 ○信号機定数設定費 ○信号機移設費	168,875	・緊措法改正 （制度面の変更なし）	・交通安全基本計画 ・交通事故長期予測 （総務庁）
○信号機新設 ○灯器増灯・改良 ○道路標識・標示 ○車線分離鋲併用標示 ○信号機電源付加装置 ○信号機定数設定費 ○信号機移設費 ○調査器材・調査費	182,304	・緊措法改正 （制度面の変更なし）	・交通安全基本計画 ・交通事故長期予測 （総務庁）
○信号機新設 ○灯器増灯・改良 ○道路標識・標示 ○車線分離鋲併用標示 ○信号機電源付加装置 ○信号機定数設定費 ○信号機移設費 ○調査器材・調査費	186,214	・緊措法改正 （制度面の変更なし） ・財政構造改革の推進に関する特別措置法の附則による緊措法の改正（9.12.5） →五箇年計画から七箇年計画に	・交通安全基本計画 ・交通事故長期予測 （総務庁）

社会資本整備重点計画	15～19	指標 　交通事故抑止 　　約44,000件 　交通円滑化 　　約3.2億人時間／年 　CO_2の削減 　　約70万ｔ－CO_2等 （総事業費は内容としない）	特定 1,619 単独 2,691 計 4,309	－	○交通管制センター ○中央線変移装置 ○信号機改良・系統化 ○高速走行抑止装置 ○違法駐車抑止システム ○調査費 ※道路標識 ※信号機新設 ＊道路標示 ＊信号機電源付加装置
社会資本整備重点計画	20～24	指標 　交通事故抑止 　　約40,000件 　交通円滑化 　　約2.2億人時間／年 　CO_2の削減 　　約46万ｔ－CO_2等 （総事業費は内容としない）	特定 2,166 単独 2,370 計 4,536	－	○交通管制センター ○中央線変移装置 ○信号機改良・系統化 ○灯器改良 ○調査費 △信号機新設 ×道路標識・標示 ▽信号機移設費 ▽配線地中化 ＊信号機電源付加装置
社会資本整備重点計画	24～28	指標 　交通事故抑止 　　約35,000件 　交通円滑化 　　約9千万人時間／年 　CO_2の削減 　　約18万ｔ－CO_2等 （総事業費は内容としない）	特定 384 単独 533 計 917	－	○交通管制センター ○中央線変移装置 ○信号機改良・系統化 ○灯器改良 ○調査費 ◇信号機新設 □道路標識・標示 ▽信号機移設費 ▽配線地中化 ＊信号機電源付加装置

注１：特定事業のうち、＊印の事業については沖縄県のみが対象である（信号機電源付加装置については、平成24年
注２：特定事業のうち、平成13年度第２次補正予算及び平成14年度補正予算における信号機新設事業等については、
注３：社会資本整備重点計画については総事業費を計画目標としていないことから実績額のみを記載した（平成24年
注４：特定事業のうち、※印の事業については沖縄県及びあんしん歩行エリアのみが対象である。
注５：特定事業のうち、△印の事業については沖縄県、あんしん歩行エリア、通学路対策（平成24年度を除く。）、歩
注６：特定事業のうち、×印の事業については沖縄県、あんしん歩行エリア、事故危険箇所対策、通学路対策（平
注７：特定事業のうち、▽印の事業については円滑化対策事業のみが対象である。
注８：特定事業のうち、◇印の事業については沖縄県、「ゾーン30」の推進、通学路対策（平成24年度を除く。）、歩
注９：特定事業のうち、□印の事業については沖縄県、「ゾーン30」の推進、自転車利用環境の整備、事故危険箇所
　　　みが対象である。
出典：警察庁交通局取りまとめ

第 2 章　道路交通政策

○信号機新設 ○灯器増灯・改良 ○道路標識・標示 ○車線分離鋲併用標示 ○信号機電源付加装置 ○信号機定数設定費 ○信号機移設費 ○調査器材・調査費	219,073	・緊措法を推進法（交通安全施設等整備事業の推進に関する法律）に改正（15.4.1）	社会資本整備重点計画法施行（15.4.1）
○信号機新設 ○灯器増灯・改良 ○道路標識・標示 ○車線分離鋲併用標示 ○信号機電源付加装置 ○信号機定数設定費 ○信号機移設費 ○調査器材・調査費	429,217	・推進法改正 （制度面の変更なし）	・「円滑化対策事業」予算の新設（H20） ・地域自主戦略交付金の新設による「円滑化対策事業」予算の一部拠出（H23） ・地域自主戦略交付金の拡充による「円滑化対策事業」予算の全部拠出（H24）
○信号機新設 ○灯器増灯・改良 ○道路標識・標示 ○車線分離鋲併用標示 ○信号機電源付加装置 ○信号機定数設定費 ○信号機移設費 ○調査器材・調査費			

度から災害に備えた道路交通環境の整備において、すべての都道府県が対象である。）。
すべての都道府県が対象である。
度分については当初予算額を積み上げ）。

行空間のバリアフリー化及び円滑化対策のみが対象である。
成24年度を除く。）、歩行空間のバリアフリー化及び円滑化対策のみが対象である。

行空間のバリアフリー化、歩車分離式信号の整備及び円滑化対策事業のみが対象である。
対策、通学路対策（平成24年度を除く。）、歩行空間のバリアフリー化、歩車分離式信号の整備及び円滑化対策事業の

表3　交通安全施設等の整備状況の推移（道路管理者分）

年別	歩道等（注4）述べ延長（km）	うち自転車歩行者道（注5）（km）	歩道等設置済道路延長（km）
昭和45年	21,794		
46	26,193	1,197	17,005
47	31,953	3,297	21,439
48	40,329	4,967	26,288
49	46,617	7,609	29,540
50	52,296	10,558	33,750
51	57,700	14,800	38,921
52	64,138	17,385	42,960
53	69,390	19,730	47,395
54	76,615	26,121	52,032
55	85,434	29,612	57,820
56	92,695	31,824	62,490
57	100,716	35,794	66,920
58	107,240	39,115	71,789
59	112,140	42,103	76,505
60	117,781	44,957	80,572
61	124,434	48,981	85,005
62	132,017	53,900	91,137
63	138,812	58,449	95,931
平成元	145,571	62,342	100,247
2	151,292	65,681	104,486
3	158,279	70,761	108,237
4	163,831	75,401	111,974
5	169,085	79,766	116,083
6	175,037	84,532	120,093
7	180,732	89,231	124,202
8	187,298	94,919	128,012
9	192,892	99,313	131,807
10	198,969	103,567	135,556
11	205,636	107,950	139,015
12	210,919	107,174	142,168
13	216,145	102,439	145,649
14	221,169	105,270	148,924
15	225,886	105,795	152,175
16	230,070	107,495	155,786
17	233,391	109,208	158,246
18	239,890	109,988	160,536
19	242,572	110,680	163,141
20	245,939	111,847	165,443

（注）1．高速自動車国道、有料道路及び道路法以外の道路は対象外である。
　　　2．各年3月現在の数字である。
　　　3．昭和42年～平成20年の歩道等設置済道路延長及び横断歩道橋と地下横断歩道の箇
　　　4．歩道等は、歩道・歩行者専用道路・自転車道・自転車歩行者道・自転車歩行者専
　　　5．自転車歩行者等は、自転車道・自転車歩行者道・自転車歩行者専用道路である。
　　　6．防衛柵は延べ延長である。
出典：全国道路利用者会議発行「道路行政」平成21年度版

うち自転車歩行者道等設置済道路延長（km）	立体横断施設 横断歩道橋（箇所）	立体横断施設 地下横断歩道（箇所）	防護柵（注6）（km）
	5,104	335	16,000
	5,787	477	19,813
	6,629	619	23,500
	7,374	816	27,817
	7,621	950	31,997
	7,913	1,161	36,065
	8,328	1,226	42,096
	8,483	1,273	46,375
	8,605	1,385	52,583
16,562	8,732	1,461	57,294
18,881	9,147	1,587	62,731
20,452	9,287	1,692	68,599
22,905	9,329	1,822	74,278
25,294	9,492	1,935	76,732
27,530	9,687	2,015	81,363
29,552	9,781	2,050	86,268
32,282	9,835	2,093	90,819
36,038	10,212	2,185	96,371
39,200	10,101	2,258	102,188
41,968	10,213	2,312	106,189
44,551	10,269	2,430	110,253
47,791	10,290	2,477	116,992
51,105	10,365	2,519	120,545
54,761	10,372	2,590	123,812
58,047	10,469	2,606	129,948
61,198	11,749	2,860	133,564
63,790	10,718	2,737	140,154
65,661	10,801	2,818	144,436
73,719	10,919	2,881	150,628
76,949	11,046	2,971	156,321
77,629	11,109	3,042	163,028
74,372	11,176	3,085	165,010
75,527	11,202	3,159	170,969
75,649	11,222	3,274	171,754
76,847	11,286	3,288	174,785
78,145	11,362	3,319	177,600
78,638	11,369	3,553	180,514
78,988	11,402	3,411	184,383
79,741	11,495	3,447	185,591

所数は、「道路統計年報」による。その他は国土交通省道路局資料による。
用道路である。

8 踏切の安全対策

(1) 踏切道の改良

踏切事故は、他の事故と比べて致死率が極めて高いこと、また頻繁な踏切遮断が引き起こす慢性的な交通渋滞により経済活動、都市生活に大きな支障を及ぼすことなどから、従来から踏切道改良促進法（昭和36年法律第195号）に基づく立体交差化等の対策が講じられてきた。

同法の対策の枠組みは、具体的には、所管大臣（当初は、建設大臣と運輸大臣。後に国土交通大臣）が向こう5年間に改良することが必要と認められる踏切道を立体交差化、拡幅等の構造改良、保安施設の整備といった改良の方法を定めて指定し、指定された踏切道に係る道路管理者と鉄道事業者が連携して踏切を除却する抜本対策及び踏切の事故を防止し、交通を円滑化する速効対策を総合的かつ集中的に推進するもので、5年ごとに指定期間を延伸しながら事業が実施されてきた。

(2) 踏切事故防止総合対策

昭和46年以降、政府の交通対策本部は、踏切事故防止総合対策（五箇年計画）を策定し、政府を挙げて踏切事故防止対策を進めることとした。同対策は、計画内容を改訂しつつ第7次（平成13年から17年までの五箇年）まで策定されたが、平成18年からは、中央交通安全対策会議の「交通安全基本計画」に組み込まれることとなった。

(3) 対策の効果及び近年の状況

累次にわたる対策の結果、全国の踏切数は、統廃合・立体交差化などにより、昭和35年度の7万1,070カ所が、平成2年度には3万9,655カ所に減少、踏切事故件数も、昭和35年度の5,482件が、平成2年度には754件に減少と、長期的には大きな成果が見られた。

平成以降も、対策を講じるべき踏切が依然多数残されている中で、総合的かつ重点的な踏切の安全対策が実施され、この結果、平成21年度には踏切数は3万4,142カ所、踏切事故件数は356件と着実に減少している。

しかし、道路交通量の著しい伸びと都市化の進展の中で、平成に入ってからもなお大都市圏を中心にピーク時の1時間当たりの遮断時間が40分以上のいわゆる「開かずの踏切」が多く存在しており、事故防止の観点からも、また渋滞解消・街づくりの観点からも対策が急務とされた。平成17年3月には東武鉄道竹ノ塚駅付近の「開かずの踏切」で4名の死傷者を出す事故が発生し、社会問題となった。これを受け、踏切道改良促進法の平成18年改正時には、踏切道の改良方法の一つとして歩行者等立体横断施設の設置が追加され、また国土交通大臣による鉄道事業者等からの報告徴収・勧告制度及び立体交差化工事に対する無利子貸付制度が創設された。

9 大型貨物自動車の安全対策

(1) 概要

貨物自動車については、昭和30年代から40年代にかけ、砂利トラ、無法ダンプ等による交通事故が社会問題化し、昭和42年には土砂等を運搬する大型自動車による交通事故の防止に関する特別措置法（昭和42年法律第131号）が制定されて、土砂等を運

搬する大型自動車の届出や表示番号等の表示、自重計の備え付けが義務付けられ、また道路運送車両の保安基準により速度表示装置の装備が義務付けられた。また、道路交通法及び同法施行令により、大型自動車の免許取得について取得時の年齢制限や運転経験の条件が課せられた。この当時の車両諸元の車両総重量は、最大20トンとされていた。

昭和50年代半ばから、運送業界から輸送の合理化を図るため車両総重量規制を緩和すべきとの要望が強まり、昭和60年12月の規制緩和推進要綱（閣議決定）において、「車両諸元の規制緩和について、その具体的方向について早急に検討結果を出し、今後の道路整備の進捗状況に応じて規制緩和を図る」こととされた。これを受け、各道路管理者は、20トンを超える大型車両の通行を可能とするため道路の舗装や橋梁の対加重性の強化を図り、平成5年の道路運送車両の保安基準の改正により、自動車の最大総重量は最遠軸距に応じて最大25トン（セミトレーラーについては28トン）とされた。

このような自動車の大型化を背景に、平成16年に中型免許の新設（「第2章第3節3運転免許制度の改善(1)ウ」を参照）等の措置が採られたほか、①過積載対策、②高速道路における走行車線の指定、③速度リミッターの導入等の対策が採られた。

(2) 過積載対策

平成5年の道路交通法の一部改正において、貨物自動車による過積載の取締りを強化しその防止を図るため、①過積載車両に対する警察官の措置命令、②過積載車両の使用者に対する違反防止のための指示処分、③過積載を繰り返す違反車両の使用停止処分、④荷主等が過積載を助長する行為に対する罰則等を盛り込んだ制度改正を行った。

これにより大型貨物車による土砂や、産業廃棄物の運送費の単価は上昇したが、関係業界の輸送秩序は改善され、大型貨物自動車による過積載事犯は大幅に減少した。

(3) 高速道路における貨物自動車の走行車線の指定

平成9年8月に標識標示令を改正して新たな標識の様式を追加し、片側3車線の高速道路において大型貨物自動車と大型特殊自動車は左から1番目の通行帯を通行すべき旨の規制を行えるようにした。

(4) 速度リミッターの導入

平成13年に道路運送車両の保安基準を改正し、平成15年9月から大型貨物自動車が走行できる速度の限度を90km/hとする速度抑制装置の装備を義務付けることとした。

この速度抑制装置の導入により、大型貨物自動車は高速道路の第1車線を走行するようになり、これに伴い過度のスピードを出す大型車両が減少し高速道路の走行秩序は大きく改善された。

10　運送事業者の安全対策

(1) 自動車運送事業の安全対策の概要

自動車運送事業については、規制緩和により、平成元年に貨物運送事業が、平成12年に旅客運送事業がそれぞれ免許制から許可制に移行し、事業の新規参入が容易に

なった。これに伴い、運送事業に係る安全対策も運行管理制度や監査等の事後規制が強化された。

平成24年の段階における自動車運送事業の安全対策の概要は、次のとおりである。

ア　事業開始に当たっての審査

道路運送法等に基づいて運送事業を開始しようとする者は、安全性の確保を含む事業遂行能力が担保されているかどうかが行政庁（地方運輸局）によりチェックされる。具体的には、①適切な事業計画が作成されているか、②運行管理者、整備管理者が選任されているか、③必要な運転者が確保されているか等が審査される。

イ　「運行管理者」の選任と運転者の管理義務

運送事業者が事業を開始する際には、運行管理者等に講習を受講させることが義務付けられるとともに、事業開始時までに施設の安全確保の状況の確認を受けなければならないこととされている。規制緩和後の新規事業者の増加に伴い、運行管理者数は年々増加を続けており、平成元年には90万人であった全国の運行管理者総数は、平成22年までに160万人にまで増加した。

事業開始後は、「運行管理者」は、安全運行を確保する一義的な責任者として運転者による運転の安全を適切に確保するため、その勤務時間の管理、日々の「点呼」等を通じて監督下の運転者の健康・疲労状況、運転適性などのチェック並びに適切な安全指導を行うべきこととされている。

これらの運行管理者に対しては、適切な管理技能の維持のため定期的な講習の受講が義務付けられているほか、運転者に対しては必要な運転免許を保有するとともに、安全確保のための運転適性が確保されていることを確認する観点から、定期的な適性診断の受診が求められている。

ウ　「整備管理者」の選任

さらに営業用車両については、整備施設ごとに選任される「整備管理者」に対し、日常点検、定期点検の確実な実施と、整備管理者研修の受講が義務付けられている。それらに加え、施設面では、運転者の休憩仮眠施設や車庫の確保、並びに日常点検のために必要な整備施設の設置が義務付けられている。

エ　監査の実施による事後チェックの強化

上記のような運送事業者の安全に係る措置が適切に講じられているかどうかについて、法令遵守（コンプライアンス）徹底の観点から、全国52の地方運輸支局において、年間1万5,000件以上に及ぶ監査が実施されている。

規制緩和以前は、事故又は違反を起こした事業者を中心に原則的に事前通告による監査が行われていたが、近年は原則無通告で、かつ事故を起こしていない事業者に対しても定期的に監査が行われるようになった。また、労働基準監督機関と合同での監査や、社会保険未加入事業者に対して重点的に監査を実施するなど、行政機関相互の連携も強化された。

これに加え、監査の結果、悪質な違反が摘発された場合には、違反の内容に応じて処分点数が課され、その累積の数字に応じて事業停止あるいは事業取消などの処分も課されることとなっており、地方運輸局では累積処分点数を常時公開しつつ逐次監査を強化している。しかしながら、行政改革による組織簡素化と定員削減の要請から、

こうした制度の変更に監査要員の訓練や適切な配置などの監査体制の整備が十分追いついていないのが実情である。

(2) 「安全マネジメント制度」の導入
ア 運輸事業の安全風土の重要性と「運輸安全一括法」の制定

上記(1)で述べた諸安全対策は、輸送に直接従事する現場を中心とした規制であって、どちらかといえば「在来型」の安全規制として規制緩和の進展と歩調を合わせて整備されてきたものである。しかし、平成17年にJR福知山線脱線事故など一連の各運輸モードの重大事故が、主として「ヒューマンエラー」に起因して引き起こされたことを契機として、各運輸事業者においてトップから現場までが一丸となって安全意識を浸透させ、企業としての安全風土を確立することの重要性が改めて提起され、平成18年3月には運輸の安全性の向上のための鉄道事業法等の一部を改正する法律（平成18年法律第19号、通称「運輸安全一括法」）が制定され、同年10月から実施された。

イ 「運輸安全マネジメント評価制度」の導入

この法改正により、自動車運送を含むすべての運輸事業の安全管理体制を確立するための新たな仕組みである、「運輸安全マネジメント評価制度」が自動車運送事業の分野にも導入されることとなり、自動車運送事業者に対し、①安全管理規定の作成・届出、②安全統括管理者の選任と届出、③安全に関する情報の公表などが新たに義務付けられることとなった。そして、この新たな制度が的確に実施されるよう、国土交通省は定期的に安全管理規定の作成等が義務付けされている大手の運送事業者に対し「安全マネジメント評価」を行ってその実施状況を確認し、必要に応じ助言等を行うこととなった。そして、そのため平成18年4月に、30人をもって構成される専門の組織が国土交通省の大臣官房に設置された（危機管理・運輸安全政策審議官）。また、国による評価の実施を支援する観点から、独立行政法人自動車事故対策機構（NASVA）を始めとする民間5社が国土交通省による第三者機関の指定を受け、事業者の要望に応える形で安全マネジメント評価を実施している。

(3) 安全対策のPDCAサイクル
ア 「事業用自動車総合安全プラン2009」

平成21年3月、国土交通省自動車交通局では「事業用自動車総合安全プラン2009」を策定して、爾後10年間を「事故削減のための集中期間」と位置付けた上で、PDCAサイクルに沿った継続的な安全対策の実施を各事業者に求めた。事故削減目標（Plan）として掲げられたのは、平成20年に年間513人であった事業用自動車が関与する事故死者数を10年後の平成30年までに250人とし、同じく5万6,295件であった人身事故件数を3万件とする数値目標であった。

イ 具体的施策

このプラン2009においては、具体的施策（Do）として、すべての事業者において安全体質を確立するために、①安全マネジメント評価の拡大と浸透の支援、②業界全体での事故情報の共有、③ドライブレコーダー、デジタルタコグラフなどIT機器の

活用による運行管理の高度化、④行政処分や関係行政機関との連携強化と運転者労働環境の改善等が挙げられた。

　また、コンプライアンスを徹底する観点から、①監査体制の整備、②行政処分の強化と処分逃れの防止、③重大事故に関与した発注者名の公表、④整備管理の徹底と不正改造の監査などが重点施策に挙げられた。

　その他、「飲酒運転の根絶」のためのアルコールチェッカーの使用義務付け、「IT・新技術活用」のためのドライブレコーダー、デジタルタコグラフ、衝突被害軽減ブレーキの普及促進、交差点改良や歩道整備などの「道路交通環境改善」も具体的施策として挙げられ、各施策の成果を定期的にチェックすることによって、PDCAサイクルを回しながら確実に目標達成が図られるよう取り組まれることとなった。

11　自動車の安全基準の見直し等

　自動車の安全対策を推進するためには、自動車の開発段階から実用段階までの施策、すなわち、①安全な車の技術開発の促進、②開発された安全な車の普及の促進、③ユーザーにおける正しい使い方の啓発が必要である。この①及び②の実施方策の主なものとして、安全基準（保安基準）の策定、安全性に関する比較試験（自動車アセスメント）の充実があり、その他後述する先進安全自動車（ASV）プロジェクトの推進、税や補助金等のインセンティブの付与等の施策がある。

　保安基準は、自動車の構造や装置について基本的に備えなければならない要件を定めるものであって、すべての自動車に対して強制力をもって漏れなく適用されるものであることから、社会的影響力や効果が大きく、安全対策の基盤をなすものである。

　一方、自動車アセスメントは、比較試験の結果を公表することにより、自動車ユーザーの選択を通じて、より安全な車の開発、普及の促進を図る、換言すれば強制力はないが安全性向上のために企業間に競争原理を導入するもので、近年新しく登場した手法である。

(1)　保安基準の見直し、強化
ア　概要

　自動車の構造・装置等の安全要件は、我が国においては道路運送車両法（昭和26年法律第185号）に基づく道路運送車両の保安基準に規定されている。道路運送車両の保安基準は、交通事故の発生を未然に防止し、不幸にして発生した事故時の被害を最小限にすることを目的としており、また、自動車の製作又は使用に関して不当な制限を与えないことを原則として、制定後これまで多くの規定の追加・改正がなされてきている。

　保安基準の規定のうち、自動車の大きさや重量などの規定や、自動車が安全に走る・止まる・曲がるといった基本要件の多くは昭和年代に制定されたものであり、新車が保安基準に適合していることを確認する「認証制度」や使用過程における保安基準の適合性を確認する「点検整備制度」及び「車検制度」と相まって、自動車は極めて安全で故障しにくいものとなってきている。

　近年の交通事故の第一原因を見ると、運転者の安全運転違反、不注意や未熟さに起

因するものがほとんどであり、車両の構造や状態に起因するものは、ゼロコンマ数パーセントに過ぎない。そうしたことから、近年における安全対策は、ドライバーのミス、すなわち、ドライバーの認知、判断、操作のミスを如何にカバーするかがポイントになっている。

交通安全に係る保安基準見直しは、ドライバーのミスの発生を防止し事故を未然に防ぐこと（予防安全対策）、及びミスにより事故が発生した場合に乗員や歩行者の被害を軽減すること（被害軽減対策）に大きく分けることができる。

保安基準見直しの大きな流れとしては、従来大きな割合を占めていたスピードの出し過ぎ等による棺桶型の事故に対応するため事故発生時の乗員の被害軽減対策が先行してきたが、現在、ほぼ対策が行き渡り対策の余地が少なくなってきている。一方、より高度な技術開発を必要とする予防安全対策については、事故解析及びセンサーや制御技術の進展により、様々なシステムの実用化が可能になってきており、今後、被害軽減対策に代わって対策の主流をなしていくものと予想されている。この他、新しい動きとして、電気を動力とする車の普及に対応し、電気自動車等の感電保護基準の整備、ハイブリッド車等の静音性に関する対策のガイドラインの整備が図られている。

こうした保安基準の拡充・強化に当たっては、事故実態の把握を中心に、交通事故を低減させるための「自動車安全対策のサイクル」（「低減目標の設定」→「対策の実施」→「効果評価」→「低減目標の設定」→）を一連の流れとして継続的に実施することがより効果的であるとの観点から、平成11年の運輸技術審議会の答申以降は、こうしたPDCAサイクルによって車両の安全対策が推進されるようになった。この手法は、自動車の安全対策に係る死者数の低減目標値を初めて政策目標として掲げ、政策評価を踏まえたPDCAサイクルを活用する画期的な行政手法といえる。

イ 具体的な基準の見直し

平成に入ってから行われた主要な保安基準の見直しを、以下に例示する。

（被害軽減対策）
・乗用車の前突時の衝撃吸収性能の規制強化（平成5年）
・シートベルト非着用時警報装置等の規制強化（同）
・乗用車及び軽・小型貨物車の側突時の衝撃吸収性能の強化（平成8年）
・歩行者の頭部保護基準の整備（平成16年）
・シートベルト・リマインダーの基準の整備（平成17年）
・後部中央座席へのシートベルトの義務付け、チャイルドシートの取付に関する基準の整備（平成18年）

（予防安全対策）
・着色フィルム貼付規制の強化（平成元年）
・一部の大型車へのアンチロックブレーキシステム（ABS）の義務付け（平成2年）
・大型トラックへの後部反射器の装備及び後部突入防止装置の改善（平成3年）
・大型貨物自動車に対して車両の最高速度を90km/hとする速度抑制装置の装

備義務付け（平成13年）
- 乗用車へのハイマウント・ストップランプの装着義務付け（平成14年）
- 横滑り防止装置の基準の整備（平成21年）
- 横滑り防止装置及びブレーキアシストシステムの乗車定員10人未満の乗用車への装備義務付け（平成22年）

(2) 自動車アセスメント
ア 米国における自動車アセスメントの実施及びその経緯

　自動車の安全及び環境性能は、我が国においては「道路運送車両法」の定めにより、その保安基準適合性について政府自らが認証することとされている。

　しかし目を世界に転じると、個別の自動車が保安基準を満たしているか否かを国が自ら認証する制度を持つ国ばかりではない。モータリゼーションの本家を自認する米国においては、安全に関わる個別の装置（エアバッグ、シートベルト、サイドビームなど）の装着義務や燃費などは、1970年の「連邦高速道路安全法」に基づき設立された米国高速道路交通安全局（NHTSA）が基準を定めているが、それを具体的に担保する「基準認証制度」は存在していない。それ以外の自動車の構造や装置に関する基準の多くは、民間の関係者がメンバーであるSAE（Society of Automotive Engineers）により策定されている（これは「政府認証」に対して自動車会社の「自己認証」と称される。）。

　米国においても、「CO_2の総排出規制」や「個別の排ガス規制」などについては、連邦環境省や州政府が基準を制定し、当該基準適合性についての認証を行っているが、国連の欧州経済委員会（UN/ECE）が1958年に策定したような政府による包括的な認証の実施やその相互承認の動きに対しては、米国は一貫して背を向けてきた。

　上述のような制度的背景の中で、米国NHTSAでは、自動車の安全基準を政府機関が包括的に認証するという欧州や日本のような制度の導入には成功しなかったが、1979年、自動車の安全性能に対する国内世論の関心の高まりなどを背景に、安全基準という規制の形をとらずに、乗用車の安全性能比較情報をわかりやすい形で消費者に提供することにより、消費者の賢明な選択を通じて各自動車メーカーの安全性向上の自主的取組を促進するという新しい政策、NCAP（New Car Assessment Program）を開始した。

　当初は、試験の数値をほぼそのまま公開していたが、1994年（平成6年）からは、消費者に対するわかりやすさの観点から、「五つ星」による評価システムを導入した。その後、NATSAのみならず、自動車保険会社の団体（Insurance Institute for Highway Safety）や消費者団体（Consumers Union）なども、NHTSAの取組にならい、安全性能試験や評価制度をそれぞれの立場において開始した。

イ 我が国のJNCAP事業
(ア) 事業の開始

　1980年代を通じたこうした米国でのNCAP事業の進展や、欧州においても英国を中心としたNCAP事業の導入の動きが出てきたことに刺激される形で、保安基準制度を有する我が国においても平成3年（1991年）頃から米国と同様の安全性能評

価事業を模索する動きが始まった。実施主体と財源の検討、試験や評価方法などに関する数年間の実験事業を経て、平成7年度（1995年）には独立行政法人自動車事故対策センター（現在の自動車事故対策機構NASVA）において衝突時の乗員の安全等に係る自動車安全情報の提供が正式に開始され、我が国における自動車アセスメント事業（JNCAP）が最初の産声を上げた。これは、1996年12月に欧州諸国が、初めてEURO NCAPとして統一した形で自動車アセスメント事業を開始する少し前のことであった。

(イ) アセスメントの実施項目

我が国の自動車アセスメントは、当初は、米国で長年行われていた「フルラップ前面衝突試験（時速55キロ）」と「ブレーキ試験」だけでスタートしたが、平成11年（1999年）からは「側面衝突試験」、同12年（2000年）からは、欧州で採用されている「オフセット前面衝突試験（時速64キロで、全面の4割をバリアーに衝突させる試験）」も併行して行われるようになり、それらを総合した安全性能を、利用者にわかりやすいように「六つ星」で評価する「総合評価」が始まった。

その後、平成13年（2001年）には、チャイルドシートについてのアセスメント事業が開始されたほか、平成15年（2003年）からは、乗員の保護性能に加え、歩行者や自転車に対する自動車の加害性を判定するための「歩行者頭部保護性能評価試験」が加わるなど、自動車アセスメント事業は、ユーザーの関心の高まりとともに、試験内容も充実されていった。

近年においても、平成21年には「追突時の乗員の頚部保護性能試験」と「シートベルトの使用性や警報装置の試験」、さらに平成23年度からは「歩行者の脚部保護性能試験」が追加されるなど、自動車アセスメントの内容は他国のアセスメントの進展に引けをとらない形で充実、発展している。

(ウ) JNCAP事業の成果

こうした内外のアセスメント事業の開始とその内容の高度化は、それまで日米欧など先進国を中心に自動車を販売してきた我が国自動車メーカー関係者のみならず、これらの市場で自動車の販売競争に参加しているすべての自動車メーカーの安全性能技術の開発競争を大幅に促進する効果をもたらした。また、同じ時期に急速に進展した自動車を巡るIT技術の効果等も相まって、我が国で新たに販売され、運行される自動車の安全性能、その中でも特に乗員保護性能は、平成以降飛躍的な向上を見せた。

このような自動車の安全性能、なかんずく乗員保護を中心とした衝突安全性能の急速な向上と、シートベルト・チャイルドシート・エアーバッグの装着率や性能の向上等に伴って、車内の交通事故死者数は大幅な減少を続けた。状態別の交通事故死者数を見ると自動車の乗員の死者数が自動車事故死者総数に占める割合は、事故統計を取り始めてから長年の間トップの座にあったが、平成21年に初めて歩行者の数を下回り、現在では自転車乗員死者数の数をも下回る状況となるなど、我が国の自動車事故による死者の減少に大きく貢献する結果となった。

(エ) 世界的なNCAP事業の拡大と我が国による国際協力

自動車アセスメントは、ユーザーの自主

的な選択を通じてメーカーの性能向上努力を促すという新しいタイプの事業であって、とかく非関税障壁などと批判されがちな各国の規制によらず、公正中立の立場から自動車ユーザーに安全性能に関わる正確な情報を提供することを通じて消費者の賢明な選択に委ねるものである。こうした進んだ仕組みの自動車アセスメント事業は、今日では、欧米先進国のみならず、モータリゼーションが急速に進展しつつある東アジア、東南アジア、南アジアなどに拡大しつつある。

こうした自動車アセスメント事業の国際的な発展の状況を踏まえ、自動車事故対策機構（NASVA）では、平成18年に我が国において開催された世界NCAP会議に初めて中国、韓国、インドの代表を招待し、それまで欧・米・日・豪に限定されていたアセスメントに係る国際的な情報交換の場を、自動車新興諸国にも拡大することにリーダーシップを発揮するなど、国際的なアセスメント事業の調和のとれた発展に尽力している。

12　救急救命士、ドクターカー、ドクターヘリの導入

交通事故が起こった場合には、人身被害を如何に最小限にとどめるかが重要であり、そのためには、交通事故で負傷した者に対して、如何に早く、医療従事者の救急医療を受けさせるかが重要である。

その対策として、導入が図られたのが、救急救命士、ドクターカー、ドクターヘリである。

(1)　救急救命士

救急隊員は医師ではないので、従来、医療行為は一切できず、患者を搬送中に容体が悪化しても救急隊員にはなすすべがなく、そういう状況の中では、我が国の心肺停止となった救急患者の蘇生率は先進諸国に比べて低かった。

そこで、平成3年に、救急救命士法が制定されて、救急救命士の国家資格を取得した者は、医師の指示の下に救急救命措置を行うことができるようになった。この法律に基づき多くの救急隊員は、厚生労働大臣の免許を受けて救急救命士の資格をとり、救急業務に従事するようになった。

救急隊員として運用されている救急救命士は、平成4年には全国で168の救急隊で運用され、その数は483人であったが、平成20年には全国の救急隊4,871隊中、4,310隊（88.5％）で運用され、その数は1万8,336人となっている。

なお、心肺停止状態にある患者に対して行う救急救命処置の一部（静脈路確保、器具を用いた気道確保及び薬剤投与）は、特定行為とされて、オンラインメディカルにより、医師の具体的な指示を受けて行うこととなっている。

また、救急救命士が乗車して救急救命処置を講ずるための設備を備えた救急車は、高規格救急車と呼ばれているが、平成20年時点で、全国5,899台の救急自動車のうち4,503台（76.3％）が高規格救急車となっている。

(2)　ドクターカー

救急医療の最善は、医師の手当てをできるだけ早く受けさせることであるが、救急車で搬送中に、その車内で医師の手当てを

受けさせることも一つの有力な方策であり、また、救急ヘリが飛行できない悪天候の場合や現場付近にヘリコプターが着陸できない場合などに、少しでも早く医師が傷病者と接触するための手段が必要である。このため、救急車型ドクターカーと乗用車型のドクターカーの整備が進められている。

救急車型のドクターカーは、医師が同乗する救急車で、昭和52年から運用されており、平成20年時点で、120台（救急医療機関102台、消防機関18台）が運用されている。

乗用車型のドクターカーは、緊急の傷病者の所在する場所に応急の治療を行う医師が急行するための車両であり、平成20年4月の道路交通法施行令改正によって緊急自動車として認められるようになった。

(3) ドクターヘリ

ドイツでは、交通事故死者を1980年代にかなり減少させたが、その一つの要因としてドクターヘリの導入が挙げられている。日本においても、昭和56年から川崎医科大学救命救急センターで、自動車事故を想定した救急ヘリによる搬送実験が始まったが、この実験運航を企画したのは、（社）交通科学協議会の富永副会長（故人、元警察庁交通局長）であり、以後、札幌医科大学、東海大学などで実用化研究が行われた。

平成に入り、我が国において第2次交通戦争が深刻化すると、ドイツにおける交通事故死者の大幅な減少ぶりとともに、ドクターヘリの効用が紹介された。その後、平成7年の阪神淡路大震災を契機に、災害医療の体制構築の機運が高まり、国もドクターヘリの整備に本格的に取り組むこととなった。

平成11年8月に、内閣官房に「ドクターヘリ調査検討委員会」が発足し、同年10月に、川崎医科大学と東海大学病院で、ドクターヘリ試行事業が始まり、医学的効果が実証された。

また、同年、日本医科大学などが中心となって、救急ヘリ病院ネットワーク（HEM-Net）が設立され、ドクターヘリ整備の調査研究、事後検証などにより、ドクターヘリの全国的普及に多大の貢献をした。

ドクターヘリの運用に関しては、財政的な問題など様々な課題があり、これを克服して全国配備を目指すため救急ヘリ病院ネットワーク（HEM-Net）の活動などにより、平成19年の通常国会で「ドクターヘリ特別措置法」が議員立法により制定された。その結果、ドクターヘリ事業に関する国の都道府県に対する財政的支援が大幅に拡充され、ドクターヘリの都道府県での導入がかなり進み、平成23年度までに1道1府19県で27機が整備された。

また、高速道路上での事故などに対して、ドクターヘリの機動性を高めるために高速道路上へのドクターヘリの着陸の可否が検討されていたが、平成17年8月に警察庁、消防庁、厚生労働省、国土交通省の合同委員会が開催されて、緊急性が高い場合にはドクターヘリの高速道路本線上への着陸を認めるとの方針が確認され、「高速道路におけるヘリコプターの離発着に関する検討について」という4省庁連名の通知文が各都道府県に通知されている。

13 被害者対策

(1) 交通事故被害者に対する支援
ア 背景

　交通事故被害については、交通事故の被害者や家族・遺族（以下「交通事故被害者等」という。）が受ける経済的・身体的な損害の賠償について、自動車所有者の無過失責任と強制保険制度を柱とする「自動車損害賠償補償法」が昭和30年に制定されたほか、交通事故に係る損害賠償の手続き等の法律知識が乏しく、交渉の経験がない等戸惑いが大きかった国民の要望に応え、警察や都道府県等が「交通相談所」を設け、相談に応じるなどして早くから取り組まれた。しかし、交通事故に係るその他の様々な問題については、制度的な対応はなされていなかった。

　また、犯罪被害者や家族・遺族（以下「犯罪被害者等」という。）が被った被害については、昭和55年に犯罪被害者等給付金支給法が制定され一定の犯罪被害者の遺族に対する見舞金を支給する制度が開かれたものの、その他の犯罪被害に係る様々な問題は、基本的に個人が対処すべきものと考えられていた。

　他方、欧米諸国では、1960年代以降、「被害者の権利」についての理解が深まり、昭和60年（1985年）11月には、国連で「犯罪被害者と権力の濫用の被害者に関する司法の基本原則」が採択されるなど犯罪被害者等に対する支援が制度的に行われるようになっていた。

　平成に入り、我が国においても犯罪被害者等が被っている被害の深刻さと対応の不十分さに対する社会的な関心が高まり、被害者対策の必要性が指摘されるようになった。

　このうち、特に交通事故被害者等からは、
　○事故の捜査や刑事手続きが、交通事故被害者等と拘わりなく進められること
　○刑事処分が略式命令や起訴猶予等被害者から見て寛大ととられる処分となっていること

等について不満が強く出るようになり、交通事故被害者等による組織作り(注13)が進むとともに、行政機関や司法機関の対応を求める声が高まった。

イ 犯罪被害者等基本法の制定に至るまでの状況

(ア) 警察の取組

a 犯罪被害者対策の進展と交通事故被害者対策の取組

　警察庁は、平成3年10月の「犯罪被害給付制度10周年記念シンポジウム」を契機として、犯罪被害者等の実態調査や検討を行い、平成8年2月に「被害者対策要綱」を制定し、都道府県警察において、犯罪被害者の心情を踏まえた対応、専従職員による犯罪被害者等への付き添いや支援、捜査状況の情報提供等を行うようになった。

　交通事故被害者についても、交通事故捜査や交通事故相談における交通事故被害者等の心情を踏まえた対応の徹底、捜査状況や刑事手続きに係る情報提供の実施等の改善が行われた(注14)。また、平成10年4月施行の改正道路交通法において、都道府県交

(注13) 平成3年4月には、全国交通事故被害者遺族の会が設立されている。
(注14) 警察庁は、「被害者連絡実施要領」（警察庁各関係局長連名通達、平成8年8月）により、一定の事件

第2章　道路交通政策

通安全推進センターに指定された都道府県交通安全協会は、交通事故に伴う経済的、精神的な被害の回復等に関する相談、助言を行うこととなった。

b　交通事故捜査の高度化と処分の結果説明

交通事故、特に、交通死亡事故において、死者の遺族から、捜査や司法手続きに対し「加害者の言い分を鵜呑みにしている」等の声があった[注15]。平成9年11月に東京都内で発生した小学生被害の死亡ひき逃げ事故が不起訴処分になったことをきっかけとして、交通事故に係る刑事処分、交通事故被害者等への対応について、社会の関心が高まった[注16]。このため、警察庁は、自動車工学等の知識に裏打ちされた捜査能力を備えた交通事故捜査員育成のため、従来の自動車工学の専科教養を拡充した「交通事故鑑定専科」の設置や「交通事故自動記録装置」[注17]の整備等を進め、交通事故捜査の高度化を図った。

また、昭和60年代以降交通事故に対する刑事処分の寛刑化が進んでいるとの批判がある中で、交通事故に係る運転免許の行政処分に対する交通事故被害者等の関心が高まっていた。

そこで、平成11年8月から、事故を引き起こした運転手に対する行政処分の意見聴取の期日等について交通事故被害者等への教示を行うこととなり、平成12年10月からは、死亡事故等を引き起こした運転手に対する行政処分結果の説明を行うこととなった。

刑事処分については、併せて、平成11年6月に犯罪捜査規範（国家公安委員会規則第2号）を改正し、捜査時における警察官の被害者等に対する配慮と併せて、被害者又は遺族に対する刑事処分結果の通知等の規定を新たに設けた。

c　早期援助団体の指定制度

平成12年の国会における検察審査会法等の一部を改正する法律案等の法案の委員会議決の際、犯罪被害者等に対する経済的な支援の拡充や支援体制の整備を求める付帯決議が決議された。

これを受け、平成13年2月、被害者等の置かれたニーズ、民間における被害者支援の状況等を踏まえ、犯罪被害者等給付金の支給に関する法律が改正された。この改正により、警察本部長等による交通事故を含

の犯罪被害者等に対して、捜査の過程や刑事処分の状況についての情報提供を行うこととした。情報開示の当初、交通事故については、「ひき逃げ事件」を対象に被害者等への情報提供を行っていたが、平成10年9月に「交通死亡事故」の遺族、平成18年12月に「全治3カ月以上の重傷を負った事故」及び「危険運転致死傷罪に該当する事件」の被害者等も情報提供の対象に追加した。

[注15]　警察庁が、平成10年に行った「交通事故被害実態調査研究」によれば、対象者の約60％が警察官の対応や事故捜査を評価している一方、約30％は疑問を持ったと回答している。

[注16]　平成9年11月に東京都世田谷区内で通学途上の小学2年の男子生徒がダンプカーに轢かれて死亡する事件が発生した。当初、東京地検は嫌疑不十分で不起訴としたが、処分に不満を持った両親が真相究明を求める署名運動、東京高検への不服申し立て等を行った。東京地検の要請で警視庁が再捜査し、運転手は、業務上過失致死の容疑で起訴され、禁固2年執行猶予5年となった。

[注17]　交通事故自動記録装置は、交差点に設置され、常時交通の状況を撮影し、交通事故の衝突音、スリップ音等を感知すると事故の直前から直後の一定時間の記録を保存する装置である。平成13年4月から運用を開始している。

む犯罪被害者等に対する援助措置の規定や犯罪被害者等早期援助団体の指定制度が設けられ、名称が「犯罪被害者等給付金の支給等に関する法律」に改められた。これにより、被害者等を支援する団体の法的な位置付けと当該団体を警察が支援する法的な裏付けができた。

(イ) 検察における取組

a 被害者等通知制度

平成3年10月に、福岡地方検察庁が初めて被害者等への事件の起訴・不起訴等の通知制度を設けて以来、地方検察庁ごとの判断で交通事故被害者等に対する説明等が行われていたが、上記(ア)b注16の事故をめぐる一連の状況を受け、平成11年4月から、全国統一した内容で被害者等通知制度が運用されることとなった。

b 刑事訴訟法及び検察審査会法等の改正

平成12年5月、法務大臣の指示により、

○ 被害者が死亡した事件において、検察審査会への申し立て権者を被害者家族に拡大（検察審査会法）

○ 公判における、犯罪被害者等による被害に関する心情等の意見陳述（犯罪被害者等の保護を図るための刑事手続きに付随する措置に関する法律（以下「犯罪被害者保護法」という。））

○ 被害者等の優先的な公判傍聴（同上）

等の刑事手続きにおける被害者の関与や二次被害の防止等のための制度が法制化された。

これらにより、交通死亡事故の場合、死者の遺族が検察審査会への申し立てをすることができることとされ、また、被害についての心情等を法廷で述べることができるようになった。また、平成12年12月の少年法改正により、従来非公開とされていた少年審判における被害者等からの意見聴取や処分決定内容等の被害者等への通知等が法制化され、少年が交通事故を引き起こした場合でも、被害者等が、審判に参加できることとなった。

(ウ) 内閣府における取組

平成13年1月、中央省庁再編により、総務庁交通安全対策室が廃止され、その事務を引き継いだ内閣府共生社会担当政策統括官は、交通事故被害者等の支援を新たな政策課題とし、同年3月策定の第7次交通安全基本計画において、「被害者対策の充実」が新規重点対策として盛り込まれた。また、この年には交通事故被害者等の抱える困難、ニーズ等について調査研究が開始され、平成15年から、精神的な立ち直り支援、家事・育児援助等多岐にわたるニーズに応えるために、交通事故被害者等の自助グループの活動を支援する施策に取り組むようになった。

ウ 犯罪被害者等基本法の制定と犯罪被害者等基本計画

(ア) 犯罪被害者等基本法の制定

平成に入り、関係省庁の犯罪被害者対策の推進により被害者対策等に一定の成果は見られたものの、犯罪被害者等の置かれた状況は依然として厳しいものがあり、満たされない様々なニーズがある中で、被害者の法的権利の確立と、総合的な取組を求める声がさらに高まっていた。

平成15年7月、小泉総理大臣は、犯罪被害者団体の一つと面会し(注18)、犯罪被害者等の置かれた状況や犯罪被害者等の権利確立の必要性等の訴えを聞いた。平成16年6

月、総理の指示を受けた自民党が基本法の制定、基本計画の策定等を内容とする「犯罪被害者のための総合的施策の在り方に関する提言」を取りまとめ、これを基に、同年12月犯罪被害者等基本法（平成16年法律第161号。以下「基本法」という。）が成立した。

(イ) 第一次犯罪被害者等基本計画と交通事故被害者等対策

a 第一次基本計画の策定と提起された課題

平成17年12月、基本法に基づく「犯罪被害者等基本計画」（以下「基本計画」という。）が、犯罪被害者等及び支援者からのヒアリング等を経て、策定された。

基本計画には、交通事故被害者等から要望の強かった、

○ 犯罪被害者等が刑事裁判に直接関与することのできる制度の検討及び施策の実施

○ 少年保護事件に関する犯罪被害者等の意見・要望を踏まえた制度の検討及び施策の実施

○ 公的弁護人制度の導入の是非に関する検討

等が課題として取り上げられ、2年以内に結論を出すこととされた。

b 刑事裁判における被害者参加制度と被害者参加人のための国選弁護制度の創設

刑事裁判における被害者の参加については、第一次基本計画で課題とされた損害賠償請求に関し刑事手続きの成果を利用する制度等と併せて、平成19年6月、刑事訴訟法、犯罪被害者保護法及び民事訴訟法の所要の改正がなされた。

これにより、一定の犯罪（平成19年5月の刑法の改正により設けられた「自動車運転過失致死傷罪」を含む。）につき、被害者が裁判所の許可を得て刑事裁判に参加し、被告人に対して尋問や質問等を行う制度（被害者参加制度）が設けられた。また、これに合わせて、犯罪被害者保護法及び総合法律支援法が改正され、犯罪被害者等の資力が乏しい場合には、国費で弁護士を選定する制度（被害者参加人のための国選弁護制度）が設けられた。

c 少年審判における傍聴制度等の創設

平成20年6月の少年法の改正により、一定の重大な犯罪（自動車運転過失致死傷罪を含む。）について、犯罪被害者等は、裁判所の許可により少年審判を傍聴できることとされた。また、少年審判における被害者等の申し出による意見聴取については、犯罪被害者本人が意見を陳述することが困難な場合に、被害者の配偶者などが意見聴取の対象とされることとなった。

(ウ) 第二次犯罪被害者等基本計画と交通事故被害者等対策

a 第二次基本計画の策定と交通事故被害者等からの要望

第二次犯罪被害者等基本計画の策定に当たっても、犯罪被害者等団体等からの意

(注18) 平成12年1月結成された「全国犯罪被害者の会」（「あすの会」と呼称。）は、犯罪被害者等に対する支援活動のほか、犯罪被害者問題を社会に訴える運動を活発に行い、平成14年12月の大会において、犯罪被害者には刑事手続きに参加する当然の権利があり、そのための制度を創設すべきこと等を決議し、署名運動を全国で展開するとともに、国会議員等への協力要請活動を展開していた。その一環として平成15年7月に「あすの会」のメンバーと小泉総理大臣の面会が実現した。

見・要望の聴取がなされ、平成22年12月に同基本計画が策定された。

交通事故被害者等からは、
○ カウンセリング等新療法の費用の公費負担の検討
○ 被害者参加人の旅費等の負担軽減のための制度導入に関する検討
○ 民間団体の財政的基盤充実への協力

等の要望が挙げられ、同計画に盛り込まれた。

b 犯罪被害者等に対する心理療法の費用の公費負担に関する検討会の提言

平成25年1月、「犯罪被害者等に対する心理療法の費用の公費負担に関する検討」の最終取りまとめにおいて、「医療、心理療法・カウンセリング及び犯罪被害者の治療に精通した医師等について知見を有する機関、有識者による研究会の設置」が提言され、「これらの研究を踏まえ、心理療法・カウンセリングの公費負担制度が導入されることを期待する」とされた。

c 被害者参加旅費等の支給制度の創設

平成25年6月、犯罪被害者保護法の一部改正が行われ、被害者参加人が公判期日又は公判準備に出席した場合には、旅費、日当及び宿泊料が支給されることとなった。

d 民間団体に対する援助等

国庫補助金による民間被害者支援団体に対する活動支援、相談業務の委託に加え、平成24年12月から、犯罪利用預金口座等に係る資金による被害回復分配金の支払等に関する法律（平成19年法律第133号。いわゆる「振り込め詐欺救済法」）に基づく預保納付金による、犯罪被害者等の子供に対する奨学金貸与及び犯罪被害者等支援団体に対する助成事業が開始された。

(2) 自賠責保険制度による交通事故被害者の救済

ア 概要

交通事故被害者の救済については、自動車所有者の実質的な無過失責任主義を定めた「自動車損害賠償保障法」（昭和30年法律第97号。以下「自賠法」という。）の下、自賠責保険、政府保障事業及び自動車事故対策事業を三本柱とする、いわゆる「自動車損害賠償保障制度」により、その保護・救済が図られてきた。

昭和期には、車社会の進展に対応して事故の保険金の支払限度額の引き上げなど累次の改正が行われたが、平成に入ってからもいくつかの重要な改正が行われた。

イ 支払い限度額の引き上げ

自賠責保険は、被害者の保護を図る目的で、原動機付自転車を含む自動車側に常に賠償能力を確保させるために自賠法が自動車所有者に契約を義務付けている強制保険である。保険金は、自動車損害賠償保障法施行令（昭和30年政令第286号）に定める限度額を上限として、死亡、後遺障害又は傷害に係る被害者の損害賠償に支払われることとなっており、平成に入ってからも随時引き上げが行われた。

【参考】 自賠責保険・共済による損害の支払限度額（平成23年現在）

死亡による損害	最高3,000万円
後遺障害による損害	・介護が必要な場合

	常時介護のとき：限度額4,000万円
	随時介護のとき：限度額3,000万円
	・後遺障害の程度により
	第1級：限度額　　3,000万円
	第2級：限度額　　2,590万円
	第3級：限度額　　2,219万円
	第4級：限度額　　1,889万円
	第5級：限度額　　1,574万円
	第6級：限度額　　1,296万円
	第7級：限度額　　1,051万円
	第8級：限度額　　　819万円
	第9級：限度額　　　616万円
	第10級：限度額　　461万円
	第11級：限度額　　331万円
	第12級：限度額　　224万円
	第13級：限度額　　139万円
	第14級：限度額　　 75万円
傷害による損害	限度額120万円

ウ　消費生活協同組合及び事業協同組合等の責任共済事業への参入

　従来自動車損害賠償補償法は、強制加入すべき責任保険又は責任共済として、損害保険会社の自動車損害賠償責任保険と農業協同組合又は農業協同組合連合会の自動車損害賠償責任共済の2つを規定していたが、平成7年の法改正によって新たに消費生活協同組合又は消費生活協同組合連合会が行う自動車損害賠償責任共済及び事業協同組合又は事業協同組合連合会が行う自動車損害賠償責任共済の責任共済を追加した。

エ　政府再保険制度の廃止

　自賠責保険は、制度の安定を図るためその発足以来政府による再保険制度を設けていたが、制度が成熟しその必要がなくなってきたことから、平成13年に規制緩和の一環として政府再保険の制度を廃止した。

オ　政府保障事業における損害てん補限度額の引き上げ

　ひき逃げや、無保険車による事故等のため自賠責保険による損害賠償が受けられない被害者に対しては、自賠法に基づき、国土交通省が被害者の損害をてん補するとともに、被害者の有する損害賠償請求権を取得して、加害者等に求償する政府保障事業を行っている。政府保障事業における損害てん補の限度額や後遺障害等級表は、自賠責保険と同じものが採用されており、自賠責保険の限度額の引き上げに伴い逐次引き上げられた。

カ　一般会計への積立金繰り入れ問題

　自動車損害賠償保障制度をめぐる重要な問題として、一般会計のやり繰りのため、自動車安全特別会計に積み立てられていた積立金から平成6年度に8,100億円、平成7年度に3,100億円が同会計に繰り入れら

れ、政府の財政難によってその返済が滞っているという問題がある。

当初の返済計画では、平成9年度から12年度までに繰り戻すものとされていたが、厳しい財政事情のためにこれが実現せず、その後繰り戻し期限に関する財務・国土交通大臣間の覚書が3回にわたり締結された。平成22年12月の覚書では、返済の期限は、「平成24年度から30年度までの間」とされており、未返済額は、利息相当分を含め平成23年度で5,890億円に上っている。

これについては、自動車関係団体や自動車事故被害者団体を中心に早期に特別会計に返済を行うべしとの強い意見がある。

(3) **自動車事故対策事業等による被害者支援活動**

自賠責保険の運用益を活用した自動車事故対策事業は、交通事故被害者の保護と自動車事故防止に資するための事業であり、昭和30年の自賠法制定以来逐次充実が図られてきた。

平成13年の法改正において政府再保険制度を廃止する際、これらの自動車事故対策事業の制度は、自賠法の規定として明確に位置付けられた（原始附則第4項、第5項）。同項において、政府は、交通事故被害者の保護の増進を図るとともに、自動車事故発生の防止に資するため、「自動車事故対策計画」を作成し、同計画に規定する事業を実施する者に対し、補助金の支出等を安定的に行うこととされている。

具体的な自動車事故対策事業としては、次のようなものがある。

ア **(独) 自動車事故対策機構（「NASVAナスバ」）の事故対策事業**

NASVAの前身は、昭和48年に設立された（財）自動車事故対策センターである。（財）自動車事故対策センターは、平成15年9月に廃止され、その事業を引き継ぐ形でNASVAが設立されたもので、事故対策事業についても同機構に引き継がれた。

(ｱ) 「療護センター」等の設置運営

自動車事故による脳損傷により重度の後遺障害を受けた被害者のうち、特に重度の遷延性意識障害の残る自動車事故被害者を収容し、高度の治療と看護を施すことにより社会復帰の可能性を追求する専門病院（療護センター）がNASVAにより設置・運営されている。

昭和59年に第一号として千葉市に「千葉療護センター」が開設され、平成に入ってから、平成元年に仙台市に「東北療護センター」、平成6年に岡山市に「岡山療護センター」、平成13年には岐阜県美濃加茂市に「中部療護センター」と合計4つの療護センターが、順次開設された。

これらのセンターは、NASVAがセンターを設置し、病床の運営については各地で実績のある医療機関に委託する形で設置されているが、これらに加えて、平成19年からは新たに札幌市及び久留米市の2カ所において、既存の病院の病床の一部を借り上げる形の「委託病床」が開設された。これらにより、既存の4療護センターと併せ合計262床の病床が整備され、北は北海道から南は九州まで、自動車事故により遷延性意識障害を受傷した被害者に対し、手厚い治療・看護を行う体制が整い、病状の緩和に大きな成果を挙げている。さらに、これらの施設から距離的に遠く入院が難しい患者家族のため、平成25年には新たに泉大

津市に委託病床が開設された。

(イ) 自動車事故被害者「友の会」活動及び介護者支援事業

自動車事故により保護者が死亡した家庭の子弟に対しては、生活資金の無利子貸し付けを行うほか、そうした境遇にある被害者やその家族を中心として各地に置かれた「ナスバ交通遺児友の会」の諸活動を通じて、民間ボランティアの協力も得ながら様々な支援活動を行っている。

また、療護センター等に入院するほどの重度な脳被害（遷延性意識障害）までは受けていない被害者、あるいは療護センター等で一定期間治療を受けた被害者なども、その後は自宅などにて常時の介護が必要となる場合がある。そうした重度の後遺障害者に対しては、残る障害に応じて月当たり13万6,000円ないし5万4,000円（平成23年現在）の介護料が支給されている。NASVAでは、平成20年以降、こうした介護を必要とする自動車事故被害者の自宅を職員が定期的に巡回したり、地域で介護セミナーを開催したりして、こうした要介護被害者やその家族への情報提供や支援を強化している。

イ （公財）日弁連交通事故相談センター

「（公財）日弁連交通事故相談センター」では、自動車事故による被害者が適切な損害賠償を受けられるよう、自動車事故に関する法律相談、示談あっ旋事業などを行っている。

ウ （一財）自賠責保険・共済紛争処理機構

自賠法に基づく指定紛争処理機関である「（一財）自賠責保険・共済紛争処理機構」では、自賠責保険の支払いなどに関する紛争を円滑に処理するため、自動車事故による被害者等の紛争処理申請に基づき、弁護士や医師などが支払内容を審査し、調停を行っている。

エ その他の機関、団体

上記ア、イ、ウのほか、下記に挙げる諸機関を始めとする全国様々な団体が、多様な形で交通事故被害者を経済的・精神的に支援するための諸事業を実施している。

① （公財）交通遺児育英会
・保護者が死亡したり重度の障害を受けたりした子弟のうち、高校生以上を対象とした奨学金の貸し付けを実施

② 社会福祉協議会（生活福祉資金）
・所得の低い家庭の子弟が、高校・大学・高等専門学校に入学し修学する際必要な経費の貸し付けを実施

③ 保健福祉事務所（母子福祉資金貸し付け）
・未成人の子弟を扶養している配偶者のいない女子に対する貸し付けを実施

④ （公財）交通遺児育成基金
・13歳未満の交通遺児が損害保険金などの一部を拠出金として払い込んで加入できる年金方式の育成給付制度を実施
・中学生までの交通遺児に対する生活資金の支給と一時貸し付けを実施

14 交通事故の厳罰化

(1) 交通事故の厳罰化を求める世論の高まり

自動車交通事故に係る業務上過失致死傷罪については、昭和60年頃から急激に起訴

率が低下していた。また、刑法の業務上過失致死傷罪の法定刑が懲役5年以下であるため、実際の科刑もこれを踏まえて比較的短期のものが多かった。

平成に入ってからもこのような状況は続いていたが、これに対し交通事故被害者の側から交通事故の刑事責任追及が緩過ぎるのではないかとの批判が次第に高まってきた。

平成9年11月に、東京都内の信号機のある交差点で8歳の男の子がダンプカーにひき逃げされ死亡するという事故が発生したが、ダンプカーの運転者は不起訴処分となった（その後の再捜査で、改めて起訴された。「第2章第3節13被害者対策(1)イb注16」を参照。）。また、平成11年11月に東名高速道路で飲酒運転のトラックに乗用車が追突された事故で3歳と1歳の女の子が焼死したが、運転手に言い渡された刑は懲役4年で、平成13年にそのまま刑が確定した。このような一連の事案が社会の注目を集めるようになると、交通事故の厳罰化を求める世論が急速に高まった。

(2) 刑法における危険運転致死傷罪、自動車運転致死傷罪の導入

平成13年に刑法が改正され、①正常な運転ができないおそれのある飲酒運転、②車両の進行制御困難な高速運転、③ことさら行う危険な信号無視、④危険な幅寄せ等の悪質、危険な交通違反によって引き起こされた事故を対象とする危険運転致死傷罪が創設された。危険運転致死傷罪は、故意類型の犯罪とされ、その法定刑も相手方負傷の場合は懲役10年以下の懲役、死亡の場合は有期懲役とするものである。

しかし、危険運転致死傷罪は、一定の限られた事案にしか適用できないものであったことから、その後も交通事故の厳罰化を求め、危険運転致死傷罪の適用拡大を求める世論は、収まることはなかった。このため、法務省は危険運転致死傷罪が適用されない交通事故についても重罰化を図ることとし、平成19年に再度刑法の一部改正を行い、過失致死傷罪の新たな類型として自動車運転過失致死傷罪を新設した。同罪は、業務上過失致死傷罪から自動車の運転に伴うものを独立した別個の犯罪類型として取り出し、法定刑を懲役7年以下に引き上げるものである。

(3) 道路交通法違反の罰則強化と飲酒運転の制裁強化

ア 道路交通法違反の罰則強化

道路交通法違反については、昭和35年に同法が制定された以降の物価上昇等を踏まえ、昭和61年に罰金額を概ね2倍に引き上げる法改正が行われたが、その後法改正は行われていなかった。一方、刑法や経済関係等の罰則については、平成3年に抜本的な罰金額の見直しが行われ、大幅に引き上げられていた。

そこで、警察庁は上記(2)の危険運転致死傷罪の導入に合わせ、平成13年に道路交通法の一部改正を行い、罰金額の改定を中心とした道路交通法違反の罰則の引き上げを行った。

その際、ひき逃げ、飲酒運転、無免許運転、共同危険行為等の悪質、危険な違反に対しては、当時の交通事故の厳罰化を求める世論を配慮し、罰金の額だけでなく懲役刑の上限についても引き上げた。

イ 飲酒運転の制裁強化

そもそも昭和35年の道路交通法制定時には、呼気1リットル中にアルコールを0.25ミリグラム以上保有する酒気帯びの状態で自動車等を運転することを禁じつつも、酒酔いの状態（いわゆる酔っ払い）で運転した場合にのみ処罰の対象としていた。

その後、飲酒運転に対する制裁は強化され、昭和45年に酒気帯び運転を全面的に禁止し、このうち呼気1リットル中にアルコールを0.25ミリグラム以上保有する状態で運転した場合には刑事処罰の対象とするとともに、酒酔い運転の法定刑を大幅に引き上げた。これにより、現在に至る飲酒運転に対する道路交通法の罰則の骨格が作られた。

なお、昭和35年の道路交通法制定時から、速度超過等一部の違反について併せて酒気帯び違反があった場合には法定刑が加重されており（いわゆる「酒気帯び加重」）、昭和42年に行政処分に係る点数制度が導入された際、点数制度においてもこの考え方が援用され、速度超過等の一定の違反について基礎点数を上乗せすることとされた。この点数制度における酒気帯び加重の制度は、昭和45年に酒気帯び運転そのものが刑事処罰の対象となり、刑事罰における酒気帯び加重の規定が廃止された後もそのままの形で維持されている。

その後、さらに昭和53年及び昭和62年に、飲酒運転の行政処分の基礎点数や罰金額が一段と引き上げられた。

(ア) 平成13年法改正による制裁強化

上記アの平成13年の道路交通法改正では、酒酔い運転の罰則を2年以下の懲役又は10万円以下の罰金から3年以下の懲役又は50万円以下の罰金に引き上げ、酒気帯び運転については3月以下の懲役又は5万円以下の罰金から1年以下の懲役又は30万円以下の罰金に引き上げた。

また、道路交通法施行令を改正し、酒気帯び運転として刑事処罰の対象となる体内のアルコール濃度の範囲を、従来の呼気1リットル中0.25ミリグラム以上から0.15ミリグラム以上に引き下げ、処罰の対象を拡大した。

このような平成13年の法改正は、飲酒運転の処罰の対象を広げかつ重罰化を図った画期的なものであり、これにより、平成12年中の飲酒運転による交通事故は、2万6,280件、うち死亡事故1,276件であったものが、法改正後の平成15年には1万6,374件、うち死亡事故は786件と激減した。

(イ) 平成19年の再度の法改正

a 経緯

平成18年8月、福岡市で飲酒運転の乗用車に追突された乗用車が橋の下の海中に転落し、4歳と3歳の男の子2人と1歳の女の子の計3人が溺死するというひき逃げ事故が発生した。この事故は、反社会的な飲酒運転がまだ根強く残っている実体を広く社会に印象付けるとともに、飲酒運転の根絶を求める世論を沸騰させた。また、平成13年改正法の施行後4年を経過し、改正法の飲酒運転の抑止効果にやや陰りが見られる状況にもあったことから、これを契機に飲酒運転事故やひき逃げに対するさらなる制裁の強化が行われることとなった。

b 改正の内容

平成19年の道路交通法の一部改正においては、飲酒運転を根絶するためには、飲酒運転を許さない社会環境を作ることが重要

であるとの考え方から、飲酒運転を助長する行為として次の３つの行為を直接処罰の対象とした。

① 酒類提供

飲酒運転を行うおそれのある者に対して酒類を提供し、又は飲酒をすすめること

② 車両提供

酒気を帯びている者で飲酒運転を行うおそれのあるものに対し車両等を提供すること

③ 同乗の要求又は依頼

酒気を帯びている運転者に対して自己の運送を要求又は依頼して、当該運転者の運転する車両に同乗すること

また、酒酔い運転の法定刑を３年以下の懲役又は50万円以下の罰金から、５年以下の懲役又は100万円以下の罰金に、酒気帯び運転については２年以下の懲役又は30万円以下の罰金から、３年以下の懲役又は50万円以下の罰金に引き上げた。

これにより、飲酒運転による事故はさらに減少し、平成20年中の飲酒運転事故は6,219件、うち死亡事故は305件となった。

(4) 自動車の運転により人を死傷させる行為等の処罰に関する法律の制定

上記(2)、(3)の悪質、危険な運転行為の厳罰化によっても、交通事故の被害者団体から飲酒運転等が直ちに刑法の危険運転致死傷罪に該当しないのは刑事責任の問い方として不十分であるとの指摘がなされていた。

このような中、平成23年４月に栃木県鹿沼市でてんかん患者が運転する車両により６人が死亡する事故が、また同じく平成24年４月に京都市東山区で運転者であるてんかん患者本人を含む８人が死亡する事故が発生したことから、てんかん患者等の安全運転対策が大きな問題となった。さらに、同年４月に京都府亀岡市で無免許の少年（18歳）が運転する車両により集団登校中の児童がはねられ、３人死亡、７人が重軽傷を負うという事故が発生したが、京都地検が少年の運転技能が未熟だったわけではないとして危険運転致死傷罪の立件を見送ったところ、地検の措置に対し世論の批判が相次いだ。

このような情勢を受け、政府は悪質、危険な運転行為による事故の厳罰化の範囲を広げることとし、新法の制定に踏み切った。新法は、刑法から危険運転致死傷罪（第208条の２）と自動車運転過失致死傷罪（第210条第２項）の規定を取り出して、新しく「自動車の運転により人を死傷させる行為等の処罰に関する法律（平成25年法律第86号）」とするとともに、新たな罰則類型を追加するものである。

新法において、新たに追加された罰則の類型は次のとおりである。

○ 危険運転致死傷罪（最長20年以下の懲役）の対象に、通行禁止道路の危険走行、高速道路の逆走を追加

○ 飲酒運転、意識を失うおそれのある持病による運転など、正常な運転に支障を生じるおそれのある運転について、一定の要件の下に新たな罰則を新設（最長15年以下の懲役）

○ 飲酒運転による交通事故後におけるアルコール等の影響発覚免脱罪を新設（最長12年以下の懲役）

○ 上記各違反について無免許運転で

あった場合の刑を加重

一方、これに対応して道路交通法においても同年改正が行われ、

○ 公安委員会による運転免許受験者や更新者への病状等の質問に対する虚偽回答の罰則の新設
○ 病気を診察した医師が公安委員会に任意で診断結果を届け出ることを医師の守秘義務から免除
○ 無免許運転の罰則の引き上げ（1年以下の懲役又は30万円以下の罰金を3年以下の懲役又は50万円以下の罰金へ）と無免許運転の助長行為の罰則の新設

等の措置が取られた。

15　交通指導取締り活動

(1)　概要

全国の道路交通法違反の取締り件数は、昭和40年代に急増し、昭和50年代後半には年間1,300万件を超える交通違反の取締りが行われた。

その後年間の交通違反取締り件数（点数告知、放置違反金の納付命令を含む。）は、昭和63年に約1,196万件、平成元年に約926万件と一時減少したが、間もなく再度増加に転じ、概ね年間1,100万件台から1,300万件台で増減を繰り返している。この間、最も取締り件数の多い違反形態は、平成2年までは最高速度違反、平成3年、4年は駐停車違反、平成5年から18年はシートベルト及びヘルメットの非着用、平成19年、20年は再び駐停車違反、平成21年から再度最高速度違反となっている。

このような交通違反取締り件数の増減や取締り対象の変化は、1つにはその時々の警察の取締り方針の変化を反映したものであり、また、同時に時代の推移とともに運転者の交通違反の実態が変化したことによるものである。

平成時代に見られる警察の取締り重点や取締り方針の変化及び運転者の運転行動の変化は、次のとおりである。

(2)　いわゆる「3.29通達」と違反取締り

昭和63年3月29日、警察庁は、各都道府県警察に対し交通局長通達「交通警察運営上の当面の重点施策について」を発出した。同通達は、

○ 交通取締りに当たっては、違反の中でも特に交通ルールをあえて無視し、他のドライバーから見ても取り締まられることが当然と考えられるような悪質・危険な違反や迷惑性の強い違反に最重点をおいた取締りを実施すべきこと
○ 「取締りのための取締り」、「件数主義」との批判を招く原因となるような量的な面に偏るおそれのある取締り管理を避け、事故防止上真に有効な取締りが行われるよう取締りの内容にわたる管理を徹底すべきこと

等を内容とするものであった。

これを受け全国警察の交通取締り活動は、飲酒運転、著しい速度超過、無謀な追い越し、信号無視、交差点・幹線道路における違法駐車等に重点を置いて取り組まれた。また、この通達は、交通取締り活動を抑制すべきとのメッセージを各都道府県警察に与えた可能性があり、その後全国の年間の交通取締り総件数は相当数減少した。

速度取締りについては、取締りの重点を

著しい速度超過に置いた結果、昭和62年に約455万件であった年間の違反検挙件数は、昭和63年に約328万件、平成元年に約258万件と減少した一方で、超過速度が30km/h毎時以上の違反の検挙件数は、昭和63年に約36万件、平成元年に約41万件、平成2年に約46万件と増加した。（なお、超過速度が30km/h毎時以上の違反の検挙件数は、その後も引き続き増加したが、平成11年の年間約60万件をピークに減少に転じ、平成22年には約36万件となった。これは、交通事故統計の結果からうかがえるように、全体的に過度の速度超過で走行する車両が減少したためである。）

　その他の違反形態についても、通行禁止違反、踏切不停止、一時停止違反、免許証不携帯等の一般的な違反の取締り件数はかなり減少したが、酒気帯び運転、通行区分違反、追越し違反等の悪質な違反の取締り件数は維持された。

(3) ヘルメット及びシートベルト非着用の取締り

　平成時代の交通安全対策の重要施策の1つとして、交通事故発生時の被害軽減に力点が置かれたことから、交通指導取締りにおいてもヘルメット及びシートベルト非着用の取締りが強化された。

　自動二輪車の運転者に対するヘルメット非着用の点数告知の制度は、昭和53年から始まっており、その後自動二輪車のヘルメット着用が定着するとともに告知件数は減少していたのであるが、昭和61年から原付のヘルメット非着用に対する点数告知がなされるようになり、ヘルメットの非着用に対する告知件数は、昭和60年の約2万件から昭和61年には約44万件（約20倍）に急増した。

　また、シートベルトの着用義務違反については、昭和60年にまず高速道路における非着用に対し違反点数が付され、これに対する同年のシートベルト非着用の点数告知の件数は、約5万件であったが、昭和61年に一般道路に告知対象が広がると、その年のシートベルト非着用の告知件数は約28万件となり、翌62年は約70万件となった。

　その後もヘルメット及びシートベルトの非着用の取締りは根気よく続けられ、平成6年、7年のピーク時には、年間430万件を超える点数告知がなされた。やがてヘルメット、シートベルトの着用率が向上すると告知件数は減少を続け、平成22年の告知件数は、約217万件となった。

(4) 過積載の取締り

　昭和の終わりから平成にかけてバブル経済の活況もあり、貨物自動車による土砂その他の建設用資材や廃材等の過積載が横行し、道路や橋梁に過重な負担を与えるとともに、重大事故を起こすなどの問題が生じていた。一方では、政府が進める規制緩和の流れの中で、貨物自動車の大型化が進められようとしていた。

　このような背景の下、貨物自動車の過積載対策として、過積載については運転者に対する制裁にとどまらず当該違反車両の使用者やその周辺者に対しても責任追及を行うこととし、平成5年の道路交通法改正において車両の所有者に対する指示処分及びその違反に対する制裁、荷主等による過積載車両の運転要求行為の禁止等の規定が盛り込まれ、翌年から施行された。これを受

け全国の警察が過積載の取締りを強化したところ、積載違反の状況はかなり改善された。この結果、当時、平成に入ってからの年間の積載違反の検挙件数は8万件ないし9万件台で推移していたところ、平成7年以降5万件台に減少し、その後平成10年頃からさらに大きく減少するようになった。

(5) 飲酒運転の取締り

飲酒運転に対しては、道路交通法制定以来一貫して重点的な取締りを行ってきたが、飲酒運転による事故はなかなか減少しなかった。昭和50年代、飲酒運転の検挙件数は、年間35万件前後で推移しており、平成に入ってからも年間約33万件から34万件程度の検挙がなされていた。

平成11年頃から、飲酒運転による悲惨な交通事故に世間の注目が集まり、飲酒事故に対する社会の批判が高まるとともに、飲酒運転中の事故は徐々に減少するようになった。さらに平成14年以降の一連の法改正による飲酒運転の厳罰化が進むと、飲酒運転による事故は急激に減少した。これに伴い、この間飲酒運転の取締り活動を強化したにも関わらず、飲酒運転の検挙件数は大きく減少し、平成11年には飲酒運転の検挙件数は約34万件であったが、平成22年は年間4万件弱となった。

(6) 運転中の携帯電話使用取締り

平成11年の道路交通法の一部改正で自動車等の運転中の携帯電話の使用が禁止され、その後平成16年の改正により違反に対する罰則が科せられることとなった。これを受け、全国の警察は、自動車等の運転中の携帯電話使用を取り締まるようになった。自動車等の運転中の携帯電話使用に係る平成17年の年間の違反検挙件数は約52万件であったが、その後逐年増加し、平成22年は約132万件となっている。

(7) 駐車違反取締り

平成2年、政府の交通対策本部から総合的な駐車対策の推進方針が打ち出され（平成2年5月28日同本部申合せ「大都市における駐車対策の推進について」）、平成3年から改正道路交通法に基づく駐車違反車両の使用者に対する責任追及の制度が始まった。これに伴い、全国の警察において違法駐車の取締りが強化され、年間の駐車違反の検挙件数はそれまで概ね240万件台で推移していたものが、平成3年には約312万件、平成4年には約310万件と大幅に増加した。

その後、路上の違法駐車の減少とともに、駐車違反の検挙件数は徐々に減少し、平成17年には約159万件となった。

違法駐車の更なる改善を図るため、平成16年改正の道路交通法に基づく自動車等の使用者の責任追及を行う放置違反金制度が平成18年から始まり、駐車監視員による放置駐車の違反事実の確認が行われるようになった。この制度による平成19年の自動車等の使用者に対する放置違反金の納付命令は約235万件、運転者に対する違反告知は約65万件となり、併せて約300万件の違法駐車の責任追及がなされた。その後、路上の違法駐車の状況が大きく改善したため、駐車監視員の活動地域を大幅に拡大したにも関わらず違法駐車に対する責任追及の件数は徐々に減少し、平成22年の違反金の納付命令は約162万件、運転者に対する違反

告知は約40万件で、併せて約202万件となった。

16 交通安全推進体制

(1) 中央省庁再編と交通安全推進体制
ア 概要

道路交通の安全対策については、従来、警察庁（交通局）、運輸省（自動車交通局）、建設省（道路局）を始め、各省庁がそれぞれの所掌事務を通じて必要な対策を実施し、総務庁が交通安全に関する施策や事務の総合調整を担当してきた。また、交通安全対策基本法（昭和45年法律第110号）に基づき、内閣総理大臣を長とする「中央交通安全対策会議」が総理府に置かれ、交通安全対策の基本計画を策定し、その実施を推進するとともに、重要な総合対策を審議、推進してきた。

平成13年１月に中央省庁再編（以下「省庁再編」という。）が実施されたが、これはそれまでの１府22省庁から１府12省庁へと大幅に省庁数が削減される大規模なものであった。交通安全対策を所掌する主要な４省庁も、警察庁のみが残存し、総務庁（交通安全対策室）が内閣府（政策統括官）に、建設省と運輸省は統合されて国土交通省となった。これに伴い、各省庁の所掌事務の再配分が若干行われたが、上記の交通安全推進体制の基本的枠組みは維持された。

イ 省庁再編
(ア) 中央省庁等改革基本法の制定

平成８年11月に行政改革会議が設置され、平成10年６月まで計45回にわたって各省庁からのヒアリングを含む精力的な議論が重ねられた。同会議が平成９年12月の最終報告において打ち出した改革は、①内閣機能の強化、②省庁再編、③独立行政法人の制度化、④公務員の削減等行政のスリム化、⑤政策評価機能の充実、強化等であった。これらの諸改革について基本的な理念及び方針等を定めるとともに、中央省庁等改革推進本部を設置すること等によってこれを推進することを目的として、平成10年６月に中央省庁等改革基本法が制定された。

(イ) 交通安全に関する省庁再編構想

行政改革会議において議論された「省庁再編構想」のうち交通安全に関係するものを列挙する。

① 交通省構想

これは、陸海空にわたる交通政策の中核を担う運輸省と道路交通に係る事務を所掌する建設省道路局、警察庁交通局を統合するものである。この３部局以外にも交通政策に関わる省庁や部局は存在するが、各省庁の交通政策を担当する部門をすべて統合することは、むしろ非効率的であり、交通省に総合調整機能を持たせることによって、その他の関係省庁との連携は従来どおり維持できるとの考え方である。この案は極めて有力な案であったが、省庁分割により関連事務が分断され、事務が非効率となることなど関係省庁の反対もあり採用されなかった。

② 国土交通省構想

これは、国土整備に関する主要な事務を所掌する建設省、国土庁、北海道開発庁と、運輸行政を所掌する運輸省の統合案である。

③ 「国土開発省」と「国土保全省」の

併設構想

　行政改革会議における当初の試案は、農林水産省、建設省、運輸省を統合する「国土整備省」構想（社会資本整備や公共施設の建設機能等に着目して関係省庁を統合する案）であったが、巨大な権限が集中しすぎるとして、橋本首相が「国土開発省」と「国土保全省」に分割することを提案した。この構想は、平成9年9月に公表された「行政改革会議中間報告」に盛り込まれた。

　この構想では、建設省の河川局を除く組織と運輸省を統合して国土開発省とし、建設省の河川局は分離されて農林水産省と統合して国土保全省とする考え方であった。この構想に対しては、「開発」と「保全」の区分が不明確であるという意見や、食糧対策を国土保全の中に位置付けることについて手段と目的の逆転ではないかといった意見があった。

④　運輸通信省構想

　行政改革会議のヒアリングにおいて、運輸行政と他の行政との統合について、道路行政との統合や公共事業組織の一元化以外の観点として、運輸省から提示された構想である。諸外国ではこのような行政組織の実例があるが、戦前の逓信省の復活につながるなどの反対意見が強かった。

最終的には、組織の分割がない、②の「国土交通省構想」が採用されることとなった。

ウ　交通安全に係る総合調整機能

(ｱ)　総理府の中央交通安全対策会議及び総務庁交通安全対策室の総合調整機能の扱い

　陸上交通の安全に係る総合調整機能を果たしてきた総務庁交通安全対策室に関しては、行政改革会議で若干の議論はされたものの、最終報告では特段触れられることはなく、交通安全に係る各省庁同士の調整については、国土交通省が「交通安全行政について、各省横断的調整のコア機能を担う」とされた。

　しかし、その後中央省庁再編に伴う法律制定の立案過程で政府部内において調整した結果、内閣府が交通安全行政の総合調整を行うものとし、内閣府に中央交通安全対策会議を置くとともに、交通安全対策について内閣の補助事務として企画立案・総合調整を行う必要があるときは、閣議において方針を決定し、それに基づいて内閣府において企画立案・総合調整を行うこととなった。

(ｲ)　総務庁廃止と内閣府設置に伴う事務配分

　省庁再編によって内閣府が設置され、交通安全政策は総合企画調整担当（後に共生社会政策担当と名称変更）の政策統括官が担当することとなったが、「内閣の統括下に置かれ、各省庁よりも一段高い立場から、省庁間の総合調整権を持つ」とされる内閣府の機能から、従来の総務庁交通安全対策室の所掌事務が、「各行政機関の陸上交通の安全に関する施策及び事務の総合調整」及び「各行政機関の交通の安全に関する事務の連絡」とされ、「企画、立案」については「他の行政機関に属しないもの」に限られていたのに対し、内閣府では新たに「施策の統一を図るために必要となる企

画及び立案」が加わる一方で「他の行政機関の所掌に属しないものの企画及び立案」は削除された。

また、国土交通省には、「交通安全基本計画に係る事項の実施に関する関係行政機関の事務の調整」という形で、基本計画の実施に関する事務の各省庁横断の調整機能が付与された。

各府省の所掌事務の整理により、それまで総務庁交通安全対策室が所掌していた事務のうちのいわゆる実施的な事務、具体的には、大型貨物自動車による交通事故の防止対策に関すること、踏切事故の防止対策に関すること、交通事故被害者に係る救急業務及び救急医療に関することなどの事務のうち、省庁横断的な調整に係る事務以外のものについては、内閣府には引き継がれず、各省庁に移管されることとなった。

【参考】

省庁再編前の1府22省庁
- 府(1)　総理府
- 省(12)　法務省、外務省、大蔵省、文部省、厚生省、農林水産省、通商産業省、運輸省、郵政省、労働省、建設省、自治省
- 委員会(2)　国家公安委員会、金融再生委員会
- 庁(8)　総務庁、北海道開発庁、防衛庁、経済企画庁、科学技術庁、環境庁、沖縄開発庁、国土庁

省庁再編後の1府12省庁（平成13年1月6日現在）
- 府(1)　内閣府
- 省(10)　総務省、法務省、外務省、財務省、文部科学省、厚生労働省、農林水産省、経済産業省、国土交通省、環境省
- 庁(2)　国家公安委員会、防衛庁

（注）　国家公安委員会は警察庁を管理するため庁と数える。
　　　　防衛庁は平成19年1月9日に防衛省に昇格した。

第 2 章　道路交通政策

【参考】 国及び地方自治体の交通安全対策推進体制（平成24年末現在）

中央交通安全対策会議
交通安全対策基本法第14条
（交通安全基本計画の作成等）

会　長：内閣総理大臣
委　員：関係12閣僚

（内閣官房長官、内閣府特命担当大臣（交通安全対策、沖縄及び北方対策）、国家公安委員会委員長、内閣府特命担当大臣（金融）、総務大臣、法務大臣、文部科学大臣、厚生労働大臣、農林水産大臣、経済産業大臣、国土交通大臣、防衛大臣）

交通対策本部
中央交通安全対策会議決定　［平成12年12月26日
　　　　　　　　　　　　　　平成17年12月 8 日　一部改正
　　　　　　　　　　　　　　平成18年 6 月13日　一部改正］

（具体的施策の調整・推進）

本部長：内閣府特命担当大臣（交通安全対策）
部　員：関係15事務次官等

（内閣府事務次官、警察庁長官、金融庁長官、総務事務次官、消防庁長官、法務事務次官、文部科学事務次官、厚生労働事務次官、農林水産事務次官、水産庁長官、経済産業事務次官、国土交通事務次官、気象庁長官、海上保安庁長官、防衛事務次官）

都道府県交通対策協議会等
交通対策本部決定（昭和36年 8 月 9 日）
（交通安全県民運動等）

都道府県交通安全対策会議
交通安全対策基本法第16条
（都道府県交通安全計画の作成等）

市町村交通安全対策会議（任意設置）
交通安全対策基本法第18条
（市町村交通安全計画の作成等）

出典：内閣府

(2) 交通安全基本計画の推移
ア 概説
(ア) 交通安全対策基本法に基づく交通安全基本計画の作成及び実施の仕組み

前記(1)アで述べたとおり、交通安全対策基本法では、内閣総理大臣を会長とする中央交通安全対策会議（以下「中央対策会議」という。）が交通安全基本計画（以下「基本計画」という。）を策定し、この基本計画に基づき、指定行政機関の長はその所掌事務に関し、毎年度、交通安全業務計画を策定しなければならないとされ、都道府県及び市町村にあっても、基本計画に基づきそれぞれ交通安全計画を作成するとともに、毎年度、交通安全実施計画を作成するものとされている。

(イ) 交通安全基本計画の作成
a 基本計画の構成及び目標の設定手法

第1次の基本計画作成に先立ち、昭和45年9月に中央交通安全対策会議の基本計画の作成方針が決定された。その内容は次のとおりである。

○ 交通の安全に関する総合的かつ長期的な施策の大綱を定めるとともに、施策を総合的かつ計画的に推進するために必要な事項について定める。
○ 施策には、できる限り、明確な達成目標を設定する。
○ 対象期間は、5箇年とする。
○ できる限り科学的、実証的な資料等をもとにして作成し、このため、必要に応じて専門委員を任命し、専門的な事項を調査研究させる。

これに基づいて昭和46年3月に第1次基本計画が策定され、以後平成23年までに第9次にわたり基本計画が策定されている。

基本計画の前提となる将来の交通事故の発生状況を正確に予測することは、運転免許保有者数、自動車走行台キロ等の交通に係わる諸要因のみならず、政治経済状況や社会環境等をも考慮しなければならないことから極めて困難で、当初の長期予測では「システムダイナミックス」手法に基づいて行われていたが、その後回帰分析手法に変更されている。

なお、平成15年1月に、中央対策会議会長である小泉内閣総理大臣が、平成14年中の交通事故死者数が、史上最悪を記録した昭和45年中の死者数の半減を達成したことを踏まえ、平成15年からの10年間を目途に、さらに交通事故死者数を半減し、5,000人以下にするという政府目標を打ち出した。また、平成21年1月に、中央対策会議会長である麻生内閣総理大臣は、平成20年中の交通事故死者数が5,155人となり、平成22年までに5,500人以下とする第8次基本計画の目標を2年前倒しで達成したことを踏まえ、今後10年間を目途に、さらに交通事故死者数を半減させ、2,500人以下にするという政府目標を掲げた。これらは、いずれも交通安全基本計画（五箇年）の期間中に、別途政治的判断により政府の政策目標を打ち出したものである。このため、第8次及び第9次の基本計画作成においては、このような政治主導による政策目標を踏まえつつ、基本計画の計画期間中に達成可能と見込まれる目標値が設定された。

b 目標値の推移

第1次以降、第9次までの基本計画の目標値と実数は、別表のとおりである。

昭和46年の第1次基本計画では、第7次

別表　交通安全基本計画の目標値と実績値　　　　　　　　　　　　　　（出典　内閣府）

第1次交通安全基本計画（昭和46年度～昭和50年度）				
昭和50年の歩行者推計死者約8,000人を半減。				
昭和46年	昭和47年	昭和48年	昭和49年	昭和50年
5,761人	5,689人	5,376人	4,140人	3,732人

第2次交通安全基本計画（昭和51年度～昭和55年度）				
過去最高であった昭和45年の交通事故死者数16,765人の半減。				
昭和51年	昭和52年	昭和53年	昭和54年	昭和55年
9,734人	8,945人	8,783人	8,466人	8,760人

第3次交通安全基本計画（昭和56年度～昭和60年度）				
昭和60年までに年間の死者数を8,000人以下にする。				
昭和56年	昭和57年	昭和58年	昭和59年	昭和60年
8,719人	9,073人	9,520人	9,262人	9,261人

第4次交通安全基本計画（昭和61年度～平成2年度）				
平成2年までに年間の死者数を8,000人以下にする。				
昭和61年	昭和62年	昭和63年	平成元年	平成2年
9,317人	9,347人	10,344人	11,086人	11,227人

第5次交通安全基本計画（平成3年度～平成7年度）				
平成7年の死者数を年間1万人以下とする。				
平成3年	平成4年	平成5年	平成6年	平成7年
11,105人	11,451人	10,942人	10,649人	10,679人

第6次交通安全基本計画（平成8年度～平成12年度）				
年間の交通事故死者を平成9年までに1万人以下とし、さらに平成12年までに9,000人以下とする。				
平成8年	平成9年	平成10年	平成11年	平成12年
9,942人	9,640人	9,211人	9,006人	9,066人

第7次交通安全基本計画（平成13年度～平成17年度）				
平成17年までに、年間の24時間死者数を交通安全対策基本法施行以降の最低であった昭和54年の8,466人以下とする。				
平成13年	平成14年	平成15年	平成16年	平成17年
8,747人	8,326人	7,702人	7,358人	6,871人

第8次交通安全基本計画（平成18年度～平成22年度）				

| 平成22年までに、年間の24時間死者数を5,500人以下にする。 ||||||
| 平成22年までに、年間の死傷者数を100万人以下にする。 ||||||
平成18年	平成19年	平成20年	平成21年	平成22年
6,352人	5,744人	5,155人	4,914人	4,863人
1,104,551人	1,040,189人	950,659人	916,022人	901,071人

第9次交通安全基本計画（平成23年度～平成27年度）

平成27年までに、24時間死者数を3,000人以下にする。
（30日死者数は、概ね3,500人以下にする。）
平成27年までに、死傷者数を70万人以下にする。

基本計画までは、年間の交通事故死者数の削減を計画の目標としていたが、平成18年作成の第8次基本計画から、交通事故死者数のみならず交通事故全体に目を向け、交通事故死傷者数についても削減目標を掲げるようになった。

さらに、諸外国においては大多数の国が30日死者数（事故後30日以内に死亡したものの数）を採用していることから、第7次基本計画以降は、目標値を24時間死者数と明示し、第9次基本計画では、概ねの数と断っているが30日死者数も目標値として併記されている。

イ　各計画期間における主要な対策

次に、基本計画期間を、便宜的に第1次～第4次基本計画までの期間、第5次及び第6次基本計画の期間及び第7次基本計画以降の期間の3期に分けて、それぞれの期間で実施された主要な対策等を概観する。

(ア)　第1次～第4次基本計画までの期間（昭和46年から平成2年まで）

第1次基本計画で注目される対策は、交通安全施設等整備事業五箇年計画が昭和46年から開始されたことである。この五箇年計画は、平成14年まで6次にわたって策定され（ただし、6次は七箇年計画）、平成15年の社会資本整備重点計画法に基づく社会資本重点化計画に転換して現在に至っている。また、昭和47年及び48年には計5,850人の交通警察官の増員が行われて交通指導取締りが強化され、49年には自動車交通総量の削減及び交通流のパターンの改善を図るため、人口10万人の168都市を対象に都市総合交通規制が実施された。

第2次計画では、昭和51年5月に発生した神戸祭り事件（暴走族の暴動で新聞記者1名が死亡）を契機に暴走族が社会問題となり、道路交通法の改正で共同危険行為の禁止規定が導入され、また、一般道路、高速道路を問わず、自動二輪車のヘルメット着用の義務化が図られた。さらに、無免許、酒酔い運転等の違反行為の下命、容認の禁止等、自動車の使用者の義務が強化された（いずれも昭和53年施行）。

第3次及び第4次計画において実施された施策としては、シートベルト着用の義務化（昭和60年施行）、原動機付自転車のヘルメット着用の義務化及び3車線以上の道路における2段階右折の義務化（61年施行）、駐車対策としては、パーキングメーター・パーキングチケット制度の創設や放置自動車の使用制限を含む車両の使用者の

責任追及の制度（昭和61年及び平成２年施行）、若年者対策としては初心運転者期間制度の導入（平成２年施行）等が挙げられる。

(イ)　第５次及び第６次基本計画の期間（平成３年から平成12年まで）

第５次計画の期間には、免許制度の改正がしばしば行われ、普通自動車にAT車限定免許を導入するとともに（平成３年施行）、自動二輪車区分を廃止して大型自動二輪免許及び普通自動二輪免許を新設した（平成８年施行）。また、講習制度については、原付免許取得時の講習受講を義務化し（平成４年施行）、免許証更新時の更新時講習の受講を義務付けるとともに、普通免許及び二輪免許を受けようとする者に普通車安全講習、二輪車安全講習及び応急救護処理講習の受講を義務付け、併せて、５年以上無事故・無違反の優良運転者（いわゆるゴールド免許）には免許の更新期間を３年から５年に延長した（平成６年施行）。

それ以外では、交通事故の調査分析を高度化するための規定の整備や、暴走族対策として消音器を備えていない自動車、原付の運転禁止（平成４年施行）、駐車対策として車輪止め装置の取付け、重量を測定して措置命令ができる過積載対策（平成５年施行）を行った。平成９年には、高齢者対策として、75歳以上の高齢者に対する高齢者講習を新設するとともに、高齢運転者標識表示の努力義務（いわゆる「紅葉マーク」）を導入し、平成11年には運転中の携帯電話の使用が禁止された。同年、国家公安委員会により交通安全教育指針が作成、公表された。

また、事故発生時の被害軽減対策としては、救急救命センターの整備拡充のほか、救急救命士制度の導入（平成３年）、自動車の対衝突安全構造強化（平成５年、８年）、ドクターヘリの導入（平成11年）などが進められた。平成12年には、６歳未満の幼児に対するチャイルドシートの義務化等が行われた。

第６次計画では、道路交通環境の整備として、コミュニティ・ゾーンの形成、高度情報技術等を活用した道路交通システムの整備、交通需要マネジメントの推進等の諸施策が展開された。平成12年にいわゆる交通バリアフリー法（高齢者、身体障害者の公共交通機関を利用した移動の円滑化の促進に関する法律）が施行され、この法律に基づき交差点等への音声案内付き信号機の設置、駅プラットホームや歩道等への点字ブロックの設置、駅構内等における段差対策、低床式の電車やバスの導入等が積極的に展開されることとなった。

この時期、車両の安全対策の面では、ハイマウントストップランプ、アンチロックブレーキ（ABS）、エアバッグ等の安全装備を備えた車両が急速に普及した。

(ウ)　第７次計画以降（平成13年から現在）

第７次計画期間中、平成13年道交法の改正では、悪質・危険な運転者対策として、救護義務違反、飲酒運転、無免許運転、共同危険行為等の罰則の引き上げ、高齢化社会への対応として、高齢者講習、高齢者マークに関する年齢の変更（75歳から70歳へ）、バリアフリー化社会への対応として身体障害者標識（四葉マーク）の導入、IT戦略の推進として、交通情報の提供に関する指針の作成、公表等や特定交通情報提供事業の届出等に関する規定が整備され

（平成14年施行）、また、走行中の携帯電話等の使用の罰則強化や暴走族等による共同危険行為の摘発の要件の簡素化が行われた（平成16年施行）。

　この時期、先進安全自動車（ASV）の取組は、衝突時の被害軽減等のいわゆる「衝突安全」に加え、事故回避の「予防安全」に重点が置かれるようになり、車線逸脱やふらつき等の異常走行警報システム、接近時自動ブレーキシステム、自動横滑り防止装置等の開発が進んだ。

　第8次計画における施策としては、上記先進安全自動車（ASV）の普及が進められたほか、駐車対策として、放置駐車違反の事実確認の事務を民間委託できることとされ、放置違反金制度を導入し、納付命令を担保する措置として車検が拒否できることとされた（平成18年施行）。また、飲酒運転に対する罰則を大幅に引き上げ（最高で懲役3年、罰金50万円が懲役5年、罰金100万円へ）や車両の提供、酒類の提供、同乗行為を禁止して罰則を新設した（平成19年施行）。さらに、後部座席のシートベルト着用の義務化や児童、幼児等の自転車乗車時にヘルメット着用の努力義務を保護者に課すとともに、自転車歩道通行の要件を緩和した（平成20年施行）。高齢者対策としては、高齢者、障害者及び妊婦専用の駐車区間の設置を可能にするとともに、高齢者、障害者等の通行の安全確保のための啓発活動を地域交通安全活動推進委員の活動に追加した（平成21年施行）。

ウ　評価

　第1次及び第2次の基本計画については、基本法に基づく官民一体となった諸対策がようやく効果を発揮するところとなり、昭和45年の死者数1万6,765人をピークに死者数は減少を続け、昭和54年にはほぼ半減の8,466人となり、「第一次交通戦争」は終結することとなる。

　第3次及び第4次計画は、いずれも年間8,000人以下の死者数を目標値としたが、結果的に死者数は年々増加し、昭和63年には13年ぶりに1万人を超え、平成元年11月には交通対策本部が「交通非常事態」を発するも歯止めがかからず、平成元年、同2年と1万1,000人を超えることとなり、まさしく「第二次交通戦争」とも称される状況となった。

　その理由として、昭和56年には、二輪車を含む自動車台数が5,500万台（昭和45年のほぼ2倍）を超え、免許保有率も50％を超えて国民皆免許時代と称されるようになるなどモータリゼーションが急激に進展していたのに対し、交通安全対策に関する追加的な施策が不十分であったことが挙げられる。自動車等の保有状況を見ると、引き続き急激な伸びを見せた原付は、昭和61年をピークに頭打ちとなったが、排気量の大きい自動二輪は引き続き増加した。また、平成元年頃からは、軽自動車を含む乗用車の保有台数が顕著な伸びを見せるようになった。当時24時間社会（眠らぬ社会）の出現によって若者による暴走行為が社会問題になるなどの諸問題が顕在化した。交通事故も歩行者等の交通弱者が犠牲者となる従来型と異なり、二輪車乗車中の死者が増加し、また、自動車乗車中の死亡事故が激増するなどその形態に大きな変化が見られるようになった。

　さらに、昭和56年に第2次臨調が発足して様々な行財政改革が実施されたが、厳し

い財政状況もあって昭和57年度以降、国の予算編成においてゼロあるいはマイナスシーリングが実施されて十分な交通安全対策予算が確保できなかったことも死者数の減少を持続できなかった一因と考えられる。

第5次計画では、目標値を年間の交通事故死者1万人以下としたものの、期間中の年間死者数はいずれも1万人以上の高原状態で目標を達成できなかったが、第6次計画では、平成9年までに年間の死者数を1万人以下とする目標を平成8年に達成し、12年までに死者数を9,000人以下とする目標に対しては、9,066人と目標達成までもう一歩のところまで迫った。この時期における交通安全対策は、高齢者の事故防止や若者等の無謀運転による重大事故防止対策に力が注がれるとともに、交通事故発生時の被害軽減対策に重点が置かれたが、第5次計画期間中には目に見えるような形で対策の効果は現れず、第6次計画に至りようやくその効果が現れたと見ることができる。

第7次計画の初年度である平成13年の交通事故死者数（事故後24時間以内）は、8,747人と9,000人以下となり、翌14年には8,326人と昭和45年のピーク時の半減を達成した。さらに、第8次の最終年である平成22年の死者数は4,863人、死傷者数は90万1,071人となり、目標を大きく上回る成果を上げることができた。また、交通事故の発生件数も、第7次計画期間中の平成16年をピークに減少するようになった。

第7次及び第8次の実施結果に対する政策評価（平成17年及び平成22年交通安全白書）では、交通事故死者が減少している理由として、①飲酒運転の厳罰化等悪質・危険運転者対策、②シートベルト着用者率の向上と致死率（自動車乗車中）の低下、③危険認知速度（車両の事故直前速度）の低下と死者数の減少等が挙げられている。また、我が国の自動車交通量は平成16年以降減少に転じており、交通事故発生件数が平成16年をピークに減少を続けているのは、交通事故防止の諸対策の効果と自動車交通量減少の相乗効果によるものと考えられる。

第9次基本計画では、今後の道路交通対策を考える視点として、「高齢者及び子どもの安全確保」、「歩行者及び自転車の安全確保」及び「生活道路及び幹線道路における安全確保」を掲げている。

昭和21年から平成22年までの交通事故による死者数の累計は、60万8,718人で、負傷者数は、4,106万6,567人に及んでおり、この数字は、誰でも交通事故に遭遇する可能性を示している。交通安全対策は、我が国における様々な施策の中でも最も成功したものの一つに挙げられるが、これは、官民一体となって真摯に努力した賜物である。

(3) 交通関連団体の活動

平成の時代に、新たに発足した交通安全関連団体は、次のとおりである。

○ 財団法人交通事故総合分析センター（平成4年3月設立、平成24年に公益財団法人に移行）
○ 全国反射材普及促進協議会（平成5年3月設立、平成23年に一般社団法人日本反射材普及協会に移行）
○ 全日本デリバリー業安全運転協議会

（平成5年9月設立）
○ 財団法人道路交通情報通信システムセンター（平成7年7月設立、平成25年に一般財団法人に移行）
○ 社団法人新交通管理システム協会（平成8年4月設立、平成24年に一般社団法人UTMS協会に移行）
○ NMCA日本二輪車協会（平成9年1月設立、平成25年に一般社団法人全国二輪車安全普及協会と統合し、一般社団法人日本二輪車普及安全協会に移行）

	団体名	設立	目的
1	一般財団法人 全日本交通安全協会 　千代田区九段南4-8-13 　　自動車会館7階	昭和36年1月	交通の危険防止のため交通道徳の普及高揚を図り、もって交通秩序の確立と交通安全の実現に寄与することを目的とする。
2	一般財団法人 日本交通安全教育普及協会 　港区西麻布3-24-20	昭和43年10月	交通安全教育及びこれに関連を有するその他交通安全教育に関し、調査研究を行うとともにその普及充実及び啓発を図り、もって国民全体の交通安全に関する知識及び認識の向上に寄与することを目的とする。
3	公益財団法人 交通事故総合分析センター 　千代田区猿楽町2-7-8 　　住友水道橋ビル8階	平成4年3月	交通事故と人間、道路交通環境及び車両に関する総合的な調査研究を通じて、交通事故の防止と交通事故による被害の軽減を図ることにより、安全、円滑かつ秩序ある交通社会の実現に寄与し、もって公共の福祉の増進に資することを目的とする。
4	公益財団法人 日本交通管理技術協会 　新宿区市ケ谷田町2-6 　　エアマンズビル市ケ谷	昭和53年3月	交通管理に関する技術の研究開発及び普及、自転車の点検整備等安全利用の促進等を行い、もって道路における危険の防止、交通の安全と円滑及び道路交通に起因する障害の防止に寄与するとともに、海外における交通管理に関する技術について協力援助を行うことを目的とする。
5	自動車安全運転センター 　千代田区二番町3番地	昭和50年10月	自動車の運転に関する研修及び運転免許を受けていない者に対する交通の安全に関する研修の実施、運転免許を受けた者の自動車の運転に関する経歴に係る資料及び交通事故に関する資料の提供並びに交通事故等に関する調査研究を行うことにより、道路の交通に起因する障害の防止及び運転免許を受けた者等の利便の増進に資することを目的とする。
6	一般社団法人 全日本指定自動車教習所協会連合会 　千代田区九段南2-3-9 　　サン九段ビル4階	昭和39年11月	会員相互の緊密な連絡協調により、自動車運転者教育の健全な発展を図り、もって交通の安全と社会公共の福祉に寄与することを目的とする。
7	一般財団法人 道路交通情報通信システムセンター 　中央区京橋2-5-7 　　日土地京橋ビル8階	平成7年7月	ドライバーのニーズに即した道路交通情報をデジタル情報として体系的に収集、処理、編集し、通信・放送メディアを用いて車載装置に送信する道路交通情報システムの開発及び運用を行い、ドライバーに的確な情報を提供することにより、安全で快適な道路交通環境の確立に寄与し、もってゆとりのある国民生活の実現と社会経済の発展に資することを目的としている。
8	公益財団法人 日本道路交通情報センター 　千代田区飯田橋1-5-10	昭和45年1月	道路利用者の安全と利便を図るため、道路及び道路交通に関する情報の収集、提供並びに調査研究を行い、事故及び災害の防止並びに道路交通の安全と円滑化に寄与し、もって公共の福祉の増進と地域社会の健全な発展に貢献することを目的とする。

一方、解散した交通安全関連団体は、次のとおりである。
　○社団法人全国ダンプカー協会（平成16年3月解散）
　○社団法人　全国交通安全母の会連合会
　　（平成23年5月解散）

解散した団体を含め、平成の時代に交通安全対策上特に大きな貢献をしていると認められる関係団体は、以下のとおりである（順不同）。

主な事業
1．交通安全思想の普及啓発 2．交通安全教育の推進 3．各種研修会の開催 4．交通安全表彰の実施 5．交通安全教育用資機材の作成配布　　など
1．交通安全教育等に関する調査研究 2．交通安全教育等に関する研究会及び研修会の実施 3．交通安全教育等に関する教材、教具及び資料の製作配付 4．交通安全教育等に関する月刊誌及びその他の資料の刊行　　など
1．交通事故の分析・研究 2．交通事故調査 3．分析・研究結果の提供と知識の普及 4．海外研究機関との交流　　など
1．交通管理に関する技術の研究開発及び普及 2．自転車の点検整備等に関する技能検定及び証明等自転車の安全利用の促進 3．道路交通法令に基づく型式認定に関する試験 4．海外における交通管理に関する技術についての協力援助 5．道路交通情報に関するデータベースの作成　　など
1．自動車の運転に関する研修の実施 2．運転免許を受けていない16歳に満たないものに対する交通安全研修の実施 3．交通事故の証明 4．運転経歴の証明 5．SDカードの発行 6．安全な運転に必要な技能に関する調査研究　　など
1．自動車教習所の合理的な運営のための諸施策の実施 2．自動車運転に係る教習その他の安全教育及び施設、教材等の改善に関する調査研究 3．自動車運転に係る教習その他の安全教育の方法に関する調査研究 4．自動車教習所職員に対する研修及び教育訓練 5．交通安全意識の高揚に関する諸施策の実施　　など
1．道路交通情報の収集、処理、編集及び通信・放送メディアによる提供 2．道路交通情報通信システムに関する知的財産権の維持及び管理 3．道路交通情報通信システムに関する調査、研究及び開発 4．道路交通情報通信システムに関する国内外の情報収集及び関係機関・団体との交流　　など
1．道路及び道路交通情報の収集及び提供 2．道路及び道路交通情報の収集及び提供の処理方法、その他の調査及び研究 3．道路及び道路交通に関する広報及び啓発　　など

9	一般社団法人 日本自動車連盟 　港区芝大門1-1-30 　　日本自動車会館	昭和37年10月	交通知識の向上と交通安全並びに環境改善の推進を図り、自動車ユーザーの権益を擁護し、かつ各種便益を提供すると共にあわせて自動車を通じて国際親善と自動車スポーツの健全な発展に努め、もって公共の福祉に資することを目的とする。
10	一般社団法人 日本損害保険協会 　千代田区神田淡路町2-9	昭和21年1月	わが国における損害保険業の健全な発達及び信頼性の向上を図り、もって安心かつ安全な社会の形成に寄与することを目的とする。
11	一般社団法人 UTMS協会 　新宿区市谷田町2-6 　　エアマンズビル市ヶ谷7階	平成8年4月	高度情報通信技術を活用した交通管理システム（以下「UTMS」(Universal Traffic Management Systems) という。）に関する調査、研究及び開発を行うことにより、道路交通のインテリジェント化を推進するとともに、UTMSに関する国内外における標準化を推進することにより、UTMSに関する事業の発展を図り、もって道路交通の安全と円滑の確保及び道路交通と環境の調和を図り、公共の福祉の増進に寄与することを目的とする。
12	一般社団法人 全国道路標識・標示業協会 　千代田区麹町3-5-19 　　にしかわビル6階	昭和51年4月	道路標識及び路面表示並びに防護柵等の交通安全施設に関する研究開発及び技術の向上を通じて、交通事故の防止及び道路の整備に資するなど、安全かつ快適な道路交通の確保に寄与することを目的とする。
13	一般社団法人 日本反射材普及協会 　千代田区九段南4-6-1 　　シルバーパレス402号	平成5年3月	夜間における交通事故防止を目的とした反射材用品及び反射材を使用した製品（以下「反射材用品等」という。）について、調査研究を行うとともに交通事故防止効果に優れた反射材用品等の普及、活用を促進することにより安全で円滑な交通社会の実現に寄与することを目的とする。
14	一般社団法人 日本二輪車普及安全協会 　豊島区南大塚2-25-15 　　South新大塚ビル7階	昭和54年3月	自動二輪車及び原動機付自転車（以下「二輪車」という。）の安全運転及び防犯に関する普及活動を行い、もって二輪車の交通事故の防止、盗難の防止と被害の回復に寄与するとともに、違反駐輪の防止等二輪車の適正な利用の促進と法制等に係わる二輪車ユーザーの利便性の向上に資することを目的とする。
15	一般社団法人 日本自動車工業会 　港区芝大門1-1-30 　　日本自動車会館	昭和42年4月	我が国の自動車工業の健全な発達を図り、もって経済の発展と国民生活の向上に寄与することを目的とする。
16	一般財団法人 日本自動車研究所 　茨城県つくば市苅間2530	昭和44年4月	自動車に関する研究を通じて、自動車の総合的、長期的技術の向上を図るとともに、エネルギー資源の適正な利用の増進に資し、もって産業の健全な発展と国民生活の向上に貢献することを目的とする。
17	一般社団法人 交通工学研究会 　千代田区神田錦町3-23 　　錦町MKビル	昭和54年7月	医学系、心理学系及び工学系の分野の研究者等を主体とする総合的かつ学際的研究集団として、交通に関する安全及び環境に係る科学的研究を実施し、並びにその成果の応用についての推進を図り、もって交通災害の防止に寄与することを目的とする。
18	一般社団法人 日本交通科学学会 　千代田区麹町4-2-6 　　泉商事ビル4階	昭和40年2月	交通安全に関する科学的研究及びその成果の応用についての協力推進を図ることを目的とする。

第2章　道路交通政策

1．交通安全活動 2．故障車、事故車等の救援及び移動並びに道路巡回 3．自動車に関する交通法規、税制、保険等に関する調査 4．災害等非常時における奉仕活動 5．自動車に係る講習会、講演会、展示会等の主催等による自動車交通文化の普及 6．自動車スポーツの普及振興　　など
1．損害保険の普及啓発及び理解促進に資する事業 2．損害保険契約者等からの相談対応、苦情及び紛争の解決に資する事業 3．損害保険業の基盤整備に資する事業 4．事故、災害及び犯罪の防止又は軽減に資する事業　　など
1．UTMSに関する調査、研究及び開発並びにその成果の普及 2．UTMSに関する国内外における標準化の推進 3．UTMSに関する知的所有権の保有及び管理 4．UTMSに関する国内外の機関、団体等との交流及び情報交換　　など
1．道路標識及び路面標示並びに防護柵等の設計や設置方法等の技術に関する調査研究事業 2．道路標識及び路面標示並びに防護柵等に関する情報資料の収集等及び講習会等の開催などの事業　　など
1．反射材用品等の普及、活用の促進に関する調査研究 2．反射材用品等に対する理解、啓蒙の促進 3．反射材用品等に関する情報の収集及び提供 4．反射材用品等の性能審査及び審査合格の証明　　など
1．二輪車運転者に対する安全運転講習 2．二輪車の防犯登録及び盗品等情報照会回答業務 3．二輪車の安全運転及び防犯に関する広報・啓発活動 4．二輪車に係わる被害に対する見舞金制度の運用 5．二輪車の法制等の調査、資料の収集及び関係機関に対する意見等の具申　　など
1．自動車の生産、輸出及び市場に関する調査、研究並びに各種統計等関連資料の作成及び刊行 2．以下の事項に関する調査、研究及び提言 　（1）　自動車及び自動車産業に係る政府の施策に関すること 　（2）　自動車の基準認証並びに安全技術及び環境技術に関すること 　（3）　交通安全の推進に関すること　　など
1．自動車及び関連分野に関する基礎的な調査、研究及び技術開発 2．自動車及び関連分野に関する環境、エネルギー、安全及び情報・電子技術の調査、研究及び技術開発 3．自動車及び関連分野に関する標準化の推進及び基準の設定への協力　　など
1．交通工学に関する研究 2．交通工学に関する研究発表会、講演会及び講習会の開催 3．交通工学に関する図書の出版、翻訳及び図書、文献等資料の収集、管理 4．関係諸官庁、地方公共団体、道路会社、企業等に対する建議　　など
1．交通に関する安全及び環境に係る科学的調査研究 2．学術講演会、研究会、シンポジウム等の開催 3．交通に関する安全及び環境に係る普及・啓発 4．国内外の関連学会との協力活動　　など

19	公益社団法人 日本バス協会 　千代田区丸の内3-4-1 　新国際ビル9階	昭和23年7月	旅客自動車運送事業の公益性にかんがみ、地域交通及び地域間交通における輸送サービスの改善と充実を図り、地域社会の健全な発展に寄与し、かつ、バス事業の適正な運営及び健全な発展の促進に努め、もって公共の福祉の増進に資することを目的とする。
20	公益社団法人 全日本トラック協会 　新宿区西新宿1-6-1 　新宿エルタワー19階	昭和29年7月	貨物自動車運送事業の適正な運営及び公正な競争を確保することによって、事業の健全な発展を促進し、もって公共の福祉に寄与するとともに、事業者の社会的・経済的地位向上及び会員相互の連絡協調の緊密化を図ることを目的とする。
21	一般社団法人 全国ハイヤー・タクシー連合会 　千代田区九段南4-8-13	昭和37年11月	一般乗用旅客自動車運送事業の適正な運営と利用者に対するサービスの改善を通じて事業の健全な発展を図り、もって社会公共の福祉に寄与することを目的とする。
22	全日本デリバリー業安全運転協議会 　千代田区神田神保町1-24	平成5年9月	デリバリー業（食品等の物品並びに役務を主として原動機付自転車で宅配する事業）における交通安全管理態勢の向上を図り、デリバリー業の健全な発展を実現するとともに、デリバリー業に従事する青年に充分な交通安全教育を施し、その健康を守り、交通安全意識に富んだ人物として社会に送り出し、もって社会に貢献することを目的とする。
23	社団法人 全国ダンプカー協会	昭和59年6月 平成16年3月 　解散	「土砂等を運搬する大型自動車による交通事故の防止等に関する特別措置法第12条に定める団体で都道府県ごとに設置されるもの等を会員とし、土砂等の運搬に関する事業（以下「事業」という）における交通安全意識の高揚に努め、土砂等の輸送に関する秩序の確立を図ること等により、交通事故の防止を推進するとともに事業の健全な発展を促進し、もって公共の福祉増進に寄与することを目的とする。
24	社団法人 全国交通安全母の会連合会	昭和49年9月 平成23年5月 　解散	交通安全に果たす母親の役割の重要性にかんがみ、地域における母親の交通安全活動の強化充実を図るとともに、母親の立場から交通安全を推進し、交通事故のない平和な町づくり、国づくりに寄与することを目的とする。

1．旅客自動車運送事業の調査、研究、統計及び知識の普及に関する事業 2．輸送の安全・環境に係る普及啓発に関する事業 3．バス輸送改善の推進に関する事業 4．貸切バス事業者の安全性等に関する認定業務 5．旅客自動車運送事業の経営基盤の安定を確保するための事業 6．バス事業に関する広報事業　など
1．貨物自動車運送事業に関する指導、調査及び研究 2．貨物自動車運送事業に関する統計の作成、資料の収集及びこれらの刊行 3．貨物自動車運送事業法に基づく全国貨物自動車運送適正化事業 4．貨物自動車運送事業法の社会的、経済的地位の向上に寄与する施策と宣伝・啓発 5．全国的規模において実施する共同利用施設の整備、基金の造成等貨物自動車運送事業の近代化・合理化のための事業　など
1．一般乗用旅客自動車運送事業の適正な運営及び健全な発展に資するための調査・研究及び対策 2．資料の収集及び統計の作成・配布 3．一般乗用旅客自動車運送事業に関する啓発、広報活動 4．関係諸官庁との連絡　など
1．デリバリー業に係る交通安全対策（以下「交通安全対策」という）の調査及び研究 2．交通安全対策に関する各種手法の研究、開発及び普及 3．交通安全対策に関する各種資料の刊行及び頒布 4．会員の実施する交通安全対策及び従業員の交通安全教育に対する援助及び指導 5．会員に対する関係行政機関及び関係団体の指導に関する連絡調整　など
1．会員の育成並びに会員の活動に対する指導及び連絡調整 2．土砂等を運搬する大型自動車（以下「ダンプカー」という）に係る交通安全意識の高揚及びダンプカーの交通事故防止を図るための諸活動 3．事業の経営の近代化、協業化の促進 4．土砂等の運搬に関する法令、その他交通関係及び労働基準関係法令の周知徹底 5．研究、研修会の開催 6．交通安全功労者及び優良運転者の表彰　など
1．母親の交通安全に対する意識の高揚及び子どもと高齢者の交通安全を図るための活動 2．地域における母親の交通安全活動の組織の育成並びにこれらの組織の活動に対する指導及び連絡調整 3．母親の立場から交通安全対策についての提言及び社会一般に対する交通安全思想の普及活動など

第4節　都市交通対策

1　概要

　平成時代において、交通渋滞、駐車問題等の都市交通問題は、道路交通の重要課題の1つとして道路交通関係者の強い関心を集めた。昭和50年代半ばまでに交通安全対策がかなりの成果を上げていたのに対し、都市交通問題については必ずしも十分な対策の成果が上がっていなかったためである。

　昭和63年、政府の交通対策本部は、「大都市における道路交通円滑化対策について」を決定した（昭和63年7月28日交通対策本部決定）。また、平成2年には道路交通円滑化対策のうち特に駐車問題に焦点を当て、「大都市における駐車対策の推進について」の申し合わせを行った（平成2年5月28日交通対策本部申合せ）。

　このほか平成時代には、昭和50年代からその必要性が顕在化していた自転車対策、都市内で取り残された公共交通機関の過疎地域におけるモビリティ確保対策、多様な交通参加者の移動を可能にするためのバリアフリー対策などの取組がなされた。

　また、従来都市部における交通目的外の道路使用については、その許可条件を厳格に運用し、一般交通への影響を少なくするようにしていたのであるが、平成に入り質的に豊かな生活を求める国民意識の変化と価値観の多様化、経済の停滞に伴う地域活性化の要請等を踏まえ、徐々に道路使用許可の弾力化が進んだ。

　都市交通問題のもう1つの課題である交通公害については、平成5年に環境基本法が制定され、広く自然環境保護や地球温暖化防止等を含む、「環境問題」の1つとして整理され対策が進められることとなった。

　本節では、上記の都市交通対策のうち環境対策については別項を起こすこととし、ここではそれ以外の都市交通対策について述べる。

2　円滑化対策

(1)　道路の整備
ア　概要
(ｱ)　道路整備の考え方

　交通渋滞は、一般に局部的な交通量と交通容量のアンバランスにより生じるものであり、交通渋滞の緩和、ないし解消は、道路の整備により交通容量を拡大することによって大きく前進する。

　このため、従来建設省（現国土交通省）が行ってきた伝統的な渋滞対策は、道路の新設と改良により交通容量を拡大し交通渋滞の解消又は緩和を図ろうとするものであり、現在もこの考え方は基本的に変わっていない。

　しかし、平成に入ると交通渋滞を直接的に緩和するバイパスの整備や道路改良等の道路整備のほか、交通需要マネジメントによる交通量抑制の考え方を加味した政策が打ち出されるようになった。このため、道路整備は単に交通需要に応ずるため道路を作り、あるいは改良するというにとどまらず、交通規制・管制、公共交通機関の利用促進等のソフト面の施策と連動させながら進める手法が取られ、そのための枠組みが作られた。

(ｲ)　取組の状況

建設省は、昭和63年、全国の特に渋滞の著しい37都市圏について「渋滞対策緊急実行プログラム（アクションプログラム）」を、また、全国の残る地区については「渋滞対策推進計画」を策定して道路整備に取り組んだ。また、観光地等の休日に著しく渋滞が生じている地域について「休日交通ボトルネック解消モデル事業」を推進した。これは、何れも交通容量拡大による渋滞の解消を目指したものである。

平成5年、建設省は、従来の交通容量拡大対策に加え、交通需要マネジメント施策を盛り込んだ「新交通渋滞対策プログラム」を警察庁と共同で策定し、連携して取り組んだ。これを受け、地方では都道府県ごとに公安委員会（警察）、道路管理者、地方整備局等で構成する「渋滞対策協議会」を設置して対策を進めた。この結果、全国約600カ所の主要渋滞ポイントの渋滞が解消された

平成9年からは、建設省と警察庁は、全国で特に渋滞の著しい主要渋滞ポイント3,200カ所について都道府県ごとに道路管理者、公安委員会、地方運輸局が共同で対策を進める「第3次渋滞対策プログラム」を策定し取り組んだ。この具体的な計画策定に際しては、各地で関係者による懇談会を設け、学識経験者や道路利用者、地元企業等の意見を聴くこととし、計画にはバイパス整備、交差点改良等の交通容量拡大策に加え、交通需要マネジメント施策、マルチモーダル施策、公安委員会による交通管理等の広範な対策が盛り込まれた。

平成10年12月に、警察庁交通局、建設省道路局及び都市局は、共同で「都市圏交通円滑化総合対策要綱」を策定し、都市圏の総合的な円滑化対策を進めることとした。従来の両省庁による交通渋滞対策プログラムは、主要渋滞ポイントを対象とした対策であるため、地域を一体として捉える施策となりにくい点があるところから、一つの市域を一体的に捉え、全体をパッケージとして交通容量拡大対策、交通管理、交通需要マネジメントの各施策を総合的に進めようとしたものである。両省庁は、概ね人口10万人以上の市（又は区）の申請に基づき、当該市（又は区）を「交通円滑化総合対策都市圏」として指定し、重点的な支援を行うこととした。この要綱に基づく取組は、第3次交通渋滞対策プログラムを推進する一手法として位置付けられた。。

要綱に基づく交通円滑化総合対策都市圏の各年の指定状況は、次のとおりである。

平成11年	松江市、熊本市
平成12年	福島市、広島市、高松市、福岡市、那覇市
平成13年	仙台市、宇都宮市、新潟市、浜松市、豊田市
平成15年	盛岡市、金沢市、名古屋市、岐阜市、岡山市、福山市、呉市
平成17年	函館市、鹿児島市
平成18年	青森市、静岡市

平成18年に、道路の特定財源と道路整備の在り方について各方面で議論が進む中で、国土交通省は「道路整備の中期ビジョン」を策定した。同ビジョンには、渋滞を緩和・解消すべき主要渋滞ポイント約2,200カ所が盛り込まれている。

イ　都市高速道路等の整備状況

平成時代には、都市の交通渋滞を緩和し、交通機能を維持するため、引き続き都

市高速道路の延伸が図られるとともに、環状道路、湾岸道路、幹線同士の連絡路等がよく整備され、都市内の幹線道路のネットワーク化が進んだ。また、空港、港湾等へのアクセス道路の整備も進んだ。

　首都圏では、平成元年に首都高湾岸線の横浜ベイブリッジが開通、12年には首都高湾岸線の全線が開通した。この間、平成5年には首都高11号線のレインボーブリッジが、また9年には東京湾アクアラインが開通した。環状道路としては、平成6年に東京外郭環状自動車道（大泉JCT—三郷JCT間）が開通して常磐自動車道と関越自動車道がつながり、7年に首都圏中央連絡自動車道の一部（青梅IC—鶴ヶ島JCT間）が供用開始、19年には首都高中央環状線の熊野町JCT—西新宿JCT間が、続いて22年に西新宿JCT—大橋JCT間が開通して中央環状線によるループ形成が進んだ。平成24年には首都圏中央連絡自動車道高尾山IC—八王子JCT間の開通により、関越自動車道と中央自動車道が直接連絡できるようになった。

　中京圏では、名古屋都市高速1号線（平成3年）、6号線（同9年）、2号線（同15年）、3号線（同23年）と順次名古屋第2環状道路に接続し、この間、平成7年には、名古屋都市高速都心環状線が全線開通した。また、同年、名古屋圏環状道路（通称、東海環状自動車道）の一部（豊田東JCT—美濃関IC間）が供用開始し、以後順次延伸した。

　近畿圏でも、平成6年に阪神高速道路4号湾岸線が全線開通し、同年、阪神高速道路2号淀川左岸線の一部（北港JCT—島屋出入口間）が、15年に阪神高速道路31号神戸山手線の一部（白河JCT—神戸長田出入口間）が、21年に阪神高速道路8号京都線の一部（上鳥羽出入口—巨椋池出入口間）がそれぞれ供用開始し、以後順次延伸した。

　このほか札幌市では、平成4年に札樽自動車道と道央自動車道が接続、北九州市では15年に福岡都市高速4号線が九州縦貫自動車道に接続した。福岡市では、平成11年に福岡都市高速2号線が、15年に同4号線がそれぞれ九州縦貫自動車道に接続したほか、23年に都市高速5号線と1号線が接続して、市内環状道路を形成することとなった。

(2) 踏切道の立体交差化及び高架事業
ア　踏切道改良促進法に基づく踏切改良事業

　踏切道の改良は、昭和36年度以降、踏切道改良促進法に基づき5箇年ごとの計画を策定し、立体交差化や拡幅などの構造改良を行ってきたものである。昭和44年には、旧建設省と旧運輸省との間で締結された「都市における道路と鉄道の立体交差化に関する協定及び細目協定」において立体交差化事業が都市計画事業とされたことに伴い、それまで費用を折半して負担していた鉄道事業者の負担が大幅に軽減され、以後高架事業は大幅に促進されるようになった。

　道路と鉄道の交差については、昭和63年に「道路と鉄道の交差に関する運輸省・建設省協定」が締結され、①道路の新設、改築、又は鉄道の新設、改良による道路と鉄道の交差の設置費用の負担、②平面交差の除去に伴う立体交差や付け替えの費用の負

担等についてルールが明確化され、その後平成15年の「道路と鉄道との交差に関する協議等にかかる要綱」に引き継がれた。また、踏切道拡幅を進めるため、平成8年に建設省と運輸省の間で、「踏切道の拡幅にかかる指針」を取りまとめた。

この間、踏切道改良促進法については、5年ごとに立体交差等の計画改定を行うための一部改正が行われてきたが、その際適宜政策手段の拡充等の措置が取られている。平成13年改正時には知事による申告制度及び大臣による裁定制度の創設、平成18年改正時には歩行者等立体横断施設の踏切道の改良方法への追加、大臣による報告聴取、勧告制度及び立体交差化工事に対する無利子貸付制度の創設、平成23年改正時には地域の実情に応じた柔軟な改良を可能にするための手続きの改善が行われた。

踏切道改良促進法に基づく国土交通大臣（旧建設大臣）の「改良を要する踏切の指定」は、次のとおりである。

計画区分	昭和37年〜昭和63年	平成元年〜平成21年
立体交差化	1,895カ所	600カ所
構造改良	3,797カ所	478カ所
歩行者等立体横断施設	—	9カ所

＊国土交通省道路局資料より作成

イ 踏切事故総合対策の取組状況

踏切対策は、交通事故防止と交通円滑化の二つの観点から取り組まれるが、第3節「8 踏切の安全対策」で述べたとおり、我が国の踏切対策は、交通事故防止を前面に掲げ、その対策を進める中でボトルネック踏切の解消を図るという形をとって進められてきた。

昭和46年に政府の交通対策本部は、政府を挙げて踏切の安全対策を進めるため、踏切事故防止総合対策（五箇年計画）を決定した。以後、平成13年まで7次にわたり計画決定がなされているが、平成13年の「第7次踏切事故防止総合対策（交通対策本部決定）」においては、特に交通遮断量の著しいボトルネック踏切について事業を緊急的かつ重点的に実施するとの方針が示された。

これに先立ち、国土交通省は、平成12年に「踏切道等総合対策プログラム」を策定し、踏切改良等を緊急的かつ重点的に実施すべき重点地区を選定し対策目標を明らかにするとともに、その裏打ちとなる予算措置として「踏切道等総合対策事業」を創設し、事業の対象にボトルネック踏切が含まれる場合には補助対象となる事業の採択基準を緩和することとした。

また、平成15年に策定された「第1次社会資本整備重点計画」では、第7次踏切事故防止総合対策の方針を踏まえ、計画期間中にボトルネック踏切約1,000カ所について半減させるとの目標が盛り込まれた。なお、この時期、平成14年の「都市再生基本方針（平成14年7月19日閣議決定）」においても、都市再生施策の重点分野の具体的施策として、ボトルネック踏切の解消が挙

げられている。

　平成18年から、踏切事故防止対策は政府の交通安全基本計画に統合され、従前の踏切事故防止対策の内容は、同年に策定された第8次交通安全基本計画（中央交通安全対策会議決定）に組み込まれた。同年、国土交通省は踏切交通実態総点検を実施し、緊急に対策の必要な踏切を約2,000カ所抽出した。このうちに開かずの踏切約600カ所、自動車ボトルネック踏切約500カ所が含まれている。

(3) 交通規制・管制による交通流コントロール

ア　交通規制・管制

(ア)　交通規制

a　概要

　交通渋滞対策のための交通規制は、昭和30年代から50年代にかけて大掛かりな一方通行規制、中央線変移、幹線道路における右折禁止規制や都心部へのトラックの乗入れ規制などが行われたことがあったが、平成時代においては、交差点における右・左折車線の付加を除くと都市内の交通円滑化に直結する目立った新たな交通規制は行われていない。

b　バス専用・優先レーンの拡充

　バス優先対策としてのバス専用・優先レーンの規制は、引き続き取り組まれたが、その延長距離は、横ばいのままである。全国のバス専用・優先レーンの規制延長は、平成元年3月末は2004.3kmであったが、平成20年3月末は1979.6kmとなっている。

(イ)　交通管制

　交通円滑化のための交通管制の高度化は、この時期よく進められた。昭和61年から始まる第4次交通安全施設整備計画以降、国の補助金は、交通管制センターや信号機の高度化等交通管制の分野に重点的に振り向けられるようになった。

　交通情報を収集するセンサーは、従来の超音波式の車両感知器に加え、電波を利用したR型感知器、光を利用した双方向型の光ビーコン、光学式カメラを用いた画像センサーなどが導入された。このようなセンサーの整備とともに、信号機の灯器も矢印表示を加えた多現示のものが増加し、きめ細かな交通処理を行うことができるようになった。

　収集された情報の処理については、各交通管制センターの中央処理装置の容量を順次高め、信号制御系と交通情報系に分けてそれぞれに処理できるようにした。これに基づく信号制御方式についても、従来はパターン選択式の制御方式であったが、平成8年に車両感知器から得られた交通量、占有率、渋滞長を決定式に代入してパラメータを算出する新しい制御方式（MODERATO、通称「モデラート」）を導入し、徐々に新方式へと移行した（交通管制における新技術導入の状況は、「第2章第9節技術革新と道路交通行政1　交通管制の高度化」を参照）。

イ　交通情報の提供

(ア)　(財)日本道路交通情報センターを通じた道路交通情報の提供

　(財)日本道路交通情報センターは昭和45年に設立され、昭和50年代半ばには、全国の都道府県警察及び道路管理者の持つ交通混雑や交通障害等の情報が(財)日本道路交通情報センターに集約される体制が

整った。この時点の（財）日本道路交通情報センターによる道路交通情報の収集方法は、電話、FAXと警察の交通管制センターや道路公団等の管制室のパネル室に詰めている担当者の目と耳によるものであった。

平成5年から、（財）日本道路交通情報センターと各都道府県警察の交通管制センター及び道路公団等の管制室が順次オンラインで接続されるようになり、情報量が飛躍的に増大し、情報の質も向上した。（財）日本道路交通情報センターによる一般向けの情報の提供は、それまで電話、ラジオ、テレビ等によっていたが、平成12年からインターネットによる提供を開始した。

この間、平成6年から交通情報サービス株式会社（ATIS）が、さらに平成8年から（財）道路交通情報通信システムセンター（VICSセンター）が、それぞれ警察の交通管制センター又は（財）日本道路交通情報センターからオンライン情報の提供を受け、カーナビ向けの道路交通情報の提供を開始した。また、平成11年からは、その他の一般の情報提供事業者が、（財）日本道路交通情報センターからデータ通信による道路交通情報の提供を受けて、携帯電話、自動車電話、カーナビ、ケーブルテレビなどにより提供を行うようになった。

(イ) 公安委員会及び道路管理者による道路交通情報の提供

公安委員会及び道路管理者は、昭和50年代から可変式の道路標識ないし案内板や路側通信（「ハイウェイラジオ」、「交通ラジオ」等と呼称。周波数は1620kh）等により、車で走行中の運転者に対し直接道路交通情報の提供を行っていた。

平成に入ると、これらの装置により、従来の交通混雑状況と交通障害の情報に加え新たに主要地点間の旅行時間情報も提供されるようになった。

(4) 交通需要マネジメント（TDM）の推進

ア 概説

(ア) 交通量抑制対策の経緯

昭和30年代後半ばから40年代において、大都市における交通渋滞及びこれに伴う交通公害は深刻化し、これを軽減するため道路の整備による交通容量の拡大と交通量抑制の両面から対策が取り組まれた。当時の交通需要の発生を抑制する制度的枠組みとしては、昭和34年制定の「首都圏の既成市街地における工業等の制限に関する法律」、昭和39年制定の「近畿圏の既成市街地における工場等の制限に関する法律」がある。

これらの法律は、いずれも都市部への産業及び人口の過度の集中を防止するため、制限区域内における工場及び大学等の新設及び増設を制限するものである。また、昭和47年には、工場が集積した地域から集積が低い地域への工場の移転、新設を誘導するため「工業再配置促進法」が制定された。しかし、これによっても都市部への交通の集中を防ぐことはできず、都市交通問題は深刻化した。

昭和49年、警察庁は交通局長通達「都市総合交通規制の推進について」を発出し、全国の警察に対し都市における総合的な交通規制を計画的に実施するよう求めた。その対策の目標の一つは「自動車交通量の総量削減」であり、そのための具体的手法として、交通規制によるアクセスコントロー

ルや広範な駐車禁止規制の実施、またバスの優先対策、通勤の相乗り制、貨物の共同配送、交通需要の発生源対策など後年交通需要マネジメントと呼ばれることとなる各種施策を提示している。しかし、実際に進められた施策は、バスの優先対策を除くと、交通量抑制のための交通規制（都心部における広範囲の駐車規制や都心部に流入する車両の一部抑制など）が中心であり、当時の道路整備のスピードを上回る圧倒的な自動車交通量の増大に対し十分な効果を上げることができなかった。

(イ)　交通需要マネジメントの導入

　平成時代における交通量管理対策は、交通需要マネジメント（TDM－Transportation Demand Management）の名の下に取り組みが進められた。

　交通需要マネジメント（TDM）は、端的に言うならば、従来から講じられていた間接的手法による自動車交通量抑制ないし調整の諸施策を一括りにした概念で、平成4年6月の道路審議会建議「『ゆとり社会』のための道づくり」において自動車交通の円滑化を図るための施策として取り上げられ、道路交通の関係者の間で急速に広まったものである。国土交通省では、交通需要マネジメント（TDM）を、主として交通混雑緩和の観点から「車の利用者の交通行動の変更を促すことにより、都市や地域レベルの道路混雑を緩和する手法」としている。実際の行政施策としては、平成5年から始まった第11次道路整備五箇年計画の実施において、当時の建設省道路局と警察庁交通局が協力して策定した「新交通渋滞対策プログラム」において初めて打ち出された。

(ウ)　交通需要マネジメントの施策

　交通需要マネジメント（TDM）の施策の一部には、直接的に交通需要の削減を目的にするものもあるが、多くの場合、別のある目的で進められる施策が交通需要の抑制につながる場合に、その副次的効果に着目したものである。

　交通需要マネジメント（TDM）の施策とされるものとして、

○大量公共輸送機関の整備及び利用促進
○発生源に着目した交通需要の抑制ないし調整
○物流の改善
○交通情報の提供による交通流の誘導・分散

等の諸施策を挙げることができる。上記のうち、物流の改善については別途項目を立てて記述することとし、また、交通情報の提供による交通流の誘導・分散については、既に前記「(3)交通規制・管制による交通流コントロール」で述べているので、ここでは、大量公共輸送機関の整備及び利用促進と交通需要の抑制ないし調整について述べる。

　なお、平成14年に「首都圏の既成市街地における工業等の制限に関する法律」及び「近畿圏の既成市街地における工場等の制限に関する法律」が廃止され、平成18年には「工業再配置促進法」が廃止された。これは、政府の規制緩和政策の一環としてとられた措置であるが、その背景として、都市の成熟化により都市内の交通需要は工業の生産活動に係るものの比率は低くなり、人々の消費生活や業務に伴う交通需要が中心になっているため、この制度の廃止に伴う影響は少ないという実態があった。

イ 大量公共輸送機関の整備及び利用促進

(ｱ) 鉄軌道系大量公共輸送機関の整備

鉄道、地下鉄、新交通システム等の鉄軌道系大量公共輸送機関の整備は、直接的には交通需要に対する輸送力の増強のために進められるものであるが、その反射的効果として自動車交通の負担の軽減につながることから交通需要マネジメントに大きく寄与する。

平成時代においては、都市部における鉄軌道の敷設は用地取得上の困難があるところから、主として貨物輸送用鉄道路線の旅客輸送用への切り替え、地下鉄の新設、モノレールや新交通システムの整備等による輸送力の増強が図られた。また、公共輸送機関利用促進のための鉄道路線の相互乗り入れや、空港、港湾へのアクセス路線の整備、駅前等の交通結節点の改善が進められた。

平成時代における大量公共輸送機関の整備状況は次のとおりである。

a 鉄道及び地下鉄

首都圏では、昭和63年から平成20年にかけて、横浜高速鉄道みなとみらい線を含む5本の地下鉄が新たに開通したのを始め、JRその他の事業体により東京と外周部をつなぐ7本の新しい鉄道路線が整備された。

中京圏では、昭和63年に愛知環状鉄道線が開業したほか、名古屋市内の地下鉄は順次延伸し、名鉄との相互乗り入れを実現するとともに平成17年には市内環状線を形成するに至った。

関西圏では、大阪で新たに2本の地下鉄が開業し（平成2年鶴見緑地線、平成18年今里線）、京都市でも2本目の地下鉄（平成9年東西線）、神戸市では4本目の地下鉄（平成13年海岸線）が開業した。

このほか、仙台市では、昭和62年に初めて開業した地下鉄が順次延伸し、札幌市及び福岡市でも地下鉄が延伸し又は新規開業した（平成17年、福岡市営地下鉄3号線）。

b モノレール及び新交通システム

いくつかの都市では、モノレール及び新交通システムが整備されたが、その設置状況は、次のとおりである。

平成元年	金沢シーサイドライン開業（横浜新都市交通）
2年	六甲アイランド線六甲ライナー開業（神戸新交通） 大阪モノレール開業（大阪高速鉄道株式会社）
6年	広島新交通1号線アストラムライン開業（広島高速交通）
7年	東京臨海新交通臨海線ゆりかもめ開業（株式会社ゆりかもめ） 千葉都市モノレール1号線開業（千葉都市モノレール株式会社）
10年	多摩都市モノレール開業（東京都交通局）
13年	ガイドウェイバス志段線ゆとりーとライン開業（名古屋ガイドウェイバス）
17年	愛知高速鉄道東部丘陵線リニモ開業（愛知高速交通）
20年	日暮里・舎人ライナー開業（東京都交通局）

c 路面電車及び小規模の郊外電車

昭和30年代から50年代にかけ、自動車交通量の増大に伴い路面電車は次々と廃止さ

れ、その機能は地下鉄と路線バスが代替することとなった。また、鉄道線である地方の中小の郊外電車も数多く廃止された。

しかし、平成時代になると、環境対策や都市の活性化等の観点から路面電車等の機能が見直されるようになり、地方自治体や鉄道事業者において路面電車等を維持するために新車両の導入など様々な努力がなされた。

これらの路面電車や都市部の中小の郊外電車の維持・活用の方策として、路線のLRT（軽量軌道交通）化が提唱され、低床式の車両の導入、停留所の改良や料金収受方法の改善、運行管理システムの導入などが試みられた。

しかし、路面電車の新規路線の整備は困難で、わずかに平成10年に豊橋市でかつて廃止した路線が一部復活したほか、平成16年に富山市で富山ライトレールの開業、平成21年に富山鉄道富山市内軌道線富山都心線（環状線）の開業が見られる程度である。

一方、この間にあっても、収支面から路面電車を維持することができない都市では、順次路線が廃止された（函館市平成4年、5年、新潟市平成4年、5年、11年、岐阜市平成15年、17年、北九州市平成4年、12年など）。また、併せて中小の地方鉄道線も自動車の普及に伴う営業悪化により、徐々に廃止された。

平成21年時点でみると、全国で運行されている路面電車は、19事業者、53路線にとどまっている。

(イ) バス路線の強化及び運行の改善

路線バスは、廃止された鉄軌道輸送の代替の役割を果たすとともに、自家用車の利用抑制につながるものとしてその利用率の向上が図られた。

a　バス路線の強化

路線バスは、昭和30年代から50年代にかけて廃止された路面電車や郊外電車の代替輸送機関として、また昭和60年代から平成時代にかけて廃止されたJRのローカル線や地方鉄道の受け皿とされてきたが、平成時代も引き続き通じて縮小した鉄道の旅客輸送を代替した。

また、都市内の公共交通機関が不十分な地域では、住民のモビリティ確保のためのコミュニティバスの運行が進められた。大都市の一部では、深夜の帰宅需要に応じるため、夜間バスの運行も試みられた。

しかし、全体としては、自家用車の普及とともにバスの輸送量は次第に低下し、路線バスの運行台数も減少した。営業許可を受けた路線バスの系統数は、平成元年時点で45,265系統、営業許可キロは25,848kmであり、平成20年には、それぞれ48,853系統、417,285kmと増えたにも関わらず、路線バスの運行車両数は65,278台から58,944台に、輸送人員は6,552百万人から4,304百万人へと減少した。

b　バスの運行に係る改善

バスの利用を促進するため、車両の運行面では、バス停の改善、低床式車両の導入、バス運行システムの導入、料金収受方法の改善等が行われた。

① バス停の改善

バス停の切込みや雨を防ぐ構造物の設置などバス停の構造的な改善を推進するため、昭和58年から、国費の助成制度が設けられており、平成時代にもその助成制度を活用してバス停の改善が進められた。

② 低床式車両の導入

乗客の乗降がスムーズにできる低床式のバスを普及するため、平成14年から、国費の助成制度が設けられた。

平成20年度末現在、低床式のバスは、全国で25,038両導入されている。

③ バス運行管理システムの導入

バスの運行状況を管理し、バス停の乗客に対し必要な情報を提供するバス運行管理システムは、昭和58年から、国費の助成制度が設けられており、平成時代には新たな技術を活用してその整備が進んだ。

平成20年度末現在、バスの運行管理システムは、全国で9,054系統、（全系統の18.5%）に導入されている。

④ バスの優先信号システムの導入

平成8年から、信号交差点におけるバスの優先信号のシステム（PTPS）が導入され、徐々に広がった。このシステムを整備する場合は、通常上記バス運行管理システムとセットで整備される。平成20年3月末現在、全国40都道府県（730.3km）で導入されている。

⑤ 料金収受方法の改善

バスの乗降客の料金支払いをスムーズにするためのプリペイドカードは、昭和62年から導入され、その後鉄道等の輸送機関と共通のチャージ式のプリペイドカードが平成16年から導入された。

(ウ) 交通結節点の整備

平成時代においては、交通結節点となる鉄道駅及びその周辺の再整備を行うことにより、鉄道及びこれに接続するバスの利用促進が図られた。具体的には、駅前歩道の立体化又は地下街の整備、駅前広場の拡張によるバス及びタクシー乗り場の確保、パーキング＆ライド駐車場の整備である。

これらの施設の整備は、道路整備事業や一般的な再開発事業として実施されたが、特に平成10年制定の「中心市街地活性化法」に基づく中心市街地活性化事業及び平成14年制定の「都市再生特別措置法」に基づく都市再生事業において再開発事業の枠組みを用い積極的に推進された。

ウ 交通需要の抑制

(ア) 発生源対策及び時差出勤

a ノーカーデー及び持ち帰り車両の自粛

平成時代に発生源対策として取り組まれた主なものは、「ノーカーデー」と「持ち帰り車両の自粛」である。ノーカーデーは昭和40年代より行われており、主に地方自治体が一定の日を指定して自動車の使用を自粛するよう呼びかけるものである。

平成に入ってからもこの取組は続いていたが、特に平成10年に政府の地球温暖化対策推進大綱が策定されCO_2削減の取組が始まると、ノーカーデーはその有力な施策の1つとして位置付けられ、各地の地方自治体で取り組まれるようになった。その多くは、自治体の職員や企業、住民等に対し自動車の使用自粛を呼びかけるものであるが、さらにインセンティブを与えるため、①ノーカーデー該当日の公共交通機関の割引パスを発行する、②ノーカーデー運動取組参加者の登録制度を設け、又はノーカーデー運動参加者の実績の公表を行う、③ノーカーデー該当日にイベントを行って関心を高めるなどの取組を行っている自治体もある。

「持ち帰り車両の自粛」は、事業所の従業員が業務終了後に職場の自動車を自宅に持ち帰り、翌日その車で出勤するいわゆる

「持ち帰り車両」が都市部の幹線道路の朝夕の自動車交通量の一定割合を占めることに着目し、これを自粛して公共輸送機関で通勤するよう呼びかける取組である。

この取組は、平成に入り警視庁が違法駐車対策を強化する中で、平成2年頃から違法駐車抑止の観点から取り組みを進めるようになったもので、その後広く交通量抑制対策の1つとして他の自治体でも取り組まれるようになった。

b　時差出勤

時差出勤は、東京地区（昭和36年）、大阪地区（37年）、名古屋地区（49年）、福岡地区（51年）、仙台地区（58年）と順次実施されてきたものである。平成7年には、政府の交通対策本部幹事会申合せ（平成7年3月23日）により、広島地区においても実施されることとなった。

時差出勤は、そもそもは通勤・通学電車の混雑緩和のために行われているものであるが、併せて朝夕の道路交通の混雑緩和に役立つものと評価されている。内閣府は昭和40年10月14日付けの交通対策本部決定「時差通勤通学対策について」を踏まえ、平成の時代においても5箇年ごとの「時差通勤通学推進計画」を策定し、その普及を図っている。

(イ)　その他

このほか、交通需要マネジメントの手段として、交通関係者の間でロードプライシング、自動車ナンバー規制などが議論されたが、国の行政機関においては、具体的な取組を行っていない。

また、東京都においては、平成12年から平成13年にかけて大気汚染対策の観点から東京都ロードプライシング検討委員会を設けて調査研究を行ったが、その後具体的な取組には至っていない。

(5)　物流対策

ア　概説

物流の改善は、第一義的には各事業者の事業活動の生産性を向上させるためのものであるが、その反射的効果として都市における貨物車の交通量削減に寄与する側面があるところから、都市交通対策の重要な項目の1つとされている。昭和63年7月28日付け交通対策本部決定「大都市における道路交通円滑化対策について」においても、その対策項目として物流業務施設の再配置及び輸送の効率化を掲げている。

平成9年4月、政府は「総合物流対策大綱」を閣議決定し、総合的な物流対策を推進することとした。この大綱は、グローバル化が進む国際社会で我が国経済の国際競争力を高め、また、経済活性化の観点から物流がネックとなって地域間の産業立地競争力を阻害することのないようにするために広域的な物流環境の改善と物流の効率化を目指すものであるが、その帰結として貨物交通量の低減効果をもたらすこととなるものである。

本大綱には、ソフト、ハードの両面にわたり広範な観点から実施すべき具体的施策が盛り込まれている。

政府は、その後5年ごとに、地球温暖化対策などその時々の情勢変化を踏まえつつ「大綱」を改定し、現在に至っている。

イ　物流改善のための流通業務施設の再配置と輸送の合理化

(ア)　流通業務施設の再配置

流通業務施設は、昭和40年代から流通業

務市街地の整備に関する法律（昭和41年法律第110号）に基づき、流通業務団地に集約する形で整備されてきた。

昭和62年には都市部における物流業務施設の再配置を推進するため、日本開発銀行等からの出資並びに低利の融資が受けられる措置を講じ、その第1号として日本自動車ターミナル（株）が「葛西物流近代化ターミナル」を建設し、平成元年12月から供用を開始している。

平成時代、上記流通業務市街地整備法は再三にわたり改正がなされ、これに基づき流通業務施設の再配置を推進するための諸施策が進められた。

(イ) 輸送の効率化

政府は、平成元年に制定された貨物自動車運送事業法（平成元年法律第83号）において、従来制限されていた区域トラックにおける貨物の積合せを認め、これにより共同配送を促進する政策を進めるとともに、積載率を向上させるための運送事業の情報化を推奨し、そのための助成、支援措置を講じた。「共同配送」は、様々な貨物輸送のニーズを集約し、一つの配送ルートで配送することにより輸送効率を高めようとするものであり、「運送事業の情報化」は、貨物輸送の需要や荷動きを迅速かつ詳細に把握することにより、貨物の混載や帰り荷の確保を可能にし、個々の車両の積載率を向上させようとするものである。

(ウ) モーダルシフトの推進

政府は、平成元年、それまで道路運送事業法、通運事業法、航空法、海上運送法、内航海運業法等に規定されていた運送取扱事業の制度を一本化した貨物運送取扱業法（平成元年法律第82号）を制定し、陸、海、空を通じた貨物運送取扱業の制度を設け、各モードの相互連携を図った。併せて、港湾、空港へのアクセス道路の整備などの環境整備にも努めた。

また、このような条件整備を踏まえ、貨物輸送におけるトラックの負担割合を軽減し、鉄道輸送や内航船への転換を促すモーダルシフトを推進するための助成、支援措置を講じた。

(エ) 流通業務の総合化及び効率化の促進に関する法律による取組

平成17年、政府は、流通業務の総合化及び効率化の促進に関する法律（平成17年法律第85号）を制定し、一定の要件を満たすトラックターミナル等の特定流通業務施設を中核として輸送、保管、荷捌き及び流通加工を一体的に行う流通業務の総合化、物流拠点施設と輸送網の集約化、配送の共同化等の「流通業務総合効率化事業」を推進することとした。同事業において「総合効率化計画」が国土交通大臣により認定されると、事業許可等の一括取得、税制の特例、立地規制に関する配慮、資金面での支援措置等が可能となる。

平成21年度末現在、全国で140件の「総合効率化計画」が認定されている。

ウ 物流改善による交通量低減効果の評価

物流の改善や輸送システムの効率化は、基本的には貨物輸送に係る自動車交通需要を軽減する効果を有する反面、一方では迅速で管理の行き届いた輸送を可能とするところから多様な小口輸送の需要を喚起し、多頻度、小ロットの輸送を増加させ、返って積載効率の低下や貨物交通量の増大をもたらすという側面もある。

国土交通省の統計「自動車輸送統計年

報」によれば、平成元年から10年代半ばにかけて貨物車の交通量は総じて増加しており、この限りにおいては、直ちに物流の改善により交通量の低減効果をもたらしているとは言いがたい。また、(社)全日本トラック協会の平成4年及び平成14年の調査報告書によれば、各事業者により実際に行われたモーダル間のシフトはわずかであり、十分な効果を上げているとはいいがたい。

平成16年以降、全国の貨物自動車の交通量は、横ばいないし減少傾向にあるが、交通量全体が減少傾向にあることを考え合わせると、これは我が国の経済、社会活動の全般的な停滞が大きく反映しているものと考えられ、物流改善による交通量低減効果がどの程度これに寄与しているかは必ずしも判然としない。

(6) 交通渋滞の状況

国土交通省（旧建設省）の道路交通センサスによれば、全国の道路の平均混雑度（12時間総走行台キロ ÷12時間総容量台キロ）は、表4のとおり、平成2年度から9年度にかけて高原状態にあったが、その後減少に転じた。DID（人口集中地区）の混雑度についても、平成22年には1.0を割り込んでいる。

国土交通省が平成14年から19年にかけて実施した「渋滞モニタリング区間」における調査によれば、渋滞による時間的損失（人・時間）は、調査区間において5年間で約17％減少しており、また（財）国土技術研究センターがVICSの渋滞度データを基にVICSサービスエリア内の一般道の渋滞量（渋滞長×渋滞継続時間、渋滞＝時速10km以下の状態）を試算したところによれば、平成18年から23年にかけて渋滞量は約4割減少している。

これは、道路の整備、交通管理の高度化、交通需要マネジメント、物流対策等の施策に加え、後述する駐車対策が進んだことにより、路上の交通量と走行スペースの相対的な関係が改善された結果と評価することができる。また、平成16年以降は、自動車の交通量（走行キロ）が減少しており、これにより交通渋滞の改善がさらに加速したと考えられる。

ただし、このような交通渋滞の改善にも関わらず、DID（人口集中地区）における混雑時平均旅行速度（朝夕のラッシュ時間帯－午前7時から9時まで、午後5時から7時までの旅行速度）は、必ずしも改善を見ていない（国土交通省（旧建設省）の各調査年度道路交通センサス））。

表4　平均混雑度の推移（国土交通省道路交通センサスデータ）

平均混雑度＝12時間総走行台キロ÷12時間総容量台キロ

1　全国

調査年	全体	高速自動車国道	都市高速	一般国道（直轄）	一般国道（その他）	主要地方道	一般都道府県道
昭和55	0.70	0.43	0.89	0.94	0.69	0.68	0.63
58	0.73	0.46	0.88	0.99	0.73	0.72	0.64

60	0.71	0.44	0.90	1.00	0.73	0.70	0.60
63	0.72	0.44	0.93	1.04	0.75	0.73	0.61
平成2	0.75	0.48	0.92	1.07	0.76	0.75	0.63
6	0.75	0.54	0.92	1.08	0.77	0.75	0.59
9	0.75	0.54	0.89	1.11	0.78	0.75	0.59
11	0.72	0.52	0.81	1.09	0.75	0.73	0.56
17	0.70	0.51	0.79	1.03	0.72	0.70	0.55
22	0.65	0.55	0.74	0.93	0.68	0.64	0.50

2　DID（人口集中地区）

調査年	全体	高速自動車国道	都市高速	一般国道（直轄）	一般国道（その他）	主要地方道	一般都道府県道
昭和55	0.95	0.65	0.90	1.06	0.95	0.98	0.87
58	0.94	0.70	0.89	1.08	0.93	0.94	0.85
60	0.96	0.77	0.91	1.09	0.98	0.98	0.85
63	1.13	0.82	0.94	1.26	1.12	1.21	1.07
平成2	1.15	0.86	0.93	1.27	1.15	1.22	1.10
6	1.14	0.83	0.95	1.27	1.19	1.19	1.05
9	1.13	0.86	0.91	1.28	1.17	1.17	1.07
11	1.10	0.80	0.85	1.27	1.13	1.13	1.04
17	1.06	0.80	0.84	1.24	1.03	1.09	0.99
22	0.97	0.81	0.77	1.16	0.93	0.97	0.90

3　駐車対策

(1)　概説

ア　駐車対策の再度の取組及び考え方の転換

　昭和30年代から40年代にかけて大都市を中心に路上駐車問題が深刻化し、駐車場法の制定（昭和32年）、自動車の保管場所の確保等に関する法律の制定（昭和37年）、交通巡視員制度及び公安委員会が設置するパーキングメーターの導入（昭和45年）等の様々な対策が講じられた。その後政府の駐車対策は一時的に停滞していた。

　昭和60年頃から、警察庁は深刻化する都市の交通渋滞対策の一環として、再びその大きな要因の一つである違法駐車問題に取り組み始めた。その際、基本的に都市内の路上駐車を厳しく制限し、取締りによりこれを押さえ込もうとしていた従来の駐車対策の基本的な考え方を転換し、幹線道路以外の道路では駐車需要の実態を踏まえある程度短時間駐車需要を許容することとする

一方で、迷惑度の高い地域や場所での取締りを徹底するという方針で臨むこととした。また、当時、公共用の路外駐車場は都心に自動車交通を呼び込むとして必ずしも積極的に整備されていなかったが、違法駐車を防止するためには自動車交通量に見合う駐車スペースは必要であるとの考え方により、関係機関に対し駐車需要を満たすための路外駐車場の整備を求めることとした。

イ　取組の概要

昭和61年に警察庁は道路交通法を改正し、短時間駐車スペースを簡便に拡大することのできるパーキングチケットの制度を導入するとともに、公安委員会の指定を受け違法駐車車両のレッカー移動・保管事務を行う指定移動保管機関の制度を設けた。また、駐車違反の罰則を強化するとともに、政令を改正し、駐停車禁止場所における駐車違反の違反点数を2倍に引き上げた。併せて、各方面に路外駐車場整備の必要性を訴え、また駐車場の有効利用を図るために、地方自治体に対し駐車場誘導システムないし駐車場案内システムの整備を働きかけた。

政府は、昭和63年の「大都市における道路交通円滑化対策について」（昭和63年7月28日交通対策本部決定）及び平成2年の「大都市における駐車対策の推進について」（平成2年5月28日交通対策本部申合せ）により、関係機関が協力して駐車対策に取り組むこととし、これに基づき各省庁はそれぞれ担当する分野における施策を推進した。

平成3年、建設省都市局は、駐車場法を改正し、駐車場整備地区の対象地域を従前の商業地域及び近隣商業地域に加え、住居地域及び準工業地域にも拡大するとともに、附置義務対象建築物の基準面積を引き下げ、附置義務の対象となる施設の範囲を拡大した。また、同省道路局は、道路法を改正し、道路の付属物の範囲に新しく自動車駐車場を加え、道路整備事業の一環として駐車場の整備を行うことができるようにした。

これに先立ち、警察庁は、平成2年に自動車の保管場所の確保等に関する法律の一部改正を行い、自動車の保管場所確保義務を軽自動車にも拡大した。また、道路交通法の一部改正により、新しく放置駐車の概念を導入し、駐車違反のうち特に放置駐車となる行為の罰則を強化するとともに、放置駐車行為を行った運転者のみならず放置駐車車両の使用者の責任を追及するための指示処分制度を導入した。さらに、平成5年の道路交通法の一部改正により、特に違法駐車が常態化している区間における駐車秩序を回復するために車輪止め装置取り付け区間の制度を設けた。

この間、警察庁は、自治体による違法駐車防止の取り組みを促すため、各都道府県警察を通じて市町村等に対し違法駐車防止条例の制定を働きかけた。

このような関係者の努力の結果、平成10年代半ばまでには都市部における駐車場のスペースは相当程度拡大する一方、路上の違法駐車の台数は減少し、やがて路外駐車場の空きスペースが目立つようになってきた。このような状況を踏まえ、平成16年国土交通省都市・地域整備局は標準駐車場条例を改正し、駐車場の附置を義務付ける駐車施設の1台当たりの床面積の基準はあく

まで参考であり、市町村長の判断によりこれによらないことができる旨を明確にした（いわゆるローカルルールの許容）。

平成16年、警察庁は、付近に路外駐車場があるにも関わらずこれを利用せず違法な路上駐車を繰り返す悪質な車両の取締りを強化するため、放置駐車車両の使用者に対する行政制裁（放置違反金）の制度を設け、違反事実の確認事務を民間の法人に委託できる制度を導入し、平成18年から実施した。また、このような放置車両取締り強化の動きを受け、国土交通省は、自動二輪の駐車スペースの整備状況が不十分であるとの認識に立ち、平成18年に駐車場法を改正して法の対象に自動二輪を加え、自動二輪の駐車スペースの拡大を進めた。

(2) 昭和61年の道路交通法改正
ア　パーキングチケット制度の導入

昭和34年に東京都で初めて駐車場法に基づく路上駐車場としてパーキングメーターが導入され、昭和45年には道路交通法の短時間駐車規制の手段としてのパーキングメーターの制度が導入されている。しかし、パーキングメーターは、1台の駐車枠に対し1基のパーキングメーターの設備を整備する必要があるため、設置、廃止のための道路工事が大掛かりとなり、また道路の構造上、設置自体が困難な場合がある。

そこで、路上の短時間駐車需要に柔軟に対応することができるようにするため、昭和61年に道路交通法が改正され、パーキングチケットの制度が導入された。パーキングチケットの制度は、道路の構造等の理由からパーキングメーターの設置が適当ではないと認められる場合に、これに代えてパーキングチケット発給設備を設置することができるとするものである。

この制度改正により、道路の付近の比較的幅員に余裕のある街路においてパーキングチケット発給設備が設置され、短時間の路上駐車スペースの拡大が進められた。

イ　指定移動保管機関の制度

当時、路上の違法駐車に対しては、ステッカーを貼付して運転者を呼び出し反則切符により処理するほか、警察署長の権限により交通の妨害となっている駐車車両をレッカー移動し、保管するという方法で対処していた。しかし、警察署長の権限によるレッカー移動は、年間のレッカー移動費予算の範囲内で行われるため、必要な違法駐車の移動措置が十分できないという問題があった。

そこで、昭和61年の道路交通法改正の際に、指定移動保管機関の制度を導入し、警察署長が移動すべき対象として特定した駐車違反車両を、公安委員会が指定する指定移動保管機関の計算と責任において移動、保管し、指定移動保管機関が直接対象車両の使用者等から移動、保管に要する費用を徴収することができることとした。これにより、違反車両に対するレッカー移動措置の柔軟性が高まった。

この指定移動保管機関の制度は、平成16年に放置駐車車両に対する放置違反金制度と駐車監視員制度が導入されたことに伴い、廃止された。

ウ　反則金及び違反点数

昭和61年の道路交通法の一部改正により、昭和35年の法制定後初めて道路交通法違反の罰金の全面引き上げが行われた。これに伴い反則金の限度額も引き上げられた

が、その際他の違反行為の反則金については約2倍の引き上げ幅であったのに対し、駐車違反の反則金については約2.5倍に引き上げられた。

併せて、駐車違反と駐停車違反の反則金の金額に差を設けるとともに、駐停車違反の違反点数を、駐車違反の2倍に引き上げた。

エ　規制の見直しと取締りの強化

以上の法改正を受け、全国の警察は駐車規制を見直し、パーキングチケットによる短時間駐車スペースの拡大を図るとともに、駐車違反の取締りを強化した。

(3)　平成2年及び5年の道路交通法改正

ア　放置車両概念の導入と車両の使用者責任の導入

平成2年、警察庁は道路交通法の一部改正を行い、駐車違反車両のうち、運転者が車両を離れて直ちに運転できない状態にあるものを「放置車両」とし、放置駐車違反を行った運転者に対する罰則を強化し、併せて当該車両の使用者の責任追及を行うため指示処分等の制度を設けた。

イ　使用者責任の内容

新しく導入された使用者責任制度は、放置駐車違反があった場合に、公安委員会がその車両の使用者に対し違反防止の措置を取るよう指示し、指示を受けた車両が一定期間に違反を繰り返したときは、公安委員会は当該車両に対し、一定の基準に従って6カ月以内の車両使用停止処分を行うことができるとするものである。

また、車両の使用者等が、業務に関し運転者に車両の放置行為を命じ又は容認したときは、これを独立の罰則の対象とするとともに、一定の基準に従い6カ月以内の範囲で車両使用停止処分を行うことができることとした。

ウ　車輪止め装置の導入

平成5年、警察庁は道路交通法の一部改正を行い、違法駐車車両に対する車輪止め装置取り付け区間の制度を導入した。これは、違法駐車車両をレッカー移動で排除してもその空いた場所にまた別の車両が違法駐車し、結局路上の違法駐車を排除し切れない場所があるため、公安委員会が予め指定した道路の区間において違法駐車車両に車輪止め装置を取り付け、見せしめ効果により違法駐車を防止しようとしたものである。

しかし、車輪止め装置の取り付けは、取り付けを行うことができる要件が厳格でかつ解除の措置に人手を取られるなどの理由により活用は低調であった。

エ　取締りの強化

以上の一連の法改正を受け、全国の警察は、民間の事業所に対し業務の改善と駐車スペース及び荷捌きスペースの確保を要請する一方、放置駐車行為の取締りを強化した。

全国の年間の駐車違反の取締り件数は、平成3年に約311万件とピークを記録し、その後も取締りは高水準で継続された。

(4)　平成3年の駐車場法及び道路法の改正並びに平成6年の標準駐車場条例（荷捌き施設関係）の改正

ア　駐車場法の改正

建設省都市局は、平成3年に駐車対策を強化するため、駐車場法の一部改正及びこれに伴う政令の改正と標準駐車場条例の改

正を行った。その要点は、次のとおりである。
① 都道府県が都市計画において駐車場整備地区を定めることができる対象地区を、従来の商業地域及び近隣商業地域に加え、住居地域、準住居地域及び準工業地域にも拡大する。
② 都市計画地域において、駐車場の設置を義務付ける建築物の基準を、従来の延べ面積3,000㎡から2,000㎡に引き下げる。また、デパート等の特定用途の建物については、従来の延べ面積2,000㎡から1,500㎡（人口概ね50万人以上の都市）又は1,000㎡（人口50万人以下の都市）に引き下げる。
③ 一台当たりの床面積をそれぞれの地域や建物の用途に応じて見直す。

以上により、駐車場法に基づく都市計画駐車場、付置義務駐車場が大幅に増加することとなった。

イ 荷捌きスペースの整備促進のための標準駐車場条例の改正

地下駐車場や立体駐車場として設けられた附置義務駐車場には、高さ制限があり貨物車の入場ができないものが多く、駐車対策を進める中で、貨物を配送するための貨物車の駐車スペースの不足が深刻な問題として浮上した。

そこで建設省都市局は、平成6年に標準駐車場条例を改正し、建物の用途に応じ一定面積当たり一定数の荷捌きのための駐車施設を設けるよう附置義務を追加した。

ウ 道路法に基づく駐車場の整備促進

従来、道路法に基づく道路の整備は、道路の本体部分に駐車スペースを設けることはあっても、道路の付属物として路外駐車場を設置することを想定していなかった。そこで、建設省道路局は、平成3年に道路法を改正して道路の付属物の範囲に新たに自動車駐車場を加え、交通安全施設等整備事業として自動車駐車場を整備することとした。これを受け、同年から発足した第5次交通安全施設整備計画において自動車駐車場の整備が追加された。これにより、道路の地下部分や道路敷の空きスペースを利用した一般公共向けの自動車駐車場の整備が進み、平成20年度末までに約1万6,000台分の駐車場が整備された。

なお、国の道路整備事業予算を管理する道路整備特別会計には、従来から一定の要件を満たす都市計画駐車場の整備に対する融資制度が設けられていたが、この制度の活用により平成元年から平成20年の間に約2万3,000台分の駐車場が整備されている。

以上の諸施策による全国の駐車場整備の進捗状況は、次のとおりである。

駐車場の整備状況の推移

国土交通省都市・地域整備局・自動車駐車場年報　単位：台

	都市計画駐車場	届出駐車場	附置義務駐車場	小計
平成元年	68,175	746,265	772,371	1,586,811
2	73,092	774,504	863,955	1,711,551
3	74,768	812,509	949,909	1,837,186

4	79,176	861,694	1,041,567	1,982,437
5	85,012	924,983	1,129,575	2,139,570
6	88,716	965,257	1,198,266	2,252,239
7	93,431	995,735	1,297,958	2,387,124
8	96,655	1,021,554	1,386,157	2,504,366
9	103,651	1,078,381	1,500,673	2,682,705
10	109,998	1,121,228	1,599,165	2,830,391
11	113,681	1,161,653	1,681,266	2,956,600
12	115,696	1,225,194	1,771,028	3,111,918
13	118,220	1,272,190	1,858,895	3,249,305
14	119,353	1,302,474	1,942,707	3,364,534
15	119,535	1,333,159	2,015,404	3,468,098
16	119,472	1,372,876	2,104,894	3,597,272
17	120,091	1,415,252	2,212,069	3,747,412
18	120,575	1,450,858	2,325,538	3,896,971
19	121,336	1,482,645	2,429,997	4,033,978
20	120,775	1,549,878	2,514,807	4,185,460
21	122,574	1,570,013	2,571,884	4,264,471
22	121,651	1,604,463	2,634,973	4,361,087
23	119,317	1,623,951	2,689,925	4,433,193

(5) 駐車誘導システム等の整備及び違法駐車防止条例の制定状況

ア 駐車誘導（案内）システム

　電光表示板等を利用した駐車誘導システムや案内システムは、昭和50年代から整備が始まっていたが、平成に入り駐車対策が進むと、駐車場の有効利用の有力な手段として一層整備が促進された。その多くは、市（区）が主体となって運営するものであったが、関係者が協議会を結成して運営主体となるものなども見られた。

　平成4年末には、全国31都市で運用されるようになり、平成20年3月末には61都市で運用されている。

イ 違法駐車抑止システム

　違法駐車抑止システムは、交差点にテレビカメラを設置し、違法駐車車両を監視するとともに、必要に応じて警察官等がスピーカーを通して警告をすることにより違法駐車を抑止するもので、平成元年に福岡県警察で初めて導入され、その後各地で整備されるようになった。平成20年3月末には109都市で運用されている。

ウ 違法駐車防止条例

違法駐車防止条例は、平成２年に東京都武蔵野市が最初に制定したもので、同市ではこれに基づき、違法駐車防止地区を設定し、ガードマンによる街頭指導等を実施した。その後、警察庁の各都道府県警察に対する指導もあり、違法駐車防止条例の制定は徐々に各地に広がった。

違法駐車防止条例の内容は、単に広報啓発を行うにとどまるものから街頭指導の実施を含むものまで様々である。平成５年末までに違法駐車防止条例を制定した自治体は、全国で44市（区）町となり、平成22年３月末には、271市（区）町村となった。

(6) 平成16年の道路交通法改正による新たな取組

ア　背景

長期にわたる関係者の努力により、駐車場法に基づく全国の駐車場の収容可能台数は、平成元年３月末の144万台（自動車保有数10万台当たり25台分）から、平成15年３月末には337万台（自動車保有数10万台当たり46台分）とほぼ倍増した。また、道路法に基づく駐車場も、駐車需要の多い路線を対象に重点的に整備されたほか、都市内の小規模な空き地を利用した数多くのコインパーキングも多数設置された。

これに対し、路上の違法駐車は、平成時代の初期に比較すれば相当程度に減少したものの、依然として路外駐車場を利用せずに違法に駐車する車両があり、この結果、せっかく整備された都心部の路外駐車場の利用率は低調でありながら、付近の路上には違法駐車車両が多数見られるといった状況が生じていた。

このような状況を是正し駐車秩序を確立するためには、更なる駐車違反の取締り強化が必要であると考えられた。また、同時に、既に路外駐車場の整備が相当進んできており、駐車違反の取締りを徹底しても運転者から取締りが不当であると指摘されるおそれはないと考えられた。しかし、当時の状況は、違法駐車車両に違反取締りのステッカーを取り付けても、なかなか運転者が警察への出頭に応じないという状況があり、このまま取締りを強化しても悪質な運転者の逃げ得を許し、正直者が損をするという結果を招くおそれがあった。

イ　車両の使用者責任追及のための放置違反金制度の導入

平成16年の道路交通法の一部改正においては、駐車違反の取締りにおいて悪質な運転者の逃げ得を許さないようにするため、新たに放置違反金の制度を導入した。

放置違反金は、公安委員会が放置違反車両の使用者（通常は所有者でもある。）に対し課すもので、運転者が反則金を納付したときは、放置違反金の納付命令は取り消される。これにより、自動車の放置行為があると、運転者、車両の使用者のいずれかが必ず制裁を受けることとなった。

ウ　放置駐車確認事務の民間委託

常時道路を巡回し、大量の駐車違反取締りを行おうとすると、相当の人手を要する。しかし、警察の体制には限りがあるため、平成16年の道路交通法の一部改正では、駐車監視員の制度が導入された。これにより、警察署長は放置駐車車両の違反事実の確認行為を民間の法人に委託し、委託を受けた法人の駐車監視員に違反事実の確認を行わせることができるようになった。

4　自転車対策

(1) 概説

　昭和30年代以降、国民の足は自転車から原付へ、そして自動車へと移行したが、昭和40年代、自動車の急激な増加により交通渋滞や交通公害が深刻化するとともに、その弊害を緩和する手段の1つとして自転車の利活用が模索された。この動きは、その後も続いていたが、平成に入ると環境問題に対する意識の高まりに伴い、環境にやさしいエコの観点及びスポーツや健康増進の観点から自転車の利活用の拡大を求める意見が再び盛んになった。

　一方、自転車は、昭和45年以降交通事故防止上の観点から公安委員会が指定した歩道を通行できるとされてきたことから、自転車の歩道通行が常態化し、無秩序な走行が横行するようになった。その結果、車や歩行者との事故が多発するという問題が生じ、平成に入ってから、このような無秩序な自転車走行の是正が大きな政策課題となった。このほか、自転車の安全利用に関しては、新しく幼児・児童のヘルメット着用義務の問題が提起された。

　また、自転車の利用台数の増加に伴い、昭和50年代半ば以降駅前等の大量の放置自転車が発生して社会問題化し、全国の自治体がその対策に取り組んでいたが、対策の基本となる駐輪場の整備は必ずしも十分進んでおらず、平成時代においてはさらなる取り組みが求められた。

(2) 自転車道等の整備状況

　建設省（現国土交通省）は、昭和46年度から、一般道路の改修事業や交通安全施設等整備事業を活用して都市部で日常生活に利用される自転車道の整備を進めるとともに、大規模自転車道整備事業によりサイクリングロードなどの整備を進めてきた。

　しかし、都市部における自転車の走行空間は十分ではなく、自転車の通行環境をさらに改善する必要があると考えられたため、平成5年に道路構造令を改正し、自転車歩行者専用道路及び自転車歩行車道の幅員の基準を引き上げた。また、平成13年には、「自動車から独立した歩行者、自転車の通行空間の確保」を目指して再び道路構造令の改正を行い、自転車歩行者道などの設置条件を明確化し、自転車利用空間の確保に努めることとした。

　この間、建設省（現国土交通省）は、平成10年度から自転車利用環境整備モデル都市におけるエコサイクルシティの先駆的な取組を進め、平成20年1月には、警察庁と共同で全国98カ所の自転車通行環境整備モデル地区を指定し、自動車や歩行者から分離した自転車走行空間である自転車道、自転車レーンなどの整備を図っている。

　しかし、自転車道と自転車歩行者専用道の総計は、昭和60年の約3,000kmから平成20年には約7,000kmまで増加したものの、道路総延長120kmの0.6%にとどまっており、オランダの1万4,000km（8.6%）、ドイツの2万3,000km（4.7%）と比べるとその整備水準はかなり低い状態にある。

(3) 自転車の通行区分と歩道通行
ア　経緯

　昭和40年代に、交通事故及び交通渋滞や交通公害の深刻化とともに自動車交通量削減対策の1つとして自転車利用を促進しよ

うとの機運が高まった。これを踏まえ、昭和45年に自転車道の整備等に関する法律が制定され、自転車道の整備が進められることとなった。しかし、都市部においては道路用地の確保には限界があり、歩道のほかに自転車専用の自転車道を整備することは困難であることから、同法は、歩行者と自転車が併用する新しい「自転車歩行者道」の概念を設け、これを「自転車道」の１つとして位置付けた。この自転車歩行車道は、道路交通法上は、相対的に幅の広い「歩道」である。したがって「自転車歩行車道」は、幅の広い歩道上を自転車が走行することを想定したものである。

一方、交通管理を行う警察においても、一定の要件の下に自転車の歩道通行を認めることは自転車の交通事故死者を減少させるために効果的であると判断し、同じ年の道路交通法の一部改正により都道府県公安委員会が指定した区間において自転車の歩道通行を認めることとした。さらに、昭和53年には、歩道を通行できる自転車の大きさ等の要件を定めるとともに自転車が歩道を通行する場合の通行方法を明確化し、自転車の歩道通行と歩行者の安全との調和を図った。

このような自転車の歩道通行を可能とする措置は、いわゆる第１次交通戦争のピークにあった当時の認識として、自転車道の整備が困難な中でのやむを得ない緊急避難的な対策と受け止められていた。しかし、緊急避難的な措置とはいえ、広く自転車の歩道通行が一般化したことにより、自転車が車両であるとの意識が徐々に薄れ、自転車の歩道通行が常態化することとなり、これにより自転車の無秩序な走行や対歩行者事故の増加などの問題を生み出すこととなった。

イ　平成19年の法改正

(ア)　法改正に至る経緯

平成に入り、各方面で無秩序な自転車走行の改善を求める声が出るようになり、警察庁としても上述のような自転車の無秩序な走行が常態化している問題状況は認識していたが、直ちに対策を講じることはできないでいた。

しかし、平成16、７年頃に至り、このような状況を打開し、自転車対策について本格的な取組を可能とする環境の変化が生じてきた。

一つは、従来ほぼ一貫して増加してきた自動車の交通量の伸びが鈍化し、平成16年、17年と２年連続して減少するなど頭打ちの傾向がみられ、また、それまで自転車の車道通行の大きな支障となっていた違法駐車車両が、平成18年６月の駐車対策法制の施行後大幅に減少しつつあったことから、今後車道上に自転車がシェアできる物理的空間の余裕が出て来ると見込まれたことである。

また、もう一つは、それまで全国の警察は、交通死亡事故の抑止や渋滞対策、駐車対策等に追われ自転車対策にまで手が回らない状況であったが、多くの関係者の努力により交通事故死者数は平成の初期に比べ大幅に減少し、また都市交通問題も次第に緩和したことから、交通警察としてそれまで十分手を付けることのできなかった自転車対策に取り組む余裕が出てきたことである。

さらに、平成18年に策定された第８次交通安全基本計画において、交通事故死者の

削減に加えて交通事故の発生件数の削減がその目標とされた。自転車が関係する交通事故は、平成8年から18年までの10年間で対自動車が1.15倍、対歩行者事故が4.75倍に増加し、交通事故全体の約2割を占めるに至っていた。また自転車乗用中の死者についても、交通事故死者全体が平成8年と18年対比で36％減少したのに対し、自転車の死者は23％の減少にとどまっていた。同計画に従い、交通事故死者の数をさらに減少させ、併せて交通事故全体を削減するためには、交通事故の約2割を占める自転車事故の削減対策が重要な課題であり、このことも自転車対策を進める1つの大きな要因となった。

(イ) 自転車対策検討懇談会の提言

警察庁は、自転車対策の在り方を検討するため、平成18年4月に交通局長の私的懇談会として「自転車対策検討懇談会」を設置し、同年11月に「自転車の安全利用の促進に関する提言」を取りまとめた。

提言では、「自転車は、歩行者及び自動車と物理的に分離された自転車道を通行させることが最も望ましいが、自転車道が整備されていない場合には、車道通行を原則とし、例外的に歩道を通行できることとすることが適当である」とされた。

これは、できる限り自転車専用の自転車道が整備されることを期待するとともに、自転車道が整備されていない場所においては、車道や歩道で自動車や歩行者と混在せざるを得ない自転車利用の実情を踏まえ、自転車が自在に歩道を走行している現状を整序化しつつ、自転車走行を「車道が原則、例外的に歩道」の在り方に徐々に近づけるという方向性を示したものであった。

また、自転車の通行空間をどこに確保するかについては、我が国の道路事情、交通情勢等を考慮し、「自転車道が整備されていない道路では、車道と歩道の両方のスペースを使って確保すべき」とされた。これは、自転車道の整備されていない道路での自転車通行のあるべき姿として、自転車の走行機能を発揮して走ろうとする自転車は車道を、車道を走行することのできない自転車は歩道を通行するものとし、それぞれ車道では自動車と、歩道では歩行者と共存しながらスペースを分け合って走行すべきことを示したものである[注19]。

(ウ) 法改正の内容

平成19年の法改正では、自転車の通行区分について「自転車道がある場合は自転車

[注19] 反則制度適用の問題

平成19年の自転車対策検討懇談会において、自転車の通行ルール遵守を担保する制度として自動車の違反と同様の反則金制度か又はそれに代わる行政制裁金の制度を導入すべきではないかという議論があったが、平成19年の法改正では自転車の違反に対する反則金制度の導入は見送られた。

これは、

○いずれ自転車に反則制度を導入することは必要かと考えられるが、現時点では、自転車の通行ルールが定着していないこと、また、自転車の走行スペースが十分整備されていないことから、このままの条件下で自転車の取締件数を大幅に増やすことは適切でなく、したがって現時点では反則制度を導入すべき状況にはないこと

○今後、自転車の走行スペースが確保される中で、自転車の通行ルールが定着し、自転車も車両として相応の責任が求められるべきとの認識が広まれば、その時点で導入を検討すればよいこと

との判断に基づくものであった。

道、自転車道がない場合は、原則として車道を通行し、例外的に歩道の通行を認める」というそれまでの道路交通法の考え方を踏襲し、「どのような場合に例外的に歩道通行を認めるか」について、それまでにもあった都道府県公安委員会による普通自転車歩道通行可の規制のほか、児童、幼児等が運転する場合や車道の状況等から歩道を通行することがやむを得ない場合を例外として法定することとした。

このほか、自転車が歩道上を通行できる場合において、歩道上における自転車と歩行者の共存を図るため、自転車が白線で明示された歩道の普通自転車通行指定部分を通行し、又は歩道上を通行しようとする歩行者がないときは、自転車は徐行によらず歩道の状況に応じて安全と認められる速度と方法で通行できることとし、また歩行者は普通自転車通行指定部分をできるだけ避けて通行するように努めなければならないこととする一方、公安委員会が自転車の歩道通行可とした区間であっても警察官が歩行者の安全を確保するため自転車の通行を排除する必要があると認めるときは、歩道を通行しないよう自転車に対し指示できることとした。

また、自転車に乗車する児童、幼児の頭部保護のため、児童、幼児が自転車に乗車する場合の乗車用ヘルメットの着用については、児童、幼児の保護者等の努力義務が課せられた。

㈡　自転車の安全利用のための総合対策の推進

改正道路交通法の公布を受けて、平成19年7月10日、政府の中央交通対策本部は、「自転車の安全利用の促進について」を決定し、「自転車安全利用五則」を制定するとともに、自転車通行ルールの周知徹底、自転車の通行環境の整備等について政府を挙げて取り組むこととした。

これを受け、警察庁では、平成19年7月12日、「自転車の交通秩序整序化に向けた総合対策の推進について」（交通局長通達）を発出し、全国警察において自転車対策に取り組むこととした。また、前述のとおり、警察庁と国土交通省は、平成20年1月から共同で全国98カ所の自転車通行環境モデル地区を指定し、自転車の走行空間の拡大に努めた。

平成23年10月25日、警察庁は、国土交通省と共同で進めてきた自転車通行環境整備モデル地区の実施結果を踏まえつつ、さらに自転車対策を徹底するため、①自転車の通行環境の整備、②自転車歩道通行可の規制の見直し、③悪質危険な違反の取締り等を内容とする「良好な自転車交通の秩序の実現のための総合対策の推進について」（交通局長通達）を発出し、都道府県警察の取組を促した。

平成24年11月29日、警察庁と国土交通省は、両省庁が平成23年11月に共同で設置した「安全で快適な自転車利用環境の創出に向けた検討委員会（委員長：埼玉大学久保田尚教授）が平成24年4月に取りまとめた提言を受け、「安全で快適な自転車利用環境創造ガイドライン」を策定し、関係向きに示達した。

同ガイドラインは、

○自転車通行空間の計画

○自転車通行空間の設計

○利用ルールの徹底

○自転車利用の総合的な取組

を網羅したものであり、全国の道路管理者と都道府県警察は、これに基づき自転車利用環境の改善整備を進めることとなった。

ウ　平成25年の法改正

　平成25年に自転車関係の法改正が再度行われ、自転車の路側帯通行について通行方法が明確化され、自転車は道路の左側の路側帯のみ通行できることとされた。また、自転車で信号無視等の悪質な違反を繰り返す者に対し、公安委員会が講習の受講を命じることができる旨の制度が設けられた（命令違反は5万円以下の罰金）。

(4)　自転車の安全利用に係るその他の問題
ア　自転車の幼児2人同乗

　従来、各都道府県公安委員会規則は、交通安全の観点から自転車の2人乗りを禁止しており、例外的な措置として幼児用座席に乗車させる場合に幼児同乗を1人に限って認めている。しかし、幼児2人の同乗は認められていなかった。

　平成19年の道路交通法の改正を受けて自転車総合対策が進められる中で、複数の幼児を持つ保護者等から幼児2人同乗についての切実なニーズがあることが提起された。そこで警察庁において、平成20年4月に「幼児同乗用自転車」検討委員会を設置し、その安全性等について検討を進めた結果、21年3月、同委員会から一定の安全性の基準をクリアした自転車について幼児2人同乗を認めるべき旨の報告書が出された。これを受けて、各都道府県公安委員会規則が順次改正され、21年7月以降全国で自転車の幼児2人同乗が認められることになった。

イ　アシスト自転車

　アシスト自転車は、平成5年に日本で考案された自転車で、道路交通法によって、人の力を補うために原動機を用いる自転車と定められている。

　アシスト自転車の駆動補助率（人力に対する電力の補助駆動力の割合）は、当初1対1以内とされていたが、高齢者など踏む力の弱い人でも発進及び低速時の安定走行や登坂走行などをしやすくするため、平成20年の道路交通法施行規則の改正により駆動補助率の上限を引き上げ、10km/h未満の速度で1対2、10km/hから24km/h未満の速度で1対2以下に低減し、24km/hの速度で補助率をゼロとすることとした。

(5)　放置自転車問題
ア　放置自転車問題の発生とその対策

　昭和40年代から50年代にかけて自転車の利用台数が増加し、これに伴い昭和50年代の前半に鉄道駅周辺における放置自転車の問題が社会問題化した。総理府の調査で駅周辺の放置自転車数は、昭和52年には67万5,000台、54年には85万2,000台と増加し、56年には98万8,000台とピークを記録した。

　昭和55年には、放置自転車の問題に対処するため、「自転車の安全利用の促進及び自転車駐車場の整備に関する法律」（以下、「自転車法」という。）が制定され、地方自治体による放置駐車防止条例の制定や駐輪場の整備などの対策が進められた。これにより、56年をピークに駅前等における放置自転車は減少に転じたが、その後減少が止まり平成3年まで80万台前後で推移していた。

イ　平成5年の自転車法の一部改正

　放置自転車のそもそもの根本的な原因

は、駅前等においては用地取得難のため駐輪場が圧倒的に不足していることにあった。そこで、これを打開するため平成5年12月に自転車法の改正が行われた。この改正においては同法の名称を「自転車の安全利用の促進及び自転車等の駐車対策の総合的推進に関する法律」と改めるとともに、放置自転車の解消に有効な放置自転車の撤去、処分などに関する手続きのほか、駐輪場の用地を確保しその整備を促進するため、市町村による「総合計画」の策定、鉄道事業者をその構成員に含む「自転車等駐車対策協議会」の設置等に関する規定が設けられた。これにより放置自転車対策に対し鉄道事業者等の協力が得やすくなり、自転車駐輪場の整備が積極的に進められた。

主要な駅周辺の放置自転車の数は、その後減少を続け内閣府の調査では平成19年には33万台となっている。

5 バリアフリー

(1) 交通バリアフリー法
ア 交通バリアフリー法の制定

社会の急激な高齢化の進展や障害のある人々も障害のない人々も同じように社会の一員として社会活動に参加し、自立して生活することができる社会を目指そうという理念（ノーマライゼーション）の浸透に伴い、高齢者、障害者の活発な社会参加を可能にするための環境整備が強く求められた。

高齢者、障害者が社会活動をする場合には、公共交通機関や自動車を利用して移動し、あるいは、歩行者として道路を移動することが不可欠である。このため、国としても公共交通機関や道路を高齢者や障害者が使いやすいものとするため、公共交通機関及び道路交通の場におけるバリアフリー化に本格的に取り組むこととなった。

まず平成6年に「高齢者、障害者等が円滑に利用できる特定建築物の建築の促進に関する法律」（平成6年法律第44号、いわゆる「ハートビル法」）が制定され、高齢者、身体障害者等が主に利用する施設や不特定多数の者が利用する施設のバリアフリー化が取り組まれた。次に平成12年に「高齢者、障害者等の公共交通機関を利用した移動等の円滑化の促進に関する法律」（平成12年法律第68号、いわゆる「交通バリアフリー法」）が制定され、鉄道、バス等の公共交通機関の車両・施設や鉄道駅周辺の道路等を対象にしてバリアフリー対策が進められるようになった。その後、政府によるバリアフリー対策を総合的に進めるため、平成18年に上記2つの法律を統合した「高齢者、障害者等の移動等の円滑化の促進に関する法律（平成18年法律第91号）」、いわゆる「新交通バリアフリー法」が制定された。

交通バリアフリー法（及び新交通バリアフリー法）の仕組みは、同法に基づいて国土交通大臣、国家公安委員会及び総務大臣が移動円滑化の促進に関する基本方針を定め、各市町村は、これに沿って、重点整備地区について基本構想を作成し、これに基づき公共交通事業者、都道府県公安委員会及び道路管理者がそれぞれ公共交通機関又は道路のバリアフリーのための施策を進めるものである。

イ 具体的事業

主務大臣及び市町村の定める基本方針及び基本構想に基づく、公共交通事業者、道

路管理者及び都道府県公安委員会によるバリアフリーの具体的事業の内容は、次のとおりである。

公共交通事業者は、公共交通特定事業計画を作成した上、駅などにおけるエレベータ、エスカレータの設置、低床バスの導入などの公共交通特定事業を実施している。

道路管理者は、道路特定事業計画を作成した上で、歩道と車道の段差解消、歩道橋へのエレベータの設置、視覚障害者誘導点字ブロックの設置などの道路特定事業を実施している。

都道府県公安委員会は、交通安全特定事業計画を作成した上で、高齢者、障害者の道路横断時の安全確保の機能を付加した信号機の整備[注20]、高齢者、障害者の移動の円滑化に資する歩行者用道路の指定などの交通規制や道路標識、標示の高度化、違法駐車、放置自転車の防止等の交通安全特定事業を実施している。

(2) 運転免許制度における高齢者、障害者への配慮

高齢運転者については、高齢運転者の特性を踏まえた安全講習を行うようにするため、平成9年の道路交通法改正で75歳以上（平成13年の改正で、70歳以上に引き下げ）の免許保有者に対する特別の更新時講習制度が導入された。また、高齢運転者標識[注21]が導入され、自動車の運転者一般に対しては、標識を貼付した車両への幅寄せなどが禁止された。

さらに平成19年の改正で、75歳以上の高齢運転者については、加齢に伴う身体的、生理的機能の低下を自覚してもらい、これを踏まえた講習を行うようにするため、免許更新時に予め認知機能の程度を確認する講習予備検査が義務付けられた。

障害者については、平成13年の改正で、免許の欠格事由の大幅な見直しが行われ、また、身体障害者標識が導入される一方で、自動車の運転者に対しては、身体障害者標識を貼付した車両への幅寄せなどが禁止された。

さらに聴覚障害者については、平成19年の改正の際に同法施行規則が改正され、自動車にワイドミラーを装着することを条件に普通自動車の運転免許を取得することができることとなった[注22]。これに合わせ、聴覚障害者標識が導入される一方で、自動車の運転者に対しては、標識を貼付した車両への幅寄せなどが禁止された。

[注20] 高齢者、障害者の安全確保のための信号機として、①視力障害者が信号交差点を渡りやすくするために青信号であることを音響により知らせる音響式の信号機、②歩行速度が遅い高齢者や障害者の横断に十分な青信号の時間を与える押しボタン式又は発信器感応式の高齢者等感応信号機、③横断歩道上及び歩道上の歩行者の有無及びその多寡を検知して信号の青時間を変更する歩行者感応信号機を整備している。

[注21] 自動車を運転する際の高齢運転者標識の表示は、当初は、任意の制度（努力義務）であったが、平成20年の道路交通法改正で義務化された。しかし、標識を表示していない高齢運転者に対する取締りを行うことについて批判が高まり、平成21年の改正で、当分の間、義務規定の条項を適用しないこととされた。

[注22] 聴覚障害は、運転免許の欠格事由ではなく、一定の聴力があることが運転免許の適性試験の合格基準とされていたので、聴覚障害者の免許取得を可能とする制度改正は、総理府令第23条第1項に規定する聴力に係る適性試験の合格基準を見直すことにより措置された。

(3) 高齢者、障害者に対するその他の施策
ア　電動車いすの取扱い

平成4年の道路交通法改正により、原動機を備える電動車いすについて、一定の基準を満たすものを自動車及び原動機付自転車の定義の対象から除外して歩行者として扱うこととし、運転免許は不必要とした（法第2条第3項第1号）。

イ　高齢歩行者、身体に障害のある歩行者に対する保護義務の法制化

平成9年の道路交通法改正により、高齢の歩行者が道路を横断し、又は横断しようとしている場合に、警察官等その場に居合せた者は、必要と認められるときには誘導、合図などの措置により、安全に道路を横断することができるように努めなければならないとされた（法第14条第5項）。また、身体に障害のある歩行者についても、平成14年の改正により、同様に対応すべき旨の規定が追加された（同）。

一方、車両等の運転者に対しては、高齢歩行者、身体に障害のある歩行者などが通行している場合には、一時停止や徐行などにより、その通行を妨げないようにすることが義務付けられた（法71条2号の2）。

ウ　高齢者、障害者専用駐車区間の設定

高齢者、障害者が日常生活において駐車場を探しながら自動車を運転し、あるいは駐車地点から目的の場所まで歩行する負担を軽減するため、平成21年の道路交通法改正で、公安委員会の交通規制により高齢者、障害者専用駐車区間を設定できることとされた。

この制度は、高齢者、障害者が運転する普通自動車で、高齢者等運転標章を掲示しているものは、公安委員会により指定されている専用駐車区間で自動車を駐車することができるものとするものである。

6　多様な道路使用への対応

道路は、本来一般の交通の用に供されるためのものであるが、併せて工作物の設置、作業、物品販売、祭礼・スポーツその他のイベントにも使用される。これらの道路の使用を伴う行為は、路上の一部又は全部を占有し一般交通を阻害するおそれのあるものであることから、警察署長の許可の対象とされている。また、このうち工作物の設置は、道路空間を独占的に占有することとなるため、同時に道路管理者の許可を必要とする。この道路使用許可と道路占用許可は、相互に密接不可分の関係にあるため、警察庁と建設省（後に国土交通省）がお互いに協議しながらその許可手続きと運用方針を決めている。

平成に入り、時代の変化を踏まえ、この道路使用許可（及びこれと見合いの道路占用許可）の運用についてかなりの弾力化が図られている。

(1) 従来の考え方

従来、道路使用許可は、日常生活上不可欠なものを除き、極力これを抑制する方向で運用されてきた。特に昭和30年代以降の急激なモータリゼーションの進展に伴い都市交通の過密化が進むと、路上を一般交通以外の目的に使用する余裕は極めて乏しくなり、厳格な許可要件の下に運用された。

(2) 平成に入ってからの状況の変化

平成に入り、社会の風潮はそれまでの経済成長優先の考え方から、生活のゆとりや

潤いを求める方向へと徐々に変化し、道路の機能についても交通目的だけではなく、多機能な役割（景観、共用生活空間、防災等の機能）を果たすべきとの考え方が強まった。さらにその後、バブル崩壊後の地域経済の低迷の中で、地方自治体や地元商店街を中心に地域活性化のための各種のイベントの試みが盛んになり、これに伴う道路使用許可の弾力化が求められるようになった。

　一方で、自動車交通量の伸びは徐々に鈍化し、平成16年にはほぼピークを打ち減少に向かっており、それまでの自動車の走行空間の確保を優先する交通管理の考え方に変化が生じた。このような背景の中で、道路使用許可の運用が徐々に弾力化され、各種のイベントや営利行為に伴う道路の使用が許可されるようになった。

(3) 弾力化の進行経緯

　道路使用許可の弾力化の進行状況は、次のとおりである。

① 平成16年3月18日付け警察庁交通規制課長通達「イベント等に伴う道路使用許可の取扱いについて」

　上記通達により、地方公共団体等が関与して行われる地域活性化等を目的とするイベント、オープンカフェ、映画ロケーション等に伴う道路使用許可手続きの円滑化のための措置が示された。

② 平成16年3月18日付け警察庁交通規制課長通達「カーレースに伴う道路使用許可の取扱いについて」

　上記通達により、カーレースに伴う道路使用許可についての基本的考え方、道路使用許可手続きの円滑化のための措置及び許可の可否の判断に当たっての留意事項が示された。

③ 平成17年3月17日付け警察庁交通規制課長通達「民間事業者等による経済活動に伴う道路使用許可の取扱いについて」

　上記通達により、民間事業者等により継続的かつ反復的に行われる活動について、収益を伴う場合であっても一定の公益性があると認められるものについては道路使用許可の対象となり得ることが明確にされ、その判断要素が示された。

④ 平成17年7月5日付け警察庁交通規制課長通達「路上競技に伴う道路使用許可の取扱いについて」

　上記通達により、地域の活性化等を目的としたマラソン、駅伝、自転車ロードレース、トライアスロン競技等の開催要望の高まりに対処するため、路上競技に伴う道路使用の扱いに関する従前の通達を廃止し、その取扱いについて新たな考え方が示された。

⑤ 平成18年1月23日付け警察庁交通規制課長通達「ロボットの公道実験に係る道路使用許可の取扱いについて」

　上記通達により、ロボット開発のための公道実験について道路使用許可の対象となり得ることが明確となるよう各都道府県警察において道路交通法第77条第1項第4号の規程に基づく都道府県公安委員会規則を見直すべきこと、及び許可の要件を満たすときは必要な条件を付して許可すべき旨が示された。

⑥ 平成20年3月25日付け国土交通省道路局長通達「地域における公共的な取組に要する費用への充当を目的とする広告物の道路占用の取扱いについて」

上記通達において、沿道の街並みに配慮した街灯、ベンチ等の施設整備、地域活性化等のために行われる道路空間におけるイベントの取組等に要する費用の一部に充当するために設置される道路の広告物について、道路占用許可の弾力的な取扱いを可能とする旨の方針が示された。これに合わせ、平成20年4月1日付け警察庁交通規制課長通達「広告物の道路占用の取扱いに係る交通警察の対応について」において、警察署長の道路使用許可についても道路管理者の道路占用許可に沿った運用を行うようその留意点が示された。

(なお、上記各措置については、第2章第10節「行政改革、規制緩和と道路交通行政」の「3道路行政(2)地域特性に応じた道路の多様な利用のための公物管理に係る規制緩和」及び「1交通警察(4)その他」を併せて参照)。

第5節　環境対策

1　概要

　都市交通問題のもう1つの重要な課題である交通公害（大気汚染、騒音、振動）は、平成時代においては、広く「環境問題」の1つとして位置付けられるようになった。平成5年に制定された環境基本法は、公害対策を単に人の健康や生活環境に係る「被害の防止」という観点からのみ捉えるのではなく、人類存続の基盤である環境の保護という観点から、社会経済活動等による環境負荷を低減させ、持続的発展の可能な社会を実現するという「環境対策」の一環に位置付けることとした。もっとも、環境基本法においても、「公害」の概念自体は維持しており、従来どおり、「事業活動その他人の活動に伴って生じる人の健康又は生活環境に係る被害」と定義している。

　また、平成の時代には、従来からある交通公害や平穏な生活の侵害といった地域的な環境問題に加え、地球温暖化問題が新たに政策課題とされるようになった。環境基本法は、人の活動に伴う海洋汚染や地球温暖化等の問題を地球環境問題として捉え、政府の取り組みを促しており、これを受け道路交通の分野においても、地球温暖化防止のため新たにCO_2の削減に向けた交通対策に取り組むこととなった。

2　単体対策

(1)　自動車排出ガス規制

ア　概要

　自動車の技術革新が目覚ましい効果を現した例として、自動車の排出ガス対策が挙げられる。昭和40年代、我が国では、工場等の固定発生源の増加やモータリゼーションの急激な発展に伴い、大気汚染は大きな社会問題となってきていた。当初は、主に硫黄酸化物（SOx）による大気汚染が問題とされたが、昭和50年代から平成にかけて次第に窒素酸化物（NOx）及び粒子状物質（SPM）が問題とされるようになった。

　昭和時代に進められた排出ガス規制の度重なる強化にも関わらず、自動車台数の増加、ディーゼル車の増加に対策が追いつかず、平成に入っても大都市沿道における窒素酸化物（NOx）及びディーゼル車からの粒子状物質（PM：すす）は軒並み沿道の環境基準値を超過する状況にあった。これらの排出ガスは、沿道住民の気管支ぜん息などの疾病との因果関係が指摘され、大きな社会問題となったため、抜本的な排出ガスの低減が急務とされた。

　自動車排出ガスの規制は、「大気汚染防止法」により、大気汚染の状況などを考慮した上で自動車1台ごとの排出ガス量の許容限度が定められ、道路運送車両法に基づく道路運送車両の保安基準により規制が担保されるという仕組みで行われている。

　排出ガスの低減技術は常に進歩しているため、規制値の設定に当たっては将来可能となると予想される技術を見越して、将来の規制値を目標値として定め、自動車メーカー等の技術開発を促進しながら逐次低減を実現するという手法をとっている。また、排出ガスの測定方法についても、より実際の走行状態に近いモードへの見直しもなされてきた。平成に入ってから、24年8月までに中央環境対策審議会は、自動車の

排出ガスや燃料の規制に関する11回の答申を行っている。

自動車排出ガス規制の大きな流れとしては、酸化物と炭化水素対策がしばらく先行し、その後、粒子状物質の規制強化が行われた。現在も規制強化の動きは継続しているが、最終的な排出ガス規制が2010年代半ばまでとされているなど、大気汚染防止対策としての排出ガス規制の峠は越しつつあり、最近では燃費の向上など地球環境対策に重点が移ってきている。また、自動車の国際流通の活発化に伴い、我が国においても試験方法と排出ガス規制の国際基準調和が推進されつつある。

イ　ガソリン車に対する排出ガス規制

昭和50年代の自動車に対する排出ガスの低減対策は、ガソリン車から始まった。当時の自動車はガソリン車が多かったこともあるが、ガソリン車の低減技術の方がディーゼル車より容易であることも大きな理由であった。

具体的には、NOxや一酸化炭素（CO）、炭化水素類（HC）を抜本的に低減する「三元触媒」の実用化に世界で初めて成功したことが挙げられる。これにより昭和53年度規制が可能になり、ガソリン車の排出ガス中の不純物が十分の一程度にまで削減された。これらの低公害車の普及により、大気中のCO及びHC濃度は大幅に低下し、環境基準を大きく下回るまでに改善することができた。平成7年には、試験測定モードの変更が行われている。

また、平成10から11年にかけて二輪車、原動機付自転車に規制が導入されている。

ウ　ディーゼル車に対する排出ガス規制

(ア)　概要

平成時代の排出ガス低減対策はディーゼル車に対する規制といっても言い過ぎではない。昭和50年代になると、経済活動の伸びに伴い陸上輸送の大半を担う貨物自動車（その多くはディーゼル車）の走行台数も飛躍的に伸びた。その結果、大気汚染に係るディーゼル車の排出ガスの寄与率は増加し、これらの抜本的な低減が必要となった。中央環境審議会（当時は中央公害対策審議会）は平成元年に答申を行い、新たに粒子状物質（PM）をディーゼル車からの規制物質に加えた上で、数次にわたる規制強化を段階的に実施した。

ディーゼル車からは、燃焼温度が高いと多く発生するNOxと不完全燃焼で生じる粒子状物質（PM）が同時に排出されることが大きな特徴である。これらの2物質は二律背反（トレードオフ）の関係にあり、同時に2物質を低減させる燃焼技術が非常に難しかったことがディーゼル車対策が遅れた原因であった。

(イ)　具体的規制と適合状況

ディーゼル車の排出ガス低減のための規制強化及び技術開発は、日米欧で競争をしながら進められたが、我が国では平成17年2月に「中央環境審議会大気部会」から「第8次答申」が出された。この答申で示された開発目標値はディーゼル車から排出されるNOx値をガソリン車並に低減させるとともに、PMをほぼ0レベルにまで低減させるという非常に厳しいものであった（いわゆる「ポスト新長期規制」）。

自動車メーカーや部品メーカーは、多くのエネルギーとコストを投入し、この目標に取り組んだ。平成23年現在では、規制に適合したディーゼル車が市場に投入されて

いるが、規制対応が可能になったのは新たに開発された以下の3つのキー技術が実用化されたことによるものが大きい。

・ディーゼルパーティキュレートフィルタ（PMをセラミック等でできたフィルターに捕集し、燃焼させるシステム）
・NOx還元触媒（排気ガス中に還元剤を添加するなどし、NOxを触媒で還元反応させ浄化させるシステム）
・超高圧燃料噴射装置（コモンレールシステムにより発生させた200気圧以上の高圧で燃料を微細噴射させる装置）

これらの技術は世界中で研究開発が行われており、欧米に比べ平均走行速度の遅い日本においては、排出ガスの温度が低いため実現が難しかったが、燃料消費率をほとんど悪化させることなく実用化された。

一方、自動車の排出ガス対策を進めるためには、軽油の燃料品質の向上、特に硫黄分の低減が必要不可欠であり、平成16年までに含有量が50ppmに低減されたことが排出ガス対策が進んだ背景にある。

排出ガス低減のための新技術は、平成15年に規制が導入された特殊自動車の建設車両や農機、産業機械などにも採用されており、日本の二酸化窒素や浮遊粒子状物質の環境基準が多くの地域で軒並み達成されるなど大きな改善を示している。平成初頭以前の風のない晴れ上がった日には、職場のビルから地平線を見ると、接地逆転層が発生している地平線近くは灰色ないし薄茶色の大気に覆われていた日が多かったが、近年はクリアな青空が見られるようになっているのは、環境対応技術の実用化とそれに伴う排出ガス規制の強化によるものが大きい。

(2) 自動車騒音規制

騒音の環境基準の達成に向けて、自動車単体対策、道路構造対策、交通流対策及び沿道対策等が総合的に推進されているが、現在のところ環境基準の達成率は全体として緩やかな改善傾向にあるものの、都市高速道路や一般国道の近接空間等では引き続き厳しい状況にある。

ア　概要

自動車騒音規制は、「騒音防止法」により、沿道騒音の状況などを考慮した上で自動車1台ごとの騒音の大きさの許容限度が定められ、道路運送車両法に基づく道路運送車両の保安基準により規制が担保されるという仕組みで行われている。

自動車から出る騒音は、大別して、エンジン音、吸気系・駆動系・冷却系・排気系からの音、さらにタイヤと路面の音がある。騒音低減の技術開発は、そもそも発生する音を低減する対策とカバー等で覆って外部への音の拡散を低減する対策がある。自動車騒音は、排出ガス対策の触媒のようにある一つの技術によって劇的に低減されるものではなく、多種多様な対策の積み重ねによって低減されるものであり、数次にわたる規制強化に伴い、すべての音源についてきめ細かく対策がなされてきた結果、そろそろ低減の余地がなくなってきている。

イ　具体的規制と適合状況

自動車単体の騒音対策については、加速走行騒音（一定速度で走行後、アクセル全開加速）、定常走行騒音（一定速度で走行）、近接排気騒音（車両停止状態で一定エンジン回転数を数秒後保持した後、急減速）の各態様で規制され、その規制値は

年々強化されてきている。平成に入ってからの規制強化は、平成10年から13年にかけて、大型車から小型車、乗用車、二輪車、原付の全車種について行われた。また、平成22年4月から、不適切な改造マフラーによる騒音を規制する目的で、マフラーの騒音低減機構を容易に除去できる構造の禁止や、使用過程車の市販マフラーに対して近接排気騒音のみならず、加速走行騒音に係る規制を課す事前認証制度が導入され、更なる騒音改善が図られている。

今後の動向としては、環境省は、中央環境審議会答申「今後の自動車単体騒音低減対策のあり方について（平成20年12月18日付け中間答申）」を受けて、平成21年11月に「タイヤ単体騒音対策検討会」を設置した。EUや国連欧州経済委員会自動車基準調和世界フォーラムの動向も参考にしつつ、規制導入の効果、導入する際の規制値について検討会で検討され、その結果を踏まえてタイヤ騒音規制の導入、定常走行騒音規制の廃止について平成24年4月に第2次答申が取りまとめられた。

3　交通管理

(1)　騒音、振動対策

交通管理面から騒音、振動を軽減する対策としては、①交通需要マネジメントによる交通量の全体的な削減、②交通管制による交通流の分散・誘導のほか、③必要に応じ当該路線の速度規制や大型車の中央寄り車線走行などの直接的な交通規制が行われる。

平成時代には、騒音等に係る交通公害の訴訟が提起されていた国道43号（兵庫県、昭和51年訴訟提起、平成7年7月判決）などにおいて、このような取組みが行われた。その後道路構造の改善や車両の改良が進んだこともあり、平成時代においてはこのような大きな社会問題は生じていない。

(2)　大気汚染対策

都市の大気汚染は、自動車の排気ガスと工場等の排煙の複合汚染によるものであり、その状況改善のためには発生源ごとの対策が求められる。

この場合、交通管理面における対策は、①交通需要マネジメントにより自動車交通量を減少させ、あるいは、②交通管制の高度化により交通の円滑化を実現し、これにより自動車の消費燃料を減少させ、結果として大気中に排出される排気ガスの汚染物質の量を減少させるということである。これらの各大気汚染対策の内容は、「交通渋滞対策」のそれと同一である。

平成時代においては、昭和63年に提起された尼崎公害訴訟、平成元年から9年にかけて累次提起された名古屋南部大気汚染訴訟、平成8年から18年にかけて提起された東京大気汚染訴訟などがあり、道路管理者や警察等の関係機関は、これらの訴訟対応を行う中で当該地域における具体的な対応を迫られた。兵庫県警、大阪府警、愛知県警、警視庁等の関係警察は、各年度の交通安全施設等整備事業による交通管制の高度化を進めるとともに交通渋滞対策プログラムを推進して状況の改善に努めた。

また、このような訴訟発生の有無に関わらず、大都市を抱える全国の警察も、同様の対策を進めた。

4　沿道対策

(1) 幹線道路の沿道の整備に関する法律の制定とその対策

昭和55年に幹線道路の沿道の整備に関する法律（以下、「沿道整備法」という。）が制定されたのであるが、当時、道路交通騒音問題が深刻化しており、その対策として、バイパスの整備や遮音壁・環境施設帯の設置等道路構造の改善に加えて、有料自動車専用道路の沿道の住宅の防音工事に対する助成、緩衝建築物の建築を促進するための建築費の助成等沿道に着目した施策を道路整備の一環として講じていた。

しかし、従来の道路行政からのアプローチのみでは自ずから限界があり、さらに積極的に有効かつ適切な対策を講ずるためには、幹線道路と沿道の土地利用との調和を図ることを基本として、緩衝緑地や緩衝建築物の整備、沿道に適した用途への転換、住宅の防音構造化等を総合的に行う沿道整備制度の確立が必要と考えられた。同法は、このような要請に応えるため制定されたものである。

沿道整備法には、沿道整備道路の指定、沿道整備計画（都市計画）、行為の届出等、条例に基づく建築物の制限、沿道整備促進のための施策（緩衝建築物の建築や住宅の防音工事に対する助成措置等）等が盛り込まれ、これに基づき沿道対策が進められた。

(2) 平成8年の沿道整備法改正

平成7年7月の国道43号訴訟最高裁判決（「第2章第5節環境対策5(1)」を参照）等を受けて、街づくりと一体となった道路交通騒音対策の拡充を図るため、平成8年に沿道整備法が改正された。この法改正においては、①道路管理者及び都道府県公安委員会による「道路交通騒音減少計画」（遮音壁・植樹帯の設置等道路構造の改善、交通規制等による道路交通騒音の減少に関する計画）の策定、②沿道整備計画制度の拡充（従来の「沿道整備計画」を「沿道地区計画」に改め、「区域及び当該区域の整備に関する方針」を土地利用規制等に関する「沿道地区整備計画」に先行して定めることを可能にする等）、③沿道整備促進のための助成措置の拡充等が盛り込まれた。

5　大規模交通公害訴訟の終結

昭和51年8月に、国道43号訴訟が提起されて以来、西淀川訴訟（昭和53年提訴）、川崎訴訟（昭和57年提訴）、尼崎訴訟（昭和63年提訴）、名古屋南部訴訟（平成元年提訴）、東京訴訟（平成8年提訴）といった大規模な道路交通公害訴訟が三大都市圏で相次いで提起された。国道43号訴訟について平成7年7月に最高裁判決が出たが、これは、道路交通公害に関して最高裁判所の判断が初めて示されたものであった。この最高裁判決では、道路供用の差止請求は認められなかったものの、損害賠償請求は、生活妨害による精神的損害について一部認容された。この判決以降、行政側の交通公害対策はさらに促進され、前記の各訴訟は、平成10年から19年にかけてすべて和解が成立した。以下に、国道43号訴訟と東京訴訟の概要を示す。

(1) 国道43号訴訟

昭和51年8月、国道43号及び阪神高速道

路の沿道住民が、自動車騒音、排気ガス等により身体的・精神的被害を被っているとして、道路管理者である国と阪神高速道路公団に対して、一定値を超える騒音と二酸化窒素を各居住敷地内に侵入させる道路の供用の禁止（差止請求）及び過去・将来の被害に対する損害賠償を求めて提訴した。

一審の神戸地裁判決（昭和61年7月）は、差止請求については、作為の内容が特定されていないから不適法として却下したが、過去の損害賠償請求については、生活妨害による精神的損害につき、少なくとも道路から20m以内の範囲内では受忍限度を超える違法な侵害状態が存在し、道路の設置又は管理に瑕疵があるとして一部認容した（将来の損害賠償請求は却下）。

控訴審の大阪高裁判決（平成4年2月）は、差止請求について、訴えを適法とし、実体判断を行ったが、受忍限度を超えていないとして請求を棄却した。また、過去の損害賠償請求については、一部増額の上認容した（将来の損害賠償請求は却下）。

国・公団側は損害賠償が認容された点について、住民側は差し止め請求が棄却された点等について、それぞれ不服として上告したが、最高裁は、双方の上告を棄却した（平成7年7月）。

関係機関は、この最高裁判決を重く受け止め、国道43号訴訟対象地域及びその他の地域について、相互に密接に連携しつつ、道路構造対策、交通流対策、沿道対策、自動車単体対策等総合的な環境対策を推進していくこととした。

(2) 東京訴訟

平成8年7月、東京都内在住・在勤の気管支ぜん息・慢性気管支炎・肺気腫患者等が、自動車から排出される大気汚染物質によって健康被害を受けたとして、国、都、首都高速道路公団及び自動車メーカー7社に対して、大気汚染物質の排出の差止め及び損害賠償を求めて提訴した。

一審の東京地裁判決（平成14年10月）は、差止請求については棄却したが、損害賠償請求については、原告7名につき、気管支ぜん息の発症増悪と自動車排出ガスとの因果関係を認め、国、都、首都高速道路公団に対して損害賠償支払いを命じた。

都は、控訴せず損害賠償金を支払ったが、原告と国・首都高速道路公団は控訴した。高裁において、医療費助成制度の創設、国・都・首都高による環境対策の実施、解決一時金の支払い等を内容とする和解が成立した（平成19年8月）。

6　CO_2問題への取組

(1) 京都議定書に至る経緯

地球全体の環境問題に対する国際的な関心は、1972年（昭和47年）にストックホルムで「国連人間環境会議」が開催されて以来少しずつ高まりを見せ始めていたが、中でも「地球温暖化問題」については、1980年代に入り地球規模の気温上昇が確認されるようになってから、世界的に具体的取り組みが行われるようになった。

1988年（昭和63年）6月、米上院の公聴会において地球温暖化問題が取り上げられ、同年8月、世界気象機関（WMO）が国連環境計画（UNEP）と共同で「気候変動に関する政府間パネル」（IPCC）を立ち上げ、地球規模の温暖化傾向について警鐘を鳴らす内容の発表を相次いで行うと、国

際世論の大きな関心を呼び、地球温暖化問題は国際的な政治問題に発展していった。

1992年（平成4年）6月にリオデジャネイロで開かれた「環境と開発に関する国際連合会議」（地球サミット）において「気候変動枠組条約」が採択されると、地球温暖化の原因は、森林の減少や化石燃料の過剰消費などの地球規模の人間活動の高まりにより二酸化炭素（CO_2）を始めとするメタン（CH4）、亜酸化窒素（N2O）などの温室効果ガスが増加しつつあることが原因であるとの学説が国際的な通説となり、CO_2の削減は、地球温暖化防止のために各国がそれぞれ積極的に取り組まざるを得ない国際的課題として、大きく浮かび上がった。

1997年（平成9年）12月、我が国が誘致し京都市で開催された「第3回気候変動枠組条約締約国会議」（COP3）において、初めて締約国に温室効果ガスの具体的削減義務を課す内容の「京都議定書」が採択された。この議定書には、京都メカニズムと呼ばれる、①排出権取引や吸収増進事業などの共同実施方式、②クリーン開発メカニズム（CDM）、③排出量取引などの実現のための共同の仕組みも同時に定められた。しかし、この削減目標は、強制力のない自主的な目標に過ぎなかったことに加え、世界で排出される温室効果ガスの20％を占める米国が議会の反対で同議定書を批准せず、また同じく約20％を占める中国やブラジルなどの新興国には何ら義務付けがないなどの問題があった。そうした中で、我が国に対しては、2012年までに1990年比でマイナス6％という厳しい目標が課された。我が国は2002年（平成14年）6月にこれを批准した。

(2) CO_2削減の取組

我が国の場合、排出する温室効果ガスのうちの約95％をCO_2が占めておりCO_2削減が重要な課題であることから、産業・民生・運輸などの部門を分けてそれぞれの削減目標を定めた「京都議定書目標達成計画」に基づき、CO_2の削減対策を実施していくこととされた。

具体的には、CO_2排出量全体の20％を占める運輸部門（自動車・船舶・鉄道・航空）の9割が自動車からの排出であったことから、運輸部門の削減量全体の36％を自動車単体の燃費削減により、51％を自動車交通対策、物流効率化などにより自動車部門で担うこととされた。しかしながら、自動車から排出されるCO_2は燃料が燃焼することに伴い必然的に生ずるものであり、排出ガスに含まれるその他の有害物質のように、フィルターなどの後処理により浄化することはできない。そのため、自動車のCO_2削減対策としては、①原動機の熱効率を改善し燃料消費を抑制する方法、②電気自動車やハイブリッド自動車など化石燃料の使用の少ない代替エネルギー自動車の開発・普及、③エコドライブや貨物輸送効率化や交通流の円滑化など燃料を節約する交通の実現などが挙げられ、自動車部門の主要対策として総合的に実施されることとなった。

ア　自動車単体対策（燃費低減目標の設定）

我が国においては、自動車の燃費基準自体は京都議定書採択のはるか以前の1970年代のオイルショック時より、省エネルギー

対策の観点から制定された「エネルギーの使用の合理化に関する法律」（以下、「省エネ法」という。）に基づいて設定されていた。1979年（昭和54年）に初めて策定された「ガソリン自動車の1985年燃費目標」以降段階的に車種別の基準が強化・改訂されてきたが、京都議定書の採択を受けて、1998年（平成10年）に省エネ法が改正され、燃費基準の改善にいわゆる「トップランナー方式」が採用されて燃費効率が優秀な車種の基準を全体の目標基準にすることとされた。

（燃費基準強化の経緯）
- 1999年　乗車定員10人以下の乗用車、及び最大重量2.5トン以下の貨物自動車に、2010年度を目標とするトップランナー方式の燃費基準を設定
- 2003年　LPガス自動車（タクシーなどに使用される。）に、2010年度を目標とする燃費基準を設定
- 2006年　乗車定員11人以上の乗用車、及び最大重量2.5トン超の貨物自動車に、2015年度を目標とする燃費基準を設定
- 2007年　すべての乗用車及び最大重量2.5トン以上の貨物自動車に、2015年度を目標とする2010年度目標よりさらに厳しい燃費基準を設定

こうした累次にわたる目標の改訂により、2015年度（平成27年度）の燃費基準は、2004年度（平成16年度）の実績値との比較でも既に23.5％の削減という厳しい基準が定められている。そしてこうした基準をクリアするため、我が国で使用されている自動車は世界水準に比較しても高い燃費性能を備えるようになっており、我が国の自動車メーカーはいずれも燃費性能においては事実上世界のトップランナーとなっている。

2011年度（平成23年度）からは、さらに次期目標値である2020年度（平成32年度）の燃費目標値の検討が開始されており、2011年8月に公表された「燃費基準に関する中間取りまとめ」では、将来実用化が可能となる最先端技術や「次世代自動車」と呼ばれる燃料代替自動車が相当程度普及することを前提とした厳しい燃費目標値が提案されている。また、米国や欧州において既に採用されている「企業別平均燃費基準方式（CAFE）」を採用することも同時に提案されており、自動車メーカー間の燃費競争も激化していく傾向にある。

上述のように、我が国の自動車の燃費性能は既に世界トップレベルにあるが、各メーカーでは、今後より一層厳しい目標を達成するために多くの費用とエネルギーを投入し、取り組みを行っている。低燃費実現のための技術としては、まず効率良く動力を発生する「気筒内直接噴射エンジン」、「可変バルブタイミングエンジン」などの高効率エンジンの開発が挙げられるが、その他にも動力伝達装置の効率化、車体の空力抵抗や転がり抵抗の低減、車体の軽量化やアイドリングストップ装置などの新たな技術開発が続けられている。

イ　次世代自動車（低公害車）の開発・普及

今後改訂されていくであろうさらに厳しい燃費基準を達成するためには、自動車そのものの燃費改善対策に加えて、これまでのガソリンやディーゼルを燃料とするシステムにかわるCO_2発生量の少ない次世代自動車の開発普及が不可欠となっている。次世代自動車は、当初は低公害車あるいは代替エネルギー車と称され、2003年（平成15年）の「低公害車開発普及アクションプラン」に基づき、排出ガスが少なく省エネで環境にやさしい自動車というコンセプトで開発が促進されてきた。

しかしその後次世代自動車開発・普及問題は、より地球温暖化対策のためのCO_2削減という観点にシフトして考えられるようになり、2008年（平成20年）に閣議決定された「低炭素社会作り行動計画」には、2020年（平成32年）までに販売される新車の50％以上を次世代自動車とする、という大胆な目標設定がされている。

現時点でCO_2削減に有効な代替エネルギー車として実用化・普及の段階にあるものとしては、電気自動車（EV）、ハイブリッド自動車（HV）、プラグインハイブリッド自動車（PHV）、天然ガス自動車（NGV）、ディーゼル代替LPG自動車、ジメチルエーテル自動車（DME）バイオマス燃料自動車、燃料電池自動車（FCV）、水素自動車などがある。

ウ　エコドライブ

自動車の運転の仕方が排出ガスの低減や燃費改善に有効であることは、以前から指摘されてきたことであり、特に発進時のゆっくりとしたアクセル操作はきわめて効果がある。加減速の多い都市内などの交通状況では、10％以上の改善効果も見込めることから、2003年（平成15年）には警察庁、経済産業省、国土交通省、環境省からなる「エコドライブ普及連絡会」において「エコドライブ10のすすめ」が取りまとめられた。

その後、2005年（平成17年）に「京都議定書達成計画」が閣議決定されたのを受け、翌2006年（平成18年）に同連絡会において「エコドライブ普及・促進アクションプラン」が策定された。

「エコドライブ10のすすめ」の具体的な内容は、

① ふんわりアクセル「ｅスタート」
② 加減速の少ない運転
③ 早めのアクセルオフ
④ エアコンの控えめ利用
⑤ アイドリングストップ
⑥ 暖気運転を適切に
⑦ 道路交通情報の活用
⑧ タイヤ空気圧のこまめチェック
⑨ 不要荷物を積まずに走行
⑩ 駐車場所の注意

であり、これらはエコドライブの実施としてわかりやすいために、一般ドライバーの上手な運転法として推奨・活用されている。

また、各運送事業者や事業所などで行われている具体的なエコドライブ活動を競い合う「エコドライブコンテスト」や、エコドライブに取り組みやすい環境づくりを支援する「エコドライブ管理システム（EMS）」の普及活動、エコドライブに有効な自動車の点検整備など、様々な分野においてエコドライブの取り組みが広がりを見せている。

(3) 対策の効果

以上述べたように、自動車のハード、ソフトの両面からのCO_2削減対策は着実に効果を表しつつあるが、それに加えて近年の経済の停滞による自動車走行キロの減少傾向もあり、運輸部門のCO_2排出量は2001年（平成13年）をピークに順調に減少を続けている。2009年（平成21年）には、2億2,900万トンと当初の見込みを1,000万トン以上下回る成果を上げており、自動車部門におけるCO_2削減はようやく進みつつある。しかしながら、前述の京都議定書の大幅な削減目標からはまだ遠く隔たっている状況であり、自動車交通の分野においては今後も実効あるCO_2削減対策の継続が強く望まれている。

第6節　省エネルギー対策と道路交通行政

1　対策の枠組み

(1)　国民運動としての省エネルギーの取組

　我が国政府は、昭和48年10月以降の二度にわたるオイルショックを踏まえ、昭和52年11月に内閣官房副長官を議長とする「省エネルギー・省資源対策推進会議」を設置して対策に取り組むこととし、以後、今日に至るまで各種の省エネルギー対策を推進している。

　当初の省エネルギー対策は、政府の「省エネルギー・省資源対策推進会議」の呼び掛けによる冬季の暖房、夏季における冷房に係る節電等の推進が主なものであった。

　この省エネルギーの国民運動の取組は、平成に入ってからも継続されたが、平成9年に京都議定書が採択され、翌平成10年から京都議定書目標達成大綱に基づく政府の本格的な地球温暖化対策の取組が始まると、省エネルギー対策と環境対策とが一体のものとして関係者により取り組まれるようになった。

(2)　いわゆる「省エネ法」による省エネルギーの義務付け

　昭和54年には、エネルギーの使用の合理化に関する法律（昭和54年法律第49号。以下「省エネ法」という。）が制定され、産業、民生両面にわたる省エネルギー対策が強化されることとなった。これにより、道路交通に関しても、貨物又は旅客運送事業者及び貨物の荷主は、その業務に関しエネルギー使用効率化の取組が義務付けられることとなった。

　また、自動車の製造事業者及び輸入業者は、省エネ法の燃費基準のそれぞれの目標年度の区分に従い、出荷した自動車の加重調和平均燃費が、定められた燃費基準値を下回らないようにする義務が課せられた。

(3)　省エネルギー対策と他の対策との関係

　そもそも、エネルギーの効率化や自動車の燃費向上等の省エネ施策は、化石燃料の消費量を減少させ省エネルギー対策に資するとともに、CO_2の排出量を減少させるのでCO_2削減に係る環境対策としても位置付けることができる。また、交通渋滞対策も、交通需要マネジメントによる交通量削減や交通円滑化による燃費向上、走行時間削減等により自動車の総燃料消費量を減少させるので、結果的に省エネルギー対策やCO_2削減に係る環境対策に寄与することとなる。このように、省エネルギー対策と環境対策及び交通渋滞対策は、相互に関連しており、1つの施策が複数の行政課題に向けた施策としての意味を持つ。

　省エネルギーに資すると考えられる主な施策のうち、交通需要マネジメント、交通管制の高度化、物流の改善、道路運送車両の排ガス規制等の施策については、既に環境対策や交通渋滞対策の項目でそれぞれ述べているので、ここではそれ以外の特に省エネルギー対策が主目的とされるいくつかの施策について述べることとする。

2　省エネルギー等のための具体的施策の取組状況

　平成に入り進められた、省エネルギーと

地球温暖化対策とが一体となった新たな取り組みとして、道路運送車両の保安基準（省エネルギー基準）の運用におけるトップランナー方式の導入、グリーン化税制、エコカー減税、エコドライブの推進を挙げることができる。

(1) 道路運送車両の省エネルギー基準におけるトップランナー方式の導入

平成10年度からエネルギーの使用の合理化に関する法律に基づく自動車、家電製品等の省エネ基準の設定についてトップランナー方式が導入された。

トップランナー方式は、現在商品化されているもののうち最も省エネルギー性能が優れているものをベースに、技術開発の将来の見通し等を踏まえて基準値を策定するもので、自動車についても乗車定員10人以下の乗用自動車及び車両重量2.5トン以下の貨物自動車を対象として導入された（この省エネ法に基づく基準は、同時に道路運送車両の保安基準にも反映される。）。

以後、トップランナー方式は、逐次、他の車種にも拡大した（車種ごとのトップランナー方式の詳細については、「第2章第5節6(2)ア」を参照）。

(2) グリーン化税制

平成13年度には、自動車税のグリーン化税制が導入された。グリーン化税制は、自動車の燃費性能や排ガス性能に応じて自動車税の税率を軽減し、逆に新車登録から一定年数が経過した環境負荷の大きい自動車に対しては税率を重くするものである。

(3) エコカー減税

平成21年度には、3年間の時限的措置としてエコカー減税が導入された。エコカー減税は、燃費性能及び排ガス性能が優れた一定の自動車を購入する際、自動車重量税及び自動車取得税が減免されるものである。

エコカー減税は、当初3年間の時限措置とされたが、その後も暫定的に1年間延長された後、現在に至るも継続されている。

(4) エコドライブの推進

エコドライブは、かつて昭和48年の第1次オイルショック後に推奨された自動車の「経済速度」の実践運動の系譜に連なるもので、自動車の運転方法を工夫することにより燃費を抑えようとするものである。平成15年5月に警察庁、経済産業省、国土交通省及び環境省が局長級のメンバーによる連絡会を設け、エコドライブを推進することとし、同年9月、自動車の走行時の燃料消費を抑えるための10項目の推奨事項から成る「エコドライブ10のすすめ」を取りまとめた。

エコドライブの取組は、あくまで国民に対する啓発によってその普及を目指すものであり、各省庁はそれぞれの行政活動の中で、機会を捉えて取組を行った（エコドライブ推進の詳細については、「第2章第5節6(2)ウ」を参照）。

第7節　防災と道路交通行政

1　概要

　我が国は、梅雨前線や台風の時期に多量の降雨があり、また世界有数の地震国でもあるため、従来から豪雨と地震に配慮した道路整備が進められてきた。

　特に豪雨対策については、昭和43年8月に発生した飛騨川バス転落事故をきっかけに災害時の道路の安全性確保の重要性が強く認識され、以後、周期的にあるいは災害発生時を捉え全国的な総合点検を実施し、危険箇所の補強工事や改築を行ってきた。

　また、地震については、昭和46年2月のロサンゼルス地震を契機に地震対策の重要性が強く認識され、昭和53年の宮城県沖地震を経て、昭和55年に新たな知見による橋、高架道路の耐震技術基準の見直しが行われた。また、その後も機会を捉えて道路や橋梁の全国的な安全点検が行われた。

　平成に入ると、
　　平成7年1月　　阪神淡路大震災
　　平成16年10月　新潟中越地震
　　平成23年3月　　東日本大震災
等の大きな地震災害が続いた。政府は、これらの地震に際し被災地の救援救助及び復旧・復興対策に全力で取り組むとともに、その教訓を踏まえ防災対策の見直しを進めた。

　なお、自然災害ではないが、高速道路の長大トンネルにおいて車両火災を伴う交通事故が発生するとこれに伴い大きな二次被害が生じる。昭和54年7月に発生した東名高速道路の日本坂トンネル事故は、甚大な被害をもたらしこのことを如実に示した。この事故を教訓にして、その後高速道路の長大トンネルについて消火施設の改良や後続車両のトンネル内進入防止措置等の施策が講じられるようになり、平成時代に相次いで開通した長大トンネルについても、各種の防災設備が整備された。

2　災害発生時の交通管理

(1) 阪神淡路大震災に伴う交通管理とその後の対策

　平成7年1月の阪神淡路大震災に伴う被災者の救命・救助活動及びその後の被災地支援活動は、大規模かつ長期に及び、これに伴う現地の交通規制や周辺部の緊急交通路の確保については多くの教訓を残した。

ア　緊急交通路の確保と災害対策基本法の改正

　阪神淡路大震災においては、阪神高速道路神戸線が約700mにわたり倒壊したのを始め高速道路の多くの路線が被害を受け、寸断したため、緊急交通路は一般道路を中心に指定せざるを得なかった。しかし、一般道路においても広範囲に道路の路面の損傷のほか高架橋の落下、沿道のビル・家屋等の倒壊により至るところで障害が発生し、交通の流れは著しく阻害された状態であった。

　このような状況下で、発災直後の救助救援活動から被災地のライフラインの応急復旧、復興物資の輸送と時々刻々変化する交通需要に応じるため長期にわたり必要な交通規制が行われた。発災当初は、道路交通法に基づく警察官や警察署長による交通規制、発災3日目からは災害対策基本法に基づく公安委員会の交通規制（緊急交通路の指定）が実施されていたが、2月下旬、復

興事業が本格化し交通量が増大するとともに緊急交通路において交通渋滞が発生するようになったことから、通行許可対象車両を柔軟に選別できるようにするため、災害対策基本法に基づく交通規制から道路交通法に基づく交通規制に切り替えた。このような一連の交通規制は、発災後約1年7カ月に及んだ。

上記一連の交通対策を通じ、災害対策基本法に基づく緊急交通路の指定の要件や手続きについていくつかの問題点が認められたため、平成7年6月に災害対策基本法の一部改正が行われた。

その要点は、次のとおりである。
○都道府県公安委員会による緊急交通路の指定に関する措置の拡充
・災害が発生した都道府県に隣接又は近接する都道府県においても緊急交通路を指定できることとする。
・災害がまさに発生しようとしている場合も緊急交通路を指定できることとする。
・緊急交通路の指定は、路線を指定するほか、区域を指定する方法もとれることとする。
・緊急通行車両は、緊急交通路において通行禁止等の対象とはならないこととする。
○その他の事項
・緊急交通路における車両の運転者の義務の規定の整備
・警察官、自衛官、消防吏員の措置命令等に関する規定の整備（放置車両排除の権限付与、損失補償規定等を含む。）
・国家公安委員会の指示権の新設
また、このほか災害対策基本法の規定に基づく緊急通行車両の確認の手続きについても、発災時の確認手続きを簡便かつ迅速に行うことができるようにするため、平時における事前届出の制度を整備した。この制度は、その後平成16年10月の新潟中越地震等の際に効果を発揮した。

イ　広域緊急援助隊

阪神淡路大震災においては、全国から大量の警察官が応援派遣のために動員され、交通部隊についても、パトカー、白バイ、サインカー等を帯同して、長期にわたり多くの要員が派遣された。

警察庁は、上記応援派遣の教訓にかんがみ、平成7年6月、大規模災害時の各都道府県警察間の相互支援を迅速かつ円滑に行うことができるようにするため、支援に当たる要員を予め編成しておく広域緊急援助隊の制度を創設した。この中に、全国の交通機動隊員等で編成され、災害時の交通対策の緊急支援活動に当たる交通部隊（交通対策班）が設けられた。

ウ　信号機の発動発電機

災害時の交通管理においては、停電に伴う信号機の滅灯が大きな問題となる。このため、全国の警察は、従来から幹線道路の主要な信号機に発動発電機を整備してきた。

特に阪神淡路大震災において発動発電機の有用性が再認識されたため、その後発動発電機の整備が急速に進み、全国の総数は平成6年度末に2,530台であったものが、平成7年度末には4,475台、平成10年度末には5,087台となった。平成22年度末の全国の信号機の発動発電機の数は、7,050台となっている。

(2) 新潟中越地震に伴う交通管理

　平成16年10月の新潟中越地震においては、阪神淡路大震災の教訓が生かされ、また被害が新潟県中越地方の局部的な地域に限定されていたことに加え、高速道路の被害が比較的軽微で関越道、磐越道、北陸道等の高速道路を緊急交通路として用いることができたこともあり、比較的スムーズに交通対策を行うことができた。

　しかし、応急復旧及び復興活動が長期にわたったことから、警察の応援派遣部隊のうち、他の部門の要員が比較的短期間で撤収したのに対し、交通部隊の派遣は、交通環境が概ね改善された年末まで続いた。

　新潟県中越地震においては、阪神淡路大震災の教訓を踏まえて制定された「特定非常災害の被害者の権利利益を図るための特別措置法」が初めて発動され、同条第2条に基づく特定非常災害の指定がなされた。これを受け、国家公安委員会は、被災地域の住民を対象に運転免許証の有効期限が経過した後も平成20年3月末まで効力を有する措置を取った。

(3) 東日本大震災に対する対応

ア　被災地における交通対策

　平成23年3月の東日本大震災の被害は広域に及び、かつ甚大であった。被災地域の多くの一般道路が損壊やがれき等のため通行不能又は通行困難となった。

　しかし、東北自動車道及び国道4号は、内陸部に位置していたため被害は比較的軽微であり、早期に応急復旧することができたので、東北自動車道及び常磐道及びこれにつながる高速道路を緊急交通路として指定し、国道4号等の一般道路は一般車両の通行に用いることができた。ただし、東北自動車道及び国道4号から三陸沿岸部の国道6号、45号に向かう道路は各所で損壊し通行不能であったため、東北地方整備局は、「くしの歯作戦」と称して東北自動車道及び国道4号から三陸沿岸に向かう15ルートの啓開に全力を挙げ、概ね1週間で一般車両の通行をほぼ可能とした。また、海岸部の各被災地域の道路についても、被災地の救援作業に当たる車両の通行に必要なルートを確保するため、自衛隊ががれきを取り除く等の啓開作業を行った。

　警察庁は、各都道府県警察に対し広域緊急援助隊の出動を指示し、うち交通部隊については6月3日までの約3カ月間で、14次にわたり、延べ6,258名の警察官が派遣された。6月3日以降は、交通機動隊員以外の交通警察管を含む「特別交通派遣部隊」を編成、派遣することとし、年末まで多数の交通警察官が派遣された。

イ　原発事故に伴う交通対策

　東日本大震災においては、巨大津波の襲来により福島第一原子力発電所の深刻な原発事故が誘発され、これに伴い付近住民の避難、放射能汚染地域への立ち入り禁止等の措置がとられ、これに伴い福島県警は、長期にわたり必要な交通規制を実施した。

ウ　計画停電に伴う交通対策

　東日本大震災発生時には、首都圏においても広範囲に停電を生じ、交通手段や通信手段に大きな障害をもたらした。東京都内の公共交通機関は、停電に伴いその多くが機能を停止し、道路は渋滞により、翌日の深更まで混乱が続いた。

　その後、電力は復旧したものの、福島第一、第二原子力発電所の停止やその他の発

電、送電施設の被害により東京電力は深刻な電力不足に陥り、3月14日から3月28日までの間計画停電に踏み切った。この間、警視庁を始め、東京電力管内の各県警察は、信号機の滅灯対策等の交通対策を迫られた。

3　防災と道路整備

(1) 阪神淡路大震災とその後の道路整備

　平成7年1月に発生した阪神淡路大震災は、高速道路や一般幹線道路の高架部に想定外の甚大な被害をもたらした。被災地においては、広範囲にわたり落橋や橋脚、橋桁の損傷が発生し、道路管理者は、長期にわたりその復旧作業を強いられた。また、全国の道路管理者は、平成8年から9年にかけて幹線道路の橋梁、擁壁、盛土、掘割道路、開削トンネル等の安全点検を実施するとともに、昭和55年以前の耐震基準が適用されている道路橋を対象に路耐震性を高める補強工事を行った。

　また、阪神淡路大震災では、中国縦貫自動車道のインターチェンジの一部機能が失われたことにより東西の全国規模の物資輸送に大きな影響が生じ、道路ネットワークのリダンダンシーの必要性がクローズアップされるなど防災の観点からの道路整備の重要性が認識された。

　これを受け、政府は、平成7年6月に制定された地震防災対策特別措置法に基づき、地震防災緊急事業5箇年計画を策定し、緊急輸送を確保するために必要な道路や避難路、及びその他道路関係の防災施設の整備を進めた。その後も、平成15年に中央防災会議が定めた「東海地震対策要綱」、「東南海・南海地震対策要綱」、同じく平成17年の「首都直下型地震対策要綱」、平成18年の「日本海溝・千島海溝周辺型地震対策要綱」においても、防災対策としての道路整備について道路橋の耐震補強や避難路等の整備促進が掲げられ、対策が進められた。

(2) 東日本大震災と道路整備の重要性の認識

　平成23年3月に発生した東日本大震災に際しては、前記2(3)アに述べたとおり、東北自動車道、常磐自動車道及びこれにつながる高速道路と国道4号が有効に機能した。このため、地震発災時の救命・救助活動及びその後の被災地支援のための道路網、特に高速道路のネットワークの重要性が改めて認識されるところとなり、その後の高速道路整備の考え方に反映されることとなった。

　また、津波に対して盛土構造の道路の有する防災機能、幹線道路と沿岸との距離関係、同一道路の避難路としての機能と緊急輸送路としての機能の競合に伴う問題、避難時の自動車利用の在り方、高速道路のSA、PA、道の駅等の防災拠点としての活用等の問題が注目され、以後の防災対策の検討において論議されることとなった。

第8節　国際化と道路交通行政

1　道路交通に関するウィーン条約の加入問題

戦後の道路交通関係の国際取り決めとして道路交通に関するジュネーブ条約（1949年成立、1952年発効）がある。我が国は、1964年（昭和39年）に同条約に加盟した。その後、ヨーロッパ諸国を中心にして新たにウィーン条約が成立したが（1968年成立、1977年発効）、我が国は、新条約に加盟することに特段の利益はなく、非加盟とした場合の不利益も認められなかったことから同条約に積極的に署名しなかった。

その後、ヨーロッパ諸国ではウィーン条約の加盟国が増加し、道路交通の扱いはウィーン条約がベースとされるようになった。また、現在、ヨーロッパ以外の新興国やジュネーブ条約の既締約国の中にも相当数ウィーン条約の参加国が見られる。しかし、我が国は、加盟の積極的必要性が認められないところから現在も同条約に参加していない。

2　運転免許証の扱い

(1)　国際免許証

平成に入り国際間の人の行き来が増大すると、ジュネーブ条約に参加せずウィーン条約のみに加盟している国（例：ドイツ、スイス）、両条約に参加しているがジュネーブ条約に基づく国際免許証の発給を取りやめた国（例：フランス）の国民が我が国に来た場合、日本で新たに運転免許を取得しないと自動車を運転する方法がないという問題が顕在化した。

このため平成5年に道路交通法及び同法施行令の改正を行い、これらの国が発給した運転免許証については、正規に発給された日本語の翻訳文を添付すればこれにより我が国において自動車の運転ができることとした。平成19年には、再度道路交通法及び同法施行令の改正を行い、イタリア、ベルギー、台湾についても同様の扱いとすることとした。

(2)　IC免許証の仕様の標準化

平成8年、アメリカが国際標準化機構（ISO）に対し運転免許証の国際的な互換性に関する提案を行い、これに基づき同機構において運転免許証及び関連書類の国際規格について検討を開始することとなった。当時、既に警察庁は免許証のICカード化の構想を持っていたため、国際標準化機構（ISO）における運転免許証の国際規格の策定を踏まえてIC免許証の仕様を決めるとの方針の下、平成11年から国際標準化機構（ISO）及び国際電気標準会議（IEC）の検討作業に参画し、国際規格に我が国の考え方を反映させることとした。

しかし、国際標準化機構（ISO）等における検討作業が大幅に遅れたため、我が国は先行実施に踏み切り、それまでの国際標準化機構（ISO）等における検討の推移を踏まえつつ、平成13年に道路交通法の一部改正を行い免許証のICカード化を可能とする規定を設け、平成17年にIC免許証の仕様を定め、平成19年に発行を開始した。

これと併行し、運転免許証及び関連書類の国際標準規格は、平成17年に表面記載事項、表面レイアウト及びカードの物理的特性、平成21年に機械読み取り技術、同じく

21年にアクセス制御及び電子認証と順次制定された。先行して発行されている我が国のIC免許証の仕様は、一部事項を除き基本的にこの規格に適合している。

3 道路運送車両の安全基準の国際化と変遷

(1) 背景

従来、自動車の生産は、多くの国において国内向け需要が中心であったため、自動車の構造及び装置に係る安全や環境に関する技術基準は、それぞれの国内事情を中心に決められており、その結果、多くの点で相互に異なるものであった。

自動車の主要な生産国である日米欧の構造基準の相違による問題は、急速にグローバル化が進んだ昭和50年代に、各方面で国際的に顕在化してきた。我が国においても、日本車の輸出の拡大、外国の自動車輸出入台数の増加、欧米の自動車メーカーや日本の自動車メーカーの海外展開の進展などにより、国際的な基準調和の重要性が認識されるようになり、保安基準を改正する際は国内の交通安全を第一にしつつも国際基準との関係も重要視する、という基本的な考え方に沿って実施されるようになった。

特に1990年代以降は、世界的な自動車産業のグローバル化が急速に進展しており、これに伴い、自動車及び自動車部品のより一層円滑な国際流通を促進する観点から、安全及び環境基準の国際調和が強く求められるようになっている。

自動車に関する基準の国際的な調和は、自動車及び自動車部品の共通化を容易にし、また、それにより自動車メーカーは開発・生産コストや開発時間の短縮が可能になり、グローバル化した世界の自動車産業にとっては大きなメリットになる。また、基準調和を実施した国の間で相互認証を行った場合には、相手国における認証が簡略化されるという大きなメリットもある。これらの効果は、最終的には消費者が「より安価に高性能の自動車を購入できる」という形で恩恵を享受できることになる。

一方、国際的な基準調和において、安全基準のレベルが異なる場合、概して一番厳しいものに合わせるという手法をとることがあるが、この場合には必ずしも必要最小限の基準とならない可能性がある。しかし、たとえこれをデメリットとして考えてもなお、上記の基準調和の意義は大きいといえる。

(2) 具体的な取組

国際的な自動車の基準調和活動は、①国際連合欧州委員会車両構造部会（UN/ECE/WP29）と、②米国や非欧州諸国を含むグローバル協定の2つのフォーラムの場で行われてきた。各国は自国の主張を述べるとともに、試験データなどのエビデンスを示し、あるべき姿を議論している。日本は欧米と比較して、気候（多湿）、道路事情、走行速度（渋滞が多い）、人口密度（人・車混合社会）、国民の年齢構成などで欧米と異なることが多く、必ずしも調和が可能な項目ばかりではないが、国民の安全・安心・健康を第一にしつつ、積極的にこれらのフォーラムの場に参画している。

ア ECE／WP29における基準調和活動への参画

自動車の基準調和活動は欧州において最も早く始められた。欧州では、世界的に主要な自動車メーカーが多く存在し、陸続きで域内における国際流通や国際自動車交通が盛んであるため、自動車及び部品に関する「国連の車両等の型式認定相互承認協定（1958年協定）」が締結されて以来、同協定に基づく「国際連合欧州経済委員会（UN/ECE）の車両構造作業部会（WP29）」の場で様々な基準調和活動に取り組んできた。

　このようにWP29において作成されるECE規則は、欧州域内の国々が中心となって策定されてきた基準であるが、1980年（昭和60年）頃から、日本も基準調和政策の一環としてこの活動にオブザーバーとして参加するようになった。特に乗用車のブレーキ、灯火器、側面衝突の3項目は米国とともに積極的に基準調和の取組に参画してきた項目であり、後述する世界統一基準の取りまとめの礎を築いた。

　さらに、平成に入り急速に進展した自動車産業のグローバル化を踏まえ、高度な安全・環境基準の普及促進、及び自動車・自動車部品の円滑な国際流通の促進を図る観点から、我が国としても自動車基準の国際調和活動に積極的に取り組むこととした。その際、世界的に基準調和を推進する場が設けられれば日本としてもより積極的な活動ができるとの観点から、我が国としてそうした世界的な基準調和の「場作り」自体にも貢献すべきであるとの判断に至り、それまでオブザーバー資格で参加していたUN/ECEのWP29に、同協定改定を待って1998年（平成10年）に正式メンバーとして加盟するに至った。

　2000年（平成12年）3月、日本の提案によりそれまで欧州が中心であった国連欧州経済委員会の下の車両構造作業部会（WP29）の名称を「自動車基準調和世界フォーラム（WP29）」と変更し、自動車に関する諸基準の国際的な広い議論の場にすることとした。それ以降、同フォーラムは米州、アジア、豪州、アフリカなどの諸国も広く参加する自動車に関する真の国際的な基準調和の場として発展し、我が国としても官民の関係者が協力して、それまで以上に同フォーラムにおける自動車基準の国際調和活動に大きく貢献することとなった。

　2010年（平成22年）までの間に、我が国は、国連の車両等の型式認定相互承認協定（1958年協定）に基づく活動として乗用車の制動装置、警音器等40項目以上に及ぶ新たな協定規則を採用し、認証の相互承認も数多く実施した。

イ　グローバル協定への参加

　1990年代後半に、当初1958年協定の締約国となる方針であった米国は、規則決定の際の1国1票の多数決制では欧州主導となることを嫌い、1958年協定改正の最終段階において参加を取りやめ、新しいフォーラムにおいて世界統一基準の策定の場を作る方針変換をした。

　これに伴いWP29の場での活動の活発化と並行して、1958年協定とは別の米国や非欧州諸国を含めた世界的技術規則を求める活動（グローバル協定の検討）が起こり、我が国もこの活動を行うフォーラムに参加した。

　この新しいフォーラムでは、米国の安全規制のように政府が安全の認証を行ってお

らず、自動車基準の相互承認ができない国についても基準調和を促進できるようにするため、我が国が米国などと連携して国際協定の採択に努めた結果、1998年（平成10年）には「国連の車両等の世界的技術規則協定（グローバル協定）」の採択を見るに至り、日本は、この協定についても、翌1999年（平成11年）に加盟した。

この「グローバル協定」に基づく基準調和作業については、2010年（平成22年）までに11項目の世界技術規則（GTR）が成立した。

(3) 今後に向けた取組

2007年（平成19年）、国土交通省は、更なる基準・認証の国際化を促進するため、他国の認証結果を相互に承認しあう国際的な相互承認制度について、従来の装置や部品レベルから、1958年協定をベースに車両全体のレベルへの拡大を目指していくとの方針を決定した。現在、そのための基盤整備を2015年（平成27年）度内に協定加盟国の合意を得るべく活動中である。今後、基盤整備の柱となる国際的な安全・環境基準の統一が一層進展するものと考えられる。

4 国際海上コンテナの陸上輸送

(1) 問題の所在

我が国では、道路交通に関するジュネーブ条約を踏まえ、車両制限令等において道路を通行できる車両の大きさを幅2.5m、高さ3.8m、長さ12m、総重量20トン（コンテナ用セミトレーラ27トン）とし、高速自動車国道については基準を一部緩和しコンテナ用セミトレーラの最大車両長を16.5m、最大総重量を34トンとしていた。これらの規準を超える特殊な車両については、通行予定の道路の通行が可能であるとして道路管理者の特殊車両の許可（貨物の積載に係る場合は、併せて警察署長の許可）を受ければ与えられた条件に従って通行することができることとされている。

これに対し、ISO（国際標準化機構）の規準による国際海上コンテナは、20フィートコンテナ、40フィートノーマルコンテナ、40フィート背高コンテナの3種類あるが、いずれも上記の我が国の車両制限の規準を超える要素があり、国際的な陸海一貫輸送を行うためにはこれらの海上コンテナの陸上輸送を可能にするための措置が必要である。

昭和50年代、国際化の進展とともにこの問題が顕在化し、我が国政府は平成にかけてその対応を迫られた。

(2) 車高規制

3種類の海上コンテナのうち、背高コンテナ（高さ9フィート6インチ）は、シャーシに積載すると車高が4.1mとなり、車両制限令等の車高規制の3.8mを超える。

一方、我が国は、道路交通に関するジュネーブ条約加盟前は車高の最大値を3.5mとしてこれを前提に道路の整備をしてきており（昭和46年に3.5mから3.8mに引き上げ）、幹線道路であっても古くからの高架やトンネル等の高さ制限が残っていて背高コンテナの通行を認める道路環境にはなかった。しかし、運輸経済の合理性の観点から陸海一貫輸送の必要性は高く、建設省と警察（公安委員会）は背高コンテナが通行可能な路線を調査し、昭和60年から一定の通行可能な路線においてその通行を認め

ることとした。これにより、背高コンテナも通行許可（道路管理者による特殊車両の許可及び警察署長による制限外積載の許可）を得て国内の道路を走行することができるようになった。

その後、背高コンテナの通行台数は急激に増加し、これに伴い通行許可の手続きの簡素化の要望が関係者から出るようになった。これを受け、平成15年の規制緩和推進3箇年計画において、許可手続き簡素化の方針が盛り込まれ、平成16年に道路管理者が道路構造の保全及び交通の危険の防止上支障がないと認めて指定した道路（「高さ指定道路」という。）を通行する車両については高さ制限を4.1mとし、道路管理者の認定や警察署長の許可を不要とする制度改正を行った。

平成21年4月現在、高さに関する指定を行った道路の延長は、約43,300kmである。

(3) 重量制限

重量制限については、道路構造の限界から直ちには特殊車両扱いの要望に応ずることはできなかった。建設省は、昭和63年に臨時行政改革推進審議会において制限の緩和の具体的な方向について早急に検討結果を出すよう求められたのを受け、逐次道路の強化を進め、平成5年、高速自動車国道並びに道路管理者が道路構造の保全及び交通の危険防止上支障がないと認めて指定した道路（「重さ指定道路」という。）について、走行できる車両総重量の最高限度をそれまでの一律20トンから車両の長さ及び軸距に応じて最大25トンに引き上げた。また、高速自動車国道において規制の特例対象となるセミトレーラ等の総重量の制限について、それまで軸距及び軸数に応じ最大34トンであったものを最遠軸距に応じ最大36トンまで引き上げた。

しかし、このような規制の緩和によっても、セミトレーラ等の軸数及び軸距が従来の構造のままでは、フル積載ができないという問題が残った。海上コンテナがフル積載時に可能な積載量は、20フィートコンテナで24トン、40フィートノーマルコンテナと40フィート背高コンテナで30.48トンであるのに対し、積載制限に従い自重を差し引くと20フィートコンテナについては20.32トン、40フィートコンテナでは24トンまでしか積載できなかったためである。

この問題を解決するために、平成10年に高速自動車国道及び重さ指定道路における特殊車両通行許可の対象を拡大し、40フィート海上コンテナ用セミトレーラについてフル積載（最大コンテナ重量30.48トン）のものを許可対象として認めることとした。また、20フィートコンテナ用トレーラについても、従来の2軸、軸距10mの構造の車両であっても、車両改造等により軸重に係る要件を満たすこととなったものについて10年間（平成20年3月まで）の経過措置として特殊車両通行許可の対象とした。

この間、建設省（後に国土交通省）は、高速道路その他の重要路線の橋梁の補強工事を精力的に進め、これにより高速自動車国道及び重さ指定道路の合計は、平成5年に約6,000kmであったものが、平成10年には約3万8,400km、平成21年4月現在で約5万7,600kmとなった。

（なお、車高規制、重量制限の規制緩和の詳細は、「第2章第10節行政改革、規制

緩和と道路交通行政 3 道路行政(1)物流の国際化、車両の大型化等に対応した特殊車両通行許可関係の規制緩和」を参照)

第9節　技術革新と道路交通行政

1　交通管制の高度化

(1)　交通管制システムの機能

　交通管制システムの基本機能は、交通量、車種、通行状況等の交通情報を各種センサーにより自動的に収集する「情報収集機能」、収集した交通情報に基づき交通信号機を自動的にコントロールする「信号制御機能」、交通渋滞状況や交通規制等の交通情報を道路利用者に提供する「情報提供機能」の3つである。

(2)　情報収集機能の高度化

　交通管制システムの交通情報収集装置として各種車両感知器や交通監視テレビカメラなどがある。
　このうち車両感知器は交通管制システムの基盤を成すものであり、超音波式、マイクロ波式、ループ式、画像処理型などがあるが、昭和の時代においては設置経費と施工・保守の容易性から超音波式が最も多く利用されてきた。
　平成5年に、警察庁は交通管制システムに多様な機能を付加するUTMS（Universal Traffic Management Systems）構想を策定し、そのキーインフラとなる光学式車両感知器（光ビーコン）を新しく導入した。光ビーコンは、光（遠赤外線）を用いて走行車両の存在を検出する車両感知器としての機能に加え、車両に登載された光学式送受信機との間で相互に通信を行う機能を有している。この双方向通信機能により、その地点を通過する車両から当該車両の区間旅行時間や走行経路データを情報として受け取り、交通管制の運用に活用するとともに、当該送受信機搭載車両に対して必要な情報を提供することが可能である。
　また、画像処理型の車両感知器についても、平成に入ると高性能・低コストの製品開発が進み、超音波式車両感知器や光ビーコンを補完する交通情報収集装置として広く利用されるようになった。画像処理型車両感知器は、テレビカメラで移動物体を撮影し、画像処理により交通量や速度を計測するものであり、1台のテレビカメラで同時に複数車線の計測が可能である。また、超音波式や光ビーコンのようなピンポイントでの計測ではなく、一定空間内の移動物体の存在を把握することが可能なため、歩行者の存在検知にも利用されつつある。
　このような情報収集装置の高度化により、交通管制センターは多様な機能を持つことが可能になった。

(3)　信号制御の高度化

　従来の交通管制システムにおける信号制御方式は、車両感知器から得られた交通量・占有率を基に、信号制御パラメータを予め設定したパターンの中から選択する方式が基本であった。
　平成8年に警察庁はモデラート（Management by Origin-Destination Related Adaptation for Traffic Optimization）と名付けられた、より高度な信号制御方式を導入した。モデラートは、車両感知器から得られた交通量、占有率に加えて渋滞長を決定式に代入し、信号制御パラメータを直接算出する方式であることから、交通状況に応じたよりきめ細やかな信号制御が可能である。

また、モデラートの拡張機能として、プロファイル信号制御方式やムーブメント信号制御方式も開発され、逐次、導入されるに至っている。プロファイル信号制御方式は、上流の交差点から流出する交通が下流側の交差点にいつ到達するかを、上流に設置した車両感知器でデータを収集して下流の信号機に伝え、想定される交通量に合った最適な制御を行う予測型信号制御方式である。ムーブメント信号制御方式は、流出入方向、利用車線により交通流を分類し、進行方向別に束ねた交通動線（ムーブメント）ごとに交通需要に応じた青時間を算出し、全体として無駄時間が最小となるムーブメントを組み合わせて信号現示を構成、これらをリアルタイムに変化させる制御方式である。

これらの新たな信号制御方式は、時間帯や曜日によって交通量が大きく変動する地域や、公共施設等が近傍にあるために不定期に交通流が急変する地域においても適切な信号制御を行うことができるものであり、モデル事業として一部地域に導入されて効果が検証され、その後、徐々に導入地域が拡大されつつある。

(4) 情報提供機能の高度化

交通情報提供装置は、道路における交通渋滞、旅行時間等の交通状況や交通規制、交通事故、工事等の各種交通情報をドライバー等の道路利用者に対し、リアルタイムに提供する装置である。

昭和30年代から40年代にかけて「交通情報センター」と呼称された交通管制システムの創設期においては、ドライバーに対する主たる情報提供手段は、ラジオ放送や電話による問い合わせによるものであった。また情報の内容も、渋滞や交通事故等に伴う通行止めなどの交通規制が主なものであった。

その後、交通流の増大やドライバーニーズの多様化を受け、路側に設置したLED情報板により交通情報を提供する「交通情報板」、1620KHzのAM電波を漏洩同軸ケーブルアンテナから発射してカーラジオを通じて交通情報を提供する「路側通信（交通情報ラジオ）」等の情報提供装置が開発され、情報提供が必要な箇所や区間を対象に整備されてきた。また、画像処理型の車両感知器の導入に伴い、昭和60年頃から通過車両のナンバープレートの記号を読み取って2地点間の旅行時間を計測することが可能となり、旅行時間情報が提供されるようになった。

平成5年からUTMS構想により光ビーコンが整備されるようになると、光ビーコンを用いた路車間通信システムにより走行する個々の車両に直接交通情報を提供できるようになった。この時期、路車間通信システムについては、建設省が高速道路上での電波ビーコンによる通信システムを、NHKが広域的な情報の提供が可能なFM多重放送による通信システムを開発していたことから、警察庁、建設省、郵政省の3省庁が協力・連携し、これらの3つの路車間システムを統合して実用化することになった。

平成7年に、VICSの運用主体として（財）道路交通通信システムセンター（VICSセンター）が設立され、平成8年度から本格的にラジオのFM電波にデータを重畳するFM多重放送、警察がUTMSの

キーインフラとして整備に取り組んできた光ビーコン及び道路管理者が整備に取り組んできた電波ビーコンの3つのメディアによる情報提供が開始された。

その後、VICS端末は順調に普及し、平成25年度末におけるVICS端末の累計出荷台数が約4,000万台に達した。

(5) 交通管制システムのサブシステム

全国の都道府県警察の交通管制センターは、上記の信号制御、交通情報提供の機能向上に加え、平成8、9年ころからUTMS構想に基づく様々なサブシステムを整備するようになった。

ア 公共車両優先システム（PTPS）

公共車両優先システムは、路線バスの接近を感知すると青信号の現示を調整してバスの通過をスムーズにするバス優先運用の信号制御システムである。

平成8年から、このシステムの運用が行われるようになり、平成20年3月末現在、このようなシステムは、全国40都道府県（730.3km）で導入されている。

イ 車両運行管理システム（MOCS）

車両運行管理システムは、車両感知器を通じて車両の走行地点をリアルタイムで把握し、車両の運行を管理するシステムである。通常、公共車両優先システム（PTPS）等の他のサブシステムとセットで運用されている。

平成8年から、このシステムの運用が行われるようになり、平成20年3月末現在、このようなシステムは、全国10府県（269.1km）で導入されている。

ウ 現場急行支援システム（FAST）

現場急行支援システムは、緊急車両の出動、通行の多い地区において、車両感知器で緊急車両を検知して、優先的に走行させる信号制御のシステムである。

平成12年から、このシステムの運用が行われるようになり、平成20年3月末現在、このようなシステムは、全国13都道府県（324.7km）で導入されている。

エ その他のシステム

交通公害低減システム（EPMS）平成11年

交通公害低減システムは、排気ガス等による沿道の大気汚染が一定の状況になった場合に、信号調整により交通量を調整するとともに、走行車両に情報を提供し迂回等を促すものである。

安全運転支援システム（DSSS）平成12年

安全運転支援システムは、路車間通信により、走行車両に対し危険箇所の情報や接近車両の存在等を知らせるものである。

緊急通報システム（HELP）平成12年

緊急通報システムは、交通事故等の緊急時に当該自動車からの自動発報を民間の受付センターが受信し、必要があると認める場合に110番や119番に通報するものである。

歩行者等支援情報通信システム（PICS）平成13年

歩行者等支援情報通信システムは、横断歩道に接近し、あるいは横断歩道を渡ろうとする視覚障害者や高齢者に対し、横断歩道の存在や交通信号機の現示の状況を知らせるとともに、横断歩行者の持つ通信端末からの信号に応じ交通信号機の青時間の調整を行うものである。

2　自動車の知能化の進展

(1)　概要

　平成に入り、交通安全対策の効果的推進のためには、「ひと・みち・くるま」のいわゆる三要素について、それぞれ総合的かつ計画的に施策を実施することの重要性が改めて痛感された。その中でも、くるまの構造の安全技術の開発促進、とりわけ知能化に係る施策の分野においては、平成4年3月の運輸技術審議会答申「自動車の安全確保のための今後の技術的方策について」において、先進安全自動車（ASV）の研究開発の推進が提言され、それを契機として、ASVの開発が官民一体となって進められるようになった。

　「ASV（Advanced Safety Vehicle）」とは、エレクトロニクス技術の応用により自動車を高知能化させ、ドライバーの運転（認知、判断、操作）を効果的に支援することを通じて事故防止や被害軽減に役立たせるために、様々な先進技術を応用した安全運転支援システムを搭載した自動車のことで、第1期推進計画（1991年～1995年）においては、21世紀初頭を目標とし、その開発、実用化、普及の促進がスタートした。その後プロジェクトの進展と参加自動車メーカー等における技術開発のめざましい成果などによりASV計画は逐次延長され、現在は、第5期推進計画（2011年～2015年）に至っている。

(2)　知能化の技術
ア　自動車の知能化の分野と適用技術

　自動車の知能化については、自動車単体の知能化と他車やインフラとの協調に係る知能化があるが、自動車単体については、センサー・カメラ類、画像処理の技術開発及び実用化の進展により、車に各種の検知システムが装備され、車自身が障害物を検知し、ドライバーに情報提供したり、衝突しそうな時に減速・自動的に停止するような技術が実用化されてきている。

　また、インフラとの協調については、インフラ側から出合頭事故の起きやすい箇所やカーブの先等、自分の車から見えにくい箇所の状態について、車に情報提供することも実用化されてきている。

イ　技術開発の推移

　ASV計画において、具体的に開発を促進する自動車安全技術として、当初掲げられていたのは、

- 衝突時の衝撃吸収車体構造技術やエアバッグを中心とした「乗員保護技術」
- 緊急時ドアロック解除システムや運転操作自動記録システム（ドライブレコーダーほか）などの「衝突後の被害拡大防止技術」
- 車間距離警報システム、車間距離自動維持システム・車線逸脱時警報システムなどの「事故回避技術」

などであった。

　ASV計画も第3期までは、衝突時の被害を軽減する技術や衝突後の被害拡大防止技術の開発が中心であったが、第4期以降は衝突の回避がより確実にできるような、高度な技術開発に主眼が置かれた。

　こうしたASV計画を通じた技術開発により、平成23年度までに

- 「衝突被害軽減ブレーキ」
- 「Adaptive Cruise Control」（先行車の速度に自動的に追随するシステム）

- 「レーンキープアシスト」
- 「ふらつき警報」
- 「Electronic Stability Control」（自動横滑り防止装置）
- 「ABS付きコンバインドブレーキ」（二輪用）

などが市販化され実用化段階に入っており、消費者は自分の運転技能や運転適性等を考慮し適切な装置の選択ができるようになった。これらのうち衝突被害軽減ブレーキやレーンキープシステムを装備した自動車は、世界に先駆けて市販化されている。

(3) 課題

ASVにより開発された先進技術を実用化する場合にはドライバーがASV技術に頼り過ぎて、人間の本来持っている危険感知能力や回避能力を劣化させてはならないということが大切である。特に運転支援の技術はドライバーが危険を認識しないうちに機械が事故を未然防止すると、機能の勘違い、装置依存、居眠り、漫然運転などを助長することとなりかねない。このような観点から、実用化に当たっては、マン・マシンインターフェースを工夫し、人間の能力を向上させながら事故を防ぐ工夫が必要とされている。

実用化されたASV技術は、その普及が重要である。国土交通省では、AVS技術のうち既に実用化段階にあるものについては、技術指針の策定、ASV技術の効果評価などを実施するとともに、そうした車両を導入する事業者に対してインセンティブの付与等を行い、普及の促進を図っている。

3　事業者における車両の運行管理の高度化

平成の時代においては、自動車運送事業者の業務用車両の運行管理に係る、①安全確保、②業務の効率化、③輸送サービスの向上のため、新しい技術を活用したシステムや装置の導入が進んだ。

(1) 新しい技術を活用した走行記録装置類の導入

昭和の時代までは、運行管理者が運行開始の前後に「点呼」を実施することにより安全な運転の指示や確認を行っていたが、平成元年に貨物運送事業の規制緩和、平成12年に旅客運送事業の規制緩和が実施された際、運行管理者の適正配置や車両数に応じた補助者の任命など一部安全規制が強化され、そのような安全規制の強化が事業のコスト増につながりかねないとの懸念が事業者の間に生じた。そうした中、平成以降「デジタル式運行記録計」や「映像記録型ドライブレコーダー」（イベントデータレコーダーとも呼ばれる。）などのいわゆる運行管理をハード面で支える機器が、デジタル化の進展により安価に提供されるようになり、それらのツールを活用した形での運行管理の高度化が急速に進んだ。

現在では、大手運送事業者の一部では、運行管理者がリアルタイムで走行中の車両位置を確認できるほか、運行中の車両において急加速、急ブレーキなどの異常値が感知された場合、それを即時あるいは事後にチェックして運転者に確認することができるといった高度な管理システムを導入しており、安全性向上に大いに役立っている。

また、映像を記録するドライブレコーダーは、事故の際の原因分析や事後の損害補償の迅速な処理に大きな威力を発揮するが、それのみならず、装着するだけで運転者の安全運転、省エネ運転の強い動機付けとなる効果が知られている。当初は、運転者の組合からは経営者の管理強化につながるとの反発も出たが、事故時の自らの運転の有責割合の客観的証明となり得ることや、車内の映像を残すタイプの機種は車内での防犯効果も高いことから、平成15年前後からタクシー業界において急速に普及が進み、これまでに全国で半数を超えるタクシー車両にドライブレコーダーが装備されるに至った。近年では、大手のバス事業者にも普及し始めており、事業用自動車の多い大都会などでは、交通事故現場の模様がいずれかの車のドライブレコーダーに映像として残るケースが増加し、それが乗員の安全教育や事故処理のツールとして使われる事例も増えてきている。

(2) **各種ロケーションシステムの導入、活用**

路線バス事業者においては、昭和53年当時からバス利用者に対するサービス向上のため走行中のバスの位置を確認し、表示するバスロケーションシステムを導入し、さらに昭和58年からはコンピュータ制御による車両運行の中央管理を行うバス路線総合監理システムを導入していた。平成に入りこれらのシステムは、さらに機能を高度化しバス運行管理システムへと発展した。国土交通省も、路線バス振興の観点から、このようなバス運行管理システムの整備に対する助成を行っている。

また、一部のタクシー事業者では従来のタクシー無線設備を通じた音声による呼出しや指示に代わって、カーナビと連動した自動配車システムも開発・導入されるなど、IT技術を活用した高度な運行管理システムも普及しつつある。こうした高度な運行管理システムの導入は、タクシーの無駄な「流し走行」を減らし、効率的な配車を実現することなどを通じて、自動車運送事業の利便性と安全性の向上をもたらしつつある。そうした実績を踏まえ、近年国土交通省では、こうした運行管理支援ツールに対する補助制度を創設するなどして、運送事業者の安全な運行管理の促進を図っている。

貨物運送事業者も、取扱貨物のデータ管理と搬送中の車両の位置情報を組み合わせた物流の管理と業務車両の運行管理システムを急速に充実させ、ロジスティックスの高度化を進めている。

第10節　行政改革、規制緩和と道路交通行政

　昭和56年3月に第2次臨時行政調査会が設置され、昭和36年の第1次臨時行政調査会以来20年ぶりに行政改革の取組が行われた。以後、平成に入り今日に至るまで、政府に行政改革のための機関が繰り返し断続的に設けられ、行政改革が進められている。

　この間進められた累次の行政改革や規制緩和措置は、①行政の効率化を図ろうとするもの、②過度の国民負担を軽減しようとするもの、③国際化の進展に対応しようとするもの、④地域の活性化や都市の再生を図ろうとするもの、⑤地方の自主性を高めようとするものなどその目的は様々である。

　総じて見ると、その取組の背景として行政の肥大化と財政の悪化に対しこれを改善しようとする点は一貫して共通しているが、昭和の終わりから平成5年頃までは、我が国経済の国際競争力は極めて強く、国際経済との調和を図りながら如何に我が国の経済の発展を持続させるかが大きな関心事項であったのに対し、平成5年にバブル経済が破綻し、我が国の経済が長期にわたり低迷するようになってからは、国家の財政の健全性を維持しつつ如何に我が国の経済を立て直すかが、そして平成10年代に至り少子高齢化が進展する中で我が国の全般的な活力の低下が次第に鮮明になってくると、所与の条件下で如何に我が国の社会経済の活性化を図り、また国際競争力を如何に回復するかという観点が大きなテーマとなり、そのための施策が論じられるようになった。

　また、規制改革の進め方として、平成14年に構造改革特別改革法が制定され、各種制度について地域を限った特例措置が認められるようになると、従来困難とされた種々の規制緩和について大胆な取組が試みられるようになった。

　これらの行政改革や規制緩和の取組は、何れもが我が国社会経済の持続的な発展を促すため、その時々の社会の変化に応じて従来の社会の在り方を見直そうとするものであり、その対象は極めて広範囲に及んだ。

　このうち規制緩和について特筆すべきは、取組の当初は主に経済的規制を対象に規制緩和を進めていたものが、次第に広く社会的規制にも及ぶようになり、道路交通に係る各種規制についても、過度の規制により自律的であるべき民間の自由で効率的な活動を阻害していないかとの観点から規制緩和の検討の対象とされた。平成時代に進められた道路交通行政における各規制緩和措置の多くは、既にそれぞれの行政施策の項目の箇所で説明しているので、ここではできるだけ記述の重複を避けつつ、まだ触れられていない事項を含め道路交通に関わる行政改革、規制緩和の全体像を概観することとする。

1　交通警察

　交通警察の活動も広く行政の一分野であり、政府の行政改革の方針に従い組織のスリム化、行政の効率化、経費の削減等の各行政機関共通の課題に対処してきた。

　しかし、行政改革の一要素である規制改革に関しては、交通警察の分野における規

第2章　道路交通政策

制が基本的に交通の安全や秩序に関わるいわゆる「社会的規制」に属するため、経済活動の効率化その他の異なる価値尺度からする規制緩和の要請に対し必ずしもストレートに応じることができない事情がある。警察庁は、関係者から寄せられた様々な規制緩和の要望に対し、合理的と認められるものや時代の変化に対応すべきと考えられるものについては積極的にこれに応じる一方で、交通の安全や秩序維持の観点から適当でないものについては、これを認めず、あるいは対案を示し、国民負担の軽減、経済活動の効率化とコスト軽減、国際化への対応、地域の活性化や都市の再生といった様々な社会的要請と交通の安全と秩序維持の間のバランスをとってきた。

(1)　運転免許の有効期間延長

　運転免許証の有効期間の延長問題は、まず最初に昭和56年の第2次臨時行政調査会において国民負担の軽減の観点から検討対象とされた。警察庁は、免許証の更新時に免許保有者の身体的変化を確認するとともに、更新時講習により安全マインドを高め、併せて反則金を納付せずに刑事手続きを免れている交通違反者を刑事時効前に補捉し適正な処分を行うためには、運転免許証の有効期間を3年のままとすることが必要であるとして期間延長に応ぜず、別途国民負担の軽減策として、①更新窓口を警察署にも設けて最寄りの警察署での手続きを可能にする、②日曜日の更新窓口を設ける、③無事故無違反の優良運転者については簡素な更新手続きとする等の措置を講じることとした。

　上記措置により第2次臨時行政調査会における運転免許証の有効期間延長問題は一応の決着を見たのであるが、その後更なる国民負担軽減の要望が高まり、平成4年6月の臨時行政改革推進審議会答申—「国際化対応、国民生活重視の行政改革に関する第3次答申」において運転免許証更新手続きの簡素合理化が求められた。

　そこで、平成5年の道路交通法改正によって、運転免許証の有効期間（3年）にメリット制を導入し、無事故無違反の優良運転者については5年に延長した。併せて、従来から行われていた更新時講習の受講義務を法文上明確化したほか、総理府令の改正によって、優良運転者講習、特定任意講習に関する規定の整備が行われた。これは、無事故無違反の優良運転者についてのみ免許証の更新期間を延長することにより、安全運転に対するインセンティブを与え運転者全体の安全水準を高めようとしたものである。また、従前は更新時における講習の受講義務が法的に必ずしも明確でなかったことから、この際法律で明確化することとした。

　その他には、法改正に合わせ、運転免許証更新窓口の適正配置、国外運転免許証発給窓口の拡大などの措置がとられた。

　その後、平成11年3月に閣議決定された「規制緩和推進三箇年計画」において、再び運転免許証の有効期間の延長と更新手続きの一層の簡素化方針が盛り込まれた。これを受け、平成13年6月の道路交通法改正により、優良運転者に加え、違反を行ったがその違反が軽微である一般運転者についても免許証の有効期間を3年から5年に延長するとともに、更新時講習を優良、一般、高齢者に区分して行うことになった。

また、優良運転者については、居住地以外の他の都道府県の窓口でも更新手続きを行えるようにした。

(2) 自動二輪車の二人乗りの解禁

　昭和40年の道路交通法改正により高速道路上での自動二輪車の二人乗りが禁止されていたが、平成16年の改正で、20歳以上で二輪車の運転免許を受けていた期間が通算して3年以上の者であれば、二人乗りができることとなった。

　この背景には、昭和40年の法改正後相当の歳月を経て、高速道路のネットワークが整備され、長距離移動における自動車交通の利便性を確保するためには、高速道路の利用は避けられなくなったという事情がある。平成に入り、自動二輪車の利用者の間から、二輪車の二人乗りで長距離のツーリングを行う際に高速道路の利用が認められず、一般道路を利用せざるを得ないのは不便であるという声が寄せられていた。同時に、自動二輪車のメーカーや外国の通商関係者からも、自動二輪車の利便増進という観点から高速道路などにおける二人乗り禁止の見直しを行うべきであるという意見が出されていた。しかし、自動二輪車のメーカーや外国の通商関係者からの意見には、二輪車の販売促進の意図が窺えたため、この問題の扱いを複雑なものとした。

　警察庁としては、これをいずれ解決しなければならない問題として受け止めながらも、交通死亡事故が多発する第2次交通戦争が十分終息しない状況下では、定性的に交通安全に逆行することとなるような制度改正に踏み切る環境にはないと判断し、世論の動向を窺っていたところ、平成13年3月に決定された規制改革推進三箇年計画において、「高速道路の自動二輪車の二人乗りを認めることについての可否について調査、検討し（平成15年度の可能なかぎり早期に）結論を得る」こととされた。そこで警察庁は、専門家による調査委員会を設け2年間にわたり大型二輪車などの事故分析、大型自動二輪車等の一人乗り、二人乗りの別による運転特性の違いに関する走行実験を行い、その結果、交通安全教育を実施した上で、20歳以上の者で、大型自動二輪車免許又は普通自動二輪車免許を受けた期間が3年以上の者であれば、道路交通の安全の確保と大型自動二輪車等の利便性の向上という2つの要請に応えられるという結論に達し、これを踏まえ平成16年の道路交通法改正において法律の改正が行われた。

(3) 車両の大型化と中型免許の導入

　昭和50年代に国際的に車両の大型化が急速に進んだことを受け、第2次臨時行政改革推進審議会は「公的規制の緩和等に関する答申」（昭和63年12月1日）において、「車両の諸元に関する制限の緩和の具体的な方向について早急に検討結果を出し、今後の道路整備の進捗状況に応じて規制緩和を図る」との方針を示した。

　これを受け、平成5年に車両制限令、道路構造令、道路運送の保安基準等が改正され、車両総重量はそれまでの一律20トンから、車両の長さ及び軸距に応じ最大25トンまで引き上げられた。以後、我が国でも貨物自動車等の大型化が徐々に進行し、貨物自動車は総重量8トンまでのものと25トンまでのものの二極化が進んだ。

このような状況下において、トラック業界からは、普通免許で運転できる自動車の範囲を拡大してほしいとの要望が出されるようになった。平成11年に警察庁は、自動車の大型化と免許制度の調和を図るため普通免許と大型免許の中間的な免許を創設するとの方針を打ち出し、関係者との協議を重ね、平成16年の道路交通法の一部改正において中型免許を創設し、平成19年から実施に移した。

(4) その他

交通警察関係の規制改革に関しては、このほかに次のような事項について規制緩和の措置が取られている。
○道路使用許可要件の弾力化
○制限外積載許可の対象の拡大及び許可手続きの簡素化
○車庫証明における車両の使用本拠認定の要件の緩和及び手続きの簡素化
○緊急自動車の指定対象の拡大
○駐車禁止除外標章の交付対象の拡大ないし要件の緩和
○交通警察関係事務の民間委託の範囲拡大

2 運輸行政

(1) 自動車輸送の発展経緯

昭和24年に運輸省が設置され陸運行政の統一が図られるとともに、昭和26年に「道路運送法」が施行され、爾後、同法に基づいて自動車運送事業の規制が行われてきた。同法は、自動車運送事業を免許制とするとともに、営業区域や営業路線を運輸大臣の認可に係らしめており、運輸大臣はその許認可を通じて自動車輸送需要と輸送力の調整を図り、自動車運送事業の振興を図ってきた。

戦後の復興期とその後続いた高度経済成長期において、旅客・貨物の両分野で自動車輸送は飛躍的な発展を遂げた。輸送モードごとのシェア（輸送分担率）をみると、旅客輸送については自家用と事業用を合わせた輸送（人・キロベース）で、昭和45年頃までに鉄道を抜いてトップに立ち、貨物分野においても輸送（トン・キロベース）で、昭和60年頃までに内航海運を抜いて国内輸送分担率でトップに立つなど、島国である我が国においても、自動車輸送は名実ともに重要な国内輸送モードに発展した。

(2) 昭和末期の貨物輸送の規制緩和と平成以降の物流効率化

ア 貨物運送事業の免許制度及び需給調整の廃止

ところが昭和の末頃から、社会の高齢化と経済の成熟化（産業の軽薄短小化）などにより、それまで高い水準で推移していた総輸送需要に陰りが見え始めた。そこで、貨物自動車運送事業については、昭和の末頃からの輸送品質改善に対する産業界の強い要請と、それを背景とした規制緩和の大きな流れの中で、平成元年に新「物流二法」（貨物自動車運送事業法及び貨物運送取扱事業法）が施行され、「経済的規制の緩和」（需給調整規制に基づく免許制から新規参入の容易な許可制に移行）が実施された。これに対し交通安全や環境の保護などの「社会的規制」は、規制緩和の対象としないこととされたが、後に社会的規制も規制緩和の対象とされ、法律による規制は必要最小限とすることとされた。

上記物流二法の施行に伴い、貨物自動車

運送事業は、道路運送法から切り離されて独立した法体系（貨物自動車運送事業法）により規制されることとなったが、この改正を契機に営業許可の条件である最低車両台数も順次切り下げられ、最終的には全国一律で5台となるなど、大幅な規制緩和が進んだ。

イ　物流の効率化

このように、平成時代に入って規制緩和が大幅に進んだ貨物輸送の分野では、荷主の「多品種少量生産」の傾向に対応した「積み合わせ」や「帰り荷の確保」等が可能な貨物自動車運送事業が、事業効率を高めることによって競争力を向上させ、自家用事業者が効率化するために貨物自動車運送事業に転換する傾向と併せ、自家用事業者のシェアは徐々に低下していった。

特に、大手企業の輸送部門が独立して運送子会社化した場合などにおいて、新規参入企業は「荷役」、「保管」、「包装」、「仕分け」、「流通加工」、「情報管理」など、従来の運輸企業のサービスの枠を越えた総合的なサービスを提供するようになった。そして、そうした運輸企業の中には、企業内ロジスティクス全体を管理するサプライチェーンマネジメント（SCM）構築の支援など、企業内物流を効率化する新たなサービス（サードパーティーロジスティクス）を提供する総合物流事業者も登場するに至った。規制緩和後は、こうした新規事業者を含め平成2年には4万社であった貨物運送事業者数は、平成16年までの15年間に6万2千社へと大幅な増加を見せた。

また、こうした貨物運送事業の効率化をインフラ面で支援するため、国は、輸配送・保管・流通加工などの機能を総合的に備えた物流拠点の整備を進めることにより、流通業務の効率化を促したほか、国際拠点空港・港湾の整備やモーダルシフト（トラックから内航海運や鉄道への輸送の切り替えを支援する制度）の諸施策を強力に推進した。

(3) 旅客輸送分野の規制緩和
（旅客運送事業に係る免許制度及び需給調整の廃止）

旅客自動車運送事業の分野においては、公共輸送の安全性の低下や利用者の自由な選択が難しいことなどへの懸念から、規制改革の大きな流れの中でも、規制緩和の是非は時間をかけて慎重に検討された。しかしながら平成8年12月に至り運輸省は従来の輸送行政の大転換を行い、その根幹であった需給調整規制を人流・物流の全事業分野において、原則として3年から5年の目標期限を定めてすべて廃止することとし、対外的にその方針を明らかにした。

そして平成11年と平成12年の二箇年にわたる道路運送法の改正により、旅客自動車運送事業についても需給調整規制を伴う免許制が廃止されて許可制が導入され、新規参入及び増減車は基本的に自由化されるに至った。また、それまで公共料金として厳しく規制されていたバス・タクシー等の運賃についても、一定の範囲内で事業者の自由な設定が可能とされ、永年続いた旅客運送事業の「同一地域同一運賃制度」もついに姿を消すに至った。

(4) 規制緩和後の状況
ア　貨物輸送分野

他の運送業界に先行して規制緩和が進ん

だ貨物運送事業においては、前述の平成元年の物流二法成立以降、最低車両台数などの営業許可条件の緩和が段階的に進められた結果、バブル崩壊後の不況期において荷主側の強く求めた運賃値下げが実現し、物流効率化がサービス面のみならず価格面でも進んだ。他方、新規参入事業者の大層を占める零細中小事業者の増加により、「規制緩和による競争激化に伴う荷主企業による運送事業者の下請化」及び「運送事業者が他の同業者の車両を傭車化する非正規の孫請け輸送の増加」が同時に進行し、輸送業界内部における企業間格差が拡大する結果となった。

イ 旅客輸送の分野

㈠ タクシー業界における競争の激化と「再規制」の要望の動き

タクシーの分野では、規制緩和のはるか以前の昭和40年代後半から、全国的には総需要（人キロ）は一貫して減少傾向にあった。このため、規制緩和により新規事業者の参入が進んで多様なサービスが展開されることになれば、こうした需給バランスの長期低落傾向に歯止めがかかるはずとする議論が、特に規制緩和の促進を主張する側から強く主張された。しかし現実には、規制緩和実施後、大都市圏を中心に増車や多様な新サービス・運賃が導入されたものの、全体として見れば新たな需要が喚起されタクシー需要が大きく回復するというには至らず、むしろ、増車や低運賃による競争の激化に伴い一台当たりの収入が減少する結果となった。こうした状況に対しては、経営者側は増車を行えば会社としての総収入を維持できるのに対して、歩合制による報酬を基本とするタクシー運転者の側は、規制緩和後増車が進んだことにより、収入が大きく低下する結果となった。

こうした一日当たりの営業収入の減少に伴い、タクシー運転手の困窮化が全国的に進む中、大都市においてはタクシー事故が増加したり、悪質な客引きが横行したりするなど、規制緩和の負の面が顕在化した。そうした中で、平成19年頃から事業者団体とタクシー労働者組合の双方より、タクシー事業の規制緩和は失敗であったとしてタクシー事業の「再規制」要望が出されるに至った。

㈡ 「タクシー適正化・活性化法」の成立とその後の推移

国土交通省においても、旅客自動車運送については、規制緩和後も当初期待されたような新しいサービスの展開やそれに伴う新規需要の開拓がなかなか進まない中で、売り上げ歩合を中心とするタクシー運転者の給与や労働環境が著しく悪化するなど、規制緩和による弊害は放置できないと判断した。そして、そうした事態に対処するため、平成21年6月にいわゆる「タクシー適正化・活性化法」（特定地域における一般乗用旅客自動車運送事業の適正化及び活性化に関する特別措置法（平成21年法律第64号））が制定され、需給のアンバランスが著しい特定地域においては、一時的に増車に規制を加えたり、事業者による自主的な減車を実施したりすることにより、タクシー事業の再生・活性化を図ることとなった。

しかし、同法の制定によっても業界として期待していたようには事業環境の改善が進まず、相変わらず需給の不均衡が続いていることを憂慮したタクシー業界と関係労

働組合は、「旅客自動車運送事業の再規制」を合い言葉に、「需給調整の復活」や「同一地域同一運賃制度」の再導入など、旅客自動車運送事業法の本格改正を目指して政府及び与野党へのロビー活動を強めた。これに対し、政府部内には規制緩和以前に戻るような再規制は依然として疑問視する意見も強かったことから、国土交通省は、当面新法を適切に運用することにより需給改善効果を見定めるとして、旅客運送事業法を改正して規制緩和以前の状態に戻すことには慎重な姿勢を見せた。

この間、折しも自民党から民主党への政権交代が実現し、政府の法改正プロセスが変化したことなどから、議員立法による法改正が検討され、平成24年3月には、業界と組合の意見を取り入れた事業規制を強化する内容の法案要綱が提示された。その後、政権が再び交代し自民党が政権与党となった後もこの流れは引き継がれ、平成25年11月、一定の要件の下に減車を義務付けるタクシー適正化・活性化法の一部改正がなされた。

(ウ) 貸し切りバスの事業拡大と安全性評価認定制度

バス業界においては、規制緩和の進んだ平成15年頃以降、高速道路を利用して二地点間を輸送する貸切バス事業（ツアーバス）が、ネットによる予約システムを活用し、低運賃と利用者の利便性に即応したサービスの提供を武器に急速に業務を拡大し、既存の高速バス事業のシェアを奪った。これに対し、既存の路線バス会社は、バス協会を中心に安全等の規制のイコールフッティングを主張し、規制の強化を政府に訴えた。

これを受けて国土交通省ではバス事業者団体に対して、貸し切りバス事業の安全認証制度の発足を促し、（社）日本バス協会では平成23年より「貸切バス事業者安全性評価認定制度」を発足させ、利用者がより安全な貸し切りバス事業者を選ぶ際の指標として活用できるよう努めた。

(5) 規制緩和後の運送事業の安全確保の仕組み

ア 安全に係る事前規制から事後監督への移行

そもそも規制緩和自体は、経済的規制を中心に実施されるべきものであり、輸送の基本である安全性の確保に関する規制については、これを緩和することはないというのが規制緩和に対する運輸省（当時）の基本方針であった。しかし、平成に入り各運送事業の新規参入に必要な要件を緩和したことにより、運送事業については、事前規制から事後の監督へと大きく転換することとなった。

まず事業に参入しようとする際に、十分な安全の確保能力を備えているか否かがチェックされる。具体的には、安全運行を担保するために必要な運行管理者や整備管理者の選任、運転者や事業の用に供する施設の確保を含む適切な事業計画の提出が求められる。このような事前審査の仕組み自体は、規制緩和の前後で変わるものではないが、規制緩和により需給調整面からの新規参入の可否は問われないこととなり、またその許可要件も緩和されたことから、昭和時代に比べると新規参入は容易となった。

規制緩和後の運送事業の安全の仕組みと

しては、運送事業者が事業を開始した後は、事業の安全を確保するために順守すべき事項につき、運行管理制度の運用状況や運転者・車両の適切な管理状況などを地方運輸局が定期的に事業所に立ち入りのうえ「監査」を実施して、適正化を担保することとなっている。この事後チェックについては、規制緩和後の安全性の確保の観点から各運輸局に監査部がおかれるなど、運輸局の監督体制は以前に比べてかなり強化された。特に平成18年以降、警察や労働行政当局との連携が強化されるとともに、原則無通告の監査の実施、改善状況のフォローアップの監査実施など、監査の強化が図られた。

イ 「安全マネジメント制度」の導入

平成17年4月、国土交通省は、JR西日本尼崎事故、高速バスの転覆事故、トラックの踏切事故、航空の事故・トラブルの続発等、公共交通に係る一連の重大事故が多発したことを契機として、従来の安全監督行政とは異なる新たな仕組みを導入しなければヒューマンエラーに基づく重大事故の発生を防止することは不可能との結論に達し、すべてのモードの公共輸送に対し「運輸安全マネジメント」を義務付けることとした。そして、平成18年3月の「運輸安全一括法」の制定により、すべての運輸事業者に対し、経営トップから現場まで一体となった安全管理体制を構築することが義務付けられ、国がそれをチェックする「安全マネジメント評価制度」が平成18年10月よりスタートした（安全マネジメント評価制度の詳細については、「第2章第3節10運送事業者の安全対策」を参照。）。

3　道路行政

道路行政においては、物流の国際化、車両の大型化等に対応し、あるいは地域特性に応じた道路の多様な利用を可能にするため、次のような規制緩和が行われた。

(1) 物流の国際化、車両の大型化等に対応した特殊車両通行許可関係の規制緩和

ア　道路通行車両の総重量等の制限の緩和（平成5年）

昭和63年臨時行政改革推進審議会「公的規制の緩和に関する答申」において、「車両諸元に関する制限の緩和の具体的な方向について早急に検討結果を出し、今後の道路整備の進捗状況に応じて規制緩和を図る」とされたことを受けて、道路審議会で検討が行われ、第11次道路整備五箇年計画の発足に際し、具体的方向が答申された（平成5年7月）。

その内容は、政府の緊急経済対策（平成5年9月）にも盛り込まれ、平成5年11月25日に車両制限令及び道路構造令の改正が行われた。なお、自動車の車両総重量の最高限度の引き上げは、昭和36年の車両制限令制定以来、初めてのことである。

車両制限令の主な改正点は、以下のとおりである。

① 車両総重量の最高限度の引き上げ

　それまでの一律20トンから、高速自動車国道及び道路管理者の指定した道路（重さ指定道路）について、車両の長さ及び軸距に応じ、最大25トンまで引き上げ。高速自動車国道及び重さ指定道路では25トンまで自由に走行可とする。

② 連結車に係る総重量の最高限度の引き

上げ

高速自動車国道を通行する連結車の総重量の最高限度について、軸距に応じ、それまでの24トンから34トンを、25トンから36トンに引き上げ。道路管理者の指定した道路（重さ指定道路）を通行する連結車の総重量の最高限度については、軸距に応じ、25トンから27トンとする。

③ 連結車に係る総重量の特例の対象車種の追加

それまでは、連結車の総重量の特例は、バン型又はコンテナ用の2種類のセミトレーラ連結車に限られていたが、新たに、タンク型、幌枠型、自動車運搬用の3種類のセミトレーラ連結車を対象に追加するとともに、これら5種類のフルトレーラ連結車についても対象に追加する。

④ 連結車に係る長さの最高限度の特例の引き上げ

それまでは、連結車の長さの最高限度は、高速自動車国道を通行するセミトレーラ連結車に限り特例的に16.5mとされていたが、新たに、高速自動車国道を通行するフルトレーラ連結車について18mまで引き上げる。

この車両制限令の改正に合わせ、同時に道路構造令も改正し、橋、高架の道路等の設計自動車荷重をそれまでの20トン又は14トンから、原則25トンに引き上げた。

イ 重さ指定道路の大幅追加及び国際海上コンテナをフル積載した海上コンテナ用セミトレーラ連結車の特例（平成10年）

平成10年には、車両の重さ制限につき次のような措置がとられた。

① 重さ指定道路の大幅な追加

平成5年度以降の橋梁補強等道路整備の状況を踏まえ、新たに車両の大型化に対応済みの約2万6,000kmの重さ指定道路を道路管理者が追加指定（累計3万2,000km）。

② セミトレーラ等の車両総重量の許可限度の引き上げ

高速自動車国道及び重さ指定道路においてセミトレーラ等が特車通行許可を受けて通行する場合に認められる車両総重量の許可限度重量を、道路整備の状況に応じ引き上げ。

③ 海上コンテナのフル積載への対応

従来は、積載物を減載することを条件として特車通行許可により通行を可能としてきたが、平成10年4月1日以降は次のとおりとする。

ⅰ）ISO規格の40ft及び20ft海上コンテナをフル積載した状態（コンテナ自重を含めた積載重量が20ftコンテナでは24トン、40ftコンテナでは30.48トン）でのセミトレーラ連結車については、高速自動車国道及び指定道路での走行をB条件（徐行及び連行禁止）で可能とする。

ⅱ）ISO規格の海上コンテナをフル積載したセミトレーラ連結車については、必要な改造を行った現有車両等が通行可能になるよう、当分の間（10年間）特例として経過措置を講じる。

ウ 車高規制の許可対象の見直しなど（平成15年）

平成15年度には、車両の高さ制限及び重さ制限につき次のような措置が取られた。

① 車両の高さの最高限度の引き上げ（平成16年3月1日施行）

従来、車両の高さについては、原則3.8m、それを超えるものは、特車通行許可で対応しており、背高海上コンテナ積載車両（4.1m）については、特車通行許可の対象とするとともに、許可を得て走行できる経路を指定経路として公表していた（約3万km）。

民間事業者団体からの構造改革特区要望等を受け、規制改革推進3箇年計画（平成15年3月28日改定）において「車高規制の見直しを平成15年度中に検討・実施」することとされたことを踏まえ、車両の高さ制限について全国的な規制緩和を実施することとした。

ⅰ）車両の高さの最高限度について、道路管理者が道路の構造の保全及び交通の危険の防止上支障がないと認めて指定した道路（「高さ指定道路」）については、3.8mを4.1mに引き上げる（15年3月22日に高さ指定道路3万1,500kmを指定）。

ⅱ）高さ指定道路について、道路管理者が、必要な通行方法（路肩通行禁止、後方車両への警戒措置）を定めたときは、定められた通行方法による。

② セミトレーラ等の積載条件（車両総重量）の見直し（平成15年10月1日施行）

バン型等連結車（特例8車種）の連結総重量に係る許可限度値を徐行等の条件を付して最大36トンから最大45トンに引き上げる。

高速自動車国道等における走行を連結総重量44トンを上限としてフル積載国際海上コンテナ積載車両と同様に許可対象とする。

③ 海上コンテナ用のトラクタの軸重制限の緩和（同）

国際海上コンテナ用セミトレーラを牽引するトラクタのうち、一定の要件を満たすエアサスペンション装備車の駆動軸重について11.5トンまで通行を許可する。

エ　公道を横断する場合の車両の総重量の特例（平成22年）

構造改革特別区域制度に基づき、「重量物輸送効率化事業」として平成16年4月以降、4地区について講じてきた規制の特例措置の一部について、平成22年度から全国展開を図ることとし、重量物を輸送する車両が、橋・高架を含まない経路を通行し、かつ、軸重が10トン（駆動軸にエアサスペンションを装着する車両の駆動軸重にあっては11.5トン）以下であって、道路の修繕等について地方公共団体等により適切な管理がなされる場合には、車両総重量について上限を設けず許可できることとした（平成22年10月1日施行）。

オ　構造改革特別区域制度に基づく地域的な規制緩和

① 長大フルトレーラの扱い

長大フルトレーラ連結車による輸送効率化事業について、構造改革特別区においては運行状況等についての定期的な報告が確実に実施されると道路管理者が判断する場合には、車両の長さについて21mを上限として許可できることとした（平成22年10月1日施行）。

② 45ftコンテナ用セミトレーラ連結車の扱い

45ftコンテナ用セミトレーラ連結車による輸送円滑化事業について、構造改革特別区においては運行状況等についての

定期的な報告が確実に実施されると道路管理者が判断する場合には、40ftコンテナ用セミトレーラ連結車と同等の通行条件（長さに対応したもの）まで緩和して許可できることとした。また、45ftコンテナに国内貨物を積載する場合における車両の長さの許可の上限値を18mまで緩和した（平成23年3月11日施行）。

カ　申請手続き関係の見直し

① 特車オンライン電子申請システムの導入

特殊車両の通行許可申請（以下、「特車申請」という。）にオンラインによる電子申請システムを導入し、在宅申請を可能とするなど申請手続きを大幅に簡素化した（平成16年3月29日施行）。

② 特車申請の手数料の見直し

複数の道路管理者にまたがる特車申請の手数料について、1件（5経路まで）1,500円から、1経路200円に改正した（平成17年4月1日施行）。

③ 特車申請の許可期間の延長

規制改革の推進のための3箇年計画（平成20年3月25日改定））に基づき、従来、最大1年間である特車の通行許可期間を最大2年間に延長した（平成21年5月21日施行）。

(2) 地域特性に応じた道路の多様な利用のための公物管理に係る規制緩和

ア　立体道路制度の創設（平成元年）

市街地における幹線道路の整備について、代替地の取得難等により道路用地の取得が困難な状況を打開して道路事業の進捗を図るとともに、幹線道路の整備と併せてその上下の空間を含めた周辺地域の一体的かつ総合的な整備を行うことにより、適正かつ合理的な土地利用を促進するため、道路法、都市計画法、都市再開発法、建築基準法等を改正し、道路と建築物等とを一体的に整備する制度を創設した（道路法等の一部を改正する法律（平成元年法律第56号））。

イ　高速自動車国道管理の規制緩和による民間活力の活用（平成10年）

高速自動車国道を活用し、通行者の利便の一層の向上につながる多様な民間事業の展開を可能にするため、次のとおり、高速自動車国道の管理に関する抜本的な規制緩和を行った（高速自動車国道法等の一部改正（平成10年法律第89号））。

① 高速自動車国道法の連結制限を緩和し、連結許可対象施設に商業施設、レクリエーション施設などの高速自動車国道活用施設の通路等を追加。

② 道路法の占用許可基準を緩和し、高速自動車国道等のインターチェンジ周辺の土地（連結路付属地）において、通行者の利便の増進に資する施設の許可基準の特例を創設。

ウ　道路管理用光ファイバーケーブルの芯線貸し（平成14年）

直轄道路・河川の管理用光ファイバーケーブルについて、兼用工作物協定を締結した民間事業者に利用させることができるようにし、準備の整ったところから順次利用を開始した（平成14年6月25日）。

エ　イベント等に伴う道路占用許可の弾力化（平成16年）

オープンカフェなど地域の活性化等の観点から地方公共団体や地域住民・団体等が一体となって取り組む路上イベントについ

て、より弾力的な道路占用許可がなされるようガイドラインを作成した。

オ　地域の実情に応じた柔軟な道路管理のための規制緩和（平成19年）

市町村や地域住民等の地域のニーズに即した柔軟な道路管理を推進するため、次のような措置を講じた（都市再生特別措置法等の一部を改正する法律（平成19年法律第19号）による道路法の一部改正）。

① 市町村が国道や都道府県道の歩道等の管理を行うことができる特例制度の創設
② 道路管理者が沿道住民との協定により沿道の利便施設を管理することができる制度（利便施設協定制度）の創設
② 特定非営利活動法人等による道路占用の特例の創設

カ　道路空間のオープン化推進のための規制緩和（平成23年）

道路区域内において「オープンカフェやキオスクを営業することでまちのにぎわいを創出したい」、「道路をまたぐ形でビルを設置して土地を有効活用したい」等のニーズに応え、都市の道路空間を活用した新たなビジネスチャンスを創出する「道路空間のオープン化」を推進するため、次の措置を講じた（都市再生特別措置法等の一部改正（平成23年法律第24号））。

① にぎわい・交流の創出のための道路占用許可の特例

市町村が都市再生整備計画に道路の占用に係ることを記載し、占用物件が一定の基準を満たせば無余地性の基準に関わらず道路管理者が占用許可をできることとした。

② 道路の上空利用のための規制緩和

都市の国際競争力の強化を図る上で特に有効な地域を「特定都市再生緊急整備地域」として指定し、都市再生特別地区に関する都市計画に、都市計画施設である道路の区域のうち建築物等の敷地として併せて利用できる「重複利用区域」を定めた場合に、重複利用区域内の「特定都市道路」の上空に設ける建築物等を占用許可対象物件として認めるとともに、建築基準法の道路内建築制限を緩和した。

4　道路公団の民営化及び道路財源の一般財源化

(1)　道路公団の民営化

道路関係四公団の民営化については、平成13年12月の特殊法人等整理合理化計画で基本方針が示されて以来、道路関係四公団民営化推進委員会の意見書、政府・与党申し合わせ、関係法の制定などを経て、平成17年10月１日に公団に代わる新たな組織が設立され、今日に至っている。

これらの経緯を振り返ることによって民営化の背景と内容を捉え、最後にこれまでの民営化の成果をみることとしたい。

ア　民営化に至る経緯
㋐　特殊法人等整理合理化計画

平成13年12月19日に閣議決定された特殊法人等整理合理化計画においては、簡素・効率的・透明な政府を実現する行政の構造改革の一環として、全法人の事業の徹底した見直しを行うとともに、その組織形態について、廃止・民営化等の見直しを行い、廃止するもののほかは民営化、独立行政法人化等を行うこととした。

同計画においては、日本道路公団、首都高速道路公団、阪神高速道路公団及び本州

四国連絡橋公団の道路関係四公団については、これを廃止し、四公団に代わる新たな組織及びその採算性確保については、
　・新たな組織は、民営化を前提とし、平成17年度内までに発足する
　・日本道路公団の事業について、平成14年度以降、国費を投入しない
等の基本方針の下、内閣に置く「第三者機関」で検討することとされた。
(イ)　道路関係四公団民営化推進委員会の意見書

　内閣に置く「第三者機関」として、道路関係四公団民営化推進委員会設置法に基づき、「道路関係四公団民営化推進委員会」が発足し（平成14年6月）、検討の結果、平成14年12月6日に、新たな組織のあり方、地域分割、通行料金、今後の道路建設、「ファミリー企業」の改革等を内容とする「意見書」を内閣総理大臣に提出した。

(ウ)　道路関係四公団の民営化について（政府・与党申し合わせ）

　上記(イ)の意見書を受け、平成14年12月12日には、道路関係四公団の民営化について、政府・与党申し合わせがなされた。この申し合わせには、建設コストの削減やファミリー企業の抜本的見直し等に直ちに取り組むことの他、平成15年度予算に関連する事項として、本州四国連絡橋公団の有利子債務の一部（約1.3兆円）を切り離し（国が承継）、国の道路特定財源により早期に処理すること、新会社による高速自動車国道の整備の補完措置として、国と地方の負担（国：地方＝3：1）による新たな直轄事業を導入すること等が盛り込まれた。

　同時に、道路関係四公団の新たな組織形態等の事項については、道路関係四公団民営化推進委員会の意見を基本的に尊重するとの方針の下検討を進め、関係法案の平成16年通常国会への提出を目指すこととされた。

(エ)　本四公団債務処理及び新直轄方式導入のための予算措置及び法整備

　上記の政府・与党申し合わせを受けて、平成15年度予算では、本州四国連絡橋公団の債務処理及び高速自動車国道の新直轄方式導入のための所要額が措置された。

　また、「本州四国連絡橋公団の債務の負担の軽減を図るために平成十五年度において緊急に講ずべき特別措置に関する法律」及び「高速自動車国道法及び沖縄振興特別措置法の一部を改正する法律」が制定され、ともに平成15年5月に公布・施行された。

イ　道路関係四公団民営化の基本的枠組みに関する政府与党・申し合わせ（平成15年12月22日）

　道路関係四公団の新たな組織形態等については、上記の政府・与党申し合わせを受けて、政府・与党で検討が進められた結果、平成15年12月22日に、「道路関係四公団民営化の基本的枠組みについて」、政府・与党申し合わせがなされた。

　そのポイントは、以下のとおりである。

① 　民営化の目的

　「民間にできることは民間に委ねる」との原則に基づき、
　・道路関係四公団合計で約40兆円に上る有利子債務を確実に返済し
　・必要な道路を早期にできるだけ少ない国民負担で建設するとともに
　・民間ノウハウ発揮により、多様で弾力

的な料金設定、多様なサービス提供等を図る

ことを目的とする。

② 有料道路の対象事業等の見直し
・高速国道の整備計画区間の扱い

　　高速自動車国道の整備計画区間（9,342km）の未供用区間（約2,000km）について、新直轄方式に切り替える道路と有料道路事業のまま継続する道路に分けるとともに、そのいずれにも「抜本的見直し区間」を設定する。

・建設コストを含めた有料道路事業費の縮減

　　平成15年度以降の高速自動車国道の建設費約20兆円について、コスト縮減（約6.5兆円）と新直轄方式への切替え（約3兆円）により、有料道路事業費としては約10.5兆円に半減させる（会社発足後は、約7.5兆円）。その他の道路についても更なる建設費の縮減に努める。

　　管理費については、平成17年度までに3割のコスト縮減（対平成14年度）を図るとともに、民営化後も更なるコスト縮減に努める。

③ 新たな組織とその役割
・会社と機構の設立

　　道路関係四公団の業務を引き継ぎ、有料道路事業として道路の建設・管理・料金徴収を行う特殊会社を設立する。サービスエリア・パーキングエリアの運営等の関連事業については、できる限り自由な事業展開を可能にする。会社は、将来、株式の上場を目指す。

　　債務の早期かつ確実な返済を行うため、道路資産を保有し、会社に貸し付け、会社からの貸付料により債務（道路関係四公団から承継する債務及び会社から引き受ける債務）を返済する独立行政法人として機構を設立する。機構は、民営化から45年後までに解散する。

・地域分割等

　　日本道路公団を承継する会社は、競争性を高め、コスト意識の向上やサービス提供の充実を図るため、3社に分割して設立する。その際、高速自動車国道に係る債務の返済期間を3社間で揃える等のため、機構において高速自動車国道に係る債務を一体として管理する。また、高速自動車国道と交通上密接な関連を有するネットワーク型一般有料道路については、債務返済の時期を高速自動車国道と合わせる。

　　首都高速道路公団、阪神高速道路公団及び本州四国連絡橋公団をそれぞれ承継する会社については、国と地方が一体となって整備・管理すべき道路であること等に配慮し、現行道路網を基本に設立する。なお、本州四国連絡橋公団を承継する会社については、機構における債務返済が相当程度進み、会社の経営安定性が確認された段階で、近接する日本道路公団を承継する会社と合併する。

・債務返済の考え方

　　機構は、民営化から45年後までに債務を確実に完済し、その時点で道路を道路管理者に移管し、無料開放する。

　　首都高速道路及び阪神高速道路については、債務を確実に完済できるよ

う、事業区分の見直し等を図るとともに、国及び地方からの出資について検討する。本州四国連絡道路については、平成34年度までの国及び地方の出資により、債務の適切な返済を図る。
（なお、新制度においては、道路の私有財産化・永久有料化は適切でないと考えられたこと、会社が資産・債務を保有し、料金収入で債務を返済することとすると、債務が大きいため必要な借換資金等の調達に支障を来すとともに、法人税・固定資産税の負担が大きくなり必要な道路の建設や債務返済に大きな影響を及ぼすこと等から、法人税が非課税となる独立行政法人の機構が道路資産・債務を保有し、会社からの貸付料収入により債務を完済させ、その時点で、機構は解散し、道路資産は道路管理者に帰属（無料開放）することとした。また、下記④のとおり料金設定に当たり会社利潤を含めないこととし、下記ウ(エ)のとおり、道路資産に対する固定資産税等の非課税措置を講じた。）

④　料金の性格とその水準

道路は国民共有の財産であり、料金の設定に当たっては、会社の利潤を含めない。なお、会社の経営効率化を促すインセンティブの付与のあり方について検討する（このインセンティブ措置に関しては、下記ウ(イ)①の助成金に関する記述及び下記ウ(ウ)の料金の額に関する記述を参照。）。

民営化までに、各種割引により料金の引下げを行う。特に、高速自動車国道の料金については、平均1割程度の引下げに加え、「別納割引」の廃止を踏まえ、更なる料金引き下げを実施することとし、マイレージ割引、夜間割引、通勤割引等を行う。

民営化後は、貸付料の確実な支払いに支障を与えない範囲で更なる弾力的な料金設定を行う。なお、首都高速道路及び阪神高速道路については、利用の程度に応じた負担という考え方に基づき、対距離料金制への移行を図る。

⑤　新規建設における会社の自主性尊重と資金調達・返済

従来の高速自動車国道に関する施行命令、首都高速道路や阪神高速道路に関する基本計画指示という国からの一方的命令の枠組みは廃止し、新たな建設については、会社の自主的な経営判断に基づく申請によることとする。

会社は、自己調達した借入金により道路建設を行い、建設完了の段階で道路資産とそれに係る借入金債務を機構に移管するものとし、「貸付料の支払い」という形で、機構を通して債務を返済する。

⑥　スケジュール等

上記の実現を図るため、平成16年の通常国会に民営化関連法案を提出し、平成17年度中に民営化を実施する。民営化後、概ね10年後に、民営化の状況等を勘案して、必要な見直しを行うこととし、同法案に所要の規定を置く。

ウ　道路関係四公団民営化関係四法の整備

上記の政府・与党申し合わせに基づき、道路関係四公団民営化関係四法、すなわち、

○高速道路株式会社法

○独立行政法人日本高速道路保有・債務返済機構法
○日本道路公団等の民営化に伴う道路関係法律の整備等に関する法律
○日本道路公団等民営化関係法施行法

が制定され、平成16年6月に公布された。
　民営化関係四法全体の概要は、以下のとおりである。

(ア) 高速道路株式会社法
　① 会社の事業等
　・高速道路の建設・管理・料金徴収を行う特殊会社として、東日本高速道路株式会社、中日本高速道路株式会社、西日本高速道路株式会社、首都高速道路株式会社、阪神高速道路株式会社、本州四国連絡高速道路株式会社を設立。
　・会社は、機構と、貸付料、貸付期間等を内容とする協定を締結し、国土交通大臣の許可を受けて道路事業を実施。
　・サービスエリア・パーキングエリアの運営等の関連事業も実施。
　② 国等との関係
　・政府（首都高速道路株式会社、阪神高速道路株式会社及び本州四国連絡高速道路株式会社については、政府及び関係地方公共団体）は、総株主の議決権の3分の1以上の株式を保有。
　・代表取締役の選定、社債及び長期借入金等については、国土交通大臣の認可が必要。
　③ 会社の合併
　・政府は、本州四国連絡高速道路株式会社について、本州四国連絡高速道路に係る機構の債務が相当程度減少し、会社の経営の安定性の確保が確実になった時点で、西日本高速道路株式会社との合併に必要な措置を実施。

(イ) 独立行政法人日本高速道路保有・債務返済機構法
　① 機構の業務等
　・道路資産の保有・貸付け、債務の早期の確実な返済等を行う独立行政法人として日本高速道路保有・債務返済機構を設立。
　・民営化から45年後までに、債務の返済を完了させ、解散（道路資産は、道路管理者に帰属）。
　・機構は、会社と全国路線網（高速自動車国道及びこれと交通上密接な関連を有するネットワーク型一般有料道路）、地域路線網（首都高速道路、阪神高速道路（阪神圏）、阪神高速道路（京都圏）、本州四国連絡高速道路のそれぞれ）又は一の路線ごとに協定を締結し、国土交通大臣の認可を受けて、貸付料、債務返済計画等を記載した業務実施計画を作成。
　・会社が建設した道路資産が機構に帰属するときに、会社が建設のために負担した債務を引き受け。
　・貸付料の額は、債務の返済等機構の業務に要する費用を貸付期間内に償うよう設定。
　・政府及び関係地方公共団体からの出資金を財源として、首都高速道路株式会社及び阪神高速道路株式会社に無利子貸付け。政府等の災害復旧補助金等を財源として、会社に無利子貸付け。
　・会社の経営努力による高速道路の新設等に要する費用の縮減を助長するため、経営努力要件に適合する費用の縮減に対し、助成金を交付。

② 国等との関係
- 政府及び地方公共団体（首都高速道路、阪神高速道路及び本州四国連絡高速道路の関係地方公共団体）の出資が可能。政府等の災害復旧補助等が可能。
- 長期借入金及び機構債券については、国土交通大臣の認可が必要。
- 政府の債務保証が可能。

(ウ) 日本道路公団等の民営化に伴う道路関係法律の整備等に関する法律による「道路整備特別措置法」の一部改正
- 会社は、機構と協定を締結し、工事の内容、料金等について国土交通大臣に事業許可を申請して事業を実施（施行命令方式等を廃止）。
- 会社が建設する高速道路は、工事完了後に機構に帰属（同時に会社が建設のために負担した債務は、機構が引受け）。
- 会社は、国土交通大臣の認可を受けて、供用約款を制定。
- 機構及び会社は、道路管理者の権限の一部を代行（機構は公権力の行使、会社は事実行為を代行）。
- 料金の額は、貸付料及び会社の維持管理費用を料金徴収期間内に償うよう設定（料金の設定に当たっては会社の利潤を含めないが、協定で貸付料が固定されるため、会社の経営努力による管理費縮減が会社の利益に反映）。
- 料金徴収期間満了日は、民営化から45年を上限。道路資産は、料金徴収期間満了後に道路管理者に帰属（無料開放）。

(エ) 日本道路公団等民営化関係法施行法
- 新たな組織の設立及び公団の解散に係る手続きを規定。
- 業務の引き継ぎ等経過措置を規定。
- 道路関係四公団法の廃止その他関係法律の整備等（料金設定に当たって会社の利潤を含めないこと、道路は民営化から45年以内に無料開放されること等から、地方税法の一部改正により、道路資産に対する固定資産税等の平成27年度までの非課税措置を規定）。
- 政府は、民営化後10年以内に、民営化関係法の施行の状況を検討して、必要な措置を実施。

エ　新たな組織の設立と民営化の成果

道路関係四公団民営化関係四法に基づき、平成17年10月1日に、独立行政法人日本高速道路保有・債務返済機構及び6つの高速道路株式会社が設立された。民営化後の取組の成果を民営化の目的ごとにまとめると次のとおりである。

① 債務を確実に返済

　　高速道路機構の民営化時点の債務残高は約38兆円であったが、平成23年度期首の債務残高は約31兆円に減少している。機構では、全国路線網、首都高速道路、阪神高速道路（阪神圏）、阪神高速道路（京都圏）、本州四国連絡高速道路及び一の路線ごとに、45年以内に確実に債務を完済できる債務返済計画を策定しているが、同計画における平成23年度期首の債務残高（各計画の合計）の計画値は約32兆円であり、これと比べると実績値は約1兆円下回っており、順調に債務返済が進んでいる。

② 必要な道路を早期に、できるだけ少ない国民負担で建設

各社において、コスト意識の向上により、低コストでの早期開通に努めている。東日本高速道路株式会社、中日本高速道路株式会社及び西日本高速道路株式会社のNEXCO 3社合計で、民営化から平成22年度までに、北関東道・東海北陸道・新名神・東九州道等の約480kmを新規開通させたが、高速道路機構との協定と比べ、建設費は約14％削減、開通時期は平均約4カ月短縮を実現した。これまでの早期開通等により、地域経済の活性化、環境負荷の低減等に大きく寄与している。

③　多様で弾力的な料金設定、多様なサービスを提供

各社において、時間帯割引（深夜割引、通勤割引等）、マイレージポイントサービスや大口・多頻度割引等を実施するとともに、各社独自の経営判断による企画割引を実施してきている。なお、首都高速道路及び阪神高速道路については、わかりやすく、利用しやすい料金を目指して、平成24年1月から、距離制の料金体系を導入した。

サービスエリア・パーキングエリア事業について、大規模商業施設化やトイレの美化、ホスピタリティ向上等に取り組み、大きな成果を挙げている。また、各社において、海外事業、カード事業等新たな関連事業を積極的に展開している。なお、NEXCO 3社、首都高速道路株式会社及び阪神高速道路株式会社は、海外事業を実施する子会社を共同で設立した（平成23年9月）。

(2)　道路財源の一般財源化

ア　背景

戦後の立ち遅れた我が国の道路整備状況にかんがみ、道路を緊急に整備するための財源として、「道路整備費の財源等に関する臨時措置法」（昭和28年法律第73号）により、昭和29年度以降、揮発油税収相当額を国の道路整備五箇年計画の実施の財源に充てることとする道路特定財源制度が創設された（昭和33年以降は、「道路整備緊急措置法」（昭和33年法律第34号）により、5年ごとに更新して継続）。その後、石油ガス税など税目の追加、暫定税率の適用などが行われ、長年にわたり、経済成長に伴う急速な道路整備ニーズの伸びに的確に対応し、自動車利用者の負担により緊急かつ計画的に道路を整備するための財源としての役割を果たしてきた。

しかし、平成10年代に至ると、公共投資全体の抑制、公共投資の硬直性の打破などを背景に道路特定財源制度の見直しが求められるようになった。

具体的には、平成13年6月のいわゆる「骨太の方針」（「今後の経済財政運営及び経済社会の構造改革に関する基本方針」（平成13年6月26日閣議決定））において、公共投資の分野別の配分などの硬直性を打破するため、「道路等の特定財源について・・・そのあり方を見直す」とされたことを踏まえ、道路特定財源についても検討が進められ、平成15年には道路整備緊急措置法を改正して、平成15年度以降の道路特定財源の関連施策への使途拡大、「道路整備事業に係る国の財政上の特別措置に関する法律」（以下「道路財特法」という。）への改題等が実施された。

イ　一般財源化に至る経緯

(ア) 政府・与党の基本方針取りまとめ

道路特定財源の一般財源化については、平成17年11月4日の小泉内閣総理大臣の指示を受け、平成17年12月9日に、政府・与党による「道路特定財源の見直しに関する基本方針」が取りまとめられ、以下の3項目が基本方針とされた。

1. 真に必要な道路は計画的に整備を進める。その際、厳格な事業評価、徹底したコスト縮減により、重点化、効率化を図る。
2. 厳しい財政事情の下、環境面への影響にも配慮し、暫定税率を含め、現行の税率水準を維持する。
3. 特定財源制度については、一般財源化を図ることを前提とし、来年の歳出・歳入一体改革の議論の中で、納税者に対して十分な説明を行い、その理解を得つつ、具体策を得る。

この3項目は、平成18年6月2日に公布されたいわゆる「行政改革推進法」(簡素で効率的な政府を実現するための行政改革の推進に関する法律(平成18年法律第47号))において法文化された。

さらに、同年7月の「骨太の方針2006」(閣議決定)において、同法に基づき、一般財源化を図ることを前提に早急に検討を進め、納税者の理解を得つつ、年内に具体策を取りまとめるとされたことを受け、平成18年12月8日に「道路特定財源の見直しに関する具体策」として以下の4項目が閣議決定された。

1. 真に必要な道路整備は計画的に進めることとし、平成19年中に、今後の具体的な道路整備の姿を示した中期的な計画を作成する。
2. 平成20年度以降も暫定税率による上乗せ分を含め、現行の税率水準を維持する。
3. 一般財源化を前提とした国の道路特定財源全体の見直しについては、税率を維持しながら、納税者の理解を得ることとの整合性を保ち、①税収の全額を、毎年度の予算で道路整備に充てることを義務付けている現在の仕組みはこれを改めることとし、平成20年の通常国会において所要の法改正を行うとともに、また、②毎年度の予算において、道路歳出を上回る税収は一般財源とする。
4. 以上の見直しと併せて、高速道路料金の引下げなどによる既存高速ネットワークの効率的活用・機能強化のための新たな措置を講ずることとし、平成20年の通常国会において、所要の法案を提出する。

(イ) 関係法案の国会提出

道路財特法及び税法の暫定税率の適用期限の平成19年度末を控え、平成19年11月に道路の中期計画の素案が国土交通省から公表され、同年12月には、政府・与党合意「道路特定財源の見直しについて」が取りまとめられた。

その概要は以下のとおりである。

1. 真に必要な道路整備の計画的な推進
   ⅰ) 中期計画の策定及び推進
   ・今後10年間を見据えた道路の中期計画を策定。真に必要な道路整備は計画的に進める。
   ・中期計画の事業量は、59兆円を上回らないものとする。
   ⅱ) 地域の道路整備の推進
   ・地方道路整備臨時交付金の制度改善

・無利子貸付制度の創設（5年間、総額5,000億円）
2．既存高速道路ネットワークの有効活用・機能強化
・高速道路料金の引下げ、スマートICの増設など既存高速道路ネットワークの有効活用・機能強化策を推進する。
・このため、国の道路特定財源を活用して2.5兆円の範囲内で債務を国が承継する。
3．道路特定財源制度の見直し
・揮発油税の税収等の全額を、毎年度の予算において道路整備に充てることを義務付けている財特法第3条の規定を改める。
・毎年度の予算において道路歳出を上回る税収については、納税者の理解の得られる歳出の範囲内で一般財源として活用する。
・20年度予算において、19年度を上回る額を一般財源として活用する。
4．税率水準の維持
・20年度以降10年間、暫定税率による上乗せ分を含め、現行の税率水準を維持する。

以上の政府与党合意を踏まえ、平成20年1月に道路財特法改正案、税制関連法案等の関連法案が第169国会に提出された。

(ウ) 暫定税率の失効と道路特定財源の全面的な一般財源化法方針の決定

第169国会での審議は、参院において与野党勢力が逆転するいわゆるねじれ国会の状況の中で、与野党の全面対決となり、法案審議中のまま、4月1日に暫定税率が失効した。その直前の平成20年3月27日に福田総理が、国会審議における議論等を踏まえ、道路特定財源の平成21年度からの一般財源化等の方針を発表し、これを受けて平成20年5月13日に「道路特定財源等に関する基本方針」が閣議決定された。

その内容は以下のとおりである。

1．道路関連公益法人や道路整備関係の特別会計関連支出の無駄を徹底的に排除する。政府全体で、行政と密接な関係にある公益法人について、6月末までに集中点検を実施し、支出の無駄を徹底的に排除する。
2．道路特定財源制度は今年の税制抜本改革時に廃止し21年度から一般財源化する。その際、地方財政に影響を及ぼさないように措置する。また、必要と判断される道路は着実に整備する。一般財源化の法改正により、道路整備費の財源等の特例に関する法律案における道路特定財源制度の規定は21年度から適用されないことになる。
3．暫定税率分も含めた税率は、環境問題への国際的な取組、地方の道路整備の必要性、国・地方の厳しい財政状況等を踏まえて、今年の税制抜本改革時に検討する。
4．道路の中期計画は5年とし、最新の需要推計などを基礎に、新たな整備計画を策定する。この計画は、20年度道路予算の執行にも厳格に反映する。
5．ガソリン税などの暫定税率の失効期間中の地方の減収については、各地方団体の財政運営に支障が生じないよう、国の責任において適切な財源措置を講じる。その際、地方の意見にも十分配慮する。
6．これらの具体化を進めるため、道路特定財源等に関する関係閣僚会議を設置す

る。
(エ) 道路特定財源の廃止

　道路財特法改正案が、平成20年5月13日に衆院の3分の2の多数による再議決により、原案どおり法案が成立したところから、同日の上記(ウ)の閣議決定に基づき、平成21年度からの一般財源化に向けての作業が進められた結果、平成20年12月8日に、①平成21年度予算において道路特定財源制度を廃止することとし、道路財特法第3条の規定を削除すること、②道路特定財源制度を前提とし、社会資本整備事業特別会計に直入されている地方道路整備臨時交付金を廃止すること、③地方道路整備臨時交付金に代わるものとして1兆円程度の「地域活力基盤創造交付金」を創設すること等を内容とする「道路特定財源の一般財源化等について」が政府・与党間で合意された。これを受け、平成21年1月23日、道路財特法の改正案が国会に提出された。

　同法案は、衆院において、①施行期日について、公布の日から施行し、平成21年4月1日から適用することと改めること、②政府は、真に必要な道路の整備の推進を図る観点から、費用効果分析の結果の適切な活用等により、地域の実情をより反映した効率的かつ効果的で透明性が確保された道路整備事業の実施の在り方について検討を加え、必要があると認めるときは、その結果に基づいて必要な措置を講ずるものとする旨の規定を追加する修正が行われた上、4月22日に可決、成立し、4月30日に公布、施行され、法定特定財源以外の道路特定財源も含め、道路特定財源はすべて、平成21年度から一般財源化された。

第11節　法律改正及び組織改編の推移

平成に入ってからも道路交通関係の法令はしばしば改正され、新法が制定された。また、道路交通行政を担当する各省庁の各部局の組織も幾度か改編された。

これらの法律改正や組織改編は何らかの社会の変化に応じ一定の政策意図の下に行われたものであることから、法律改正や組織改編を通じてその時々の社会の変化や行政機関の政策意図を読み取ることができる。

ここではこのような観点から、平成時代になされた道路交通関係の主な法律改正（新法制定を含む。）と組織改編を通じて、大づかみに平成時代の社会の変化とこれに伴う政策課題や政策の新機軸を見ることとする（平成13年の中央省庁再編に伴い総理府交通安全対策室が廃止され、新たに設置された内閣府政策統括監に交通安全対策の総合調整の機能が引き継がれたが、その経緯については、「第2章第3節16交通安全推進体制」を参照）。

1　交通警察行政

(1) 法律改正

ア　概要

平成の時代においては、道路交通法について累次にわたる改正がなされ、また自動車の保管場所の確保等に関する法律の一部改正が行われたほか、自動車運転代行等の業務の適正化に関する法律が新規に制定された。

イ　道路交通法の改正

(ｱ) 法改正の状況

道路交通法は、昭和35年の制定以来、それぞれの時代における社会経済情勢や道路交通の実態、国民意識の変化等に対応して逐次改正されてきた。平成に入ってからは、平成25年までに計38回の改正が行われたが、うち他法の改正に伴う関連改正を除くと、交通警察の施策関連の改正は計12回（2.1年に1回）である（その改正経緯は、巻末の「参考資料」を参照。）。

道路交通法は、交通の安全と円滑の確保、交通公害の防止を目的としているが、そのルール設定を通じ基本的に交通参加者たる国民に対して一定の行動を規制し、又は義務付けることとなるため、場合により社会生活の効率性や国民生活の利便性と相反することとなる。このため、行政改革や規制緩和の要請に対処する場合、時として交通管理の目的実現と国民負担の軽減及び経済活動の効率性への対応を如何に調和させるかという厳しい判断を迫られた（行政改革と規制緩和を背景とした制度改正の詳細については、「第2章第10節行政改革、規制緩和と道路交通行政1交通警察」を参照）。

道路交通法の改正は、国民の日常生活に直接、間接に大きな影響を及ぼすこと、また道路交通の安全と円滑を確保、維持していくためには、常に国民一人一人の理解と協力が不可欠であるなどから、道路交通法の改正においては、従前から有識者を始め、都道府県警察を通じて広く国民の意識、要望等を把握するなどして、改正に反映させてきた。平成6年に行政手続法が施行され各省庁が命令等を制定する際の意見公募手続き（パブリックコメント）の実施が義務付けられた際、法律の制定について

はその対象外とされたが、道路交通法の改正については、従前の考え方を踏襲し、国民の理解・協力の確保と意見反映のため広く改正案の骨子に対する意見公募を行っている。

(イ) 法改正の主な内容

平成に入ってからの道路交通法の改正は多岐にわたるが、その改正の主なものは、次のとおりである。

○車両の多様化等に伴う車両の定義及び区分の見直しや新設並びに免許制度の見直し

アシスト自転車、電動車いす（身体障害者用車いす）の新たな定義（平成7年）、大型及び普通二輪免許の新設（平成7年）、中型免許の導入（平成16年）等

○交通安全及び交通秩序の向上のための規制強化

初心運転者対策（平成元年）、違法駐車対策（平成2年、5年、16年）、原付講習の義務化（平成4年）、過積載対策（平成5年）、高齢者の安全対策（平成9年、19年、21年）、自動車運転中の携帯電話使用禁止（平成11年）、チャイルドシート、シートベルトの着用義務の強化（平成11年、16年）、飲酒運転に対する罰則強化（平成13年、19年）、自転車対策（平成19年、25年）等

○国民負担の軽減や民間活力を引き出すための規制緩和への対応

免許証の有効期限の延長（平成5年、13年）、高速道路における自動二輪二人乗りの禁止解除（平成16年）

ウ　自動車の保管場所の確保等に関する法律（平成2年7月3日　法律第74号）

自動車の保有には、昭和37年の自動車の保管場所の確保等に関する法律（以下「保管場所法」という。）の制定以来、道路外の場所における保管場所の確保が義務付けられてきた。しかし、その仕組みは、登録時の保管場所証明制度と道路上を保管場所として使用することを禁止するものであり、継続的な保管場所確保を制度的に担保するものではなかった。また、保管場所証明制度の対象は普通自動車のみで、軽自動車は対象外であった。

路上の違法な駐車は、交通渋滞の大きな原因となっているばかりでなく、駐車車両が直接、間接の原因となって交通事故を多発させており（例えば、駐車車両への衝突による死亡事故件数は、平成元年には、昭和54年の2倍強の年間214件に及んでいた。）、また消防自動車、救急自動車等の緊急車両の運行にも支障を生じさせ、社会的に問題となっていた。

そこで、平成2年の違法駐車対策のための道路交通法の改正に合わせ、保管場所法の目的にも「道路における危険の防止」を加えるとともに、保管場所の継続的確保を図るための措置として、

○軽自動車に対する保管場所の届出義務の新設
○保管場所の位置（使用の本拠）を変更した場合の届出義務
○保管場所標章の交付と当該車両への表示義務
○保管場所を確保していない自動車に対する運行制限命令

などの規定が設けられた。

なお、軽自動車の保管場所届出義務の適用地域については、当初、東京都特別区及

び大阪市とされたが、以後、平成7年、10年、12年（人口10万人以上の市）と順次拡大された。

エ　自動車運転代行業の業務の適正化に関する法律（平成13年6月20日　法律第57号）

自動車運転代行業は、昭和50年前後にマイカー通勤者が飲酒をした際の帰宅に有用なサービスとして発生し、地方都市を中心に発展、普及してきた事業である。その業務が適切に行われる場合には、飲酒運転を防止し交通安全に寄与するものであって、警察としても事業の健全な推進を図っていく必要があると考えられた。

しかし一方で、自動車運転代行業については、その業務に伴う交通死亡事故が多発していたほか、旅客運送事業法等の事業法の適用を受けないことから顧客の自動車を運転中の違反行為に関し、事業者としての責任を問うことができないという交通安全対策上の問題があった[注23]。また、事業者には、暴力団関係業者や不適正業者も多く、当初は、自動車運転代行業に対してはマイナスイメージが先行し、交通安全事業としての社会的な認知を得るまでには至っていなかった。

平成7年5月、警察庁と運輸省（旧）は、「運転代行業指導方針及び適正な運転代行業者のあり方について」の申し合わせを行い、積極的に運転代行業界の指導監督を行っていくこととした。

平成12年5月、「道路運送法及びタクシー業務適正化臨時措置法の一部を改正する法律」の成立に際し、衆・参両院の委員会において、運転代行業に対する必要な法規制を早急に検討する旨の付帯決議がなされたことを受け、平成13年3月、「自動車運転代行業の適正化に関する法律案」が国会に提出され、平成13年6月20日に法律第57号として公布された。

(2)　組織改正

ア　都市交通対策課の新設及び高速道路課の廃止（平成4年4月10日）

高度成長時代から安定成長期へと移行した昭和50年代以降においても、交通渋滞、違法駐車、交通公害等の都市交通問題は年を追うごとに深刻化し、平成2年の道路交通法及び自動車の保管場所の確保等に関する法律の改正に対する付帯決議においても都市の交通問題に対する対策の推進が求められるなど、早急な対応が迫られていた。

そこで、交通警察として、都市交通対策に係る諸問題に統一的かつ総合的に対処するため、従来警察庁交通局の各課において所掌してきた都市交通対策に関する事務を集中させ、警察庁交通局に「都市交通対策課」を設置した。

これに伴い、「高速道路課」が廃止され、従来、高速道路課が所掌していた「高速道路における交通警察の運営に関する企画及び調査に関する」事務については、都市交通対策課の中に「高速道路管理室」を設け所掌することとした。また、高速道路における、交通規制、指導取締り、交通対策一般については、それぞれ交通規制課、交通指導課、交通企画課に移管された。

イ　都市交通対策課の廃止（平成13年1月

[注23] 平成12年末時点での調査によれば、全国に自動車運転代行業者2,764社、従業員数38,100人、使用車両台数14,996台という規模になっていたが、従業員の7割強がアルバイトという状況であった。

6日)

「中央省庁等改革の推進に関する方針」(平成11年4月27日中央省庁等改革推進本部決定)に「国の行政組織等の減量化、効率化等に関する基本的計画」が盛り込まれ、警察庁においても課の削減の必要が生じた。交通局については、都市交通対策課を廃止することとし、平成13年1月6日、発足以来約10年間の歴史に幕を閉じた。これに伴い「高速道路管理室」は、交通企画課に移管された。

ウ 高度道路交通政策担当参事官の新設(平成13年1月6日)

平成時代、警察の交通管理においても新交通管理システム(UTMS)及びその発展型である次世代交通管理システム(UTMS21)等次々と最先端の情報通信技術が導入されるようになった。また、政府においても平成12年7月に情報通信技術戦略本部を設置し、政府全体としてITSを推進することとした。

このような情勢を踏まえ、これらITSに関連する事務を統一的かつ機動的に対応する体制として、高度道路交通政策担当参事官が都市交通対策課の廃止と同時に新設された。

2 運輸行政

(1) 法律改正

ア 道路運送法

(ア) 制定の経緯

「道路運送法」は、戦後において早くも米軍占領時代の昭和23年に旧自動車取締令の規定を引き継ぐ形で制定・施行されたが、急速な自動車運送事業の復興や自家用自動車の増加などにより、交通事故が多発するなど道路交通上様々な問題が発生した。そこで昭和26年に至り、道路運送車両の安全管理等に関する規定を一括して道路運送法から切り離し、別の法律に再編成することとされた。爾後、新道路運送法においては、道路運送事業、自動車道事業及び自家用自動車の適正使用等についてのみ規定されることとなった。

このような経緯から、昭和26年制定の新道路運送法においては、その目的として「道路運送事業の適正な運営及び公正な競争を確保するとともに、道路運送に関する秩序を確立することにより、道路運送の総合的な発達を図り、もつて公共の福祉を増進すること」と定められた。

(イ) 昭和時代の主な改正

昭和時代は、戦災からの復興とその後の高度経済成長に対応して良質な自動車輸送を安定的に確保していくことが最大の課題であった。このため、道路運送法の基本的な仕組みとしては「需給調整規制」をもって運送事業者の参入を制限し、国から免許を与えられた事業者は政府の保護下で良質なサービスを継続的・安定的に提供すべきことが定められた。このような歴史的な背景から、昭和時代に行われた道路運送法改正においては、下記のとおり安全を担保しつつ輸送需要の増加に適切に対応していくことが中心的課題であった。

昭和28年改正

道路運送事業の中核を占める一般乗合旅客自動車運送の要件(定路線・定期・乗合)を明確化するとともに、軽車両運送及び自家用自動車の使用の届出制を廃止

昭和31年改正

無償の運送も自動車運送事業の規制対象に加えるとともに、運行管理や輸送の安全上の遵守義務について、省令で定めることができることとした。

昭和35年改正

　運行管理者制度の創設、輸送の安全確保命令、違反車両の登録停止、自家用自動車の使用者の事業場への立ち入り検査権限の付与

昭和45年　道路運送法の特別法としての「タクシー業務適正化臨時措置法」の制定

　昭和40年代前半、東京・大阪などの大都会においては、利用者の急増にタクシー輸送サービスの供給が追いつかない状況となったことなどから、タクシー運転者の乗車拒否などの違法行為が頻発し、サービス低下が社会問題化した。この状況を改善するため、昭和45年「タクシー業務適正化臨時措置法」が制定され、タクシー事業者は、登録運転者以外の者を乗務させてはならないこととするとともに、大都会を中心とする特定の地域においてタクシー業務の適正化事業が実施されることとなった。

　本法の制定により、東京、大阪などにおいてタクシー運転者の地理試験などの資格試験及び運転者登録が実施されるとともに、運輸大臣は、苦情の多い悪質運転者の登録を拒否したり取消したりすることができることとされ、大都会におけるタクシー事業の適正化が進んだ。

昭和46年改正

　行政改革計画に基づき、許認可の大幅な整理合理化を実施

昭和59年改正

　地方事務官制度の廃止に伴い都道府県知事の権限を地方運輸局長に移管

昭和60年改正

　貨物自動車運送事業者の有償旅客運送の禁止

(ウ)　平成時代における改正の状況

a　平成元年改正（物流二法の制定）

　平成時代に入るころまでに、従来専用大量輸送が中心であった国内貨物輸送は、産業の「軽薄短小化」に対応した多頻度少量輸送へと需要転換が進んだ。また、我が国に立地する産業の国際競争力強化の観点から、物流効率化によるコスト削減が強く求められるようになった。

　このような背景から、道路運送事業の分野においては、まず貨物運送事業における規制緩和が強く求められ、それまで道路運送法の骨格をなしていた経済的規制としての「需給調整規制」及び「運賃認可制」が撤廃されることとなった。

　具体的には事業参入の免許制が許可制に、運賃の認可制が届出及び変更命令に緩和されることとなったが、その他にも、貨物運送事業の事業区分廃止や営業区域の拡大、さらには最低車両台数の引き下げ（5ないし15両に）など、経済的規制を中心に大幅な規制緩和が実施されることとなった。

　他方、「輸送の安全確保」は引き続き国民的課題であるとともに最大の利用者サービスでもあることから、安全性確保のための諸規制はむしろ維持・強化することが必要であるとの観点から、「貨物自動車運送適正化事業」、「運行管理者試験制度」、「荷主勧告制度」などの安全規制が新たに運送法に追加されることとなった。

　このような大幅な制度改正を円滑に実施

するためには、貨物輸送事業を旅客運送事業とは分離して道路運送法とは別の法律によって規制することが合理的であるとの観点から、道路運送法から貨物運送を切り離し、新たに「貨物自動車運送事業法」と「貨物運送取扱事業法」（いわゆる物流二法）が平成元年に制定された。

b 平成6年及び7年改正（許認可の整理合理化）

これらの改正においては、さらなる行政改革の一環として、許認可の整理合理化を図る観点から、道路運送に係る各種行政手続きの緩和が数多く実施された。

c 平成11年及び12年改正（旅客運送事業の規制緩和）

前述のように、平成元年に道路運送分野の先陣を切る形で貨物部門における大幅な規制緩和が実施されたが、人命の安全に直接関わる旅客運送事業については貨物運送事業と同様の規制緩和（参入規制や運賃・事業計画の認可制の廃止）の実施は安全上問題が多い、との懸念が各方面から根強く提起されていた。しかし、運輸政策審議会などにおける様々な議論の末、最終的に「需給調整規制に代表される経済的規制は廃止を原則とする」との政府方針に従い、平成11年にまず一般貸切旅客運送事業について、翌12年には、残る一般乗合旅客自動車運送事業（路線バス）と一般乗用旅客自動車運送事業（タクシー）の両事業について、需給調整規制の廃止を中心とする大幅な規制緩和が実施に移されることとなった。

具体的には、一般乗合旅客自動車運送事業の参入を「免許制」から「許可制」に改め、国は需給の審査は行わないこととするとともに、運賃・料金については、認可された上限運賃を超えない条件下の「事前届出制」としたほか、事業計画の変更のうち営業所ごとの自動車の数については事前の、その他の軽微事項については事後の届出制とするなど、運送事業者の新規参入や参入後の事業計画の変更の自由を大幅に認める内容の改正となった。

しかし、既存の路線からの退出については、許可制は廃止としたものの、6月前の事前届出とし、その間に当該路線を廃止した場合の旅客利便の確保につき、関係地方公共団体や利害関係人の意見を聴取することとするなど、規制緩和による弊害への懸念にも一定の配慮をした内容とされた。

また、一般乗用旅客自動車運送事業については、特定の地域に増車が集中するなどの過当競争を防止する観点から、需給の著しい不均衡など一定の要件に該当する特定地域においては、新たな事業許可を停止したり、需給を悪化させるような事業計画変更を認めないこととしたりできることとされた。（一連の法改正に当たり、「緊急調整措置」の条項が設けられたが、この措置の発動を巡っても、内閣の規制改革推進本部に置かれた規制緩和委員会は厳しく行政当局に注文をつけた。）

なお、このときの改正で、タクシー事業の適性化は継続的な実施が必要との認識から、名称が「タクシー業務適正化臨時措置法」から「タクシー業務適正化特別措置法」に変更された。

d 平成15年改正（貨物自動車運送事業法の一層の規制緩和）

貨物自動車運送事業の許可申請の事業計画中、それまで許可の際の基準であった

「営業区域」を廃止するとともに、最低車両台数を地域ごとの5ないし15両から、全国一律5両にまで緩和した。また、平成元年の改正で緩和した運賃の事前届出制を30日以内の事後届出とするとともに、事業廃止の許可制を30日以内の事後届出制とした。

e 平成18年改正（コミュニティバス等の普及促進）

平成11年及び12年の道路運送法改正による規制緩和が、「くるま社会」の成熟や急速な少子高齢化の進展とあいまって、バス・タクシーなどの旅客輸送需要が特に少ない地域においては、規制緩和による運送事業者の退出と住民の流出による過疎化とが重畳的に進行した。こうした地域においては、平成12年の旅客運送事業の規制緩和後、引き続き地域に住み続けたいと希望する住民の生活交通を如何に維持・確保するかが重要な課題となった。

そこで、コミュニティバスや乗り合いタクシーなど、地域における多様な交通需要に適切に対応できる新たな運送サービスを普及促進するため、平成18年の道路運送法改正においては、一般乗合旅客自動車運送事業の対象範囲を拡大して、定期・定路線以外の運行であっても乗合運送事業として認めるとともに、地域の関係者が合意した場合には、運賃規制を緩和して柔軟な運賃設定ができるようにした。また、市町村やボランティアによる有償運送を、登録制度の創設によって制度化し、サービスの提供を容易化した。その他に、自家用自動車の利用に関する規制緩和も併せて実施した。

そうした経緯から、この年の改正において道路運送法第1条の目的規定が改訂され、従来の「事業者の適正・合理的な運営の確保及び道路運送利用者の利益保護」に加えて「道路運送の分野における利用者の需要の多様化及び高度化に的確に対応したサービスの円滑かつ確実な提供の促進」と「利用者の利便性の促進」が新たに付け加えられている。

イ 道路運送車両法

(ア) 制定の経緯

自動車は自由な移動や輸送を可能にしてくれる、国民の便利で貴重な財産であるが、それと同時に車両の道路における運行は、交通の安全や周辺環境に対し一定の負荷を与えることから、その所有権を国が公証するとともに、安全性の確保及び環境の保全、並びにそれらを担保する整備技術の向上を図ることが健全な道路運送の発展のためには不可欠である。

前述のとおり、米軍による占領時代はこうした自動車の安全性に関する規定は自動車運送事業などとともに旧道路運送法の中に規定されていたが、昭和26年に、その中から自動車の登録、検査及び整備など、道路運送車両にかかる規定だけを切り離して、単独の法律としたものである。

(イ) 昭和時代における主な改正

モータリゼーションの急速な進展や、交通安全や環境問題に対する国民の関心の高まりに対応するため、昭和時代においては道路運送車両法の改正はかなり頻繁に行われている（38年間に大小10回の改正）。その主なものは、以下のとおりである。

昭和27年改正

　軽自動車に対する規制の緩和と旅客運送事業用自動車の検査期間の短縮

昭和37年改正

「指定自動車整備事業者制度」の創設と、検査標章の掲示義務

昭和38年改正

自動車使用者に定期点検整備を義務付け

昭和39年改正

「自動車検査登録特別会計」の創設に伴い、申請手数料の印紙納入化

昭和44年改正

臨時運行許可制度の法制化、新規検査と継続検査の区分、並びに自動車登録事務の電算化

昭和46年改正

指定整備事業の規制緩和と、車検の際の自動車重量税の納付確認

昭和47年改正

軽自動車の検査受検義務化と、軽自動車検査協会の設立

昭和57年改正

初回の自動車検査証の有効期間を2年から3年に延長等

昭和62年改正

軽自動車検査協会の民間法人化（政府出資廃止）

(ウ) 平成時代における改正の状況

平成に入ってからの道路運送車両法の改正は、昭和時代に比較すると改正頻度が低下するとともに、その内容も規制緩和や民間の自発的取組を促進するような改正が中心となっている。

a 平成6年の改正

平成6年の改正は、自動車メーカーにユーザーが点検整備を実施するために必要な技術上の情報を提供する努力義務を課すとともに、放置すれば自動車の構造、装置又は性能が保安基準に適合しなくなるおそれがあるような車両の不具合情報を、ユーザーに周知して回収・整備する「リコール」の実施をメーカーに義務付け、それが適切に実施されない場合には国が「改善勧告」を行うことを主な内容とするものであった。

リコール制度そのものは、この改正より以前の昭和49年より道路運送車両法の施行規則（省令）によって運用されていたが、この法改正により、それまで自動車の点検整備義務は一義的に使用者の側にあったものを、自動車の不具合情報公開とその早期回収及び整備についてメーカー側にも義務付けた。これは、製造者である車両メーカーの安全性に対する責任を初めて法的に明らかにした、という点で画期的な改正であった。

この年の改正では、その他に次のような規制緩和等も同時に行っている。

○自動車使用者の整備点検義務を、「運行前点検」から自主的な判断で実施する「日常点検整備」とした。

○6カ月点検の廃止など定期点検整備の規制緩和と定期点検整備記録簿及び分解整備記録簿の様式を自由化した。

○車齢の高い自動車（11年超）の検査証有効期間を1年から2年に延長した。

○検査により保安基準不適合とされた自動車を整備等の目的で運行する際に、限定自動車検査証を交付することとした。

○登録抹消となった中古車を再使用する場合の国への現車提示を省略した。

○車両運行時の前面のナンバープレート表示を義務付けた。

b 平成10年の改正

平成10年の改正では、自動車製造技術の

普及と生産拠点の増加により自動車部品や装置の製造が、最終的な自動車生産国の国内だけにとどまらず、多くの国において分業的に生産されるようになった世界的な実態を踏まえ、運輸大臣が最終的な完成車だけでなく、その装置についても型式指定を行うこととし、それを受けた装置については、完成車全体の型式指定の際の保安基準適合性審査を省略できることとした。また、併せて我が国との国際協定等により型式指定の相互承認を行っている国の装置生産者も、装置の型式指定を申請できることとした。

このときの改正では、それと同時に新車の検査時に現車提示の代わりとなる「完成検査終了証」の有効期間を6カ月から9カ月に延長したほか、自動車使用者自ら分解整備を実施した場合の分解整備検査について、一定の安全確保策を講じた上で廃止するなどの規制緩和を実施している。

c 平成14年の改正

平成14年の改正では、平成6年の改正で法制化したリコールが　その後必ずしも適切に実施されておらず、本来リコールとすべきケースでも自動車メーカーによってはあえてリコールではなく、任意の回収や整備で対応するといった事案が横行して問題となっていることを踏まえ、メーカーが適切にリコールを実施しない場合には国がリコール命令を出すこととし、違反した場合の罰則を強化する内容の改正を行った。また、使用済み自動車の不法投棄防止のため、抹消登録制度を新たな自動車リサイクルシステムとの整合を図るよう改正したほか、不正改造行為そのものの禁止並びに整備命令手続きの強化も併せ実施した。

この年の車両法改正の背景には、先述のように平成時代に入る頃から我が国の自動車メーカーの外国における生産体制の拡充が進み、それに伴い車種の共同設計や装置部品の共通化が進展して、結果的に1件当たりのリコール対象台数が大幅に増大するという生産体制の構造変化があった。そのため、1件のリコールでも場合によってはかなりの費用がかかり、経営に大きな影響を与えかねないような規模のリコールも発生するようになった。そして、まさにそのことが一部のメーカーがリコールの迅速な実施に消極的となった理由であった。

平成11年から12年にかけて、ダイハツや三菱自動車工業などが、本来リコールに該当すると考えられる不具合を、リコールとして発表することなく「ヤミ改修」により処理するなどの不適切な対応事案が続けて明るみに出され、強い社会的批判を浴びるとともに、類似事案の続発防止が強く要請されたことが、この年の車両法の改正につながった。

しかし、この改正の後においても、三菱自動車工業は大型トラック・バスのクラッチやホイールなど重要部品の不具合情報を秘匿し続け、複数の死亡事故を惹起させたとの理由で、平成16年には三菱ふそう（平成15年に三菱自動車から分離独立）の前会長始め元経営陣5名が逮捕され、関係省庁の告発と指名停止を受けるという重大事件が発生した（「三菱自動車リコール隠し事件」）。このことにより、三菱ふそうは国民やメディアからの厳しい批判と、行政の厳しい指導を受けた。そして、結果的に同社は過去にさかのぼってすべての不具合記録を精査した上で、100件以上に及ぶ不具合

情報を公表し、それらをすべてリコールによって処理することとなった。この三菱自動車事件を契機に、多くのメーカーはこれまで以上にリコールを迅速に発表するようになり、その結果、国土交通省へのリコール届出件数は平成16年度以降急激に増加した。

d　平成16年の改正

平成16年の改正は、自動車の新規登録等に際して、自動車ユーザーが行わなければならない様々な手続きを、行政手続きの簡素化と利用者の負担軽減の観点から、オンラインにより一カ所で済ますことができるようにするため、ワンストップサービスシステム（OSS）を構築するとともに、民間において交付される証明書の電子化を登録情報処理機関において処理させるための改正であった。

それまでは自動車保有者が運輸支局において自動車の登録を行うためには、警察、市町村、都道府県税事務所など様々な機関からそれぞれ書面による証明書を取得する必要があった。しかしこの改正により、それらの取得に必要な諸情報が電子的に処理され、かつ、登録情報処理機関を通じ運輸支局において一括申請できるようになったことから、自動車保有手続きが大いに簡便となった。

なお、この改正は平成12年1月に定められた「電子政府（e-Japan）戦略」におけるモデル事業として、自動車保有手続きのワンストップサービス化の検討が進められ、関連諸機関の協力を得て実施に移されたものである。

e　平成18年の改正

平成18年の改正は、インターネット時代に対応するため、それまでは書面（登録事項等証明書）のみで申請者に提供されていた自動車登録情報を、登録情報提供機関を通じてネット等により簡便に登録情報を確認利用できる「自動車登録情報の電子的提供制度」を創設することを主な内容としている。

平成20年1月には、財団法人自動車検査登録情報協会（自検協）が登録情報提供機関として国土交通大臣の登録を受けて提供事務を開始し、以降この制度が運用されているが、まだその利用は期待されたほどは伸びておらず、今後自動車の登録情報という貴重な公的情報を活用した民間の諸サービスの一層の発展が期待されている。

(2)　組織改正

ア　平成3年の組織改編

平成3年に旧運輸省は組織の大幅な改編を行い、昭和59年の組織改革以降一部がいわゆる「横割り」の組織となっていた本省組織を、再び以前のようなモード別の組織に戻した。具体的には、昭和59年の組織改革で生まれたばかりの「国際運輸・観光局」、「地域交通局」並びに「貨物流通局」の三つの横割り局を解体して、再び「鉄道局」「自動交通局」並びに「海上交通局」という交通モード別の組織に再編成し直した。「自動車交通局」も、それまで地域交通局、貨物流通局及び運輸政策局の各局にそれぞれ分掌されていた関係部局を再編成する形で、改めて独立した局として復活した。

これにより、総合交通体系を実現するための大組織再編といわれた昭和59年の運輸本省の組織改正は7年間で終了し、旧運輸

省の中央組織はほぼ以前の姿に戻る結果となった。もともと昭和59年の組織改正は、運輸事業の将来における一層の発展を支えるためには、旧運輸省はみずから陸海空の交通モードを超えた組織となり「総合交通政策」を立案し、それぞれの業界を横断的に指導してゆく必要があるとの各方面からの永年にわたる指摘を踏まえ、こうした総合交通体系実現への要請に応える形で本省のいくつかの局を再編し、横割りの局とする野心的組織改革の試みであった。その時代的背景としては、昭和時代の末頃までには、各モードの大規模運輸事業者が中心となって、モードを超えた総合的な輸送サービスを指向して倉庫などの流通施設を直接経営したり、陸海空の一貫輸送を手がけたりするようになっていたという運輸事業の実態の変化があった。しかし、平成3年の組織改編により、この「中央組織を横割に再編することを通じて総合交通体系を実現する試み」は短期間のうちに終わる結果となった。

自動車交通政策の対象である陸運業界や自動車業界においても、総合交通政策の観点からは海運や鉄道など他の交通モードとの間の政策調整が円滑に実施されることよりも、むしろ複数の省庁に分かれて管轄されている自動車交通行政（道路交通行政、道路建設行政、自動車製造行政等）との調整や連携の実現の方が、より切実かつ優先的な課題であると受け止められていた。結局、いったん横割に再編成された運輸行政組織が、短期日の間に元のモード別組織に戻ることとなった理由としては、行政の客体である関連業界の真の要請や支持が得られなかったことが最大の要因ではなかったか、との指摘がされている。

イ　平成13年の組織改正

自動車交通局の「企画課」を廃止して、総務課に「企画室」を設置したほか、「保安・環境課」を廃止し「環境課」とした。

これは、それまで企画課の所掌していた自動車交通システム全般に係る事務は、関係者が多岐にわたり複雑化したため、「総務課」において局全体の見地に立った一元的な対応を行わしめることが適当であるとされたこと、及び、それまで「保安・環境課」において行っていた車両単体の環境対策と、「企画課」において行っていた事業者への支援措置を一元化させ、局として総合的な環境対策の把握・評価・実施を行わせることが必要であるとされたことから、「保安・環境課」が廃止され「環境課」に名称変更されたものである。

ウ　平成19年の組織改正

「安全マネジメント」、「運行管理者制度の徹底」及び「事後チェックとしての監査体制の強化」という三位一体の安全対策を総合的に強力に推進してゆくために、局内に「安全政策課」が設置された。

また、自動車登録等の自動車に関する情報は、行政登録の目的のみにとどまらず自動車ユーザーにも広く利用されるようになってきたが、今後ＩＴ化の推進など自動車情報の効率的な利用やその適正化を重点的に推進してゆくために、課の名称を「管理課」から「自動車情報課」に変更した。

エ　平成23年の組織改正

道路運送車両というハードウエアと道路運送事業というソフトウエアを組み合わせ、一体的に行政を推進してゆくという観点から、道路運送車両に係る事務を専権的

に所掌していた「技術安全部」を発展的に解消した。同時に、その観点から、自動車による公共交通政策という色彩が強い「自動車交通局」という局名を、ソフト・ハード一体として取り組むことを明示するため「自動車局」に名称変更した。

また、それまで「安全政策課」で行っていた事故の事前防止に係る事務と、「保障課」で行っていた事故後の救済に関する事務について、事前と事後の事故対策を一体化させた安全政策を推進するため、「保障課」を廃止し、その安全に係る所掌事務を「安全政策課」に移管した。

このほか、それまで「総務課」の事務であった低公害車の購入費助成に関する事務を「環境課」に移管するとともに、名称を「環境政策課」と変更し、また増加しつつある自動車に関する技術の研究、開発及び普及等に関する事務に適切に対応するため、自動車の技術政策に関する事務を「技術企画課」に一元的に所掌させることとし、「技術政策課」と名称を変更した。

併せて、「審査課」におけるリコール関係業務の執行体制を強化し、その所掌を国民に明らかにするために「審査・リコール課」と名称変更した。

3　道路行政

(1) 法律改正
ア　概要

平成時代の道路行政に係る法律の制定、改廃は、その時々の社会の変化を踏まえつつ、政府の国土計画、都市政策、経済・財政政策、規制改革（規制緩和）等の要請に応える形で進められた。

これらの制度改正の内容は、大まかに次のように整理することができる（なお、具体的な法律の制定、改廃の状況は、巻末の資料を参照。）。

① 道路（交通安全施設等を含む。）整備計画及びその財源措置に係るもの
② 道路交通に関連し生じる諸問題（環境問題、駐車問題、バリアフリー等）の解決のため必要な措置を取ろうとするもの
③ 社会の変化に合わせ道路整備や管理の新たな手法を導入しようとするもの
④ 地方分権推進のため必要な措置を取ろうとするもの
⑤ 道路公団等の民営化に伴う制度改正を行おうとするもの

イ　道路（交通安全施設等を含む。）整備計画及びその財源措置

道路整備及び交通安全施設等の整備は、従来、道路整備緊急措置法（昭和33年法律第34号）、交通安全施設等整備緊急措置法（昭和41年法律第45号）、踏切道改良促進法（昭和36年法律第195号）等により、基本的に5箇年ごとの事業計画を策定して推進してきた。このうち、前二者の事業は、平成15年に社会資本整備重点計画法（平成15年法律第20号）に統合され、他の社会資本整備事業とともに社会資本整備重点計画として一体的な計画を策定することとなった。

また、従来、道路整備緊急措置法により、揮発油税等の一定の税目が道路整備の特定財源とされていたのであるが、社会資本整備重点計画法の制定に際し、名称を「道路整備費の財源等の特例に関する法律」と変更し、引き続き道路特定財源の制度を維持した。

しかし、その後平成20年、21年の2回に

わたる法改正を経て、道路特定財源は一般財源化され、法律の名称も「道路整備事業に係る国の財政上の特別措置に関する法律」となって、道路整備に係る国の負担金や補助の割合等に関する規定を置くのみとなった。

その他、道路整備、管理の実施主体及び経費の負担区分に関し、若干の制度改正があり必要な法改正がなされている。

ウ　道路交通に関連し生じる諸問題に向けた制度改正

道路交通に係る環境問題、駐車問題、バリアフリー等の解決に向けた制度改正として、
○スパイクタイヤ粉じんの発生の防止に関する法律（平成元年法律第56号）の制定
○自転車の安全利用の促進及び自転車駐車場の整備に関する法律（昭和55年法律第87号）の一部改正
○幹線道路の沿道の整備に関する法律等の一部を改正する法律（昭和55年法律第34号）の一部改正
○環境影響評価法（平成9年法律第81号）の制定
○高齢者、身体障害者等の公共交通機関を利用した移動の円滑化の促進に関する法律（平成12年法律第68号）、及びその後継である高齢者、障害者等の移動等の円滑化の促進に関する法律（平成18年法律第19号）の制定
等を挙げることができる。

エ　道路整備や管理の新たな手法を導入するもの

社会の変化に合わせ道路整備や管理の新たな手法を導入するものとしては、
○道路と建築物等との一体的な整備を促進するための道路法の一部改正（平成元年）
○電線共同溝の整備に関する特別措置法（平成7年法律第39号）の制定
○高速自動車国道の連結制限の緩和や空間利用促進のための高速自動車国道法等の一部改正（平成10年）
○地域のニーズを踏まえた道路等の整備や道路の占用許可の拡充を図るための都市再生特別法の一部改正（平成19年、同23年）
等を挙げることができる。

オ　地方分権推進のため必要な措置

地方分権推進のための必要な措置をとろうとするものとしては、
○地方分権の推進を図るための関係法律の整備等に関する法律（平成11年法律第87号）の制定
○国の補助金の整理及び合理化に伴う国土利用計画法及び都市再生特別法の一部改正（平成16年）
○地域の自主性及び自立性を高めるための改革の推進を図るための関係法律の整備に関する法律（第1次：平成23年法律第37号、第2次：平成23年法律第105号）の制定
等を挙げることができる。

カ　道路公団等の民営化に伴う制度改正

道路公団等の民営化に伴う制度改正としては、平成16年に制定された高速道路株式会社法（平成16年法律第99号）ほか3本の関係法が挙げられる（道路公団等の民営化に係る制度改正の詳細については、「第2章第10節4(1)道路公団の民営化」を参照。）。

(2) 組織改正

　国土交通省（旧建設省）道路局においては、平成時代に入り、環境問題への対応、道路利用の多様化、ITSの進展、地方支分局への事務移管、道路公団民営化等に伴い、次のような組織改正がなされている。

　平成7年4月、国道第一課と国道第二課を統合し、国道課とする。その後、平成15年4月、同課に企画課から防災に関する事務を移管し、国道・防災課とする。

　また、平成7年4月、国道第二課と振り替える形で道路環境課を新設したが、平成13年4月、同課を地方道課に統合して地方道・環境課とし、平成22年に環境安全課と改称した。

　平成7年4月、路政課に道路利用調整室を置く。

　平成11年4月、道路交通管理課に高度道路交通システム推進室を置く。

　平成13年1月、日本道路公団・本州四国連絡橋公団管理監に代え、総務課に日本道路公団・本州四国連絡橋公団管理室を置き、平成17年10月、同室を高速道路経営管理室とした（なお、その際、それまで都市・整備局総務課都市高速道路公団監理室が所掌していた都市高速道路関係の業務が高速道路経営管理室に移管された。）。

第3章
ITS

第1節　概説

　平成時代における道路交通政策の最大の特徴は、ITS（Intelligent Transport Systems）の出現とその進展である。情報通信技術の進展とともに、道路交通の構成要素である「道路」の管理装置や施設、「自動車」の運転装置等の中にその最新技術が導入された。昭和の末期（1980年代）からカーナビゲーションシステム（以下カーナビと略）の開発・実用化が民間企業で進められてきたが、平成に入りそれをベースにして渋滞情報等をリアルタイムに提供するVICS（Vehicle Information and Communication System：道路交通情報通信システム）、さらにはETC（Electronic Toll Collection system）と呼ばれる高速道路の自動料金収受システム等のITSが実用化され、全国に普及するに至っている。自動車の運転負荷の軽減や事故回避を目指す高度な車両制御技術を搭載したASV（Advanced Safety Vehicle：先進安全自動車）の普及も本格化してきた。

　また、交通管制センターによる交通流管理や物流に係るトラックの運行管理にも情報通信技術が導入され、高度な運行管理システムが実現している。

　これらの情報通信技術に支えられた人、モノの移動・輸送に関わる各種のシステムはITSと総称され、交通安全、交通流円滑化、環境保全等の道路交通問題の改善に貢献するとともに、道路交通の利便性や快適性等を高める可能性をもたらし、道路交通政策に新たな展開を促すことになった。

　道路交通政策の目的は、何よりも豊かな社会生活や経済・産業活動等を支える道路交通の機能を維持し、陸上輸送における輸送力を確保することにある。併せて道路交通政策は、自動車の急速な普及によって引き起こされた交通事故、交通渋滞、環境汚染等の社会問題、すなわち道路交通の負の部分を解決するために多大なエネルギーを投入して取組を進めてきた。その後、自動車の利用が市民の日常生活へ深く浸透するのに従い、道路交通政策は道路利用の利便性や快適性を求められるようになった。

　近年では、地球温暖化等の地球環境問題や超高齢社会の進行などの新たな社会問題への対処も必要とされるようになっており、道路交通政策もこうした情勢の中で新たな対応を迫られてきている。

　こうした時代の変化による社会の要請と情報通信技術の進展に支えられて、ITSは、平成時代の政策支援ツールとして関係省庁の道路交通政策に大きな転換の可能性を与えることになり、関係省庁はこれに応じて道路交通行政の目標の共同化を図り、それぞれの行政分野で道路交通政策を政府のITS施策と連携して推進し、総合的な成果に結び付けていくようになった。

　さらに近年、ITSは、情報通信技術がもたらした情報ネットワーク社会において、他のシステムとつながりをもつようになってきた。ITSは、他の社会システムと相互に依存しあるいは影響し合うことにより、社会全体の情報ネットワークの連鎖を構成する要素に進展してきている。

　この社会全体の情報ネットワークの連鎖は、道路交通があくまで社会生活の一断面であることを改めて想起させるものであ

り、道路交通政策を進める上で、他の政策とのさらなる連携、総合化の必要性を生じさせている。

ITSと他のシステムとのネットワーク化が、今後、情報ネットワーク社会の急速な進展に伴ってどのように進化を遂げるかの見通しはつかないが、社会生活の基盤となる道路交通システムに関して、ITSを使ってどのように機能を高め関連システムとの統合化や標準化を図っていくかが今後の重要な課題となると思われる。

今後予想されるさらなる社会・経済のグローバル化、環境問題の深刻化、情報社会の深化、高齢化の進行等大きな社会の変化を背景に、我が国の産業構造や国民の生活パターン、ライフスタイル等も変容し、道路交通政策に新たな課題を投げかけるであろう。同様に、インターネットや携帯電話などの情報通信手段は今や日常生活に欠かせないツールとなり、その進展も我々の生活、行動様式、価値観、さらには道路交通の在り方にも大きな影響を与えるであろう。このような社会や技術の変化に対して、ITSは、単に道路交通に関する問題解決手段としてだけでなく、広く道路交通に関連する様々な社会的課題に対しても解決の手段を提供する政策支援ツールとして、これからの世の中に大きく貢献するものと考えられる。

本章では、ITSの形成と展開の経緯について道路交通政策の視点から振り返るとともに、ITSが道路交通政策において果たしてきた役割を論じ、第4章では、道路交通政策とITSが、将来どのような方向に進展し、どのような交通社会を実現する可能性があるかを考察する。

第2節 ITSの概要

1 ITSの意義

(1) ITSとは

　ITSは、情報通信技術を活用した道路交通に係る各種システムの総称である。

　平成7(1995)年に横浜で開催された第2回ITS世界会議において、当時、日・米・欧各国において進められていた自動車に係るTelematics（移動体通信による情報サービス）や自動車の自動運転を目指すIntelligent Vehicle（自動車の知能化）等の各システムを包含する概念としてITSの用語が用いられ、以後定着したものである。したがってITSという用語自体には明確な定義はないが、その呼称使用に至る経緯から、一般に先進的な情報通信技術を活用した道路交通の分野における各種システムの総称と理解されている。

　我が国のITSの具体的なイメージについては、平成8(1996)年7月にITS関係省庁（警察庁、通商産業省、運輸省、郵政省、建設省）によって取りまとめられた「高度道路交通システム（ITS）推進に関する全体構想（以下全体構想と略)」が、当時政府が目指したITSの全体像をよく示しているので、以下に引用する。

　「高度道路交通システム（Intelligent Transport Systems：以下ITSと呼ぶ。)は、最先端の情報通信技術等を用いて人と道路と車両とを一体のシステムとして構築することにより、ナビゲーションシステムの高度化、有料道路等の自動料金収受システムの確立、安全運転の支援、交通管理の最適化、道路管理の効率化等を図るものである。

　ITSは安全、快適で効率的な移動に必要な情報を迅速、正確かつわかりやすく利用者に提供するとともに、情報、制御技術の活用による運転操作の自動化等を可能とするシステムである。これによりITSは、高度な道路利用、運転や歩行等道路利用における負荷の軽減を可能とし、道路交通の安全性、輸送効率、快適性の飛躍的向上を実現するとともに、渋滞の軽減等の交通の円滑化を通して環境保全に大きく寄与する等真に豊かで活力のある国民生活の実現に資することに貢献する。」

(2) ITSの対象分野

　ITSは、道路交通に係る情報化のシステムである。この場合、その対象は、道路交通の構成要素である道路、車両、人ということになる。また、道路交通を各要素に分解せず、全体を一つの現象として捉えれば、人や車両の往来、すなわち交通現象そのものということになる。言い換えれば、ITSは、道路、車両、人の各要素の情報化、又はこれらの情報化により道路交通を一体的に扱う全体システムということができる[注1]。

　しかし、道路交通は社会生活の一断面であり、それ自体で完結するものではない。したがって、ITSの対象も道路交通の要素のみに限定されるわけではない。例えば、

[注1] ITSは、Intelligent Transport Systemsの略称であり、その名称を見る限り、一見して道路交通に限定されず陸、海、空すべての輸送手段（Transport）に係るシステムを意味するように見えるが、その沿革から、実際には道路交通に係るシステムを指すものとされてきた。

交通と物流の関係において、道路交通と物流を通じた一体的なITSのシステムが可能である。また、道路交通は、陸、海、空にわたる総合的な交通体系の一部をなすものであるが、これらの交通体系を一体的に捉えた情報処理のシステムも可能である。さらに、道路交通と他の社会活動についても、共通の情報伝達手段や共通のデータを媒介項として、全体を一体的に捉えたシステムを構築することも可能であり、実際に存在する（現行のナビゲーションシステムが提供する周辺施設の案内サービス等を想起されたい。）。

したがって、ITSは、道路交通の各要素だけを対象にしたものだけではなく、道路交通と何らかの意味でこれに関連する社会活動を一体的に、又は関連付けて処理するシステムを含むものである。

(3) ITSにより実現される社会的価値

我が国のITSは、当初、政府が主導し、主として道路交通政策の達成手段として開発が進められたこともあり、ITSにより達成される社会的価値としてその行政目的である交通安全、渋滞解消、環境保全等の公益的側面が強調される場合が多い。

しかし、ITSは、単に道路交通政策の手段であるばかりでなく、広く道路交通の利便性や快適性を高めるものであり、これにより、上記行政目的を含む様々な社会的価値の実現を目指すものである。

上記(1)に述べた1996年の全体構想もその点を明らかにしているが、その後2004年ITS世界会議の日本開催を機に当時の日本ITS推進会議が2004年10月にまとめた「ITS推進の指針」は、この点について、改めて「安全・安心」、「環境・効率」、「快適・利便」をその柱立てとして整理している。以下に、その要点を記す。

1）安全・安心な社会の実現
 ・ITSは交通事故死者の減少については政府方針の実現に貢献し、長期的には「交通事故ゼロ社会」など、より理想的な社会を目指す。
 ・負傷者の削減も視野に入れて取り組み、衝突安全のみならず、事故を未然に防ぐ予防安全対策の高度化などにより、交通事故が劇的に減少した社会を目指す。
 ・加齢により機能低下した高齢者等も安心して移動ができる社会をつくる必要がある。

2）環境にやさしく効率的な社会の実現
 ・自動車単体での努力のみならず、公共交通との適切な分担等による交通需要の適正化、道路交通管理のさらなる高度化による交通流の改善や物流の効率化などを推進し、環境負荷軽減を通して「地球温暖化対策推進大綱」の推進に貢献し環境にやさしい社会を目指す。
 ・渋滞損失の削減に貢献し、長期的には「渋滞ゼロ社会」など、より理想的な社会を目指す。

3）利便性が高く快適な社会の実現
 ・最先端の情報通信技術を活用し、必要な情報をいつでも、どこでも、なんでも特別な操作なくリアルタイムに享受できるユビキタス環境を構築することにより、誰もが快適に楽しく意のままに移動できる社会の実現に貢献し、長期的には「移動に伴うストレスゼロ社

会」など、より理想的な社会を目指す。

2 ITSの歴史

(1) 日本のITSの進展の経緯
ア 黎明期（1970年代～1995年）

　我が国のITSの始まりは、1973年から1979年にかけて行われた通商産業省（現経済産業省）のプロジェクトのCACS（Comprehensive Automobile traffic Control System：自動車総合管制システム）といわれている。CACSは、ITSの黎明期と呼ばれる時代のプロジェクトで、当時はITSという言葉の代わりに、道路交通の情報化・知能化という言葉が使われていた。CACSプロジェクトでは、交通混雑の緩和を目指して、今でいうタクシーのプローブ情報[注2]と路側の車両感知器からの収集情報を融合し、交通状況の推定・予測を行い、その結果に基づく動的な最短経路探索や路車間通信を使った経路誘導情報の提供等の機能を持つ実験システムを実現し、我が国ITSの先駆けとなった。

　1980年代に入ると我が国のITSは、当時の警察庁、通商産業省（現経済産業省）、運輸省（現国土交通省自動車局）、郵政省（現総務省）、建設省（現国土交通省道路局）のITS関係5省庁によるシステム開発の時代に入った。例えば建設省のRACS（Road/Automobile Communication System：路車間情報システム）と警察庁のAMTICS（Advanced Mobile Traffic Information and Communication Systems：新自動車交通情報通信システム）が開発され、この二つが1990年代初めにVICSに体系化され、平成8（1996）年以降の実用サービスに進展していった。

　1980年代後半から1990年代前半にかけて、我が国のITSは、政府主導の産官学連携体制により進められ、通商産業省のSSVS（Super Smart Vehicle System：高知能自動車交通システム）や建設省のARTS（Advanced Road Traffic Systems：次世代道路交通システム）、AHS（Advanced cruise-assist Highway System：走行支援道路システム）、警察庁のUTMS（Universal Traffic Management Systems：新交通管理システム）、運輸省のASV（Advanced Safety Vehicle：先進安全自動車）などの実験システムが次々と開発された。平成7（1995）年11月に横浜で開催されたITS世界会議で、これらの個別のシステムを総称して初めてITSという名称が用いられ、ITSという言葉が市民権を得るようになった。

　ITSの黎明期には、1989年のベルリンの壁崩壊と東西冷戦の終結により、軍事技術を民生部門に活かそうとする潮流が日本にも波及するようになり、道路交通に新しい発想が導入されたこと及び道路交通分野に

[注2] 車や人のセンサーから収集され、移動体通信等でセンターに送られてくる情報（例：位置情報、時刻情報）などを総称してプローブ情報と呼ぶ。2つの地点における通過時刻から、2地点の旅行時間が計算することができる。この他、ワイパーのON／OFF情報から天候状況を推定したり、車載のコンピュータで持つ走行履歴（加減速、操舵等）のデータを集積・分析・加工することにより、道路の危険箇所やエコドライブの方法などを創出しドライバーに提示することができるなど、プローブ情報は、将来にわたって幅広い活用ができるものと期待されている。

おいて、関係省庁が省庁個別に取り組んでいた技術開発を統合的に取り組むようになったことが特徴といえる。

イ ファーストステージ（1996年～2004年）

平成6（1994）年8月、内閣総理大臣を本部長とする「高度情報通信社会推進本部」が設置され、当時IT（情報通信技術）革命と呼ばれた高度情報通信社会の実現に向け、政府を挙げて取り組むこととされた。同本部は平成7（1995）年2月に「高度情報通信社会に向けた基本方針」を策定した。この中では高度な情報通信社会の実現に向けた課題の一つに「道路・交通・車両の情報化」が取り上げられ、産官学連携体制で、高度道路交通システム（ITS）の全体構想を策定し、これに基づき、システムを構成する車載機・インフラ等に関する研究開発、フィールドテスト、普及を推進するとの方針が明示された。ITS関係5省庁はこれを受け、同年8月に、日本のITSの進め方のガイドラインとなる「道路・交通・車両分野における情報化実施指針」を策定し、ITSの統一的な方針に基づく開発・実用化への取組を開始した。その後、平成8（1996）年7月に、ITS関係5省庁により「高度道路交通システム（ITS）推進に関する全体構想」が策定され、これによりナビゲーションシステムの高度化を始めとする9つの開発分野が目標として提示され、我が国のITSのファーストステージがスタートしたのである。

2000年以降は、この全体構想の中で開発すべきものとして提示されたカーナビ、VICS、ETCが順調に普及し、サービスエリアの全国展開と車載装置の普及台数の拡大が実現した。平成13（2001）年1月には内閣総理大臣を本部長とする「高度情報通信ネットワーク社会推進戦略本部（IT戦略本部）」が設置され、「e-Japan戦略」が決定された。さらに3月には同戦略の具体的進め方を示した「e-Japan重点計画」が決定された。これによりIT戦略の一環としてITSの普及が急速に促進され、平成16（2004）年のITS世界会議愛知・名古屋及び翌年の愛知万博（愛・地球博）における最先端の我が国ITS技術の世界への発信につながっていったのである。

この間、カーナビ、VICS、ETC以外にも、ASVの推進計画が着実に進展するとともに、UTMSも各地の自治体に幅広く普及し、個別のシステム・機器の普及拡大が進むファーストステージが形作られていった。

ファーストステージでは、カーナビ、VICS、ETC、ASV、UTMSが着実に進展するとともに、携帯電話、インターネットといった情報通信技術が飛躍的に進歩し、黎明期に構想したITSの個別システムが、産官学の連携体制や自動車とIT関連業種などの連携により、実用領域に到達したことが特徴といえる。

ウ セカンドステージ（2005年以降）

平成16（2004）年のITS世界会議愛知・名古屋を境に、我が国のITSは、個別のシステム・機器の普及が一層拡大し日常生活に欠かせない存在になるとともに、それぞれの機器やサービスが融合・連携するセカンドステージに入ったといわれている。

ITS世界会議愛知・名古屋と時期を同じくして日本ITS推進会議から発表された「ITS推進の指針」において、ITSの目標が「安全・安心」、「環境・効率」、「快適・

利便」な社会の実現に定められた。また、平成18（2006）年1月には、IT戦略本部において「IT新改革戦略」が策定され、「世界一安全な道路交通社会」や「ITを駆使した環境配慮型社会」の実現が明確な目標として掲げられた。これ以降、セカンドステージのITSは、安全と環境・エネルギーを中心に大きく進展していったのである。

IT新改革戦略では、世界一安全な道路交通社会を実現する具体的な方策として、路車間や車車間等の通信技術を活用したインフラ協調型安全運転支援システムが取り上げられ、平成20（2008）年度までに特定の公道における大規模実証実験の実施と平成22（2010）年度からの全国展開の計画が明記された。この計画の具体的な政府の推進プロジェクトが「ITS-Safety 2010」で、ここでは、警察庁のDSSS（Driving Safety Support Systems：安全運転支援システム）、国土交通省道路局のSmartway、同自動車交通局のASVの開発が官民共同で行われるとともに、総務省が電波の実用化に向けた研究開発を、経済産業省が開発成果の国際標準化を担当し、関係省庁連携のもとでITSの開発・普及が推進されたのである。

IT新改革戦略と並行して、平成20（2008）年より、内閣府の総合科学技術会議のもとで社会還元加速プロジェクトがスタートした。社会還元加速プロジェクトの一つである「情報通信技術を用いた安全で効率的な道路交通システムの実現」では、青森市、柏市、横浜市、豊田市の地域4都市がモデル実験都市として選定されて、平成24（2012）年度のプロジェクトの成果の実証実験に向けて、研究開発が進められた。

また、同じ年、経済産業省のエネルギーITS推進事業がスタートしている。走行エネルギーの削減等を目的として、トラックの隊列走行やエコドライブの自動化など自動運転技術の応用による環境・エネルギー問題の解決に取り組んでおり、上記の社会還元加速プロジェクトと連携のもとに平成24（2012）年度まで研究開発が進められた。

セカンドステージでは、カーナビ、VICS、ETCが急速に進展するとともに、VICSとETCのサービスを一つの車載装置で受けることができるITSスポットサービスが始まるなど、ITSの普及と融合が進んだ。また、これまで政府主導で進められてきた我が国ITSが、徐々にではあるが地域にも波及して、それぞれの地域のニーズに応じた街づくり、交通社会づくりに役立ち始めてきたのが特徴といえよう。

エ　最近のITSの進展トレンド

ITSに関する最近の動きとしては、IT戦略本部から平成22（2010）年5月に公表された「新たな情報通信技術戦略」と平成25（2013）年6月にIT総合戦略本部（IT戦略本部から呼称変更）から公表された「世界最先端IT国家創造宣言」が挙げられる。ITSに関しては、いずれの戦略・宣言にも世界で最も安全で環境にやさしい道路交通社会の実現に向けて、平成30（2018）年を目途に交通事故死者数を2,500人以下にすることや平成32（2020）年までに交通渋滞を大幅に削減することが長期目標として掲げられ、様々なITS施策が盛り込まれている。

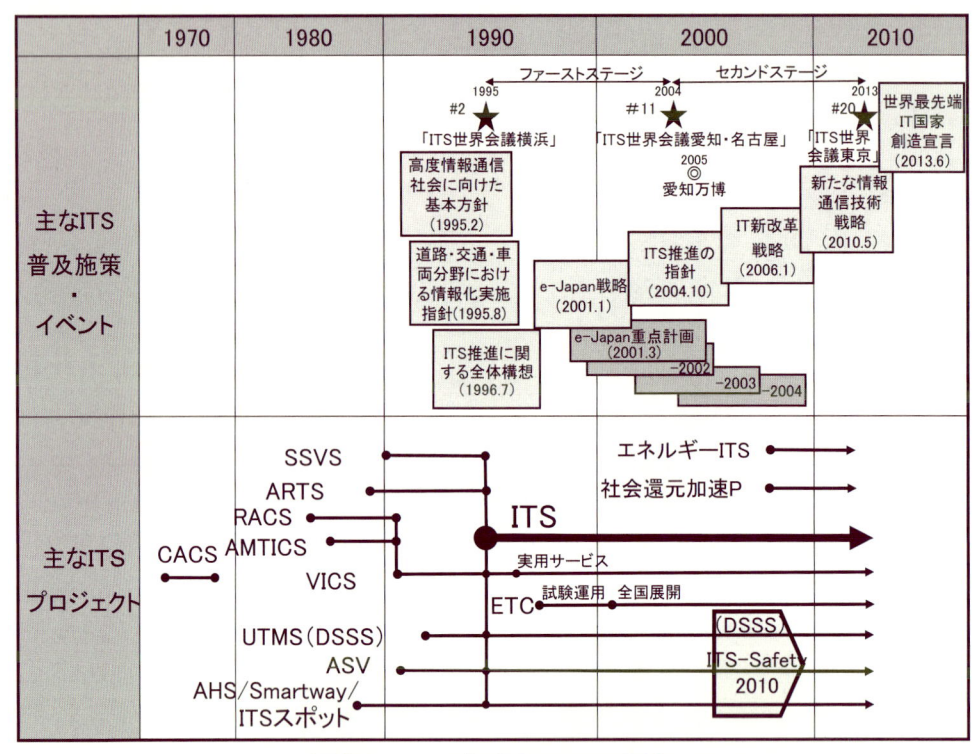

図表3－1　我が国のITSの歴史

　このように我が国では、1970年代の黎明期より今日まで、ITSに関する研究開発・実用化促進が政府主導による産官学連携体制で着実に進められ、現在、その技術レベルと普及レベルは世界最先端にある。近年の政府のIT戦略が示すように、交通安全問題や環境・エネルギー問題の解決策さらには経済成長の手段として、ITSに対する政府の期待と政策への取り込みのウエイトは大きくなってきている。

(2)　海外のITSの進展の経緯

　CACSを日本のITSの始まりとすれば、米国のITSの始まりは1960年代後半のERGS（Electronic Route Guidance Systems：電子経路案内システム）で、欧州のそれは、1970年代半ばに西ドイツで開発されたALI（Autofahrer Leit und Informatins system：経路案内システム）であるといえよう。いずれもCACSと同様、経路案内を基本サービスとしており、ITSは、日米欧共通して効率性向上からスタートしたことがうかがわれる。

ア　米国

　1960年代のUSDOT（US Department of Transportation：米国運輸省）主導のERGSは、1970年に小規模な実験システムで終了した。それ以降、米国ではITSへの取組に目立った動きはなかったが、1980年代後半になり、日本の活発なシステム開発の動きや欧州の民主導及び官主導の大型プロジェクトのスタートに刺激を受け、1986年に渋滞解消を目的とした自動運転を目指したカリフォルニア州のPATH

（Partners for Advanced Transportation TecHnology）がスタートし、1988年にスタディチーム MOBILITY 2000 が活動を始めた。この後1990年に米国のITS組織である IVHS America（Intelligent Vehicle High-way Society of America）が設立され、米国のITS開発が始動した。IVHSという言葉は、道路交通（Vehicle Highway）を対象としたシステムに限定されていたため、陸海空の交通全体（Transportation）に対象を拡大すべきという考えのもとITSという言葉に進化させ、1994年、IVHS America は ITS America（Intelligent Transportation Society of America）に名称変更された。

米国ITSの予算面の特徴は、連邦法で複数年にわたって予算が確保されていることである。1991年に連邦法の長期計画法に基づくISTEA（Inter-modal Surface Transportation Efficiency Act：総合陸上輸送効率化法：1992～1997）が成立し、ITSが道路交通政策の中心的なプロジェクトの一つとして位置付けられた。その後、ISTEAの後継としてTEA-21（Transportation Equity Act for the 21st Century：1998～2003）が成立し、さらにはSAFETEA及びSAFETEA − LU（Safe, Accountable, Flexible and Efficient Transportation Equity Act: A Legacy for Users: 2005 − 2009）により、ITSの研究開発・実用化普及が進められた。SAFETEA − LU はその後も延長を重ねて2012年まで継続され、その後、SAFETEA-LUの後継として、MAP-21（Moving Ahead for Progress in the 21st Century）が成立している。

政策面の主なものとしては、1992年に爾後20年間にわたるITS推進のグランドデザインとしてIVHS戦略計画（Strategic Plan for Intelligent Vehicle Highway Systems in the United States）がIVHS Americaにより策定された。さらに1995年には、米国運輸省とITS Americaから、国家的な計画として全米ITSプログラムプラン（National ITS Program Plan）が発表された。

2002年には、米国運輸省とITS Americaが、National ITS Program Plan: A Ten-Year Vision を策定（2004年に改訂）した。このビジョンでは、5つの重点施策（安全、安心、効率、モビリティ、エネルギー／環境）について、目標とその実現に向けたテーマが設定されている。安全に関しては、年間43,000人の交通事故死者数を2011年までに15％削減するという目標が掲げられている。

ISTEA によって進められた AHS（Automated Highway System：自動運転システム）は、1997年8月にカリフォルニアで行われた大規模な自動運転デモを最後に開発が中断され、それ以降は、路車間通信技術を活用したインフラ協調型の安全運転支援システムである IVI（Intelligent Vehicle Initiative）が、AHSの後継プロジェクトとして位置付けられた。IVI は、その後、VII（Vehicle Infrastructure Integration）、IntelliDrive™、Connected Vehicle と名称を変えたが、米国は、継続してインフラ協調型の安全運転支援システムの開発・実用化を目指している。

2009年に、米国運輸省のRITA（Research and Innovative Technology Administration：研究革新技術局）がITS Strategic Research Plan（2010 − 2014）を発表

した。これは、爾後5年間の米国ITSの推進方向を示したもので、交通管制、物流、通関、海運、鉄道なども含め、情報通信技術を用いて安全で環境負荷の少ないモビリティを実現しようとする構想を示したものである。

一方、体制面では、米国のITS推進の中心は米国運輸省で、同省のRITAの下にITSを推進するJPO（Joint Program Office）を設置し、ITS Americaと連携のもと強力な推進が図られている。

米国のITSは、政策が定期的に見直され着実に推進が図られたが、当初、AHSによる自動運転の実現が目的となったこと、また、GM等自動車メーカーの参加が積極的でなかったことなどが原因となり、1997年の自動運転デモの実験以降、推進力が鈍化した印象はぬぐえない。加えて、2001年の同時多発テロ・9.11事件や2008年のリーマンショック、GMの経営危機などによりITSの推進が一層鈍化している。

しかし、近年、欧州やアジアの自動車産業の活性化により、米国運輸省は、ITS Strategic Research Planを発表し、IntelliDrive™、Connected Vehicleなどの名称整理などを行い、再び推進体制を立て直す機運となっている。

イ　欧州

欧州では、当初、ITSではなく、ATT（Advanced Transport Telematics）やRTI（Road Transport Informatics）といった情報通信用語が使われていた。Telematicsは、TelecommunicationとInformaticsの合成語で、通信ネットワークを利用した移動体への情報サービスという意味に理解されている。これらから欧州では、ITSの具体的な形を情報通信サービスに求めていたことがうかがわれる。

欧州では、赤外線通信を使って経路誘導を行うALIが1970年代半ばに開発され、実験が行われた。ALIは、その後AutoScoutに進展し、1980年代末にベルリンとロンドンで実験が行われている。

欧州のITSプロジェクトとしては、1980年代から1990年代にかけて行われたEC委員会（EC: European Commission）主導のインフラ開発を目的としたDRIVE計画（Dedicated Road Infrastructure for Vehicle safety in Europe）とベンツ等の民間の自動車メーカー主導の車両開発を目的としたPROMETHEUS計画（PROgraMme for a European Traffic with Highest Efficiency and Unprecedented Safety）が有名である。DRIVE計画の後、1996年からT-TAP（Transport Telematics Applications Programme）がスタートした。このT-TAPにはPROMETHEUS計画からも多くのプロジェクトが受け継がれている。T-TAPは、1998年にIST（Information Society Technologies）プログラムに統合され、ISTプログラムの中で、2002年から欧州の安全プロジェクトであるeSafetyプロジェクトがスタートしている。

また、米国同様、欧州のITS推進組織としてERTICO（European Road Transport Telematics Implementation Coordination Organiza-tion）が1991年に設立され、欧州委員会の組織の一環としてITSの推進を図っている。

欧州におけるITSの研究開発は、1984年から始まった欧州連合（EU: European Union）の共同研究フレームワーク・プロ

グラム（FP）の一部として進められてきたことが特徴である。欧州委員会は、2001年にWhite paper - "European transport policy for 2010: time to decide"を発表し、2000年の時点での約4万人のEU内交通事故死者数を2010年までに半減させるという目標を打ち出し、その実現にeSafetyイニシアティブを発足させた。さらに、2006年に中間評価を実施し、地球環境保全や持続可能な発展にスコープを拡大し、第7次FP（2007-2013）では、「環境にやさしく、スマートで、安全性の高い欧州全域における交通システムの開発」が交通分野の目標に掲げられている。

FPは研究開発プロジェクトであり、実配備は各国個別の公共投資となり、加えて車載装置は自動車メーカーの商品化に依存するため、欧州統一システムの実用化がなかなか進まないという事情があった。そこで欧州委員会は、2008年12月に研究開発成果の実用化・普及を主眼とした「ITS Action Plan」を策定し、効率的で安全で環境負荷の少ない交通システムの実現を欧州全体で取り組むことを宣言した。そこでは、目的達成を求める欧州指令（Directive）を伴う強力なリーダーシップを発揮して開発を推進している。

欧州のITSを考える場合、ベンツ等の自動車メーカーが主導する技術を中心としたITS推進と、EUが主導する欧州統合に資することを目的としたITS推進の形がある。欧州は、EU域内の経済活性化という旗印のもと、テレマティクスを活用することと標準化を推進することにより覇権を握るという戦略が顕著である。

近年では、EU加盟が27カ国（2008年1月1日現在）と増え地域が拡大していることやあまりにも多くのプロジェクトが推進されているという反省から、実用化を促進するための欧州指令が出される状況となっている。

欧州のITSは、自動車メーカーが積極的に参加していることや技術的な内容が開示されることなどから、日本のITSにも参考になる点が多い。

ウ　アジア・太平洋地域

アジア・太平洋（AP: Asia-Pacific）地域の中心的なITS活動としては、AP地域ITSセミナー（2002年にITSフォーラムに名称変更）が挙げられる。ITSセミナーは、1996年9月に、APの14カ国／地域の参加のもと東京で開催され、それ以降、ITS世界会議がAP地域で開催されない年に開催されている。第1回セミナーに参加したのは、オーストラリア、中国、香港、インド、インドネシア、韓国、マレーシア、ニュージーランド、フィリピン、シンガポール、台湾、タイ、ベトナム、日本の14カ国／地域である。

上記14カ国／地域には、技術、工業、経済、文化等でレベルの異なる国が混在しており、抱えている交通問題も様々である。これに伴い、各国のITSの進展状況にも差があることがAP地域の特徴といえよう。

AP地域の主要都市の主だった交通問題としては、急激なモータリゼーションの進展に伴う安全・環境問題、都市への人口集中による交通渋滞、二輪車や三輪車等様々な交通モードが混在する混合交通、公共交通の貧弱さなどが挙げられており、これらの問題解決の手段としてITSに対する期待は大きく、各国のITS導入の意欲も高い。

従来、AP地域に関しては、日本のITS JapanがITS APを組織し、その事務局としてITSセミナー／フォーラムの開催等のITS推進活動を行ってきた。近年、各国でもITS組織が作られITS推進活動を開始してきており、2011年6月の段階で、ITS Japanを始めとして、ITS韓国、ITS台湾、ITS香港、ITSオーストラリア、ITSニュージーランド、ITS中国、ITSインド、ITSタイ、ITSマレーシア、ITSシンガポール、ITSインドネシアの12カ国／地域がITS APに加盟しており、ベトナム、フィリピンが加盟を検討している状況にある。

AP地域では各国ごとにITSの進展状況に差があるため、各国のITS推進組織がITS Japanと連携を取りながら、ITS推進戦略の策定、ITSを使った安全対策や公共交通や道路交通情報提供の充実等、それぞれの国の交通事情やニーズ、技術・工業・経済レベルに応じたITS施策を推進している。

3　ITSサービスと要素技術

(1) ITSサービス

平成7（1995）年に政府の高度情報通信社会推進本部から発表された「高度情報通信社会に向けた基本方針」に基づき、ITS関係省庁（警察庁、通商産業省、運輸省、郵政省、建設省）は、「道路・交通・車両分野における情報化実施指針」を取りまとめた。この情報化実施指針では、将来の開発分野として、①ナビゲーションシステムの高度化、②自動料金収受システム、③安全運転の支援、④交通管理の最適化、⑤道路管理の効率化、⑥公共交通の支援、⑦商用車の効率化、⑧歩行者等の支援、⑨緊急車両の運行支援の9つが示された。全体構想では、この9つの開発分野ごとに、ITSの利用者として、道路の利用者である、①ドライバー、②歩行者等、③公共交通利用者、④輸送事業者、それと道路交通を管理する立場からITSを利用する⑤管理者の5者を設定し、図表3－2に示されるように、今後ITSとして提供していくべきサービスを20の利用者サービス[注3]として提示したのである。

また、全体構想では、9つの開発分野ごとに今後20年間にわたる開発・展開計画を産官学の努力目標として定めている。この利用者サービスと開発分野が、当時における我が国のITSの全体像といえるものであった。

利用者サービスは、大きく見ると情報提供、課金、安全運転支援、交通管制、道路管理、車両の運行管理等で、全体構想が定められた平成8（1996）年当時の道路交通に対するニーズから生まれてきたものである。これらは、今後、社会の変化や技術の進展に伴って進化していくことに留意する必要がある。今後、ITSが新たな分野に導入される場合には、利用者のニーズに応じた新たなサービスの見直しと、それを実現するための新たなITS技術が求められることになる。

[注3]　全体構想において提示された20の利用者サービスは、その後平成11（1999）年にITS関係5省庁により策定された「高度道路交通システム（ITS）に係るシステムアーキテクチャ」において、「高度情報通信社会関連情報の利用」サービスが追加され、21の利用者サービスとなっている。

図表3－2　利用者サービスと開発分野

利用者サービス	開発分野	利用者サービス設定の視点		
		主な利用者	ニーズ	状況
(1) 交通関連情報の提供	1. ナビゲーションシステムの高度化	ドライバー	ナビゲーションシステムを用いた移動に関連する情報の入手	出発地から目的地までの移動
(2) 目的地情報の提供				目的地の選択・情報入手
(3) 自動料金収受	2. 自動料金収受システム	ドライバー 輸送事業者 管理者	一旦停止のない自動的な料金のやり取り	料金所での料金の支払
(4) 走行環境情報の提供	3. 安全運転の支援	ドライバー	安全な運転	走行環境の認知
(5) 危険警告				危険事象の判断
(6) 運転補助				危険事象回避の操作
(7) 自動運転				運転の自動化
(8) 交通流の最適化	4. 交通管理の最適化	管理者 ドライバー	交通流の最適化	交通の管理
(9) 交通事故時の交通規制情報の提供			交通事故への適切な対応	
(10) 維持管理業務の効率化	5. 道路管理の効率化	管理者	迅速かつ的確な道路の維持管理	道路の管理
(11) 特殊車両等の管理		管理者 ドライバー 輸送事業者	特殊車両の通行許可の迅速・適正化	
(12) 通行規制情報の提供		管理者 ドライバー	自然災害等への適切な対応	
(13) 公共交通利用情報の提供	6. 公共交通の支援	公共交通利用者	交通機関の最適な利用等	公共交通の利用
(14) 公共交通の運行・運行管理支援		輸送事業者 公共交通利用者	公共交通機関の利便性向上 事業運営の効率化 輸送の安全性向上	運行管理の実施 優先走行の実施
(15) 商用車の運行管理支援＊	7. 商用車の効率化	輸送事業者	集配業務の効率化 輸送の安全性向上	運行管理の実施
(16) 商用車の連続自動運転			輸送効率の向上	
(17) 経路案内	8. 歩行者等の支援	歩行者等	移動の快適性の向上	歩行等による移動
(18) 危険防止			移動の安全性の向上	

(19)	緊急時自動通報	9．緊急車両の運行支援	ドライバー	迅速・的確な救援の要請	救援の要請
(20)	緊急車両経路誘導・救援活動支援		ドライバー	災害現場等への迅速かつ的確な誘導	復旧・救援活動

＊業務用車両の運行の管理を対象とする。
出典：ITS推進に関する全体構想

(2) ITSの要素技術

ITSの要素技術としては様々なものが考えられるが、ここではITSの実用システムで用いられている技術の主なものとして、①センシング技術、②車両制御技術、③交通管制技術、④位置特定技術、⑤移動体通信技術、⑥デジタル地図技術、⑦デジタル情報処理技術について、ITSにおける位置付け、役割等を簡単に紹介する。

ア　センシング技術

ITSにとって、情報の取り入れ口となるセンサー技術はすべてのITSの基礎となるものである。センサー技術は、大きくはインフラ系センサーと車載系センサーに分類される。

インフラ系センサーは、特定の地点で車の挙動等を路側から検知・計測するためのもので、機器としては、超音波センサーや赤外線センサー、カメラ等がある。

車載系センサーとしては、車両の位置を特定するためのGPS（Global Positioning System：全地球測位システム）センサーや車両の横すべりに伴う回転速度を検出するヨーレートセンサー、車間距離制御のための車速センサーや車間距離センサー、車線維持制御のためのカメラ、操舵角センサーなどが挙げられる。最近はカメラ等による画像処理技術の進展及び車載系センサーの普及が顕著である。

近年、ITSの分野で、現実空間のあらゆるものの状態を自動的にセンサー技術でデータ化してコンピュータ上に集め、それらの情報を蓄積・融合・解析して新たな価値を持つ情報を創出するシステムとしてCPS（Cyber Physical Systems）が注目されているが、ここでも情報の取り入れ口となるセンサー技術が重要な役割を果たしている。

イ　車両制御技術

安全運転支援の考え方には、事故の発生を未然に防ぐための予防安全（アクティブセーフティ）と事故発生後の乗員保護のための衝突安全（パッシブセーフティ）がある。

予防安全は、ドライバーの運転機能である認知・判断・操作機能をシステムで支援する考え方で、これまで自動車メーカーでは、居眠り防止や車線逸脱防止システム、ABS（Anti-lock Brake System）やVSC（Vehicle Stability Control）などの走行制御システム等、様々な安全運転支援システムを開発・商品化している。安全運転支援システムには様々なセンサーや制御アルゴリズム等、最新のカーエレクトロニクス技術が使われている。

衝突安全は、負傷の程度の軽減を目指すもので、主に車のボディ構造やシートベルト、エアバッグ等に関するシステムが開

発・商品化されており、ここでも最新のカーエレクトロニクス技術が使われている。

近年、安全運転支援システムを適用しても衝突が避けられなくなった場合、自動的にブレーキ等の制御を行って被害の軽減を図るプリクラッシュセーフティ（Pre-Crash Safety）システムも商品化されている。この場合も、ミリ波レーダや赤外線レーダ、デジタルステレオカメラなどセンサー技術が重要な役割を果たしている。

ウ　交通管制技術

交通管制技術は、信号制御や情報提供を行うシステムに適用されている。交通管制システムとは、大都市において交通信号の制御と情報提供により、自動車や歩行者などを安全かつ円滑に流すことを目的とするもので、同システムは、センサー技術を使った情報収集系、収集した情報を基にして信号制御等を行う情報処理系、路側の表示板やラジオ放送、あるいはVICSのような個別の車に対しての情報提供を行う情報提供系からなる。

交通制御技術には、交通状況の推定・予測アルゴリズム、交通流シミュレーション、信号制御アルゴリズムなどの技術があり、最近は、インフラ系センサーである車両感知器から得られる車両通過台数や走行速度等の情報に、車載系インフラから得られるプローブ情報（位置情報、時刻情報等）を融合して、情報の精度向上を図る研究が活発に行われている。

エ　位置特定技術

高速で移動する車や歩行者の移動を支援するITSにとって、車や人の正確な位置を瞬時に特定する技術は最重要技術といえる。位置特定技術には、①GPS等を使った衛星測位技術、②慣性航法等の車単独の自律型測位技術、③レーンマーカ等の地上インフラを使った測位技術などがある。

衛星測位システムとしては、米国のGPSの他、ロシアのグロナス（GLONASS: Global Navigation Satellite System）、欧州のガリレオ（GALILEO）、中国の北斗（CNSS: Compass Navigation Satellite System）、日本の準天頂衛星（QZSS: Quasi Zenith Satellite System）などがあり、各国が国家戦略の一つとして技術開発や運用を行っているのが現状である。

自律型測位技術としては、車速センサーとジャイロセンサーを使用した慣性航法が代表例として挙げられる。車速センサーからの移動距離とジャイロセンサーの方位とを併用することによって、初期位置から相対的な位置を測定するもので、GPSを利用する場合、ビルの谷間、トンネル内等で誤差が発生することがあるため、現在市販されているカーナビのほとんどが、GPSと慣性航法を併用して精度を上げるハイブリッド方式を採用している。

地上インフラを使った測位技術としては、磁気式や電波式のレーンマーカから相対的な位置を検知する方法や路車間通信システムにより地上側から絶対位置情報を入手する方法などがある。

1990年代以降、GPSを使った測位技術がカーナビに導入されてからは、現在位置を常時自動的に正確に把握することが可能になり、このことが、カーナビを急激に進展させた大きな要因になっている。

オ　移動体通信技術

車や歩行者などの移動する物体を対象に

するITSにとって、無線等の通信技術は不可欠な技術である。一般的にITSに係る通信技術を電波メディアで分類すると、放送型メディアとして、地上デジタル放送やFM多重放送などが挙げられる[注4]。放送の伝送の形態は通常片方向であるが、近年、双方向化も可能になりつつある。放送型は、下り方向の高速伝送を活かした大容量のコンテンツ提供が特徴である。

通信型メディアとしては、広域型の携帯電話の進展が目覚ましい。スマートフォンの普及により、高速・大容量で安価な定額通信料の通信メディアが実現し、携帯電話はITSの中心的存在になりつつある。近・中距離型では路車間通信や車車間通信等に用いられる双方向のDSRC（Dedicated Short Range Communication：狭域通信）やWi-Fi（Wireless Fidelity）等と呼ばれる無線LANなどがある。

移動体通信技術は、場所を選ばない広域の情報サービスや特定エリアにおける路車間通信や車車間通信による警告や注意喚起、介入制御などを可能にし、安全運転支援システムの実現に大いに貢献する技術である。この路車間通信や車車間通信を使った安全運転支援システムの開発は、日米欧がほぼ類似の開発・普及プロジェクトを同じようなスケジュールで進めており、移動体通信技術の国際標準化が重要な課題となっている。

カ　デジタル地図技術

GPS等の衛星測位技術で得られる自車の位置と時刻の情報を車側で得て、車載のディスプレイ上に表示するために不可欠な技術がデジタル道路地図技術である。カーナビにおいて、自車の位置や周辺の建造物等をディスプレイ上に見える形で提示し、位置に応じた情報サービスや走行支援サービス等を受けるために、道路地図を数値化・電子化したデジタル道路地図が重要な役割を果たしている。

デジタル道路地図は、地点の位置や周辺の地点との位置関係などを数値化したデジタルデータで表現される。全国の道路を数値化した「デジタル道路地図データベース」が、（一財）日本デジタル地図協会で整備されている。デジタル道路地図データベースは、都道府県道以上（高速道路、国道、都道府県道）及びそれ以外で車道幅員5.5m以上の道路からなる基本道路と、基本道路以外で幅員3.0m以上の道路から構成される細道路の2種類の道路ネットワークから構成されている。

デジタル道路地図の課題は、変化する道路や施設のデータを常に最新の状態に維持していくデータの管理である。そのために、データを効率的に収集する技術、変化分のデータのみを更新する技術、鮮度の高い地図データをユーザーに早期に提供する技術などが研究開発の対象になっている。

キ　デジタル情報処理技術

1980年代に音楽録音がアナログからデジタルへ変わり大きく発展したように、コンピュータ技術と通信技術の進展は20世紀後半にデジタル革命をもたらした。デジタル革命は、大量のデータを短時間に人を介さ

[注4] 総務省は、ITSにおける電波メディアの区分として、携帯電話、路車間通信、ETC/DSRC、車車間通信等の通信型、FM多重放送、電波ビーコン等の放送型、ミリ波レーダ、電子タグ、歩行者ITS等のセンサー型に分類している。

ずに情報処理することを可能にした。さらにインターネットの拡大とセンサー技術の高機能化・高性能化、コンピュータ技術の高速化等の情報通信技術の急速な進展によって、ビッグデータやＭ２Ｍ（Machine to Machine）などの言葉で象徴されるように、現実の社会の膨大なデジタルデータが各種のセンサーで収集・処理され、インターネットを介して情報センターの巨大なデータベースに蓄積され、コンピュータ上のサイバー空間で様々な情報に加工され、それを現実の社会にフィードバックする仕組みができあがりつつある。

交通の分野では、例えば車両感知器やカメラ等の固定系センサーの情報に、車や人の移動系センサーからのプローブ情報を加え、コンピュータシミュレーションで固定系センサーのない道路の交通情報を補完し、道路交通情報の推定・予測精度の向上を図る研究などが行われている。

後述の「第4章第2節4　情報社会の更なる進化」で詳説されているように、情報通信技術の進展スピードは想像を絶するものがあり、膨大な情報をリアルタイムで瞬時に処理できるような情報処理技術が間もなく実用化されるものと期待されている。

4　ITS推進の枠組みと取組状況

(1)　概要

我が国のITSは、政府や民間企業が道路・交通・車両分野のIT化を目指した研究開発を先導し、その具体的な適用を地域において実践するとともに、より高度な技術について大学が研究開発を行うという役割分担で推進されている。

政府においては、国家レベルで推進される光ビーコン、電波ビーコンなどを利用した路車間通信システム、高速道路の料金を徴収するETC、全国の都市部で展開される交通管制システムなどについて、民間企業とも連携をしつつ、研究開発を行った上で、試験導入、本格導入を推進している。

地域（地方自治体）においては、上記試験導入の実際のフィールドを提供するなどして試験導入するシステムの評価を実施するとともに、行政上必要なシステムの導入を進めている。

大学は、上記の試験導入における評価や助言を有識者の立場から実施するとともに、先進的なシステムについて基礎研究を国や民間企業とも連携して推進している。

また、民間企業においても、車両側の機能としてカーナビや各種の車両安全装備などの研究開発、商品化を積極展開している。

我が国では、基礎研究、研究開発、試験導入、本格導入の一連の流れの中で、国、民間、地域、大学がそれぞれの役割を担い連携し合って、1990年代以降、各種の高度なシステムの導入を積極的に推進してきた。

(2)　各部門の取組状況
ア　政府

政府は、1973年には当時の通商産業省によりCACS（自動車総合管制システム）の取組を開始し、経路誘導システム等の開発と試験運用を行った。1980年代以降、警察庁によるAMTICSや建設省によるRACSなど様々な研究開発が行われたが、平成7（1995）年2月に政府の高度情報通信社会推進本部が決定した「高度情報通信社会推

進に向けた基本方針」に「道路・交通・車両分野における情報化」が位置付けられ、国家プロジェクトとして本格的なITSの研究開発、導入が進められることとなった。

本来、通商産業省のCACSは、新しい産業技術の開発と産業振興を念頭に行われたものであり、一方、警察庁と建設省の取組は、交通安全や交通渋滞の緩和等の道路交通政策の実現のために取り組まれたものである。政府に高度情報通信社会推進本部が設置され、ITSが高度情報通信社会実現の重要な手段の一つに位置付けられたことにより、政策目標の異なる行政機関が協力してITSの実現に取り組む体制が整ったといえる。

平成8（1996）年には当時のITS関係省庁（警察庁、通商産業省、運輸省、郵政省、建設省）が全体構想を策定し、ITSの定義、基本理念、利用者サービス、開発・展開目標、実現方策を明示した。この全体構想に基づき、各省庁が道路交通管理や自動車機能の高度化、電波の有効活用、産業振興などの観点から、ITSに係る研究開発や新たなサービスの事業展開を行ってきたのである。

(ア) 警察庁

警察庁は、1990年代より、AMTICS構想の後継であるUTMS構想のもと、交通管理の高度化、事故削減による安全対策、交通流円滑化などを目的とした各種の高度な交通管理システムの研究開発、導入を推進してきている。具体的には、高度な交通管制システム、安全運転支援システムの研究開発、緊急通報システムの研究開発、実用化等を推進してきている。

(イ) 総務省

総務省は、電波の有効利用の観点からの研究開発、電波関連の制度化、関連規格の策定などを実施してきた。日本では、ETCの導入に当たり5.8GHz帯の利用に関連する制度を整備し、さらに5.8GHz帯のDSRCの汎用利用に向けた関連制度整備、ミリ波帯レーダの利用に向けた研究開発、制度整備などを実施してきている。

(ウ) 経済産業省

経済産業省は、新たな産業振興を目指し、1990年代後半からプローブカーに関連する研究開発や関連するセキュリティー、プライバシーなどについての検討を実施してきた。また、エネルギーITS推進事業では、燃料消費やCO_2排出が少ないシステムの開発として、プローブ情報を応用したシステムや自動車専用道路における自動追従走行・隊列走行など先進的な研究開発を実施してきている。

(エ) 国土交通省

国土交通省自動車交通局（現自動車局）は自動車の安全機能の高度化のため、1990年代以降、ASVによる先進安全機能の研究開発、実装の推進を進めてきている。

また、道路に関連する施策として、国土交通省道路局は、ETCを平成13（2001）年に全国に展開し、平成25（2013）年末には、全国の高速道路で9割近くの車両がETCを利用するまでに普及している。また、AHSやスマートウェイのプロジェクトでは、道路インフラの観点から様々な研究開発を推進し、DSRCを利用した道路交通情報の提供、決済、インターネット接続等先進的なシステムを民間企業と連携して開発した。そのうち、道路交通情報提供に関しては、全国の高速道路にDSRCを実配

備し、ITSスポットサービスと呼ばれる本格的な情報提供サービスを開始している。

イ　地域

　我が国の地域へのITS普及に関しては、先進的なITSの試験導入に取り組む地域、また、長期的な運用によりシステムの評価などを積極的に進める地域など、それぞれ地域の特徴を生かした取組が広がっている。

　長崎県五島列島では、2010年から電気自動車を導入し、観光客の利用を念頭に置いた観光情報の提供システムなどを整備し、先進的な試験運用を行っている。

　豊田市では、長年にわたりITSの開発・導入に取り組んでいる。具体的には、バスの運行情報の提供や駐車場の満空情報の提供など、市民のモビリティ、利便性を向上させる様々なシステムを運用し、その評価を行うとともに、先進的なモビリティ都市への発展を目指している。

　柏市では2010年に柏ITS推進協議会を設立し、技術的な熟度が高いDSRCを利用した地域情報の提供や駐車場などの施設との連携、デマンドバスや高齢者向けの超小型EVなど先進的なモビリティサービスを導入し、市民生活の質の向上などを長期的な視点で実証する試みを推進している。

　また、他の地域においても、インターネットを利用した地域情報や観光情報の提供、バスロケーションシステムの導入など先駆的なシステム導入が徐々に進んでおり、ITSが市民生活の一部として定着しつつある。

　このように近年では、政府主導でVICS、ETC等の基幹システムを全国に普及させる段階から、地域固有のニーズに応じて、あるいは環境・エネルギー問題、高齢化など深刻化する社会問題に対応して、地域の自治体が大学や地元企業等と連携して、ITSを導入しようとする段階へと移行しつつある。

　このような地域へのITS導入の取組は、地域の街づくりや交通社会づくりにITSを活用し、地域の活性化と豊かな生活の実現などを目的として行われている。推進体制としては、地域の自治体やITS関係省庁の地方支分部局が取りまとめ役となり、地域の大学が研究開発・人材育成を、民間企業が技術開発・商品化を担当し、地域ITS推進団体や市民団体等が市民の意見を代表する形で参加し、地域の事情にあった街づくりや交通社会づくりを検討している。

　なお、地域ITS推進団体としては、平成25（2013）年現在、愛知県ITS推進協議会を始めとして全国で10団体以上の組織が存在し、活動している。ITS関係省庁やITS Japanは、これらの推進団体を側面から支援しており、例えばITS Japanでは、ITS関係省庁と地域ITS推進団体から構成される連絡会等を開催し、国と地域ITS推進団体との情報交流及び地域ITS推進団体同士の情報交流を活発化し、相互の連携強化を図っている。

ウ　大学

　大学では、土木工学、都市工学、交通工学、情報工学、自動車工学、人間工学など広範な分野の専門家である学識経験者が、各分野における技術的な課題についての研究開発を実施している。

　特に、交通工学の分野においては、交通流を再現するシミュレーションに関する研究やシミュレーションを利用した効果計測

に関する研究が進められている。また、情報工学の分野では、路側などに設置されたカメラで撮像された映像から自動車、歩行者などの挙動を自動的に認識する画像処理に関する研究、また、車車間通信など多くの端末が同時かつ高効率に通信を行う際の技術課題に関する研究、システムの信頼性や暗号アルゴリズムなどセキュリティーに関する研究などが進められている。

その他、小型自動車など次世代の移動手段に関する研究やシステムを自動車に導入した際のドライバー挙動に関する人間工学的見地からの研究などが進められている。

こうした大学での活動の一部については、中長期的な研究開発にとどまらず、大学自らが国や民間企業と連携し、先行的なシステムを導入する際の実用化を目指す活動に取り組んでおり、ITSの導入に関して大きな貢献を果たしている。

また、ITS世界会議などの国際会議や、国内ではITSシンポジウムなど学会活動において学術分野間の交流も進められており、各種の情報交流、技術ノウハウの共有により、世界においても最高水準の研究開発が進められている。

大学の関係者は、ITS関係省庁や地方支分部局、及び地方のITS推進団体等への学識経験者としての参加や、民間企業との共同研究などの連携体制をとっている。さらに、ITS Japanの学界理事として事業推進への参画や団体等の委員会・研究会・シンポジウム・セミナー等を通じてITSの普及広報活動に貢献している。

既存の学会、例えば、情報処理学会、電子情報通信学会、自動車技術会、土木学会、交通工学研究会など多くの学会には、ITSに関係する分科会、研究会などが設けられ、ITSに関する研究が進められている。

初期の要素技術の研究の段階においてITSは個別の研究の対象となりやすかったが、社会的ニーズに総合的、統合的に応えるITSの社会システム化の段階に入ってくると、学界の幅広い技術分野との連携を強化することが重要になってくる。個別技術・システム開発は得意な日本であるが、技術の進歩や社会の変化が早い段階で大きな社会システムを扱うためには、大学の幅広い分野の学問を連携、統合して研究開発を進めることが求められる。

エ　民間企業・団体

我が国では、自動車、自動車部品、電機、通信、ITコンテンツ系企業など様々な業種の民間企業がITSの研究開発・導入を実施している。また、これら民間企業全体として取り組むべき課題解決に向け、関係者により特定非営利活動法人ITS Japanが設立され、毎年開催されるITS世界会議の事務局を始め、将来のITSの実用化へ向けた様々な検討を実施している。

(ア)　自動車および自動車部品

ITSの代表的な製品やシステムとして、自動車メーカーや自動車部品メーカーでは、1980年代よりカーナビを開発し、2000年以降、多くの普通乗用車に装備されるなど高い普及を果たした。

一方で、1980年以降、車両駆動系などへの電子部品の導入が進み、エンジン制御やブレーキ・車輪のトルク制御などバイワイア技術の導入も進められた。これらの技術を融合・発展させ、ABSやTCSなど車体の姿勢制御機能、さらには自動的に速度を

維持するクルーズコントロールシステムなどが導入された。1990年代後半からは、車両前方および周辺の状況を監視するセンサー技術の開発・導入が進み、先行車両との距離を計測する赤外線センサーや電波を利用したレーダ、後退時の障害物を検知する超音波センサーなどの商品化が進んだ。また、より高度なシステムとして、車両に搭載したカメラの画像を自動認識し、周辺の車両や歩行者などを検知するシステムも開発された。これらのセンサー技術と車両制御技術が統合され、先行車両との車間距離を自動的に保持するACC（Adaptive Cruise Control：車間距離自動制御）や衝突防止支援システム、画像処理により車線を認識する車線逸脱警告装置など高度な運転支援システムも開発・実用化している。

(イ) 電機、電子関連機器メーカー

1970年代から、コンピュータを利用した情報処理技術により、一般道路において信号管制システムや都市全体の交通状況を把握、監視する管制システムの導入が進んだ。これらは、交通状況に応じた信号現示を実現する感応制御に始まり、広域に含まれるいくつかの信号交差点を連携させて地域全体の交通流を改善する広域制御などが全国の主要都市に展開された。

一方、首都高速や阪神高速など各地の都市高速道路や都市間高速道路においては、高速道路の管制システムが導入され、車両感知器や路側カメラの高密度な配置により交通渋滞や交通事故などをリアルタイムで把握する仕組みが導入された。

また、こうした一般道路や高速道路で展開された交通管制システムにより収集された道路交通情報を効率的に走行中の車両に提供する仕組みとして、1990年代にはVICSが実用化された。このシステムでは、通信メディアとして電機、電子関連機器メーカーが開発したFM多重放送や赤外線ビーコン、2.4GHz電波ビーコンなどの最新技術が利用されている他、デジタル情報を高効率で伝送するための符号化技術やデジタル地図との連携を可能とする位置参照技術などが利用されている。

また、2000年以降は有料道路の料金を停止することなく自動的に徴収するETCが導入された。このETCでは、狭域で高速かつ大容量の通信を可能とする5.8GHzのDSRCによる移動体通信が利用されている他、高度なセキュリティー暗号システム、大容量データを確実に処理するデータベース技術などを確立してきた。

各種インフラセンサーのデータの統合処理が成熟した最近では、プローブカーなどを利用した、より高度な道路交通情報の処理・生成システムなどを開発、導入している。

(ウ) コンテンツサプライヤー（情報提供事業者）など

2000年以降、インターネットや携帯電話の普及とともに、一般市民に対し容易に交通情報などの情報を提供することが可能となり、情報提供を事業とする事業者が現れ始めた。特に道路交通情報については、平成13（2001）年の政府によるTIC（Traffic Information Consortium）の議論を踏まえ、交通管理者および道路管理者が収集し、（財）日本道路交通情報センターに集約された道路交通情報を民間が活用するとともに、民間自らが保有する情報も加味して道路交通情報を提供するサービスが

実施されている。これらの情報は完成車メーカーが提供するテレマティクスサービスの一部やインターネットでの情報提供サービスとして既に市民生活に浸透している。

また、製造者向けには、デジタル道路地図の精緻な情報などを製造販売する事業も活発化し、カーナビ等に精緻な道路地図情報や目的地となり得る店舗などの情報（POI: Point of Interest）を提供している。

このように、各種情報提供については、一般消費者向け、事業者向けともにコンテンツ（情報）サプライヤーの事業が確立され、道路交通のみならず、観光情報や公共交通情報など様々な情報を即座に市民が利用可能な仕組みが実用化されている。

㈎ 業界団体

ITSに関する業界団体としては、ITSに関する民間企業や学識者などから構成される特定非営利活動法人ITS JapanがITSの普及広報などの活動の中核をなしている。ITS Japanは毎年、ヨーロッパ、アジア太平洋地域（AP地域）、アメリカの三極で持ち回り開催されるITS世界会議のAP地域における窓口やAP地域内でのITS関係者の会議であるITSアジア・パシフィック会議の事務局として国際活動を実施している。また、日本国内においては、将来のITSの方向性を示すビジョンを策定するなどの活動の他、地域や業界におけるITSの普及促進活動などを積極的に実施している。

ITS Japanは、民間側の団体、例えば、（一社）日本自動車工業会（JAMA: Japan Automobile Manufacturers Association, Inc.）や（一社）電子情報技術産業協会（JEITA: Japan Electronics and Information Technology Industries Association）などの業界団体や（一社）日本経済団体連合会等と連携をとりながら、政策提言やITSの理解活動等を進めている。

また、ITS関係省庁と海外との接点、特に情報通信技術等の国際標準化の推進に関しては（公社）自動車技術会が窓口となり、国際標準化機構（ISO: International Organization for Standardization）や国際電気通信連合（ITU: International Telecommunication Union）などとともに標準化活動を進めている。

(3) 今後のITS推進に向けた関係機関の連携

現在、日本のITSについては、VICSやETC、信号制御の高度化など様々なシステムが導入され、交通事故死亡者数の減少などその効果が発現している。しかし一方で、依然、交通事故や交通渋滞は頻発しており、これに伴う社会的損失は多大である。引き続き車両、道路の機能高度化により社会的損失を減少させることが望まれている。

今後は、交通管理者や道路管理者が整備している各種システムについて、整備地域を拡大するとともに、機能高度化へ向けたシステム改良が必要となる。こうした機能高度化に当たっては、最新の情報通信技術等を利用し、より低コストで大きな効果を得ることができるシステムへ改良することが重要である。そのためには、交通管理者や道路管理者においては既存システムの現状について幅広く産業界、学界の有識者に情報提供を行い、今後のシステム改良に向

第3章 ITS

けて共同で検討するなどの連携が必要となる。

また、自動車の情報通信機能や携帯端末などで提供される道路交通に関する情報サービスについては、道路管理者や交通管理者の整備したインフラやシステムとの連携により、さらに高度で有用な情報を利用者に提供し、また、即時性が高く、タイムリーな情報提供方法を実現したりすることが可能となる。こうした民間システムと公共の連携のためにも、官民の連携による共同研究を進めるとともに、システム運用時の役割分担や民間連携のあり方を検討することが必要である。

ITSに関連する主な学会、団体等は以下のとおりである。この他、安全関係の団体の一部と重複するITS関連団体については、「第2章第3節16交通安全推進体制(3)交通関連団体の活動」の項を参照されたい。

ITS関連学会・団体等

	団体名	設立	目的
1	一般社団法人 電気学会 東京都千代田区五番町6-2 HOMAT HORIZONビル8階	明治21年	電気に関する学理及びその応用の研究調査並びにその成果の利用についての発表、連絡、知識意見の交換調整及び情報の提供等を行う場となることにより、電気に関する研究の進歩とその成果の利用普及を図り、もって学術の発展と文化の向上に寄与することを目的とする。
2	一般社団法人 日本機械学会 東京都新宿区信濃町35番地 信濃町煉瓦館5階	明治30年6月	機械及び機械システムとその関連分野に関する学術技芸の進歩発達をはかり、もって人類社会の発展と安寧及び福祉の向上に貢献することを目的とする。
3	一般社団法人 電子情報通信学会 東京都港区芝公園3-5-8 機械振興会館内1F101号室	大正6年5月	電子工学および情報通信に関する学問、技術の調査、研究および知識の交換を行い、もって学問、技術および関連事業の振興に寄与することを目的とする。
4	公益社団法人 土木学会 東京都新宿区四谷一丁目 外濠公園内	大正3年11月	土木工学の進歩及び土木事業の発達並びに土木技術者の資質の向上を図り、もって学術文化の進展と社会の発展に寄与することを目的とする。
5	一般社団法人 情報処理学会 東京都千代田区神田駿河台1-5 化学会館4F	昭和35年4月	コンピュータとコミュニケーションを中心とした情報処理に関する学術および技術の振興をはかることにより、学術、文化ならびに産業の発展に寄与することを目的とする。
6	公益社団法人 計測自動制御学会 東京都文京区本郷1-35-28-303	昭和36年9月	計測、制御及びシステムに関する学術及び技術の進歩発達をはかり、文化の向上並びに産業の発展に寄与することを目的とする。
7	公益社団法人 自動車技術会 千代田区五番町10-2 五番町センタービル5F	昭和22年2月	自動車に関わる学術及び科学技術の進歩発達に関する事業を行い、学術文化の振興及び産業経済の発展並びに国民生活の向上に寄与することを目的とする。

（平成25年4月末現在　順不同）

主な事業
1．研究発表会、講演会、講習会および見学会の開催 2．会誌および図書の発行 3．調査・研究の実施および標準の制定 4．功績の表彰 5．教育 6．国内外の関係学術団体との協力および連携など
1．研究発表会および学術集会の開催 2．講習会、見学会、展示会、研修会などの開催 3．会誌、論文集、研究報告、資料その他図書の刊行 4．調査研究、資料・情報などの収集ならびに作成 5．研究・技術・システムの開発ならびに、研究・調査の支援 6．技術基準・規格の制定、技術検査・試験の支援、助言、助成など 7．論文、技術などの顕彰、コンテスト 8．技術者人材育成・教育、技術者資格の認定 9．普及・啓蒙・広報ならびに、政策提言 10．国内外の関係組織・団体などとの協力および連携など
1．機関誌の発行 2．電子工学および情報通信に関する講演会、討論会、講習会および見学会等の開催 3．電子工学および情報通信に関する学術の調査研究 4．電子工学および情報通信に関する規格および標準の制定 5．電子工学および情報通信または関連事業に関し功績ある者の表彰 6．電子工学および情報通信に関する学問、技術の奨励および普及事業 7．電子工学および情報通信に関する専門図書および雑誌の刊行　など
1．土木工学に関する調査、研究 2．土木工学の発展に資する国際活動 3．土木工学に関する建議並びに諮問に対する答申 4．会誌その他土木工学に関する図書、印刷物の刊行 5．土木工学に関する研究発表会、講演会、講習会等の開催及び見学視察等の実施 6．土木工学に関する奨励、援助 7．土木工学に関する学術、技術の評価 8．土木技術者の資格付与と教育 9．土木に関する啓発及び広報活動 10．土木関係資料の収集・保管公開及び土木図書館の運営など
1．情報処理関連技術の研究・調査ならびに研究・調査に関する成果発表 2．情報処理関連技術の普及・実践 3．情報処理関連技術の標準化の推進ならびに普及 4．情報処理に関わる人材育成の推進 5．情報処理関連の国際学協会への加盟ならびに連絡および協力 6．情報処理関連学協会との連絡および協力など
1．研究集会、講演会及び教育・育成のための講習会等 2．調査・研究及び資料収集 3．技術者の資格認定・付与 4．啓発・普及のための体験活動等 5．表彰及びコンクールなど
1．調査及び研究 2．研究発表会及び学術講演会等の開催 3．学術誌及び学術図書の刊行 4．人材の育成 5．規格の作成及び普及 6．内外の関連機関、団体等との提携及び交流 7．研究の奨励及び研究業績の表彰など

8	一般社団法人 電子情報技術産業協会 東京都千代田区大手町１－１－３ 大手センタービル	平成12年11月	電子機器、電子部品及びその関連製品の健全な生産貿易、消費の増進及び国際協力の推進を図ることにより、電子情報技術産業の総合的な発展に資し、もって我が国経済の発展と文化の興隆に寄与することを目的とする。
9	特定非営利活動法人 ITS Japan 東京都港区芝公園２－６－８ 日本女子会館ビル３Ｆ	平成６年１月	広く一般市民を対象に、我が国の移動・交通分野の幅広い関係機関などと連携し、ITS（Intelligent Transport Systems：最先端の情報通信技術等を用いて、人と道路と車両とを一体のシステムとして構築することにより、安全・環境・利便の面から交通社会を改善するシステム）の発展・普及・実用化の促進と、国際交流に関する事業を行い、産業の発展を通じて、一般市民が住みやすく活き活きした社会の実現をめざすことを目的とする。
10	一般社団法人 電波産業会 東京都千代田区霞が関１－４－１ 日土地ビル11階	平成７年５月	通信・放送分野における電波利用システムの実用化及びその普及を促進し、電波産業の健全な進歩発展を図る観点から、電波の利用に関する調査、研究、開発、コンサルティング等を行い、もって公共の福祉に寄与することを目的とする。
11	一般財団法人 道路新産業開発機構 東京都文京区関口１丁目23番６号 プラザ江戸川橋ビル２階	昭和59年７月	道路に関連する新しい産業分野について調査研究を行うとともにその開発プログラムを策定すること等により、道路機能の健全な発展と拡充に貢献し、もって国民経済の発展と国民生活の向上に寄与することを目的とする。
12	一般財団法人 道路システム高度化推進機構 東京都千代田区二番町11番７号 住友不動産二番町ビル	平成11年９月	有料道路自動料金収受に関し、情報の安全確保の確実かつ効率的な実施へ向けた情報安全確保規格の提供、識別処理情報の付与に関する業務及び有料道路自動料金収受技術の高度化に関する調査研究等を行うとともに、統一性のある高度な有料道路自動料金収受システムの普及を支援することにより、道路利用者の利便性の向上と、道路の効率的な利用に寄与し、もって国民生活の向上と経済の活性化に資することを目的とする。
13	公益社団法人 日本ロジスティクスシステム協会 東京都港区海岸１－15－１ スズエベイディアム３階	平成４年６月	経済活動において、物資流通の円滑化を実現するため、調達、生産、販売、回収を同期化するとともに、輸送、保管、包装、荷役、流通加工、情報等を総合的にマネジメントする機能（以下「ロジスティクス」という。）に関する調査及び研究、企画の立案及び推進、人材の育成及び指導等を行うことにより、ロジスティクスの生産性を高めるとともに外部不経済の克服等社会との調和を図り、もって我が国産業の発展と国民生活の向上及び国際社会への貢献に寄与することを目的とする。

1．電子情報技術産業に係る技術及び企業経営に関する調査研究及び情報提供
2．電子機器、電子部品及びその関連製品の生産、流通、貿易及び消費に関する統計調査及び情報提供
3．電子情報技術産業に係る貿易の発展に関する研究及び国際協力の推進
4．電子情報技術産業に係る環境、安全及び品質問題に関する対策の推進及び情報提供
5．電子情報技術産業に係る法令、制度の普及促進
6．電子機器、電子部品及びその関連製品に関する規格の作成及び標準化の推進
7．電子機器、電子部品及びその関連製品に係る知的財産権問題に関する対策の推進及び情報提供
8．電子機器、電子部品及びその関連製品に関する展示会の開催など

1．まちづくりの推進を図る活動
2．環境の保全を図る活動
3．地域安全活動
4．国際協力の活動
5．情報化社会の発展を図る活動
6．科学技術の振興を図る活動
7．経済活動の活性化を図る活動
8．以上の活動を行う団体の運営又は活動に関する連絡、助言又は援助の活動など

1．通信・放送分野における電波の利用に関する調査、研究及び開発
2．通信・放送分野における電波の利用に関するコンサルティング、普及啓発並び資料又は情報の収集及び提供
3．通信・放送分野における電波利用システムに関する標準規格の策定
4．通信・放送分野における電波の利用に関する関連外国機関との連絡、調整及び協力
5．電波法（昭和25年法律第131号）第71条の2に規定する特定周波数変更対策業務及び特定周波数終了対策業務など

1．道路に関連する新しい産業分野についての調査研究
2．道路に関連する新しい産業の開発プログラムの策定
3．道路に関連する新しい産業の開発についての関係機関との連絡及び調整並びに広報
4．前各号に関連する委託された業務の執行など

1．有料道路自動料金収受システムに関する情報安全確保規格の提供に関する業務
2．有料道路自動料金収受システムに関する識別処理情報の付与に関する業務
3．有料道路自動料金収受技術の高度化に関する調査研究及び開発
4．有料道路自動料金収受システムに関する標準化
5．有料道路自動料金収受システムの普及促進
6．有料道路自動料金収受技術に関する情報収集・公表及関係機関・団体との交流など

1．ロジスティクスに関する調査及び研究
2．ロジスティクスの高度化に寄与する表彰及びキャンペーン
3．ロジスティクスに関する人材の育成及び資格認定
4．ロジスティクスに関する検査検定
5．ロジスティクスに関する普及啓発
6．ロジスティクスに関する情報の収集及び提供
7．ロジスティクスに関する内外関係桟関等との交流及び協力
8．ロジスティクスに関する公正な活動の推進など

第3節 道路交通政策とITS

1 情報化社会とITS

ITSは、社会の基盤である道路交通の分野に情報通信技術を活用して様々なシステムを構築したもので、1970年代以降に現れた情報化社会の流れが、道路交通に及んできたものといえる。

近年の情報通信技術の進展により、低コストで大容量の情報が発信側から受信側へ、瞬時にかつ広範囲に伝搬されるようになり、通信環境は、国境を越えるボーダレスなものとなっている。これに伴い、我が国でも社会の情報化が急速に進み、道路交通の場においても多様な情報提供システムが構築され、個人レベルで即時に多くの情報の受信が可能となった。

さらに近年では、スマートフォンや携帯電話等で代表されるように、移動端末を媒体とした様々な情報ネットワークができつつあり、いつでもどこでも情報にアクセスできるユビキタス社会が進行している。道路交通における移動体通信もその一環をなすものである。

ITSは、国が目指す道路交通の効率化、安全・安心の確保、環境改善等の実現に役立つため、各行政機関により積極的に導入されてきた。一方、民間においては、ITSの各機能を充実させるとともにITSの情報ネットワークと社会の他の情報ネットワークとを結び付け、自動車ユーザーにとって利便性の高い様々なサービスを提供するようになった。また、車や人の移動系のセンサーにより収集されたデータは、各方面での活用の可能性があり、伝達手段の多様性、大容量性、低コスト化や、個人からのアクセスの容易性と相まって、様々な情報サービスが生み出され始めている。

このように情報通信社会の進展は、我が国の一連のITSの形成をもたらすとともに、情報を媒体として様々な社会のネットワークを成立させ、ITSの更なる拡大と高度化を促している。

2 道路交通行政の情報化の経緯

(1) 概要

ITSという言葉が公式に使われ始めたのは、平成7（1995）年に横浜で開催された第2回ITS世界会議が契機になっているが、それ以前から、道路交通に関わる様々な分野、すなわち、道路交通の管理に関わる分野、自動車の運転を支援する分野、輸送事業における車両運行管理の分野等でエレクトロニクスやコンピュータ、移動体通信などの先進的な情報通信技術を利用しようという動きは世界的に進められてきていた。

我が国においても、1970年代の終わり頃から、こうした技術を高度利用して道路交通に係わる各分野の高度化を図ろうという動きが徐々に活発化していた。もっとも、当初、政府部内における取組の目的は必ずしも同一ではなく、通商産業省は産業振興の観点から、道路交通行政を担当する警察庁と建設省は道路交通政策の観点から、それぞれ取組を行っていたのであるが、1980年代の終わり頃には、それまでの開発努力の成果の実用化と将来に向けた発展が展望されるようになり、関係者の間で、ITSの各種のサービスが道路交通全体の発展をさらに促進するだろうという期待が高まって

きた。

このような背景の中で、平成7（1995）年に政府の高度情報通信社会に向けた取り組みの方針が示されると、道路交通行政におけるITSの取組は加速し、各関係機関同士の連携も深まってきたのである。

ここでは、道路交通行政に焦点を当て、警察庁と運輸省、建設省及び省庁再編後の国土交通省（道路局、自動車局）における道路交通行政において、情報通信技術が道路交通政策にどのように取り入れられたか、また、IT戦略の中で策定されたITS施策が、道路交通政策にどのように取り入れられたかを振り返る。

(2) 交通警察行政への情報通信技術の導入

交通警察行政は、道路交通法のもと、交通事故の防止、交通の円滑化、交通公害の防止等のための交通管理を目的としており、そのために、交通規制や交通管制を行っている。

ア　信号制御（「第2章第9節1交通管制の高度化」参照）

(ア) 信号機の基本機能

交通管制のサービス機能の主たるものは、信号の制御である。交通信号機の当初の機能は、個々の交差点で自動車を交互に通行させるようにして、交差点における通行の安全性を確保するところから始まった。自動車の通行量が増加するのに従い、多くの交差点が存在する市街地の交通を円滑化するため、隣接する信号機同士を系統的に制御するとともに信号の青時間を交通量に応じて適切に調整することが必要となった。交通管制分野で情報処理技術の利用が始まったのは、このような事情のためであった。

(イ) 各種センサーによる交通流の計測

信号機を系統的に制御し、また、青時間を適切に調整するためには、交通の状況をできるだけ正確かつリアルタイムに計測、把握する必要がある。そのための基本的な要素技術は、各種交通流計測用のセンサーと情報処理技術である。

交通流の把握は、主として道路上の定点を通過する車両の数や密度等を計測して行われる。当初は電磁式、超音波式のセンサーが用いられており、その後、画像センサーや自動車が発信する情報（プローブ情報）等を利用する方式が取り入れられるようになった。これにより、交通状況の把握は交通量だけでなく自動車群の速度や二点間の旅行時間等の計測が可能となった。プローブ方式については、現在VICSの車載装置を利用する狭域の路車間通信により実現されているが、後に述べるバス、タクシー等の車両運行管理システムやカーナビ等移動体通信システムを利用する可能性にも期待が寄せられている。

(ウ) 信号機の制御方式

系統化された交通信号機は、センサーによって把握された交通流の状況に応じて、交通管制センターにより制御される。交通管制センターによる当初の信号制御は、交通量の多い路線を対象に連続する信号機を系統的に制御して、その交通容量を最大化する努力から始まったが、渋滞箇所の増大につれて、縦横に幹線が交差する街区に存在する各交差点の信号機をグループごとにセグメント化し、全体的に制御する方式へと進んだ。

また、交通流の把握も、交通量の計測に

加えて地点間の旅行時間の計測等も可能になり、最近では予測制御等の非常に高度なものへと発展しつつある。さらに、こうした交差点の交通容量を最大化させるための制御に加えて、近年はバスなどの公共車を優先させて走行させる制御システムも導入されるようになっている。

イ　交通情報の収集・提供

(ｱ)　情報収集・提供機能の高度化

交通管制のいま一つの重要なサービスは、ドライバーへの交通情報の提供である。信号制御が一定の交通需要に対して道路網のスループット増大を目指すものであるのに対して、交通情報の提供は、ドライバーの行動に働きかけて交通需要そのものを変化させようというものである。

ドライバーへの情報提供は、当初は一般のラジオ放送や路側の可変表示板によって行われていたが、路車間通信システムの出現により大きく変わった。路車間通信は、受信用車載装置を搭載した車が路上機器の近傍を通過したときに路上側から情報を提供し、あるいは交換する機能で、その地点を通過中の車のドライバーが必要とする情報を選択的に提供できる。そのため、交通渋滞情報に限らず走行の安全に関わる情報も併せ提供できるという特徴を持つ。

路車間通信機器を利用した道路交通提供サービスの開発や試行は1980年代後半頃より関係行政機関により進められてきた。道路交通情報提供サービスの発展において、特筆されるべきものはVICSのサービスである。このサービスは、カーナビで実用化された路車間通信機器を通じて、個々の車にリアルタイムの渋滞情報を提供してカーナビの画面に表示するもので、路上に設置した光ビーコン、電波ビーコン、ＦＭ多重放送の３つの情報提供メディアによって、渋滞、事故、規制等のリアルタイムの交通情報を提供するシステムである。警察庁は、当時の郵政省、建設省とともに、平成７（1995）年７月に（財）道路交通情報通信システムセンター（VICSセンター・現在では一般財団法人）を立ち上げ、平成８（1996）年４月に首都圏から情報提供サービスをスタートさせている。

その後、VICSのカバーエリアは徐々に拡大し、平成14（2002）年度末に全国の一般道路及び高速道路へのサービスを実現した。VICS車載装置は平成25（2013）年12月末で累計4,071万台に達するなど、我が国のITSの代表的システムに成長している。

(ｲ)　民間事業者による交通情報提供

情報通信技術の飛躍的発展に伴い、専用の路車間通信システムを用いた交通情報の提供の他、携帯電話やインターネット等を通じて交通情報を関係者に提供することができるようになってきた。このため、平成13（2001）年の道路交通法の一部改正により、民間事業者が国家公安委員会に届出を出すことにより、交通情報提供事業者として自ら収集した交通情報を提供し、又は官の保有する交通情報に民の付加価値情報を追加して提供することができるようになった。

これを踏まえ、交通管理者や道路管理者の保有する交通情報を民間事業者の求めに応じてオンラインによりリアルタイムで供与するシステムが構築され、民間事業者が付加価値の高い交通情報等を作成することができる環境が整備された。

ウ ドライバーに対する情報提供

　自動車のドライバーは、安全と円滑な走行のため、道路の状況や周囲の車両・歩行者の動きや目的地までの経路などの情報を的確に処理・判断することが求められる。このため、ドライバーは常に緊張を強いられるのであるが、特に地理に不慣れな地域における運転においては、地理、経路に関する情報の入手や判断が大きな負荷になる。

　これに対して、1980年代前半から自動車メーカーによって、運転中のドライバーが経路や周辺施設の情報を容易に把握できるようにするためのカーナビの開発が盛んに行われるようになり、GPS衛星を利用した正確な位置特定技術が安価に利用できるようになると、カーナビの商品化が急速に進展するところとなった。

　カーナビは、自動車の安全運転を支援する装置であるが、一方で、ドライバーが車内でカーナビのディスプレイを注視することにより安全運転を損なう原因ともなり得る。このため警察庁は、当初カーナビの画像の表示方法について業界で自主基準を策定するよう指導してこれに対処していたが、平成11（1999）年の道路交通法の改正により自動車の運転中に車両内のディスプレイを注視してはならない旨の規定を設け、カーナビ利用のルール化を図った。

　その後さらに、携帯電話システムやインターネットの発展を踏まえて、自動車メーカー等による情報サービスの発展努力が続けられている。

エ 新交通管理システム

　警察庁では、既設の交通管制システムに情報通信技術を取り入れて様々なサブシステムを構築したUTMS（新交通管理システム）を平成5（1993）年からスタートさせている。このシステムは、赤外線を用いて車両との通信が可能な光センサー（光学式車両感知器）をキーインフラとし、様々な情報通信手段を駆使して車両に搭載した機器との通信により交通情報の収集能力を飛躍的に高め、それに基づく信号の制御並びに詳細な交通情報の提供等を行うことにより、様々な局面における交通管理を行おうとするものである。

　UTMSは現在、

ITCS（Integrated Traffic Control Systems：高度交通管制システム）、

AMIS（Advanced Mobile Information Systems：交通情報提供システム）、

PTPS（Public Transportation Priority Systems：公共車両優先システム）、

EPMS（Environment Protection Management Systems：交通公害低減システム）、

MOCS（Mobile Operation Control Systems：車両運行管理システム）、

DSSS（Driving Safety Support Systems：安全運転支援システム）、

HELP（Help system for Emergency Life saving and Public safety：緊急通報システム）、

PICS（Pedestrian Information and Communication Systems：歩行者等支援情報通信システム）、

FAST（Fast Emergency Vehicle Preemption Systems：現場急行支援システム）

などのサブシステムから構成される総合交通管理システムとして運用されている。

(3) 道路行政への情報通信技術の導入

道路行政は、「道路法」のもと、道路網の整備を通じて道路交通の発達に寄与することを目的としている。ここでは、道路管理システムの高度化と新たな利用者サービスの視点から、道路行政への情報通信技術の導入の過程を紹介する。

ア　道路交通情報の収集・提供

　道路行政は、国民生活に必要な道路を整備し、これを管理して安全な道路ネットワークを提供することを任務としているが、道路の障害発生時に迅速な対応を図るため、異常気象時等における道路状況の情報を収集する必要がある。また、有料道路においては、通行料金に見合うサービスを提供し利用者の利便を図るため道路交通情報の的確な提供が求められる。そのため、道路管理者は、道路パトロール、道路モニタ制度の充実の他、情報通信技術を導入した車両監視用テレビ（ITV）、車両感知器、気象観測装置等の情報収集装置の整備や、これらの装置により収集した情報のセンターでのコンピュータ処理、さらには道路情報板、路側通信システム等の情報提供装置の整備を進めてきた。そして、情報収集装置や提供装置と情報センターを光ファイバーケーブル等で結合し、信頼性の高い情報ネットワーク基盤施設を整備するとともに、昭和の末期から平成にかけて、車載のナビゲーションシステムなどに対して多様な情報通信サービスが可能な路車間情報システム（RACS）の開発・整備を進めた。このシステムが、その後、平成8年に、警察庁、郵政省と共同で立ち上げるVICSの構成要素の一つとなった。

イ　課金システム

　高速道路では、日常的に料金所で生じる渋滞の解消は長年の課題であった。このため、建設省（現国土交通省）はその解消のためにETCの導入を進め、平成9（1997）年頃から試験運用が行われ、平成13年11月30日から全国の高速道路での一般利用者への運用が可能になった。大都市周辺域では、ETCの装置は既に日常的な車載装置の一つになっており、渋滞解消に大いに貢献している。また、ETC専用のインターチェンジ（スマートIC）は、その構造をコンパクトにつくることができ、建設費・管理費を安くできることから、既存のICの間隔をスマートICで狭め車両の自由な乗り降りを可能にすることにより、スマートICの周辺の土地利用を活性化し、その地域の産業の発展を促進することが期待できる。

　ETCを活用すると高速道路料金の柔軟な設定が可能であり、誘導的な料金設定を通じて高速道路の交通需要を調整する試みも行われている。

　このほか、ETCに使われている移動体通信技術による決済機能は、高速道路の料金支払い以外の場面でも活用が可能で、例えば駐車場やガソリンスタンド、ドライブスルー、フェリー等での料金決済を自動化するサービス（ETC多目的サービス）が既に実用化されている。

　環境対策の面では、大気汚染防止の観点から一定のエリア内への進入課金を導入することについて東京都等で導入が検討された経緯もあるが、その是非についての論議や技術的裏付けについては、まだ不十分な段階にある。エネルギーや地球環境問題への対応を一層確実にすることが求められる今後の状況においては、交通流管理に課金

方式を導入することが考えられる。この場合、交通需要や交通流の実態を客観的かつ正確に把握するとともに、課金によるそれらの変化を予測することが求められる。こうした分析に必要な情報の収集・処理技術もITS分野に期待されるところである。

道路交通政策の観点から見ると、課金は重要な政策ツールであり、更なる課金関連のITS技術の進展によって、様々な可能性が拓けるであろう。

ウ　スマートウェイサービス

国土交通省におけるスマートウェイの研究開発は、平成16（2004）年8月のスマートウェイ推進会議の提言から始まり、国土交通省道路局を中心に官民共同で進められた。スマートウェイは、情報通信技術を活用し、移動・交通の質を向上させて安全で効率的なモビリティ社会を目指す道路及びそのサービスである。スマートウェイは、その目指すべき方向を、①車社会の負の遺産の清算、②高齢者や障害者のモビリティ確保、③豊かな生活・地域社会の実現、④ビジネス環境の改善において、開発と実用化が進められた。

スマートウェイの特徴は、ITSの多様なサービスを効率よく実現するため、各サービスに共通して利用可能な基盤（プラットフォーム）を持っているところにある。例えば、道路交通情報を始めとする様々な周辺情報の入手、安全運転を支援するための危険情報や警告等の受信、インターネットとの結合による情報検索、高速道路、駐車場やガソリンスタンドでの料金決済等のサービスを1つの車載装置を用いて受けることができる。

スマートウェイは、平成20（2008）年度の大規模実証実験を経て、平成21（2009）年度から、ITSスポットサービスという名称で、全国の高速道路上約1,600箇所で、一つの車載装置で様々なサービスを受けられるようになっている。

(4) 運輸行政への情報通信技術の導入

運輸行政は、道路運送法や道路運送車両法のもと、輸送の安全や車両の安全の確保を目的としており、情報通信技術は、①車両の検査・整備体制等の充実、②車両の安全性の確保、③公共交通の高度化、④物流事業の高度化などを中心に導入が図られてきた。

ア　車両の検査・整備体制等の充実

自動車の安全の確保と公害の防止を図るため、担当部局により自動車の検査（車検）が行われてきたが、自動車保有台数の激増に対処するため、昭和45（1970）年から自動車検査登録業務に電子情報処理システムが導入され、全国の陸運支局及び自動車検査登録事務所と旧運輸省の自動車登録管理室（センター）間をデータ伝送回線で結び、オンライン・リアルタイム処理方式により自動車の登録及び検査記録を一元的に管理できるようになった。これにより迅速な申請処理が行えるなど、申請者の利便性の向上と陸運支局等の業務処理の合理化が図られた。その後、情報通信技術の急速な進展に伴い、車載機能として四輪駆動、アンチロックブレーキ、四輪操舵等の高度な制御技術が普及し始めたため、自動車整備事業においても総合的な検査用機器の導入を行うなど検査体制が強化された。

また、欠陥車の早期発見に向けて、平成8（1990）年には自動車欠陥情報を一元的

に処理する情報データベースが整備され、自動車ユーザーへの自動車安全情報の提供が行われるなど、情報通信技術の導入は効果を発揮した。

イ　自動車の安全性の確保～ASVの取組

(ア)　ASVに至る経緯

自動車へのコンピュータ利用は、当初は排ガスを低減させるためのエンジン制御から始まり、その後、ブレーキやサスペンション系さらにはドライバーの運転に利便性を提供するための各種の機能等に広く使われるようになった。特に自動車の基本機能である、走る、曲がる、止まるに関わる機能は、自動車そのものの熾烈な商品化競争の中で、目覚ましい発展を続けてきている。

ITSとの接点は、交通安全の分野に見られる。自動車への走行安全性を高めるには、まずドライバーが安全に制御できることが必要であり、先に述べたように制動性能や走行安定性の向上のため、ABSやアクティブサスペンション等のために電子制御技術の高度な利用が進められた。

これと並行して、ドライバーの負担を低減するために、走行速度の自動制御システム等も商品化競争の中で発展した。当初は走行速度を設定された一定速度に維持するものであったが、その後先行車との車間距離に適応して制御するACCに発展した。また、これらのシステムを実現するために、自動車に自車の運動状況や外部環境を正確に把握するためセンサーの高度化が図られた。このACCの機能はさらに衝突軽減や防止機能にも発展し、現在では障害物の前で完全に停止する機能までも商品化されている。

一方、自動車の自動運転については、研究ベースで1950年代から開始されており、ITSへの動きが進み始めた1990年代に入ってからは、国内外の道路交通管理機関と自動車メーカー等の協力で自動運転技術の開発がなされ始め、先に述べたカーナビの技術やセンサー技術の発展を背景に、様々な実験的努力が続けられている。

(イ)　ASVの取組

これらの先駆的な研究を背景に、最新のエレクトロニクス技術を導入して、車両の周囲の交通環境・道路環境等を検知するセンサーやコンピュータ等を車に搭載することにより自動車を高知能化し、事故回避や衝突時の被害の最小化等を目指す先進安全自動車（ASV）の研究開発が平成3（1991）年度からスタートした。

ASVの研究開発は、産官学のメンバーから構成されるASV推進検討会を中心に、これまで第1期（平成3年度～7年度）から第4期（平成18年度～22年度）まで20年にわたり研究開発が行われ、自律検知型及び路車間、車車間の通信技術を使った通信利用型のASV技術（安全運転支援システム）の開発・実用化が進められた。自律検知型のASV技術として衝突被害軽減ブレーキやレーンキープアシスト、ACCなどが既に一般車両等に市販・搭載されている。路車間通信を使った路側情報利用型のASV技術と車車間通信を使った情報交換型のASV技術については、研究開発、フィールド実験の段階にある。ASVの研究開発は、現在、5期目（平成23年度～27年度）に入っている。

ウ　公共交通の高度化

公共交通分野においては、バスやタク

シーにおいて、かなり早い時期から情報通信技術を使った運行管理システムが開発・導入されてきた。

　バスは、市民にとって身近な交通機関で、都市の郊外駅周辺や地方部の輸送における重要な公共交通機関として大きな役割を担ってきた。路線バスに関しては、停留所への到着時刻が不安定になりがちであるため、主としてバスの顧客への利便性を向上させるため、バスの走行位置を把握して利用者にその状況を知らせるバスロケーションシステムを導入するための努力が1970年代後半から始まっている。無論このシステムはバスへの運行指令やバス事業の運営に資するデータの収集等にも力を発揮してきた。

　バスの情報化は、その後、1980年代始めのバス専用レーンや停留所のグレードアップを図った都市基幹バス、都市新バスシステムへと進展していった。都市新バスシステムは、バス専用レーンの設置と併せて、コンピュータ制御による団子運転の解消や停留所におけるバス接近表示などを行うものである。さらに鉄道駅等においてバス乗り場、発車時刻、運賃等を総合的に案内表示するバス総合案内システム、鉄道等の他の交通機関との乗り継ぎを円滑に行うための乗継システム、利用者の呼び出しに応じて機動的なバスの運行を行うディマンドバスシステム、現金、回数券を持ち歩かなくてもバスに乗れるようにするプリペイドカードシステムの導入などが情報化により可能になり、バス交通の利便性を高め地域の活性化に貢献している。

　また、近年、都市周辺部の鉄道駅又はバス停に駐車場を設置し、そこから都心までの間を、公共交通機関を利用することにより公共交通機関の利用促進と都心部のマイカーの削減を狙ったパークアンドライドシステムも、都市の渋滞解決策のひとつとしてその効果が期待されている。

　タクシーは、都市交通では不特定多数の人がいつでもドア・ツー・ドアで利用できる個別公共交通機関として、市民生活に定着している。また、地方都市では、交通需要が少なくバスや鉄道等の公共交通機関によるサービスレベルが低い地域で、タクシーの存在意義は極めて大きい。このような観点から、情報通信技術を使って、タクシー車両のリアルタイムの動態把握管理や配車オペレーションの効率化等を目指したタクシーロケーションシステムが開発・導入され、タクシー事業の効率化と活性化に貢献している。

エ　物流事業の高度化

　トラックの分野においても最新の情報通信技術を使って荷主のニーズの多様化・高度化に対応し、効率的かつ安全なトラック輸送を実現する試みが推奨された。例えば、車載のカーナビにより、トラックの車両位置把握や、車両に積載している荷物の識別情報などから積荷のトラッキングを行い、荷主からの依頼・問い合わせに対してリアルタイムに回答する配送管理システムや、デジタルタコグラフなどを活用し高度な車両安全運行管理を行う安全運行管理システムなどが既に実用化されている。

　特に宅配サービスでは、ITS利用が顕著である。宅配サービスは、顧客からセンターへの集荷、拠点間輸送、拠点から届け先への配送から構成されるが、これらの各局面で各種の貨物車両の状況把握及び状況

に適応するための指令等車両の運行や配備に関わる各種のオペレーションに、貨物の最新状況を追跡するための機能等が組み合わされ、迅速な輸送と顧客へのきめ細かなサービスを実現している。

物流事業の分野では、運送事業者自らが情報通信技術を活用して高度な運行管理システムを構築し、積荷輸送の正確な到着時間を予測して無駄な待機時間を削減し、車両の稼働率のさらなる向上を目指しているのが特徴である。

3 道路交通行政におけるITSの進展

平成に入り情報通信技術が着実に道路交通行政に活用され、ITSが具体的な形で世の中に知られるようになると、政府は、

(注5) 通信手段の発展と車両運行管理

そもそも無線通信技術を最も必要としたのは緊急事態を他に伝えたいという要望の強い船舶や航空機の分野であった。無線通信技術の発展により、多くの用途に無線通信技術が利用できるようになり、自動車の運行管理にも業務用無線が使われるようになってきた。しかし、当初は電波資源の制約や運用コストの面から、その利用分野は限定されていた。公共性の高いパトロールカーには昭和25年から導入されている。

タクシーへの利用も昭和28（1953）年より札幌で開始され、普及が進んだ。業務用無線は利用範囲が一定地域に限定されるため、長距離を走るトラックへの利用は困難であり、市民バンドを利用して走行位置の確認や、情報の伝達を行う等の工夫がなされてきた。

バス、特に路線バスについては、タクシーほどに通信ニーズは高くないため、通信コストの面からも業務用無線の導入までは至っておらず、後に述べるバスロケーションシステムに用いられる路側の誘導無線装置を介してセンターと車両間での小規模な情報伝達が行われる状況が続いた。

しかし、携帯電話系が普及するに至って、技術的環境は大きく変わった。次に述べる位置特定技術の発展と相まって、低コストの車両運行管理システムが様々な業務分野で実現されるところとなり、様々なITSサービスの実現を見ることになるのである。その状況は、以下のとおりである。

① 位置特定の高精度化と管理方式の発展

車両位置の把握の方式は、ITSの形成、発展過程を技術的に展望する際に、忘れてはならない要素技術の一つである。車両管理システムに業務用無線を利用している場合には、車両側からセンターに自車の走行位置を知らせることで、センターは各車両の位置を知ることができる。しかし、刻々と変わる車両の位置を全体として把握し続けるには、この機能を自動化する必要があるが、現在のようにGPSが容易に利用できるようになる以前にはかなり困難な要求であった。その方法としては、通信エリアを複数の地上側の送信機でカバーしている場合はどの送信機との交信かを判断して車両の位置を送信機のカバーエリア単位で把握するもの、さらに小範囲をカバーする位置特定用に簡易な発信機を多数配備し、それからの受信情報を本部からの自動交信によって収集するなどの方式がある。こうした方式は、コストがかさむためパトロールカーのような公共性の高いものでしか導入できないものであったが、昭和48年より導入され、改良が加えられていった経緯がある。

一方、車両の位置の確認を主たる目的としていた路線バスにおいては、走行経路が定まっているため、バスの停留所におかれた微弱電波を用いた誘導無線装置との交信でバスの走行位置を把握するという方式がとられた。また、停留所の装置と管理センター間の情報伝達は専用の電話回線を介して行われたが、そのためのシステムの運用コストがかさみ、導入の制約条件の一つになっていた。こうした状況も安価なGPSや携帯電話システムのパケット交換サービスの出現と急速な普及によって大きく発展するところとなった。

特に運輸業における車両運行管理は、本来、傘下にある車両の運行を効率化するための連絡、指示を目指すものであったが、インターネットや携帯電話系の普及した現在にあっては、これだけにとどまらず、出発時刻や貨物の集配時間の指定に応ずる等顧客へのサービス向上を目指すようになっており、さ

ITSを国のIT戦略の一分野に位置付け、その普及を後押しすべく、様々なIT戦略を策定・公表した。ITSは、それらの戦略に基づいて産官学連携体制で開発が進められると同時に、警察庁、国土交通省の道路交通政策にも反映され、道路交通行政の高度化に貢献するようになった。

ここでは、我が国のITSを進展させた戦略とそれらを産官学で推進した経緯を紹介する。

(1) ITS推進のための戦略
ア 高度道路交通システム（ITS）推進に関する全体構想

高度道路交通システム推進に関する全体構想は、我が国で最初のITSの推進戦略ともいえるもので、平成8年（1996年）に公表された。これに先立ち前年の平成7年（1995年）2月に政府の高度情報通信社会推進本部において決定された「高度情報通信社会推進に向けた基本方針」では、高度情報通信社会（IT社会）の実現に向けて、ITSを「道路・交通・車両分野の情報化」の推進に不可欠なツールとして位置付け、ITSに関する施策を総合的に推進するとしている。具体的には、①政府において、学民と連携を図り、ナビゲーションシステムの高度化、自動料金収受システムの確立、安全運転の支援、交通管理の最適化、道路管理の効率化等、高度道路交通システムの全体構想を策定し、これに基づき、システムを構成する車載装置、インフラ等に関する研究開発、フィールドテスト、普及を推進、② VICSの積極展開、③ ITSに関する国際協力の推進等の取組を総合的・計画的に行うことが定められた。

これを受けて、同年8月には「道路・交通・車両における情報化実施指針」が、ITS関係省庁により取りまとめられ、この中で、ITSの開発分野が示されたのである。全体構想では、これらの経緯をたどり、ITSの全体像として9つの開発分野と21の利用者サービスを設定し、今後行うべき研究開発と展開の方向を明らかにしてい

らには経営全体に関わる管理システムの一部に位置付けられるべき状況になっている。
　② 車両運用の効率化と安全性の確保
　車両運行管理は、それぞれの業務の目的を達するために保有する車両を効率的に運行するためのものであった。しかし、車両運行管理の目的は、これにとどまらず、次第に車の安全な運行の確保や経済的な車の走行へと射程を広げるようになった。特に、運輸産業分野では運用コストの低減が経営に直結する。傘下の車両の燃料消費や事故は運用コストに直結する。これらの課題に対して、最近のITS技術は様々な可能性を提供しつつある。
　燃費の節減に向けては、省エネルギー運転を促進するための支援システムが多くの企業で導入され始めている。事故防止については、ドライバーさらには経営者の意識の向上を図るため、従来から長距離の貨物車やタクシーにはタコメータの装着が義務付けられていたが、最近の視覚センサーを始め、エレクトロニクス技術や情報通信技術の発展によって、車両の運行や運転操作および走行中の周辺状況等を視覚的に記録するドライブレコーダーが実用化されるようになり、安全への意識の高まりと相まって、運送事業者においてはドライバーの安全意識をさらに高めるため、これらの機能を自発的に導入しようという動きが進みつつある。
　さらに、衝突事故を防止あるいは軽減するための機能も商品化されつつあり、これらの機能が大型貨物車両を始め各運送用車両に装備されるようになれば、車両運行管理分野でのITSサービスはさらに高度なものになってゆくであろう。

る（「第3章第2節3 ITSサービスと要素技術」を参照）。

全体構想における研究開発と展開の方向の明確化により、ITSが道路交通問題の解決に役立つとの認識が公的に明らかにされたのである。

イ　e-Japan戦略

平成12（2000）年7月、閣議決定により内閣に「情報通信技術戦略本部」が設置され、同本部において同年11月に「IT基本戦略」と「高度情報通信ネットワーク社会形成基本法（IT基本法）」が策定された。その後、IT基本法に基づいて平成13（2001）年1月に設置されたのが、「高度情報通信ネットワーク社会推進戦略本部（IT戦略本部）」である。IT戦略本部では、設置とほぼ同時に「e-Japan戦略」を取りまとめるとともに、3月には具体的な実施項目を定めた「e-Japan重点計画」を発表した。

e-Japan戦略は、我が国のITの推進方向を定めたもので、「我が国が5年以内に世界最先端のIT国家となることを目指す」という目標のもと、目指すべき具体的な社会像を例示している。その社会像の一つに、移動・交通の分野において「高度な道路交通システム（ITS）の導入により、目的地に最適な交通手段で、最短の時間で行くことができ、渋滞や事故の少ない、安全で快適な移動が可能となる」ことを取り上げ、ITSの推進をIT国家実現のための基本戦略の一つに位置付けたのである。

e-Japan重点計画では、当初のIT重点施策として、①世界最高水準の高度情報通信ネットワークの形成、②教育及び学習の振興並びに人材の育成、③電子商取引等の促進、④行政の情報化及び公共分野における情報通信技術の活用の推進、⑤高度情報通信ネットワークの安全性及び信頼性の確保、が取り上げられた。特に④の公共分野における情報通信技術の活用がITSの推進を謳ったもので、活用例の一つとして平成14（2002）年度までにVICSを全国に実施することが明記されている。

ウ　IT新改革戦略

e-Japan戦略の後継として平成18（2006）年に、平成22（2010）年度までのIT政策の方向を展望する「IT新改革戦略」が打ち出された。e-Japan戦略では、5年以内に世界最先端のIT国家となることを目指していたが、IT新改革戦略では、国民生活の向上や産業競争力の強化等ITの活用面に主眼が置かれ、平成22（2010）年度にITによる改革を完成させることが目標とされた。ITS関係では、21世紀に克服すべき社会的課題への対応として「ITを駆使した環境配慮型社会－エネルギーや資源の効率的な利用－」の実現が、また、安全・安心な社会として、「世界一安全な道路交通社会」の実現が重点項目として取り上げられた。

環境配慮型社会の実現に当たっては、ITSによる渋滞の緩和や物流システムの構築等ITを活用した環境負荷低減に資する対策を推進することが目標として挙げられていた。

世界一安全な道路交通社会の実現については、車と路側インフラや車同士、あるいは車と歩行者との通信などにより車側で情報を入手し、必要に応じてドライバーに情報提供や注意喚起、警報等を行うインフラ協調による安全運転支援システムの実用化

が施策として取り上げられ、平成20（2008）年度中に公道における大規模な実証実験を行うことと、平成22（2010）年度から、順次、全国展開を図っていくことなど、やるべきこととスケジュールが明記されたことが特徴である。

エ　新たな情報通信技術戦略

IT新改革戦略の後継として、平成22（2010）年にIT総合戦略本部から「新たな情報通信技術戦略」が公表された。この戦略は、府省庁の縦割りを排し政治主導により機動的に実行できるよう本部体制を見直したこと、従来と異なり期限を区切って実施計画を具体化したこと、また、同時期に公表された新成長戦略と連携したことなどが特徴であった。新たな情報通信技術戦略では、これまでのIT戦略の延長線上ではなく、重点戦略を大きく「国民本位の電子行政」、「地域の絆の再生」、「新市場の創出と国際展開」の3つに絞り込んでいる。

ITSに関しては新たな情報通信技術戦略では2つのテーマが取り上げられている。一つは、災害・犯罪・事故対策の推進の中で、交通事故等の削減のため、情報通信技術を活用した安全運転支援システムの導入・整備を推進すること、二つ目は、人・モノの移動のグリーン化の中で、リアルタイムの自動車の走行情報（プローブ情報）を含む広範な道路交通情報を集約・配信するとともに、道路交通管理にも活用するグリーンITSを推進することである。この戦略には工程表がついており、期限を区切って施策担当府省庁の具体的取組を明記し、特に各府省庁の連携が必要な施策においては個々の役割分担と達成すべき事項を明らかにしているのが特徴である。

オ　世界最先端IT国家創造宣言

新たな情報通信技術戦略の3年後、平成25（2013）年6月にIT総合戦略本部（IT戦略本部から呼称変更）から「世界最先端IT国家創造宣言」（以下創造宣言という。）が公表された。新たな情報通信技術戦略と同様、成長戦略である日本再興戦略と連携させた形で策定された。

この創造宣言は、IT・情報資源の利活用で未来を創造する国家ビジョンとして策定されたもので、今後5年程度の期間（2020年まで）に世界最高水準のIT利活用社会を実現することを目標に、①革新的な新産業・新サービスの創出と全産業の成長を促進する社会の実現、②国民が健康で安心して快適に生活できる、世界一安全で災害に強い社会の実現、③公共サービスがワンストップで誰でもどこでもいつでも受けられることができる社会の実現、の3項目について目指すべき社会・姿を明らかにし、その実現に必要な取組等を取りまとめている。

ITSに関しては、上記②の実現すべき社会の一つである世界で最も安全で環境にやさしく経済的な道路交通社会に向けて、車と車、道路と車、車と人等が相互に、タイムリーな情報交換ができるようにするとともに、地図情報や車・人の位置情報等の地理空間情報（G空間情報）、交通状況に関わる蓄積データを活用することなど、ITS技術の活用により、安全で、環境にやさしく、経済的な道路交通社会を実現し、併せて、高齢者や障害者にとって、安心・安全かつ円滑な移動が可能となる移動支援システムや、人が移動する際のニーズを正確に把握することにより最適な車と公共交通機

関を組み合わせた移動手段の提案が可能となるシステムを構築すると謳われている。このため、府省横断的なロードマップを策定するとともに推進体制を構築し、高度運転支援技術・自動走行システムの開発・実用化等を推進するとしている。

宣言では、これらの取組などにより、2018年を目途に交通事故死者数を2,500人以下とし、2020年までには、世界で最も安全な道路交通社会を実現する（交通事故死者数が人口比で世界一少ない割合になることを目指す）とともに、交通渋滞を大幅に削減することが目標として掲げられている。

本戦略の体制面の特徴は、戦略を強力かつ着実に推進するために、司令塔として政府CIO（内閣情報通信政策監）を設置していることと、推進管理体制としてIT総合戦略本部の下に政府CIOを中心とした専門調査会を設置するとともに、重点分野については専門調査会の下に分科会を設置（ITS関連は道路交通分科会）し、当該分野に関わる戦略の推進に必要な具体的方策や評価指標の検討、ロードマップの作成・見直し及び取組状況の評価等を実施することにしている。

(2) 道路交通政策へのITS戦略の反映
ア 交通警察政策へのITS施策の導入

我が国のITSが関係省庁の連携により政府をあげて推進される体制が整ったのは、平成8（1996）年7月に公表された全体構想以降である。この年、交通警察行政では、第6次交通安全基本計画（平成8年度～12年度）がスタートした。そこでは全体構想に呼応してITSの推進が謳われ、具体的施策としてVICSの全国展開、交通管制センターの高度化を基本としたUTMS構想の推進が取り上げられている。

また、同年には交通安全施設等整備事業五箇年計画の第6次計画（平成8年度～12年度：後に2年延長されて七箇年計画となった。）もスタートしており、その計画の重点事項として、「道路交通のインテリジェント化」、「生活の場における安全の確保」、「交通需要マネジメント」、「災害時に対応した交通管理」等ITS推進施策が取り上げられている。

これらの動きの中で、UTMSの推進母体となる（社）新交通管理システム協会が平成8（1996）年4月に設立された。また、警察庁、郵政省、建設省の3省庁共管の下で平成7（1995）年7月に設立された（財）道路交通情報通信システムセンター（VICSセンター）が、平成8（1996）年4月から首都圏等においてサービスを開始するなど、全体構想で取り上げられていた事項が次々とスタートしたのである。

平成13（2001）年には、世界最先端のIT国家になることを目指し、ITSをその基本ツールの一つに位置付けたe-Japan戦略が公表され、その後e-Japan重点計画が策定された。この年、第7次交通安全基本計画がスタートしている。第7次計画では、交通事故の死傷者数を可能な限り減少させるとともに、死者数を昭和54（1979）年の8,446人以下にすることが明示され、その施策の一つにITSの推進が盛り込まれている。

これを受けて交通警察行政では、道路交通の情報化施策が積極的に展開された。特に、交通管理の主要なインフラ設備である

光ビーコンの設置数を約3万基（平成12年度末）から平成17（2005）年度末までに都市部の主要な一般道路等を概ねカバーできるレベルまで整備することが目標として掲げられた。また、VICSの情報サービスの平成14（2002）年度までに全国展開を行うという目標に対しても、平成15（2003）年2月に計画どおり完了している。

IT新改革戦略の出された平成18（2006）年は、第8次交通安全基本計画が作成された年に当たる。第8次計画においては、平成22（2010）年までに交通事故死者数を5,500人以下に、交通事故死傷者数を100万人以下にすることが明記され、特に交通事故の低減に向けて、関係する行政機関及び地方公共団体で諸施策を総合的かつ強力に推進することが目標とされた。

これに応じて交通警察行政においては、これまでUTMSの中で開発を続けてきたDSSSと呼ばれる安全運転支援システムの実用化を進めることになった。DSSSは、VICS対応カーナビのディスプレイへの図形又は文字情報の表示、あるいは音声により、ドライバーに対して周辺の危険情報を提供することで注意を喚起し、交通事故を防止するシステムである。IT新改革戦略で明記されたDSSSの実用化については、計画どおり平成20（2008）年度の公道における大規模な実証実験を終了し、平成22（2010）年より実用化の段階に入っている。平成23（2011）年6月の時点で、DSSSは、東京都等6都県で実用サービスが行われている。

平成22（2010）年に公表された「新たな情報通信技術戦略（平成24年工程表改訂）」では、平成30（2018）年における交通事故死者数2,500人以下の目標に向けて、情報通信技術を活用した安全運転支援システムの導入・整備が掲げられている。

また、同戦略では、平成32（2020）年を目標年にして、交通渋滞を平成22（2010）年比較で半減することも明記されており、これらを受けて、交通警察行政では、道路行政、運輸行政と連携して、目標達成に向けたITS施策を進めている。

さらに、平成25（2013）年度には「世界最先端IT国家創造宣言」が公表され、引き続き交通事故死者数2,500人以下と渋滞の大幅削減という目標のもと、交通警察政策の中に、平成32（2020）年までの長期のITS施策として、①信号システムの高度化、②プローブ情報の信号制御システムへの活用、③交通安全対策、渋滞対策、災害対策等に有効となる道路交通情報の集約・配信に関わる取組、並びに④交通渋滞状況の把握方法の検討などが盛り込まれた。

イ 道路政策へのITS施策の導入

道路行政においては、後にAHS、ETC、VICSに進展することとなる次世代道路交通システム（ARTS）の開発・普及が検討されていた。平成8（1996）年の全体構想以降は、道路政策として道路交通の情報化やインテリジェント化の方針が明確に打ち出され、高度道路交通システム（ITS）の名称の下、AHSの研究開発、ETCの試験運用の拡充、VICSの首都圏及び東名・名神高速道路等でのサービス開始など、次々と積極的なITS施策が推進された。

従来ITSの効果としては、交通事故の防止や渋滞の解消など道路交通の増大に伴うマイナス面の解消に焦点が当てられていたが、その後、経済、産業におけるプラス効

果の面も取り上げられるようになり、平成11（1999）年2月に旧郵政省の電気通信技術審議会ITS情報通信システム委員会は、平成12（2000）年から同27（2015）年までのITS情報通信分野の市場規模（累積）を約60兆円と見積っている。

平成13（2001）年1月のe-Japan戦略を受け、平成13（2001）年の11月にETCの全国展開を完了している。また、ETCやAHSなどの要素技術を統合して道路に組み込んだスマートウェイの開発を平成16（2004）年から本格スタートするなど、道路行政としてのITSの推進の方針が明確に打ち出された。

平成18（2006）年に決定されたIT新改革戦略では、平成22（2010）年度までに「いつでも、どこでも、誰でもITの恩恵を実感できる社会」を実現するための政府の方向性が定められた。これを受けた道路行政においては、ETCの利用率が平成18（2006）年4月の時点で週平均60％を突破し、料金所渋滞が大幅に改善されるという効果を上げるとともに、ETC専用のインターチェンジ（スマートIC）の整備も進められた。また、スマートウェイについては、平成20（2008）年度の大規模実証実験を経て、平成21（2009）年度から、高速道路上を中心にITSスポットを全国で約1,600カ所に設置し、平成22（2010）年度以降、様々な情報サービスが行われている。

平成22（2010）年5月に策定された新たな情報通信技術戦略では、IT新改革戦略に引き続き、警察庁、経済産業省、総務省と協力して、安全運転支援システムのための車車間や歩車間の通信システム等に関する開発が取り上げられている。また、安全運転支援システムの導入・整備とともに、リアルタイムの自動車の走行情報（プローブ情報）を含む広範な道路交通情報を集約・配信し、道路交通管理にも活用するグリーンITSの開発・普及も道路政策の重点テーマとして取り上げられている。

さらに、平成25（2013）年度に公表された「世界最先端IT国家創造宣言」では、道路政策の中に長期のITS施策として、①道路構造データ等を活用した運転支援技術の高度化に関する研究、②交通安全対策、渋滞対策、災害対策等に有効となる道路交通情報の集約・配信に関わる取組、並びに③交通渋滞状況の把握方法の検討、④歩行者移動支援や視覚障害者へのサービス、災害時のサービスの利活用の検討と普及促進などが盛り込まれた。

ウ　運輸政策へのITS施策の導入

全体構想が策定された平成8（1996）年には、運輸政策の分野では、ITS関係省庁を含めた国内、国外の関係者との連携を図りながら、①先進安全自動車（ASV）の開発推進、②道路運送事業におけるITSの活用方策に関する調査研究、③高度化したナビゲーションに関する調査研究を中心として、体系的、効率的にITSの推進を積極的に図るものとされた。

e-Japan戦略の策定された平成13（2001）年には省庁再編が行われ、運輸省は建設省と統合され国土交通省として新体制のスタートを切っている。e-Japan戦略に対しては、運輸政策として、①車両の安全性の確保、②公共交通分野の情報化、③ICカードシステムの導入促進、④デジタル公共交通情報の提供、⑤移動制約者支援モデ

ルシステムの研究開発、⑥デマンド交通システムの構築等が重点項目として取り上げられている。

平成18（2006）年に公表された「IT新改革戦略」を受けて運輸政策としては、特に交通事故削減に向けて、インフラ協調による安全運転支援システムを実用化するためのASV推進計画を進めた。平成18（2006）年にスタートしたASV第4期計画では、これまでに実用化が進められた各種ASV技術の本格的な普及を促進することと、これまでの自律検知型では対応が困難な事故に対応させるべく通信利用型の安全運転支援システムの開発促進に目標が定められた。これと同時に、IT新改革戦略で定められた平成20（2008）年度の大規模実証実験への参画も、第4期計画の目標として定められた。

IT新改革戦略で定められた通信利用型の安全運転支援システムの開発と大規模実証実験は計画どおり進み、その後継戦略である平成22（2010）年策定の「新たな情報通信技術戦略」を経て、平成25（2013）年度に東京で開催されたITS世界会議において、車車間通信を利用した路車・車車連携型システムのデモが実施された。

さらに、平成25（2013）年度6月に公表された「世界最先端IT国家創造宣言」では、運輸政策の中にも長期のITS施策として、①ASV技術をもとにした通信利用型安全運転支援システムや歩車間通信システムのガイドラインの検討、②利用者にとって最適なクルマと公共交通機関を組み合わせた移動システムの検討、③超小型モビリティ等の開発・普及拡大などが盛り込まれた。

（3） ITS推進のための連携体制の推移
ア 連携体制の構築
㋐ 関係省庁連携

平成7（1995）年当時のITS関係5省庁（警察庁、通商産業省、運輸省、郵政省、建設省）は、平成13（2001）年1月の中央省庁再編に伴い、警察庁、総務省、経済産業省、国土交通省（道路局、自動車交通局－後に自動車局）の4省庁5局に統合され、以来、IT総合戦略本部で策定されたIT戦略の一環として、ITSの推進に取り組んできている。政府のITS推進体制としては、その後、統合されたITS関係4省庁5局に加えて、内閣官房、内閣府も参画するようになった。

また、ITS関係省庁が所掌する団体、例えば、（一社）新交通管理システム協会（UTMS Society of Japan: Universal Traffic Management Systems Society of Japan）、（一社）電波産業会（ARIB: Association of Radio Industries and Broadcast）、（一財）日本自動車研究所（JARI: Japan Automobile Research Institute）、（一財）道路新産業開発機構（HIDO: Highway Industry Development Organization）、（一財）道路交通情報通信システムセンター（VICS: Vehicle Information and Communication System Center）、（一財）道路システム高度化推進機構（Organization for Road System Enhanceweut）などの団体が、ITS関係省庁が企画する開発・普及プロジェクトを大学、民間企業等と連携して推進する上で重要な役割を果たしている。

㋑ 産官学連携

我が国のITSの開発・普及に関しては、

欧米と比較して、国や地方自治体、大学、民間企業等の関係者の結びつきが強いこと、いわゆる産官学連携による推進が特徴といえる。国がITSに関する国家戦略や国家プロジェクトを立ち上げ、それに対して大学の指導のもと民間企業が参加して技術開発と商品化を行い、地域の自治体とともに実証実験や社会実験を実施するというプロセスをとっている。ITS実現の基本要素として、路車間等のデータ通信のシステムを必要とするが、その導入や実用化に当たっては、国が路側施設等を整備し、民間企業が車載装置等の機器の開発・販売を担うという役割分担が確立されてきた。

　この産官学連携による実用化の代表例が、VICS、ETC、ASV及びそれらの延長に位置付けられるITSスポットサービスやDSSSである。この連携体制により、VICSやETCは2000年以降、急激な進展をとげ、全国レベルのサービス範囲の実現とVICSが4,000万台以上、ETCが6,000万台以上という車載装置普及実績を上げている。

㈡　ITSの国際連携

　ITSの開発・実用化については、これまで日米欧3極において、相互に情報交換を行いながらお互い触発される形で進められてきた。1980年代後半から、日本、米国、欧州で国家レベルのITS実験プロジェクトが立ち上がり、その推進組織として、1991年には、米国でIVHS America（1994年にITS Americaに改称）が、欧州でERTICOと呼ばれる研究開発・普及促進組織が、相次いで設立された。ITS Americaは、官民パートナーシップによる非営利の普及促進団体であるが、ERTICOは、EC、各国運輸省、欧州産業界の主導により設立された会社組織という特徴を持っている。

　我が国では、平成7（1995）年に横浜で第2回ITS世界会議が開催されるのを機会に、その前年の平成6（1994）年にVERTIS（平成13年にITS Japanに改称）が設立された。ITS Japanは、当初は、民間企業と大学が中心の任意団体であったが、平成17（2005）年に法人格を取得してNPO法人となった。ITS Japanは、日本のITS推進組織と同時にアジア太平洋（AP）地域の代表として、AP諸国のITS推進の支援や取りまとめの役割も担っている。

　ITS America、ERTICO、ITS Japanの3組織は、1994年にパリで第1回ITS世界会議を開催以降、毎年、世界会議を持ち回りで開催し、世界のITSの発展・普及に努めている。

イ　ITS推進の総合的取組の状況

　平成8（1996）年の全体構想は、ITS関係省庁が共同で策定し一般に公表された。21世紀に入ってからは、内閣に設置されたIT総合戦略本部が、「e-Japan戦略」、「IT新改革戦略」、「新たな情報通信技術戦略」を、またIT総合戦略本部（IT戦略本部から呼称変更）が、「世界最先端IT国家創造宣言」を策定・公表したように、IT総合戦略本部がIT及びITS推進の司令塔の役割を果たしてきた。

　平成13（2001）年に策定された「e-Japan戦略」に基づく「e-Japan重点計画－2002」に、2004年のITS世界会議愛知・名古屋及び2005年の愛知万博に世界最先端のITSを提示するという目標が掲げられた。これを受けて、世界会議対応のための民間組織である「日本組織委員会」が立ち上がり、世界会議及び万博に向けて産官学

で準備が進められた。この準備活動が、21世紀初頭における日本のITSの大きな推進力となった。

また、ITS世界会議愛知・名古屋に合わせて産学官の有識者からなる日本ITS推進会議が組織され、そこでの成果として「ITS推進の指針」がまとめられ、ITS世界会議で世界に向けて発信された。この指針は、我が国のITSの今後の進め方の方向を、安全性向上、交通流円滑化、利便性向上、地域の活性化、国際標準化の5つに定めたもので、世界会議以降の我が国のITSのセカンドステージの方向を示すものとなった。

平成18 (2006) 年に公表された「IT新改革戦略」では、世界一安全な交通社会の実現（ITS-SAFETY 2010プロジェクト）が目標の一つとして取り上げられ、IT総合戦略本部に官民の代表者から構成されるITS推進協議会が組織された。これにより安全運転支援システムの、2008年の公道における大規模実験、2010年度からの全国展開が実現したのである。

また、2008年には、内閣府の総合科学技術会議の社会還元加速プロジェクトがスタートしている。同プロジェクトのテーマの一つに「情報通信技術を用いた安全で効率的な道路交通社会の実現」が取り上げられ、2012年度を当面の目標として、産官学連携体制で路車間・車車間通信等を使った道路交通システムの開発と実証実験が行われた。

2010年に公表された「新たな情報通信技術戦略」では、推進体制としてIT総合戦略本部の企画委員会の下に「ITSに関するタスクフォース」が設けられ、専門的知見を有する有識者の議論が行われるとともに、関係する府省庁と担当、目標とスケジュールなどが明確にされ、関係省庁をあげたITS推進の総合的取組が行われたのである。

ウ　我が国のITSの推進体制の特徴

我が国のITSの推進体制は、政府主導による産官学連携が特徴であるといわれている。先に述べたように政府のIT総合戦略本部が戦略を提示し、産官学メンバーから構成される協議会や委員会、プロジェクトチームやタスクフォース等がその方向を示し、大学、民間企業、関連団体等が集まって開発と実験の実務を行っていくスタイルである。

また、1995年のITS世界会議横浜、2004年の愛知・名古屋、そして2013年の東京というITS世界会議の日本開催の機会も見逃せない。大規模な社会システムであるITSを大きくステップアップさせる機会として、世界会議のような大規模イベントが絶好の機会となってきた。

我が国のITSの推進にあたっては、司令塔であるIT総合戦略本部、継続的に策定・公表されるIT戦略、それを推進する委員会や推進協議会、そしてそれらを支える関連団体や大学、民間企業からなる強力な産学連携体制が、我が国のITSを世界最高のレベルに押し上げてきたものといえる。

第4節　道路交通政策に対するITSの貢献と課題

1　道路交通政策に対するITSの貢献

(1)　道路交通政策へのITSの活用状況
ア　安全問題

　道路交通の安全施策については、交通安全施設等整備事業により道路における交通環境の整備が行われるとともに、交通安全基本計画の「人優先」の交通安全思想を基本とする総合的な交通安全施策が着実に推進されてきた。交通事故の発生件数は、平成16（2004）年の952,709件をピークとして減少傾向にあるものの、依然として大きな社会問題である。また、交通事故全体による経済損失は、内閣府の調査によれば平成16（2004）年で年間およそ6.75兆円規模と推定されており、道路交通の安全問題は、社会面のみならず経済面からも大きな問題となっている。

　交通安全については、いくつかの視点からITSが活用されてきた。一つには、交通管制センターの高度化による道路交通環境の改善である。交通事故は、道路交通の場における移動体（車両及び歩行者）同士の衝突や路外逸脱の潜在的危険がドライバーや歩行者の過失によって顕在化したものであるから、道路交通の場におけるこれらの潜在的な危険を減少させ、あるいはドライバーや歩行者の過失を生じにくくするような環境整備をすることにより交通事故を減少させることができる。交通安全施設等整備事業は、そのために行われているものであるが、このうち直接交通流を管理する交通管制システムは極めて重要である。ITSは、その高度化に多大な貢献をしている。

　二つには、車両の高度化による安全運転支援である。車両のドライバーの危険認知の遅れや判断ミスを防止し、運転の不適合を補正するための各種システムがASV（先進安全自動車）の名のもとに開発されている。

　三つめは、移動体通信を用いた危険情報の提供である。現在のところ車両と路上施設間の情報通信のやり取りを行うインフラ協調型のDSSSとITSスポットが実用化されているが、今後は車車間通信のシステム開発が進むであろう。

　また、歩行者の死亡事故の低減についても対策が進められており、IT新改革戦略や新たな情報通信技術戦略において、官民共同で歩車間通信の研究開発が進められている。路車間通信、車車間通信と同様、歩車間通信も他の通信方式との組み合わせ等により、今後、交通事故削減方策として効果を発揮するものと期待される。

　このほか、カーナビの普及は、ドライバーが知らない土地で車両の経路や目的地を探す負担を軽減し、間接的に交通安全に貢献している。

イ　渋滞問題

　国土交通省の調査データによると、交通渋滞で失われる無駄時間は、日本全体で、平成14（2002）年の実績データで38.1億人時間／年であったものが、平成15（2003）年で37.6億人時間／年、平成18（2006）年では33.1億人時間／年まで減少しているが、それを貨幣価値に換算するとおよそ年間10兆円規模にのぼると推定されており、その社会的損失は気が付きにくいものの膨大である。

ITSを代表するVICSとETCは、まさにこの渋滞問題を解決するために開発されたものであり、カーナビ、VICS、ETCの車載装置の毎年の出荷台数が物語るように、これらは幅広くユーザーに支持され、我が国の代表的なITSとして渋滞削減に貢献している。特に、ETCが平成13（2001）年11月に全国展開してからは、全国の料金所において渋滞は劇的に減少している。なお、ETCは料金を自由に設定できる機能を持つことから、時間帯の割引や並行する高速道路での料金格差の設定などにより交通量をコントロールし渋滞を緩和させることなどが可能となる。

ウ　環境問題

運輸部門からのCO_2排出量は、平成13（2001）年の267百万トンをピークに減少傾向にあり、平成22（2010）年度のCO_2排出量（確定値）は、232百万トンであった。目標達成計画における平成22（2010）年度の目安値としての目標である240〜243百万トンを平成20（2008）年度以降、達成している。

政府の運輸部門のCO_2削減の主な取組としては、①自動車単体対策及び走行形態の環境配慮化、②交通流対策、③物流の効率化、④公共交通の利用促進、⑤鉄道・船舶・航空のエネルギー消費効率の向上等が進められている。

カーナビ、VICS、ETC、UTMSは安全問題や渋滞問題の改善策であると同時に、交通流の円滑化により燃料消費量を減らし結果的にCO_2を削減するという効果も生み出すことから、環境問題にも貢献しているといえる。

一般に、交通需要マネジメント（TDM）は、環境問題の改善につながる。従来の交通需要マネジメントは、行政施策を通じた道路利用者に対する働きかけや誘導が主なものであったが、これに対し近年の地球環境問題への市民参加の盛り上がりから、ドライバーを含む市民一人ひとりが、移動により発生するCO_2排出に関心を持ち、積極的に自らの交通行動を好環境型に変えていこうとする活動が地域の自治体を中心に動き出している。この活動の一例に、NPO法人　ITS Japanが平成18（2006）年、19（2007）年に愛知・名古屋・豊田地域を対象に行った環境ITSプロジェクトがある。

これは、市民の移動に関して、経路の変更、移動手段の変更、出発時間の変更、エコドライブ、パーク＆ライド、カーシェアリングなどの環境にやさしい交通行動メニューがネット上のポータルサイトで推奨され、それに従って市民がとった交通行動の結果に対して、交通エコポイント等のインセンティブが付与されるとともに、同地域における自らの環境改善への貢献度（CO_2削減量等）がその市民に提示され、好環境型への交通行動の変更をより一層促進しようとするものである。現在、交通行動の変更促進の試みは、研究レベルから実施レベルに普及しつつあり、各地の自治体で活動が行われている。

(2)　ITSによる効果推定

ITSがもたらす効果については、ITSが大規模な社会システムであるがゆえに正確に把握することは難しいが、ここでは、これまでITS関係省庁・団体等の公的機関で行われた社会実験やシミュレーションの結果、並びにアンケート調査結果などから紹

介する。
ア 安全面

車両技術の向上等による交通事故の低減効果に関しては、技術的な視点からは、図表3-3に示されるように車載のセンサー等の活用による自律型安全システムがまず導入され効果を現し、それ以上の効果を上げるためには、自車では検知できない事象を路側に設置したセンサーで認識し、それを通信技術により事前にドライバーに知らせるインフラ協調型安全運転支援システムが有効になる。さらにそれ以上の効果を目指すには交通事故の啓蒙活動、いわゆる交通安全教育が重要になるといわれている。

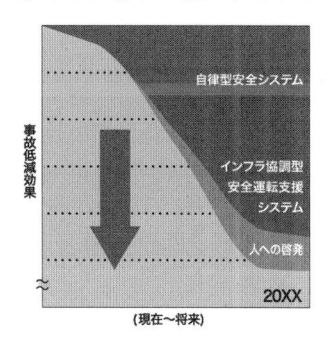

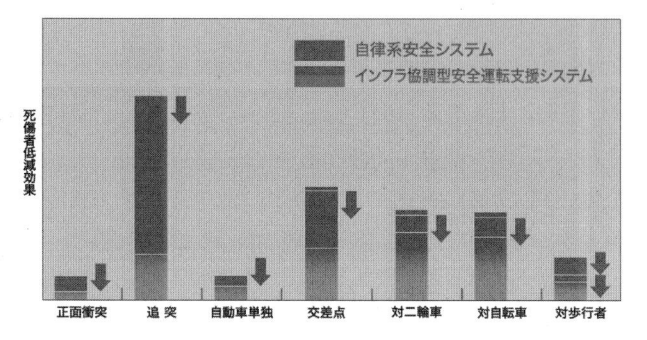

図表3-3　安全運転支援システムの事故低減効果

出典：トヨタのITSへの取組

(ｱ)　自律型安全システムによる事故防止

自律型安全システムの代表であるASVでは、第4期計画において、実用化された安全運転支援システムの効果予測が行われている。それによると、これまでの事故件数から、前方障害物衝突被害軽減制動制御装置や夜間前方歩行者注意喚起装置など一般の車両に実用済みの約20種類以上のASV技術による効果は、一つの事故が複数の装置の効果対象としてカウントされる重複件数を除いてASV技術全体としての事故低減効果を算出した結果、おおよそ死亡事故で約1,000件、負傷事故で約18万件が削減できる見込みがあることが報告されている（図表3-4）。

No.	ASV技術の名称	事故低減件数[*1][*2] 死亡事故	負傷事故
(1)	後退時後方視界情報提供装置	27	15,913
(2)	車両周辺視界情報提供装置	30	18,995
(3)	車両周辺障害物注意喚起装置	34	12,582
(4)	交差点左右視界情報提供装置	56	7,326
(5)	夜間前方歩行者注意喚起装置	239	1,901
(6)	カーブ進入速度注意喚起装置	36	901
(7)	タイヤ空気圧注意喚起装置	5	77
(8)	ふらつき注意喚起装置	108	7,981
(9)	車間距離警報装置	74	79,384

(10)	車線逸脱警報装置	165	4,838
(11)	被追突防止警報・ヘッドレスト制御装置(*3)	(40)	(25,907)
(12)	前方障害物衝突被害軽減制動制御装置（警報）	291	79,066
	前方障害物衝突被害軽減制動制御装置（制御）(*4)	350	51,241
(13)	定速走行・車間距離制御装置(*5)	15	1,413
(14)	低速度域車間距離制御装置(*5)	−	1,336
(15)	全車速域定速走行・車間距離制御装置(*5)	4	2,291
(16)	車線維持支援制御装置(*5)	14	302
(17)	後退時駐車支援制御装置(*5)	14	11,854
(18)	カーナビゲーション連携一時停止注意喚起・ブレーキアシスト装置	7	2,439
(19)	後側方接近車両注意喚起装置	6	6,096
(20)	緊急制動表示装置	2	622
(21)	後側方視界情報提供装置	8	1,381
(参考)	H21年の全交通事故件数は、死亡：4,773件、負傷：731,915件 うち、効果対象となる事故件数は、死亡：2,426件、負傷：559,631件（ただし重複含む）	1,483	307,937

(*1) 現時点で当該技術が設定されている車種区分ごとに、普及率が100％であることを前提として事故低減件数を算出した。
(*2) 個々の装置単独での効果であり、対象となる事故が重複する場合があるため、装置ごとの事故低減数を合計しても、ASV技術による事故低減数の総和とはならない。
(*3) 現行の警報タイミング基準では事故低減件数の算出が困難なため、被害軽減件数の試算結果を（　）付き数値で表す。
(*4) 減速制御によって車両速度が20km/h減少すると仮定し、減少後の速度帯における事故発生比率から低減件数を算出した。
(*5) 負荷軽減制御装置においては、制御による間接的な効果が見込まれるものの、効果の算定が困難なため、当該装置が有する制御以外の支援機能（注意喚起機能など）のみを対象に事故低減件数を算出した。

図表3−4　ASVの効果予測

出典：先進安全自動車（ASV）推進計画報告書　訂正　23年6月
国土交通省自動車交通局先進安全自動車推進検討会

(イ)　インフラ協調型安全運転支援システムによる事故防止

インフラ協調型の安全運転支援システムとしては、ITSスポットサービスとDSSSが挙げられる。ITSスポットサービスからの安全運転支援情報提供による事故低減の実験結果が、国土交通省道路局から報告されている。それによれば首都高速で最も事故が多発している参宮橋カーブにおいて、ITSスポットサービスや道路情報板等でカーブ先のドライバーからは見えない渋滞等に対する注意を喚起することで、追突事故が約6割減少する効果があったと報告されている。

DSSSでは、路側からの情報サービスによって一時停止規制や信号の見落としや出会い頭の衝突等を、一般車よりも10％〜20％程度減少できることが実証実験で検証されている（図表3−5）。

サービス		一般車	モニタ車	減り代
一時停止規制見落とし防止支援システム	規制速度を超えている率	41% →	23%	18Point
信号見落とし防止支援システム	規制速度を超えている率	70% →	56%	14Point
出会い頭衝突防止支援システム	急な飛び出しで事故を回避できない速度を超えている率	38% →	22%	16Point

図表3－5　DSSSの実験結果

出典：第1回安全運転支援システム（DSSS）有識者懇談会について（平成21年6月3日）

イ　渋滞面

　交通渋滞を改善するITSの代表例としては、ダイナミックに変化する道路交通情報を提供することにより渋滞を回避し無駄時間を削減するVICS、並びに高速道路の料金所における渋滞を解消するETC等がある。

(ア)　VICSの効果

　VICSセンターでは、平成18（2006）年度にVICSによる渋滞・環境改善効果に関する調査を行っているが、その結果によると、渋滞損失時間改善の経済効果として年間7,500億円、過去の平成8（1996）年度～18（2006）年度の渋滞損失時間改善の累積額として3.7兆円、CO_2排出の削減効果として年間214万トン削減、ガソリン等の資源消費の節約効果として年間80万キロリットル削減が可能になると報告されている。

　効果の推計方法は、3つのモデル地域（東京、広島、金沢）を対象としたVICS利用による旅行時間短縮効果量をシミュレーションで求め、この結果を3地域と同じ属性に分類される全国の各地域に適用して、効果量の全国合計を算出している。なお、この結果は、道路インフラや交通需要は一定とし、VICSの普及率のみを変化させて推計したものである。以上の結果は、平成18（2006）年当時のVICS車載装置の普及状況における削減効果であり、現在では車載装置の普及率はさらに大きくなっていることから、削減効果も上記で紹介した値よりも大きな効果が得られているものと思われる。

　また、平成21（2009）年度から運用が始まったITSスポットサービスは、VICSと比較してより多くの情報を車に提供することができる。すなわち、道路延長で1,000km（VICSの5倍）の高速道路の道路交通情報をリアルタイムに提供することができることから、より広い地域を対象とした最速ルートを選択することができるため、損失時間、CO_2排出量、ガソリン消費量等についてさらに大きな削減効果が得られるものと期待されている。

(イ)　ETCの効果

　ETCによる渋滞削減効果に関してはいくつかの定量的評価が報告されている。ETCの利用率の向上による効果として、首都高速道路では、平成15（2003）年にETC利用率が6％程度で全18料金所合計の渋滞量が56.2km・h/日であったものが、

平成19（2007）年に利用率が73％に向上すると同渋滞量は2.8km・h/日に減少している。また、全国レベルでは、年末年始の高速道路本線料金所での5km以上の渋滞発生状況は、利用率の向上に従って7カ所（平成16～17年：利用率23.3％）から1カ所（平成18～19年：同56.1％）に減少していると報告されている。

最近の調査結果として、平成22（2010）年12月の時点で、1日当たり約640万台の自動車がETCを利用することにより（利用率85％超）、全国の高速道路の渋滞の約3割を占めていた料金所渋滞が概ね解消され、CO_2排出量については年間約21万トンの削減効果があることが国土交通省から報告されている。

ウ　環境面

(ア)　TDMの効果

環境ITSが現実的にどの程度のCO_2削減効果を上げることができるかについては、平成19（2007）年度にNPO法人ITS Japanが愛知・名古屋・豊田地域で行った環境ITS社会実験で定量的に確認されている。すなわち愛知・名古屋・豊田地域の約1,100人の実験参加者を対象として行った約3カ月間の社会実験で、実験参加者の行動変容による環境改善効果を測定したところ、一人一日当たり約0.3kgのCO_2を削減できることが検証された。

さらに社会実験で得られた実験データをもとに、豊田市民と名古屋市民（運転免許取得可能な年齢層の人数）が実験参加者と同じような行動変容をした場合の環境改善効果をシミュレーションで計算した結果、名古屋市で年間14.4万トン、豊田市で年間3.5万トンの規模でCO_2を削減できるポテンシャルがあることが推計された。

名古屋市での年間14.4万トンというCO_2削減量は、2004年の名古屋市内の自動車交通量によるCO_2年間排出量の4.8％に相当すると評価されている。

(イ)　隊列走行の効果

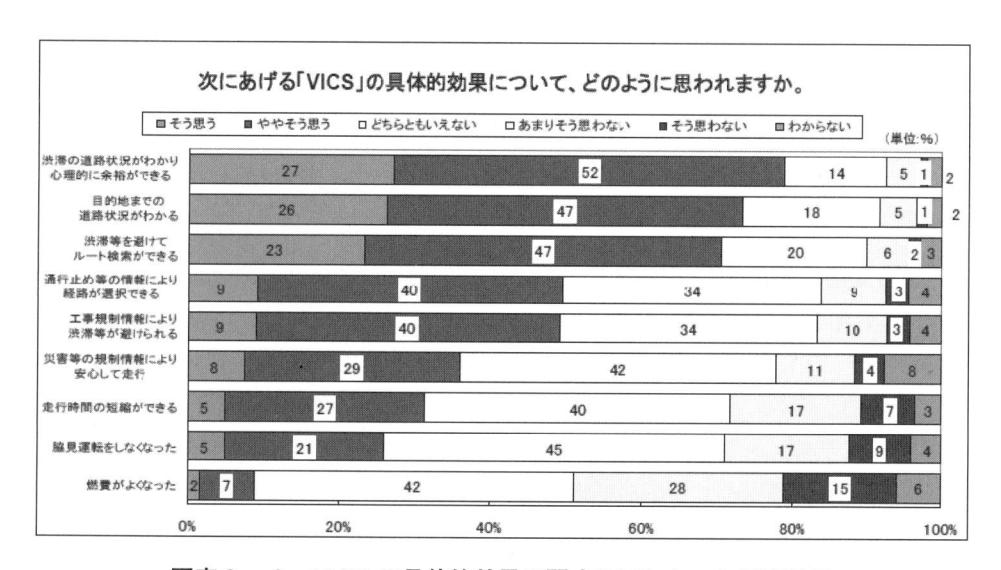

図表3－6　VICSの具体的効果に関するアンケート調査結果

出典：VICSセンター

経済産業省のエネルギーITS推進事業では、隊列走行による車両の空気抵抗の低減による燃費改善の効果を目指しており、平成23（2011）年の新東名森―磐田実験線（8km）における実燃費評価で、3台のトラックが10mの間隔で80km/hで隊列走行すると、隊列平均で14％の燃費改善効果があるという実験結果が得られている。また、同プロジェクトでは、平成24（2012）年度末に、トラック3台、80km/h、車間距離4.7mでの隊列走行で16.2％の燃費改善効果を実証している。

エ　利便性、快適性

(ｱ)　VICSの具体的効果に関するアンケート調査結果

　VICSセンターで平成16（2004）年度に行った利用者アンケートでは、VICSの具体的効果について、約8割の利用者が「心理的に余裕ができる」、「目的地までの道路状況がわかる」、「渋滞を避けたルート検索ができる」という回答を得ている（図表3－6）。

(ｲ)　ITSスポットサービスの利用者評価結果

　平成23（2011）年8月までに全国に実展開したITSスポットサービスについて、全国700名のモニタに対して、ITSスポットサービスの車載装置の効果が国土技術政策総合研究所により調査されている。

　サービス開始間もないこともあるが、7割以上が役立ったと回答しており、概ね肯定的な回答が得られている（図表3－7）。

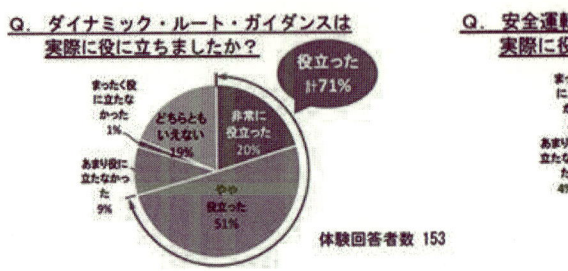

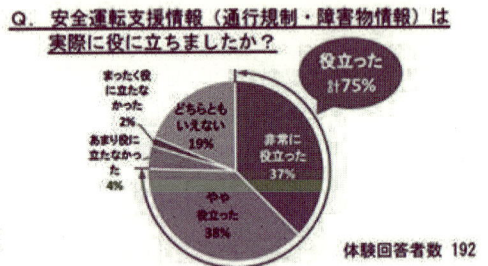

図表3－7　アンケート結果（2011年11月実施）
出典：実展開したITSスポットサービスの利用者評価（2012年国総研研究動向）

2　道路交通政策におけるITSの現在の動向と活用拡大の可能性

(1)　交通安全とITS

　あらゆる社会活動において安全・安心の確保は重要な要件であり、とりわけ道路交通においては「交通安全」として常に大きな社会的関心事項とされてきた。これまでも自動車単体の構造・装置や道路交通インフラの改善により事故低減が図られてきたが、最近ではITSの登場と道路交通インフラの情報化の組み合わせにより、一層の低減が図られている。

　ITSの初期段階の交通安全は、自動車単体の安全な走行と事故時の被害軽減が中心となっていた。自動車構造の改善・強化、シートベルト、エアバッグ、ABS、横滑り防止装置などの安全技術の搭載が拡大したことにより交通安全が確保されてきた。

さらに、ITSの技術が進むと、人の気がつかない危険をITS技術でセンシングすることによりドライバーの状態を検知し、安全運転を支援するシステムも開発された。ナイトビジョン、居眠り防止、脇見運転防止システム等は、この代表的な事例である。

その後は、周辺の車両や路側施設との通信が可能になり、道路交通における様々な交通現象に対応したドライバーの安全な運転行動を確保できるようになった。さらにITS技術の拡大は、ドライバーのみならず歩行者の交通安全を確保できる可能性が広がりつつある。

近年では、無謀運転による重大事故が減少し、また事故発生時の被害軽減対策が進んだことから、年間の交通事故による24時間以内の死者数は、4,000人強のレベルに低減されている。しかし、今後交通事故を大幅に減少させていくためには、追突や出会い頭事故など危険認知の遅れや運転者の単純な過失によって生じる事故を防ぐことが必要であり、ITSによる交通安全への期待は高いものがある。

特に最近では、シミュレータ技術が発達し、実際の危険状況を精度よくシミュレータ上で再現できるので、人間を危険な状態に晒すことなく安全運転支援システムの研究開発が可能となり、ITS技術の交通安全への適用可能性を拡大している。また、一般歩行者、高齢歩行者、身体障害者等のいわゆる交通弱者保護のためのITS技術の研究も広がっている。このようにITSのセンシング技術や情報通信技術の進歩は、交通安全のためのITS活用の可能性をさらに高めつつあり、交通事故低減の国家目標達成へ貢献するものと期待されている。

(2) 交通需要マネジメントとITS
ア 交通需要マネジメントとその現状

交通需要マネジメント（TDM）とは、旅行者や道路利用者に対し一定の意図のもとに働きかけを行い、合理的な行動を促すことにより交通量を減少させ、又は平準化し、道路網の利用効率を全体的に向上させる活動である。

TDMの取組は、平成5（1993）年から始まった第11次道路整備五箇年計画の実施に伴って、初めて道路交通政策として位置付けられ、様々な施策が展開されている。このような経緯を踏まえながら、交通需要マネジメントにおけるITS活用の可能性を展望する。

イ 道路交通情報の提供とプローブ情報

道路利用者の交通行動に働きかける最も身近な施策は、道路交通情報提供である。これは、交通渋滞の状況や予測を道路利用者に知らせることにより、選択経路や出発時間帯の分散を図るもので、TDMの施策として早くから実施されている。道路交通情報の提供は、古くは情報板や各種の放送等により、道路交通の状況を道路利用者に知らせて渋滞地域の回避を促すものであった。その後、カーナビを通じて各車両に詳細なリアルタイムの情報提供を行うVICSは、道路交通情報提供の在り方を大きく変えた。現在のVICSの道路交通情報は、官が収集した情報を元に提供されているが、近年は民間の事業者の様々な手段による情報収集・提供が可能になっており、今後の交通誘導の更なる発展に大きな可能性を与えている。

情報収集の手段として最も注目されるのが、プローブ情報の活用である。自動車から得られる情報を利用するという考え方は、プローブシステムと呼ばれており、既にVICSにこの考え方が取り入れられているが、最近ではインターネットや携帯電話と自動車の持つ情報機能の連携も進み始めており、民間事業においてこれらを利用したプローブシステムによる交通情報サービスが実現している。

こうした動きは、いわゆるビッグデータ活用の一分野であり、未だ緒についたばかりの段階にあるが、道路交通の実態把握の在り方に新たな展望を与えるものである。技術的に注目すべき点は、インターネットが単に通信の媒体であるだけでなく、ブログやツイッターのように利用者参加型であることである。このことは、道路利用者のこれからの行動を予測するための情報にもなり得るということであり、プライバシーを担保できる方策が確保できれば、自動車の位置情報からOD（Origin-Destination：起終点）に関する情報を入手することも可能である。

現在も、交通渋滞の程度や所要時間について予測が行われているが、これは多くを過去の統計情報に依拠している。これに交通流量の予測や情報提供によって変化する道路利用者の行動予測を加味することができれば、その精度は大きく改善されよう。

ウ　課金制度

道路の通行に対する課金は、古くからある制度であるが、これを電子決済の方式で行うことにより、よりきめ細かなTDMを行うことが可能になっている。最近では、高速道路の利用料金を変動させて道路利用者の出発時間帯の平準化を図る施策も日常化しており、ETCの普及がその基礎になっている。このようにETCは既にTDMのためのツールとして利用され始めている。

さらに、いわゆる通行課金によって、特に過密な都市域への流入を抑制する施策が、海外では、既にシンガポールやロンドン等において導入されており、東京都においても検討がなされた経緯がある。今後とも、TDMの一手法として、このようなITSを活用した課金制度の可能性が議論されていくであろう。

エ　TDMのための交通需要の実態把握と予測

TDMは、道路網における交通渋滞の程度や交通量の現状を把握した上で、将来の交通状況を予測して行われる。現在、交通管制エリア内の交通渋滞や主要地点の交通量については交通管制システムによって計測されており、全国の主要道路の交通量やODについては、道路管理者によって数年おきの統計情報として調査されている。さらにODを含む移動需要の予測を可能にするデータを収集することができるようになれば、TDMは一層的確なものになろう。現在、数年単位で統計値が得られているODについては、少なくとも季節変動や月変動程度の水準での把握が望まれるところである。さらに、様々な情報が個々の道路利用者の意思決定に与える影響の分析等も必要であろう。

また、様々なTDMを的確に行うためには、実施した施策の効果を把握し状況の変化に応じ適切に対応できるよう、技術的手段や運用体制を整備することが求められ

る。例えば、TDMの一つである情報提供による交通誘導においても、その効果の予測と結果の比較ができるようになれば、さらに大きな効果を挙げ得るであろう。

　こうした技術的要求に対して、ITSは大きな可能性を与えてくれる。現在、急速に発展しつつあるエレクトロニクスや情報処理技術を踏まえた、高度なセンサー技術や画像処理技術は、交通状況の実態の検知に新たな可能性を拓きつつある。また、高知能化しつつある自動車も数多くの高度なセンサーを搭載するようになっている。

オ　シミュレーション技術

　交通実態の予測を行うためには、シミュレーション技術の利用が必要である。しかし、広範にわたる道路網の交通状況についてシミュレーションを精度良く行うことは、現時点では大変困難であるといわざるを得ない。それはシミュレーションの精度を確認するためには、膨大な量の交通流の実態データが必要になるが、これを十分に確保することがコスト面から難しいためである。今後の課題である。

　また、自動車の利用計画や出発後の経路選択等の道路利用者の交通行動が情報によってどのように変化するかについての知見も求められる。これらは新しい研究分野である。

　しかし、様々なITSサービスや各種のセンサーの充実によって、交通流や交通需要の動きに関する基礎データの入手の可能性が高まりつつある現在、交通需要予測のためのシミュレーション技術が改めて今後の大きな課題になろう。

(3) ITSを活用した新たな手法による交通管理

ア　官民が連携した高度な情報システムによる賢い移動や交通の実現

　インターネットや携帯電話網の発展は、社会生活のあらゆる断面の情報を利用者相互間で利用できる状況を作りつつあり、先にも述べたようにブログやツイッターの普及に見られるように、生活現場での情報を発信しようとする動きは、社会のあらゆる層や活動分野にわたって広がっている。

　また、GPSによって精度良い位置特定が容易になった技術的環境の中で、情報利用者の位置を踏まえて各種のサービスを提供するLocation Based Serviceについての論議も盛んになされるようになっている。プローブ情報システムもこうした動きの一つであるといえる。

　このような情報環境のもとでは、道路利用者は、官と民が収集し保有する多様で豊富な情報を入手できるようになるため、これまでより多くの情報が交通行動に反映されるようになる。交通流全体の安全性や円滑性につながるようにする視点から、インターネットや携帯電話系のメディアを用い、官民の情報が融合した高度な情報サービスの利用を可能にすることも、ITSの今後の大きな検討課題である

　道路交通情報の収集・提供に関しては、こうしたネットワーク利用による新たな情報源を公共の立場からどのように考えるか、また、官の保有する情報をどのような形で民間に開放し活用を図るか、今後十分な検討が必要である。

　なお、インターネット上のサービスでなされる情報交換から得られる様々な情報をそのサービスの外部から利用しようとすれ

ば、プライベートな情報を一定の限度でオープン化する必要がある。これを進めるには、情報の匿名化やプライバシーの保護に関するルールや仕組みを整備することが不可欠になる。

イ　道路交通管理に対する道路利用者の理解促進

道路交通管理における交通規制や施策の意図、個々の交通行動が交通流に及ぼす影響等について、道路利用者の理解が深まれば、道路交通施策は一層の成果を達成できよう。ITSはこうした分野においても様々に活用できる。

ITSの発展は先に述べたように、高度なセンサーを普及させ、大規模なデータ処理を可能にする。これにより交通現象あるいは運転行動の実態、また、事故発生の状況等を記録・分析できるようになる。こうした記録やそれの分析によって得られる知見を、交通政策に反映させることに加えて、道路利用の場における交通政策への理解促進等に利用してゆくことが今後留意すべき重要な課題ではなかろうか。

既に、運輸業界のドライバー教育や運転免許試験場における講習等で、ドライブレコーダー等で得られた事故記録等が利用される状況にあるが、今後は事故状況映像だけにとどまらず交通現象の分析によって得られる成果を様々に活用することが今後の大きな課題になろう。

また、現在問題になっている無秩序な自転車の走行や違法駐車等についても、インターネットを用いてできるだけ多くの児童や市民にその危険性や問題点を知らしめてゆくための工夫も大きな課題であろう。

この場合、シミュレーション技術の活用は、極めて有効と考えられる。例えば、違法な駐車が交通流をどのように阻害するかについて簡易なシミュレーションモデルを作成し、これを用いて教育できるようにすれば、教育の効果は高まるであろう。このようなシミュレーションの試みは、行政側に対しても取締りの優先順位の判断に更なる合理性を与えることにもなる。

(4)　交通モードの連携促進とITS

移動のための手段には、徒歩や自転車を始め、自家用車、バス等の公共交通、軌道交通、さらに船舶や航空機等がある。

自動車交通の急速な増大によって起こった都市域及びその周辺の渋滞や環境問題に対処するため、1980年代から交通需要のモード間分担率において、自動車が占める割合を減少させる方策がヨーロッパを中心に論議され始めており、我が国でも同様な論議が交通関係者の間でなされてきている。最近にあっては、地球環境問題に対処するためこの問題に関心が高まっており、特に物流分野が注目されている。

一般的に、人の移動やモノの輸送においては、徒歩や自転車等以外の交通手段を用いる場合、出発地点から目的地点に到達するまで、幾つかの移動手段の組み合わせによることになる。現在問われているのは、このような組み合わせの中でできるだけ環境調和や省エネルギーを図り、あるいは経済的効率性を高めるための交通モード間連携の在り方である。この場合、できるだけ自動車による個別の移動をバスや軌道交通機関等の単位エネルギー当たりの輸送容量の大きいモードに移す方策を探ることとなる。

また、高齢化や過疎化が急速に進む我が国では、交通弱者に対するモビリティを確保することも大きな課題である。この分野については、現在、自治体やコミュニティにおいて、安価で継続的な運営が可能な移動サービスを工夫する等の努力が続けられている。こうした公共交通過疎の特殊な状況では、バスやタクシーを従来の概念に囚われず自家用に近い形で運用する方式（パラトランジット）が必要であり、様々なものが提案されつつある。このような運用方式の転換も交通モード間の連携の一つとして取り上げる。

ア　自家用車両と大・中量交通機関の連携

道路利用者が交通手段を選択する基準は、目的地までの所要時間とその安定性、アクセスあるいは乗継の容易さ、コスト、移動空間の快適さや安全性等である。

自動車の魅力は中距離以下のトリップにおいて、アクセスの容易さ、ドア・ツー・ドア性、プライベートな空間の確保等の点で卓越しており、人々の選択を乗合が原則の公共の大・中量輸送機関に向かわせるには、所要時間の安定性やアクセスや乗継の容易さとコストについての魅力を向上させる必要がある。また、併せて、市民としての環境調和や省エネルギーへの意識の高まりを促進することも重要であり、そのためには、利用モードを変更することによる環境調和への貢献度合いとコストについての十分な情報が得られる環境を作ることが必要である。

公共交通を利用する場合の路線案内や所要時間については、民間の情報のサービスによって容易に得られる状況になっているが、公共交通機関と自動車の利用を組み合わせた情報提供は、現在のところ皆無に近い。こうした視点での情報サービスの実現に向けた取組も今後のITS分野の課題であろう。また、これらの情報サービスには、各モードの連携構築のほか、精度の高い交通情報や結節点付近における駐車場情報等の情報の充実も求められる。

複数のモードを連携させるトリップで最も日常的な形態は、自転車と公共輸送機関の組み合わせ利用であり、これについては駅周辺の駐輪問題として全国で大きな課題になっており、今後解決への一層の工夫が求められているところである。

パーク・アンド・ライドやパーク・アンド・バスライド、また、キス・アンド・ライドは、この自動車版であり、これを実現するには結節点における駐車場ゾーンの確保が不可欠である。駐車場の確保が困難な大都市部ではなかなか実現が困難であるが、駐車スペースが確保しやすい地域においては有力な手段である。

また、レンタカーと列車の組み合わせ利用も最近では多くの旅行者が利用する形態であり、さらに全国の大都市部で展開されつつある自動車の共同利用システムも、自動車と列車の連携促進に大きな可能性を残している。

イ　物流に係る輸送におけるモード連携

インターネット利用の日常化は、通販の利用を飛躍的に伸ばしている。これを支えるのは宅配サービス、すなわち物流である。インターネット利用はまた、宅配のような企業と消費者間のサービス提供にとどまらず、企業相互間の物資の調達の分野にまで及んでおり、この動きは物流に大きな変化を与えつつある。

特に企業活動における物資の輸送については、省エネルギーや環境調和の観点から自動車輸送を列車や船舶等に移行（モーダルシフト）させる方向が、1991年から国土交通省（当時　運輸省）で検討が開始されている。最近にあっては、2001年7月の新総合物流施策大綱によってこの考え方が示され、現在官民の協力によって努力がなされている。モーダルシフトを円滑に実現するには、集散地やモードの結節点における円滑な積み替え及び保管、あるいは輸送時の品質を保証できる機能や施設の充実が不可欠である。さらに、正確で顧客の要望に的確に対応できる輸送を行うためには、情報システムの高度化も不可欠である。

こうした技術分野には、ITSに期待される課題が多く存在していると思われるが、その実現に向けた努力は、大手の企業においては、企業自身によってなされるであろう。

一方、中小の事業者がこうした動きに独自で対応することには大きな困難が伴う。今後、環境対応や省エネへの社会的要求が一層厳しくなった状況においては、大手の有するシステムに組み込まれるか、あるいは物流の企画から実施まで代行する3PL（Third Party Logistics）事業者のとの連携で活動することを迫られよう。

ITSの将来的課題の一つとして、物流分野の技術的進展の動向に十分留意し、効率的で環境に調和した物流情報システムや輸送手段の連携利用にできるだけ多くの企業が参加できるよう、技術の標準化やサービスプラットホームの確立等の取組を進めることが挙げられよう。

ウ　準公共交通（パラトランジット）の活用拡大

パラトランジットとは、1970年代初頭に提案された概念で、急速なモータリゼーションによって起こった当時の大都市域での渋滞や環境問題を緩和するための、自動車に代わる公共と自家用の中間的な交通手段のことである。

当時においては、専用の軌道の上で車両を移動させ、ドア・ツー・ドアに近い移動を可能にするPRT（Personal Rapid Transit）等に期待が寄せられる状況もあった。その後こうした提案には若干の修正が加わり、その後、いわゆる新交通システムとして開発が続けられ、現在では、空港内の移動手段やゆりかもめ等のような自動運転の中量公共輸送機関として実現されるところとなっている。この他、同時期に道路と専用軌道の両方を走行し得る輸送手段として、デュアルモードバスや同トラックも提案され、開発も続けられた経緯がある。最近は、こうした概念に最新の自動運転技術を活用したデュアルモードバスシステムも提案されており、愛知万博会場で入場者の移動に供せられた事例もある。

パラトランジットの概念は、この他、デマンドバスや自家用車やタクシーの相乗り等も含んでおり、多くの実現事例を見ることができる。特に自家用車の相乗り（カープール）については、諸外国では制度として採り入れられる等、日常的に行われている。

最近、これらの方式は、過疎地域や交通弱者等へのモビリティ確保のための対策として盛んに検討が進められているが、環境調和や省エネルギー対策の観点から大都市域での導入も今後十分考えられる。

デマンドに応じた公共機関の運用やタクシー等の相乗りを普及させるには、需要と供給の状況を的確かつ詳細に把握する技術や客観的で信頼性の高い課金の方式、さらには乗合客の安全を保障する仕組み等様々な条件を整える必要がある。

こうした機能やサービスを実現する努力も今後のITSに期待されるところである。

第4章
将来展望

第4章　将来展望

　我が国の道路交通システムに変革をもたらしたITSは、1995年のITS世界会議横浜で出現して以来この20年間において急速な進展を遂げ、世界最先端のレベルに到達した。同時にITSは、道路交通政策の支援ツールとして、我が国の道路交通問題の改善に多大な貢献を果たしてきた。これは、政府主導による産官学連携の推進体制のもと、継続した研究開発と実用化普及の努力が続けられた成果といえよう。

　ITSは、コンピュータ、マイクロエレクトロニクス、インターネット、デジタル情報処理など、20世紀後半に生まれた様々な情報通信技術から構成される社会システムである。個別の技術は、今、想像を絶するスピードで進化を遂げている。例えば、膨大なデジタルデータが世界中を駆け巡り、各地の情報システムにおいてリアルタイムで処理されることが現実となっている。これから先、情報通信技術にどのような変革が起こり得るか見通しがつかないが、同様にITSについても今後大いに変革が進み、道路交通というこれまでの枠ではとらえ切れないものに発展していくかもしれない。

　最近の技術の進展具合やそれを使う人間の思考や行動の変化を考えると、これからの20年の社会の変化は、これまでの20年の延長線上では捉えきれない大きな変化が押し寄せてくることが予想される。人口問題のような現在のトレンドの延長上にあるものはある程度見通しはつくものの、地球温暖化、化石燃料依存からの脱却や原発問題を抱えての環境・エネルギー問題など、解決の方向は不透明である。さらに、これからの産業構造や都市構造、人間の意識、例えばライフスタイルや生活パターン、価値観なども、社会、経済、技術の発展に伴い大きく変化していくであろう。当然のことながら社会生活の基盤となる道路交通システムも、同じように大きく変わっていくものと想定される。

　変化の要素が多くまた激しい未来社会の中で、人の移動やモノの輸送を支える道路交通及びそれを安全、円滑、快適に運用、管理していく道路交通政策とITSについて将来を展望することは容易ではないが、本章では、今後の道路交通政策とITSの進展の一助とするため、あえて想定を置きながら将来の方向を探ってみたい。

　本章では、まず社会の変化を大きく20年〜30年にわたって展望する。この中で道路交通政策とITSの今後の方向については、現状が抱えている問題点や課題から判断し、今後どのように進展するかを予想する。最後に、20年から30年先の未来の交通社会について、断片的ではあるが、道路交通を構成する人、自動車、道路の切り口から将来像をスケッチしてみたい。

第1節　社会の変化の長期展望

1　超高齢社会の進行

国立社会保障人口問題研究所（平成24年3月）によれば、平成22（2010）年の日本の総人口（国勢調査結果）1億2,806万人を基に出生中位推計を行った結果、総人口は平成42（2030）年の1億1,662万人を経て、平成60（2048）年には1億人を割って9,913万人となり、50年後の平成72（2060）年には8,674万人になるものと推計されている。平成22（2010）年に比べて、約4,000万人が減少する見通しである。

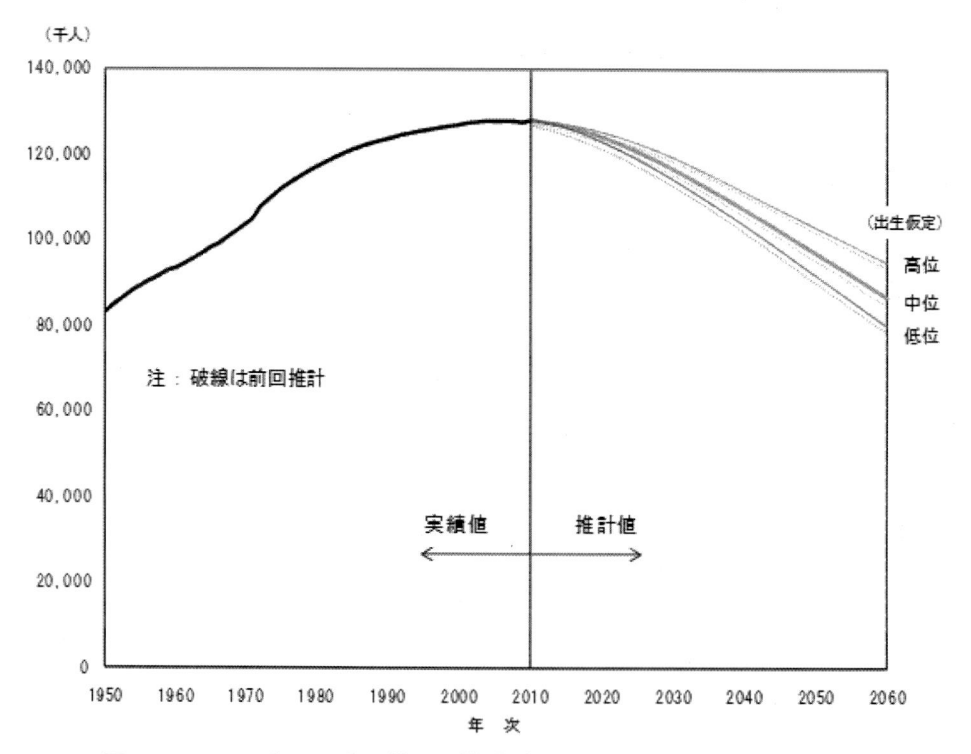

図4-1　2060年の日本の総人口推計（高位、中位、低位）単位：千人
出典）国立社会保障人口問題研究所、日本の将来推計人口（平成24年1月推計）報告書、平成24年3月30日

また、65歳以上の高齢者は、団塊世代が老年人口に移行していくことにより、平成32（2020）年には3,612万人へと増加する。その後高齢者は緩やかに増加し、平成45（2033）年に3,701万人となった後、第二次ベビーブーム世代が老年人口に入った後の平成54（2042）年に3,878万人でピークを迎える。その後は一貫した減少に転じ、平成72（2060）年には3,464万人となると予想されている。

2060年には総人口は1950年代の水準まで減少し、また、高齢者は、2010年代と比較して、500万人以上増加する。地方都市では道路の交通量の5割以上を高齢者が占め、日中は7～8割が高齢者という地域も出現することが十分想定されるであろう。

このように将来は、地域住民とドライバーの大半が65歳以上の高齢者が占めるようになることから、高齢者に重点を絞った安全対策とモビリティの確保が重要な課題となろう。

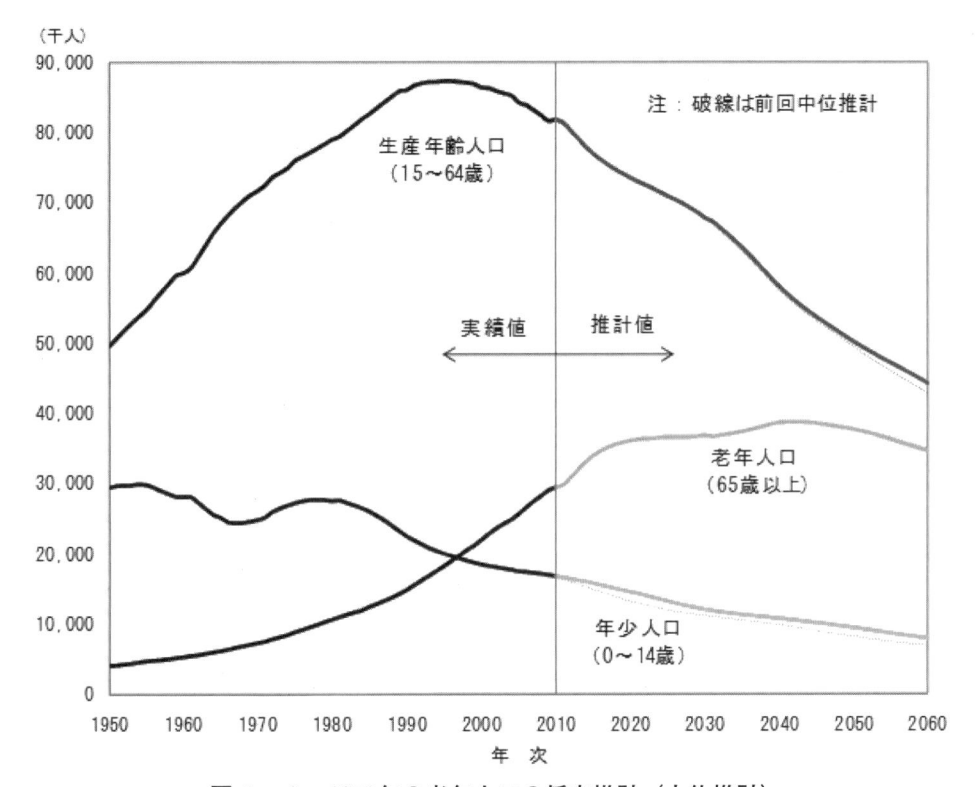

図4－2　2050年の老年人口の将来推計（中位推計）

出典）国立社会保障人口問題研究所、日本の将来推計人口（平成24年1月推計）報告書、平成24年3月30日

2　人口の地域的偏在の進行

国土審議会政策部会長期展望委員会が平成23（2011）年に発表した国土の長期展望（中間取りまとめ）によれば、今後東京圏や三大都市圏（東京圏、中部圏、近畿圏）への人口集中が続き、総人口に占める三大都市圏の人口の割合はさらに高まることが予想されている。平成62（2050）年には三大都市圏では総人口に占める割合は、平成18（2006）年の50.2％から56.7％に、東京圏においては27.0％から32.5％に高まり、三大都市圏以外の地域は49.8％から43.3％に低下するとされている。

一方で、平成62（2050）年には約6割の市町村が人口半減となり、人口6千人から1万人規模の小規模な市町村においては、人口が半減するとの見通しが示されている。

我が国ではこれまで経験したことのない人口の低密化と地域的偏在が同時並行で進行するという現象が生じるとされていることから、地域でのモビリティの効率的な確保と維持が喫緊の課題である。

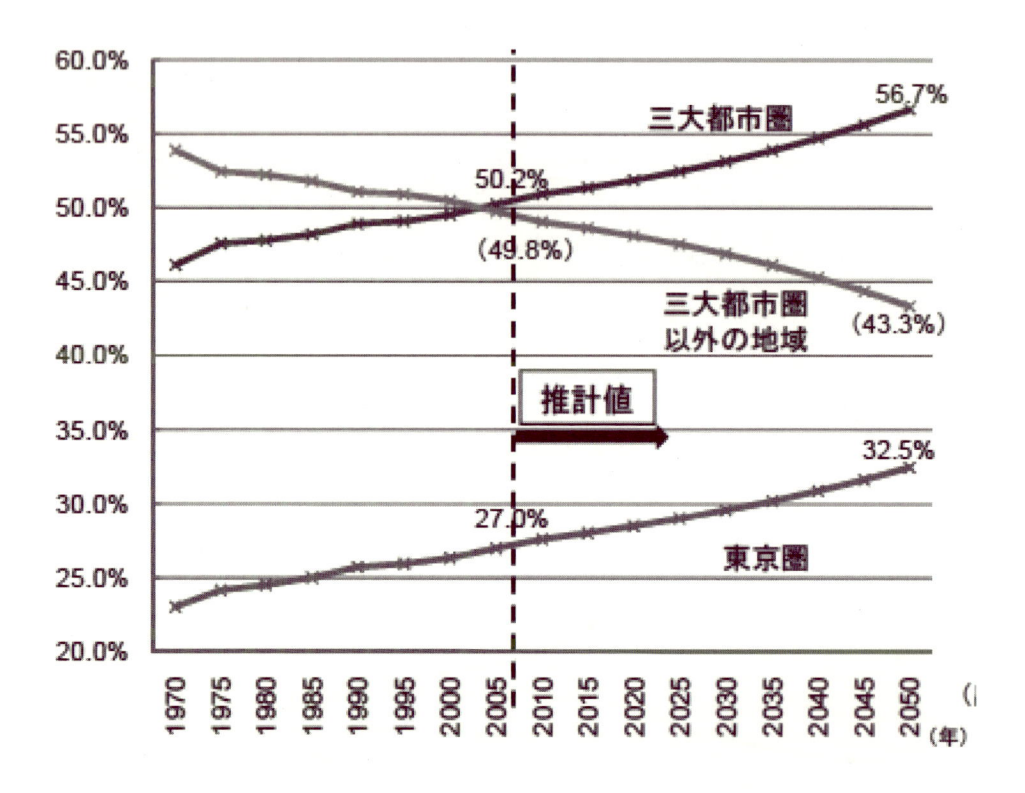

三大都市圏及び東京圏の人口が総人口に占める割合

注）東京圏（埼玉県、千葉県、東京都、神奈川県）

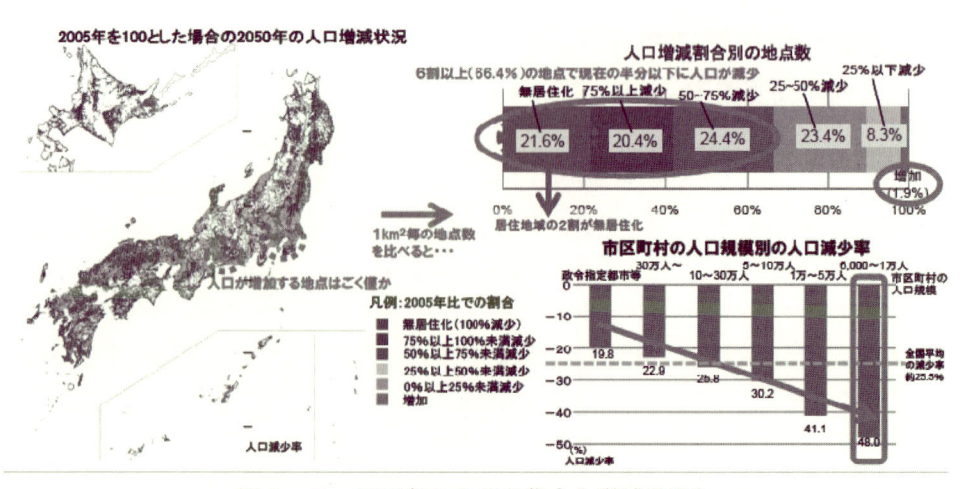

図4-3　2050年の人口の集中と増減見通し

出典）国土の長期展望、国土審議会政策部会（2011）

3　生活のゆとりと質の向上

我が国の国民総生活時間は、その内訳をみると必需行動（睡眠、食事、身のまわりの用事、療養・静養等）はこの40年間ではぼ横ばいの状況であるのに対し、拘束行動（仕事関連、学業、家事、通勤・通学、社会参加等）は減少し、自由行動（マスメディア接触、積極的活動であるレジャー活動、人と会うこと・話すことが中心の会話・交際、心身を休めることが中心の休息等）が大きく増加しており、昭和60（1985）年以降急速に増加し、平成12（2000）年以降においても増加傾向にある（図4－4）。

行楽・散策の行為者率の男女別、年代別の結果は、図4－5のとおりであるが、国民全体で平均すると、平日14％、土曜22％、日曜26％となっており、日曜日には国民の4分の1が出かけている状況がうかがえる。年齢階層別では、高齢者の行楽・散策行為者率が高く、4割近くが行楽などに出かけており、平日でもその割合は高い。一方で若年層の割合は1割未満となっている状況もうかがえる。

また、国民の生活水準の向上と合わせ「物の豊かさ」から「心の豊かさ」へと価値観は変化しており、昭和54（1979）年に逆転して以来、心の豊かさへの欲求は年々向上している状況が続いている（図4－6）。

家族との団らん、趣味やスポーツ、休養、友人との会合などでの心の充実感が高くなっており、心の豊かさとそれを支える安全・安心なモビリティ社会の実現が今

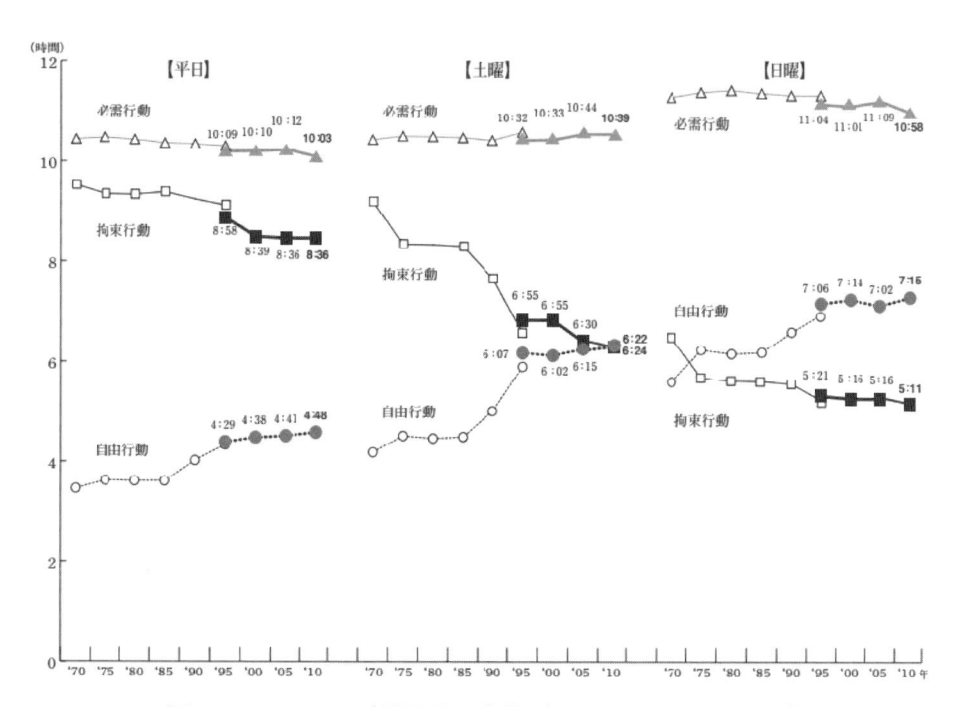

図4－4　1日の時間配分の変化（平日、土曜日、日曜日）
注）拘束行動：仕事関連、学業、家事、通勤・通学、社会参加等
出典）NHK（2012）：国民生活時間調査2010より

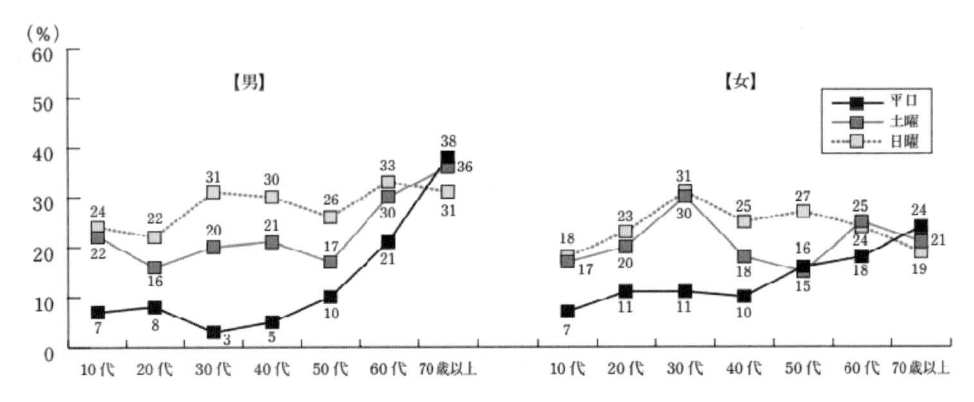

図4-5　行楽・散策の行為者率
出典）NHK（2012）：国民生活時間調査2010より

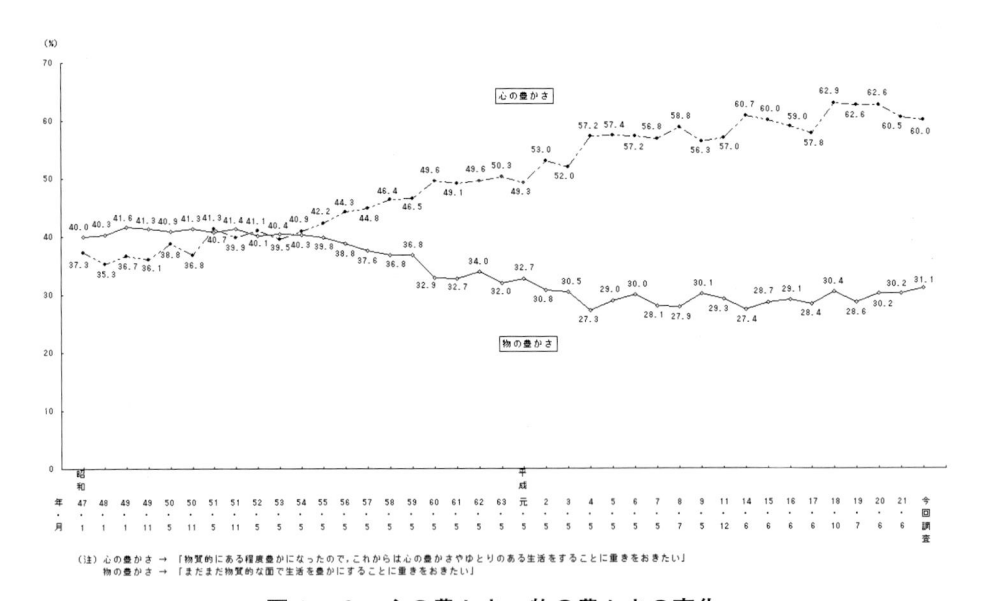

図4-6　心の豊かさ、物の豊かさの変化
出典）内閣府大臣官房政府広報室（2011）：平成22年度国民生活に関する世論調査

後、益々重要視されてくると考えられる（図4-7）。

　心の豊かさとそれを支える安全・安心なモビリティ社会を求め、欧州諸国では都市の大改造が1970年頃から各地で進められている。例えば、コペンハーゲンでは安全安心な高速移動を実現する高規格道路のネットワーク体系を構築する一方で、中心市街地では、人と人が集う歩行者専用の空間を整備し、歩行者専用空間のネットワーク化を1960年代後半から計画的に進めてきている。このような光景は欧州の多くの都市で進められており、また、昔から存在したものではなく、長い年月をかけ、様々な政策論争を経て、現在の都市空間を形成してきている（図4-8、9）。

第4章 将来展望

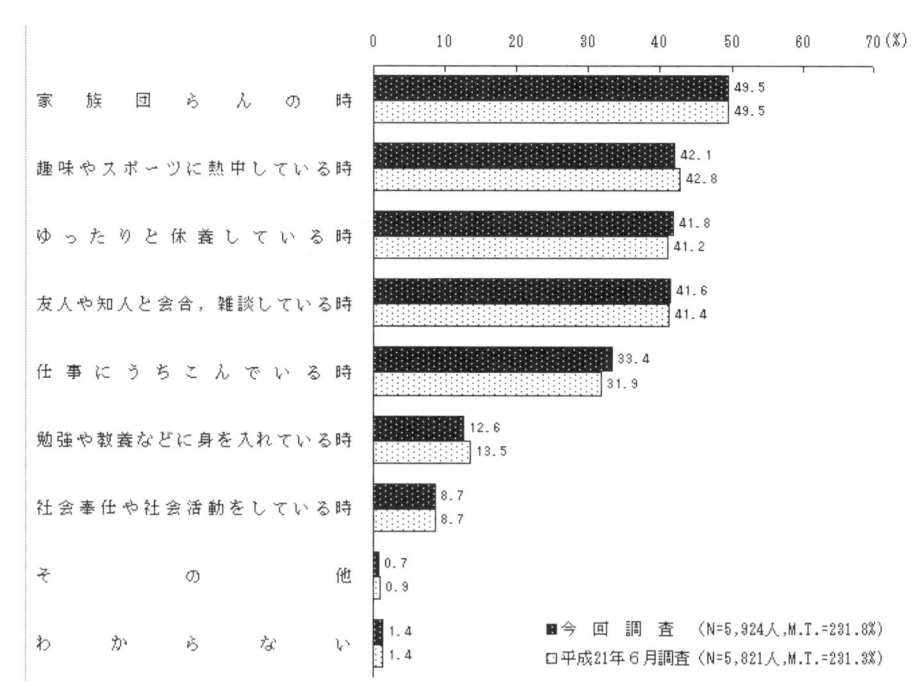

図4-7 充実感を感じるとき
出典）内閣府大臣官房政府広報室（2011）：平成22年度国民生活に関する世論調査

図4-8 コペンハーゲン中心部の広場（左：整備前、右：整備後）
出典）Lars Gemzoe(2012): Mobility for All Sustainable use of Public Space, the 16th ECOMM in Frankfurt/Main, June 12th 2012

　また、自動車中心の国や地域においても方向転換を進めている地域が次々に出現しており、人々の価値観や都市への欲求のパラダイムシフトが生じている。例えば、自動車中心のメルボルン（オーストラリア）では、衰退しつつあった中心市街地を再生し、中心市街地への住宅開発や学校建設を進めるとともに、歩行空間の整備や自動車から開放された空間の整備を1990年代から進めている（図4-10、11）。

　また、米国のニューヨークにおいては、ワールドクラスストリートというプロジェ

図4－9　コペンハーゲン中心部の歩行専用空間の変遷

出典）同前
注）左図の棒グラフは歩行者専用空間の延長（単位 m）

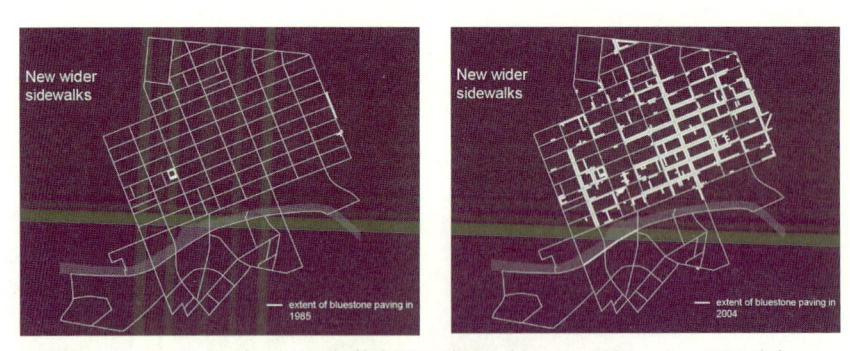

図4－10　メルボルンの歩道空間の変遷（左：1985年、右：2004年）

出典）同前

図4－11　メルボルンのカーフリー空間の変遷（左：1993年、右：2004年）

出典）同前

264

第4章　将来展望

クトが進行中であり、マンハッタンの大改造を進めている。貨物線跡の歩行者専用空間の整備（ハイストリート）、ブロードウェイ等が集まるタイムズスクエア周辺の歩行空間再構築、マンハッタン9番街の歩行者空間整備、夏の期間限定の歩行空間の取組（約12kmの歩行者専用空間）、高齢者のための安全な空間整備、通学路の整備、バイクシェアリング等が盛り込まれた全く新しい都心部の価値観を形成していく取組が進められている。

また、保有から共有（シェア）という新たな価値観が生まれつつあり、自動車や自転車などの共有利用が世界中で普及拡大している（図4-12、13）。

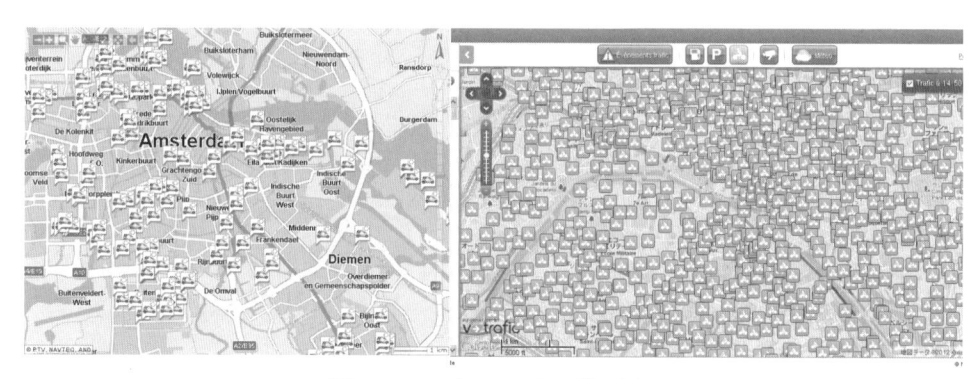

図4-12　シェアリングの例
（左：アムステルダムのカーシェアリング車両、右：パリのレンタサイクル車両）
出典）左：Car2GO Amsterdam 公式より作成
　　　右：Verlib 公式サイトより（http://en.velib.paris.fr/Stations-in-Paris）

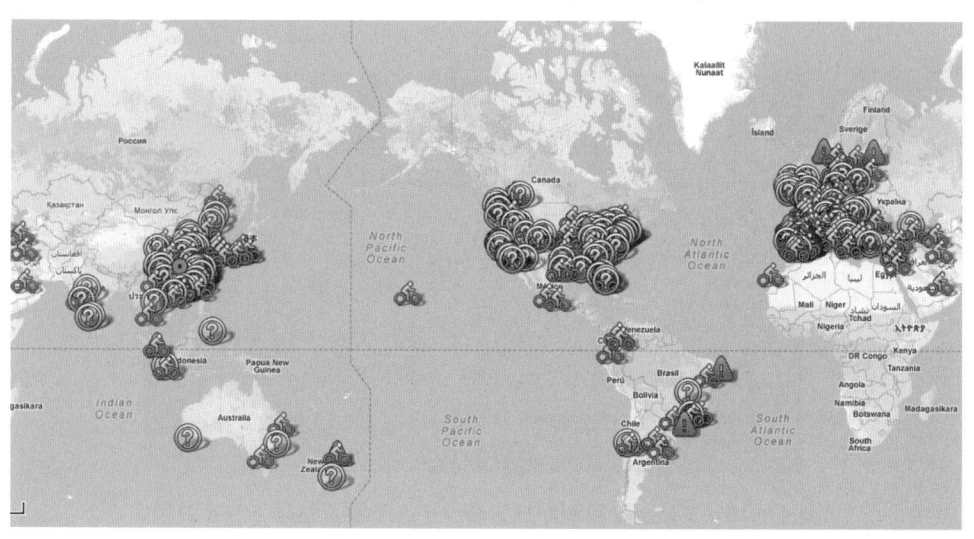

図4-13　世界のバイクシェアリングの導入状況
出典）The Bike-sharing World Map
注）2013年2月調べ

4　情報社会の更なる進化

平成の時代に入り、情報通信技術の進展スピードは想像を超えており、情報社会の将来像を見通すことは極めて困難と言わざるを得ない。情報通信はビットの時代からキロ、メガ、ギガ、テラ、ペタ、エクサの時代を超え、ゼタバイトの時代を迎えており、膨大なデータがリアルタイムで世界中を駆け巡っている。既に数千万台のプローブ情報がリアルタイムで瞬時に処理される時代が到来している。

情報端末はパソコンからモバイルディバイス（タブレット端末や携帯端末）に移行

図4-14　情報量のスピード

出典）UC Berkeley, School of information Management and Systems

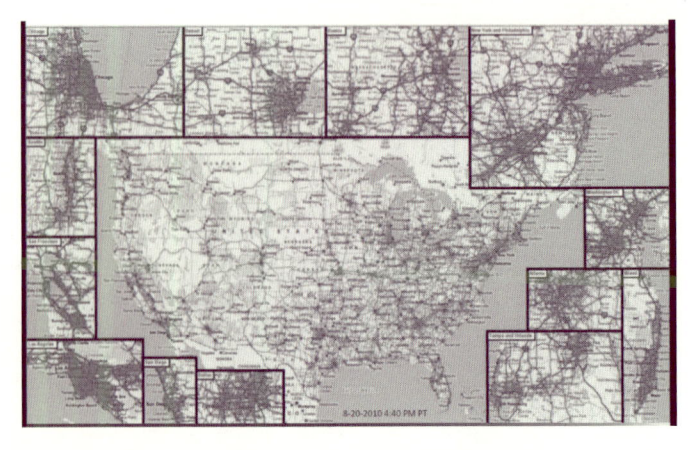

図4-15　プローブ情報がリアルタイムで逐次処理される時代

出典）INRIX社

注）図は10分間の取得情報をマッピングしたもの。全データを毎分マップマッチング処理されている。

しており、情報端末の小型化と相まって、人、モノ、車両の情報や周辺環境の情報が収集され、定点観測と移動体観測はさらなる進化を遂げていくと予想できる。定点観測は路側の観測装置が高度化し、人、モノ、車両の交通状態の観測に加え、沿道環境、気象や放射能などの情報収集技術が進展していくであろう。また、衛星による観測技術も高性能化し、画像による観測技術もさらなる進化を遂げていくと想像できる。

これら要素技術の進化に伴い、人、モノ、車両、インフラとのコミュニケーションは加速度的に進化するとともに、自動運転や自動駐車、短期の交通予報や長期の交通予報、特定の街区や沿道、エリア全体の最適な交通マネジメントが現実のものとなろう。

また、情報のコミュニケーションに加えて、エネルギーのコミュニケーションが進化を遂げ、グリーンモビリティと都市や地域が一体となったスマートな都市空間が形成されよう。

想像を超えるスピードで進展する情報通信技術により、人、モノ、車両の情報はリアルタイムに収集・処理・蓄積・活用され道路交通にイノベーションを起こし、人々の価値観、ライフスタイル、ひいては都市構造までをも変革する時代が訪れると予想されている。

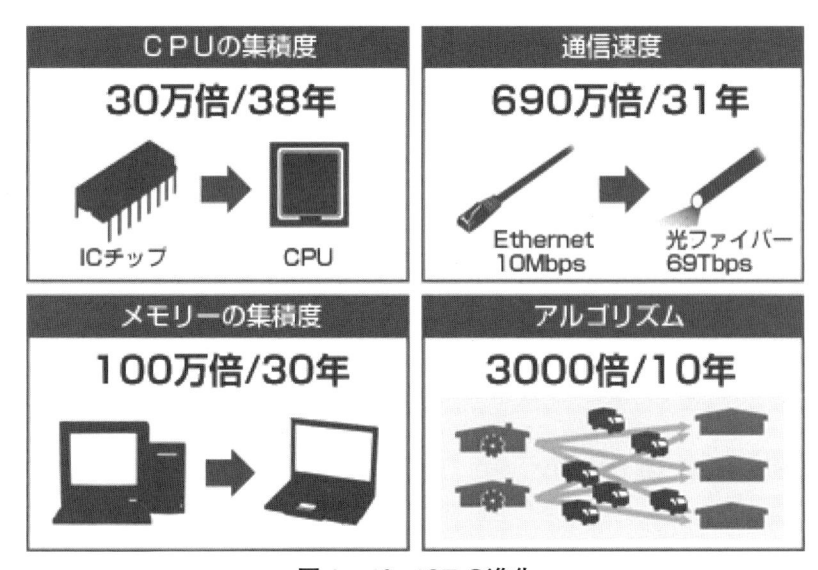

図4-16 ICTの進化

出典）富士通

第2節　道路交通政策とITSの今後の方向

1　道路交通政策の今後の方向

(1)　交通需要及び交通体系
ア　交通需要

　前節で見たとおり、我が国の人口は、今後長期的に減少し、国民総生産は、社会の基本的構造から見て微増することはあっても大幅な増加は見込めず、将来的にはむしろ緩やかな縮小に向かうと見られる。これに伴い、我が国の国内交通需要は、構造的に減少の方向にベクトルが働くことになろう。

　一方、交通需要を新たに喚起する要素としては、多様な生活上のニーズに応じた多頻度の物品配送、余暇の増大に伴う人の移動の増加等を想定することができるが、これにより交通需要を大きく押し上げることにはならない。

　このような我が国の現状から将来を見通すと、我が国の交通需要は今後大きく拡大することはなく、一時的な増減はあっても長期的には減少基調にあると見ることができる。

イ　交通体系と輸送（移動）手段

　現在の国内における交通体系は、航空機、船舶、鉄（軌）道、自動車及びその他の輸送（移動）手段から成り立っている。今後、既存の交通手段以外の新しい輸送（移動）手段が出現し、あるいは現在の交通手段が大きく変容する可能性は否定できない。

　現時点で注目される輸送（移動）手段として、既に、

○超高速の貨物船や省エネルギー型船舶
○リニアモーターカー
○短滑走路の小型ジェット機
○超小型電動自動車（超小型モビリティ）、電動平行二輪車（セグウェイ）、電動アシスト自転車

等が存在する。このほか、内燃機関式の自動車に代わるものとして燃料電池自動車の実用化も進められている。また、あまり汎用性はないが、水陸両用車両や軌道と道路の双方を走行するデュアルモード車両も存在する。

　しかし、このように交通手段が多様化しても、①航空路、②海（水）上、③鉄路又は道路という移動経路は変えようのないものであり、今後、各交通モードの役割や輸送量の分担率に変化があるとしても①航空機、②船舶、③鉄（軌）道列車、④自動車、⑤軽車両という移動経路や自力走行能力の違いによる移動手段の大括りの概念自体は、基本的に変わることはないであろう。

　したがって、以下においては、現存する交通モードの区分を前提にして、考察を進めることとしたい。

(2)　道路及び車両
ア　道路

　現在の政府の道路政策の基本的方向は、社会資本整備審議会の「道路分科会建議中間とりまとめ」（平成24年6月12日）にうかがうことができる。

　同「中間とりまとめ」は、多様な広域ブロックから成る国土の再編・強化に向け、道路の「ネットワーク機能を重点的・効率的に強化する」としつつ、「クルマ」主役

から「多様な利用者の共存」へと視点を転換し、「各交通モードを連結」して総合的な交通体系の中での道路交通システムの最適化を図るとしている。

　高規格幹線道路、地方道ともに政府の累次にわたる整備計画が現在も進行中であり、今後国及び地方の財政難からそのテンポは鈍るとしても、引き続き道路の延伸は続くこととなろう。しかし、「中間とりまとめ」が指摘するとおり、従来の道路整備は増大する自動車交通への対応を優先した「量的整備」に重点が置かれていたが、今後は道路の機能改善のための「改良」や「維持管理・補修」に重点が移っていくであろう。また、道路整備の考え方も、従来の自動車交通に偏重した考え方から、総合的な交通体系の実現に向け、鉄道駅、空港との結節点の充実・高度化、公共交通利用の促進、自転車の走行スペースの確保等、多様な交通手段に配慮したものへと転換していくであろう。

イ　車両

　昭和の終わりから平成にかけて進んだ自動車の車両の大型化は、とりあえず一段落したものとみられる。今後は、社会の高齢化やサービスの多様化に伴い、使用者の特性や用途に応じた車両の多様化が進むであろう。交通政策審議会陸上交通分科会自動車交通部会報告「交通事故のない社会を目指した今後の車両安全対策のあり方について」（平成23年6月2日）は、二人乗りの超小型モビリティの利活用や移動支援ロボットの受容性等を確認する必要性に言及している。

　また、これまでに自動車の安全確保や運転に伴うドライバーの負担軽減のため情報通信技術を用いた各種の運転支援装置が実用化されており、既に自動車の完全自動走行や自動隊列走行の技術も開発されている。今後、情報処理技術の更なる進展により、車両の知能化は飛躍的に進むであろう。

　自動車の動力源は、内燃機関主流の現状から、今後、電力へと大きく転換していくと見込まれる。いつの時点でどの程度の転換が進むかは、車両用蓄電池の性能向上及びコスト改善や安価で実用的な車載用燃料電池の開発等、今後の技術の進展如何によると考えられる。

(3) 交通体系における自動車交通の役割と自動車交通量

　国内の交通体系における自動車交通の役割と交通量については、①物の輸送と人の輸送（移動）とに分け、②さらにこれを長距離輸送（移動）と生活圏内の輸送に分けて考えるのが便宜である。

ア　物の輸送

(ｱ)　長距離輸送

　物流に関しては、船舶及び鉄道は大量輸送という優位性があるものの、トラックが有する輸送経路の柔軟性と機動性はこれを上回るメリットがあり、そのコストが高騰しない限り、長距離輸送においてもトラック輸送は引き続き国内輸送の中核を担うものと考えられる。ただし、船舶による輸送も、将来大幅な時間短縮又は大幅なコストカットが実現した場合にはシェアを拡大する可能性がある。また、航空輸送は、他の交通手段に比べ旅行時間において優位性を持つが、輸送コストが高額であるためその利用は航空機利用による時間的節約とその

コストが見合う一部の需要に限られ、シェアの拡大には自ら限界がある。

　我が国の高速道路の整備は、引き続き進められており、高速道路のネットワークの拡大に伴い国内物流におけるトラック輸送の利便性は高まるであろう。また、将来、トラックの自動運転支援等のシステムが開発され、長距離運転の負担が軽減されるならば、トラック輸送の比率はさらに高まる可能性がある。

㈶　生活圏内における輸送

　生活圏内における物流については、自動車以外の運搬手段によることはほぼ困難である。したがって、物流の需要が増加すれば自動車交通量は増加し、需要が低下すれば自動車交通量もそのまま減少するという関係になる。今後、都市部においては、再度人口の集積が進むと予想され、併せて社会の進展に伴い多様な生活上のニーズに応じた多頻度の物品配送が進むと予想されることから、このような人口の再集積が進む都市部の地域において物流に伴う自動車交通の増加が見込まれる。

イ　人の輸送（移動）

㈱　長距離輸送

　人の長距離輸送（又は移動）においては、自家用自動車は、長時間運転の負担が大きく、また、航空機や高速鉄道に比べ単位時間当たりの移動速度にも限界がある。このため、人の長距離輸送（移動）においては、その旅行の目的に応じて航空機及び高速鉄道が主に選択されることになる。

　将来、リニア新幹線が運行を開始し、また、既存の新幹線の旅行時間が短縮されるならば、長距離輸送（移動）における鉄道のシェアはさらに高まるであろう。仮に、短滑走路のジェット機が普及しても利用者は特定の分野ないし特別な用務の人に限られるであろうし、輸送人員の大量性とコスト競争において鉄道の優位性は揺るがないであろう。

　もっとも、高速バスは、航空機、高速鉄道に比べ旅行速度においては迅速性に欠けるものの、路線設定が柔軟で夜間運行も可能であり、引き続き割安なコストを維持できるならば一定のシェアを維持することとなろう。また、時間の制約がなく、自由な移動を優先する旅行においては引き続き自家用自動車が利用されるであろう。この場合、運転者の負担を軽減する様々な運転支援システムは、自家用自動車の利用を増加させる方向に作用するであろう。

　今後、高速道路の延伸や余暇の拡大により、自家用自動車による国内長距離旅行が増加する可能性はあるが、社会の高齢化を勘案すると、そのまま自動車交通量全体の増大をもたらすまでの大きなインパクトがあるとは考えられない。

㈶　生活圏内における輸送（移動）

　生活圏内の人の輸送又は移動については、人口の集積の度合いに応じて、利用される交通手段は極めて地域差が大きい。人口の集積の進んだ都市部においては通勤、通学の手段は、圧倒的に鉄（軌）道によっており、新交通システムや路線バスがこれを補完している。一方、地方部においては、これらの大量公共輸送機関を十分整備、維持することは困難であり、通勤を含む日常生活は、必然的に自動車交通によらざるを得ない。

　また、都市部においても、自家用自動車は、その利便性から一部通勤、通学のほ

か、営業活動や買い物などに用いられている。

環境保全や都市交通対策の観点から、これらの自家用自動車の利用は、自転車や公共交通機関その他の交通手段にとって代わられることが期待されているが、業務や買い物にはときとしてモノの運搬を伴うこと、また、雨天時の移動などを考慮すると、現在の交通体系下において自家用自動車から他の交通手段への転換は自ら限界がある。しかし、自家用自動車に代わる他の交通手段がより便利でかつ低コストであるならば、その限りで転換はある程度実現するであろう。

今後は、都市構造の改善により歩行圏内にアクセスポイントを持つ公共交通システムの整備が進み、自家用自動車を利用しないで済む生活圏が拡大することが期待されるが、そのような環境下にある地域では人の移動に伴う自家用自動車の利用は低下するであろう。

ウ　自動車交通の役割

上記ア及びイを踏まえると、長距離の人の輸送又は移動については、航空機と長距離高速鉄道が一部競合し、競争しながらすみ分けが続くであろう。自動車交通は、地方部においては地域鉄道輸送網の衰退に伴い自動車交通へのシフトが進むにも関わらず、人口の減少のためむしろ交通量が減少するであろう。また、都市部においては、居住人口の再集積が進むこともあり、地方部のような急激な人口減少は生じない。しかし、人口の減少の影響は地域により異なるものの、自動車から他の交通手段への転換をも合わせ考えると、一部の例外的な地域を除き、多くの地域で自動車交通は減少

していくこととなろう。

これに対しモノの輸送においては、長距離国内輸送では、船舶や鉄道輸送に対しトラック輸送がさらにシェアを高め、地域の生活圏内輸送においても、自動車による一層きめ細かな輸送活動が求められ、根強い交通需要が続くであろう。

(4) 政策課題

ア　交通体系の基礎となる国土形成の考え方

国土形成計画（平成20年7月4日閣議決定）や社会資本整備重点計画（平成24年8月31日閣議決定）においては我が国の本格的な少子高齢化や人口の減少、グローバル化の進展に伴い激化する国際競争に対処するため、

　○多様な広域ブロックが自立し発展する国土の実現
　○我が国を通じて東アジアと世界を結ぶアジア・ゲートウェイ構想
　○地域活性化と生活圏の広域化
　○集約型都市構造を有する都市の形成

等の政策目標を掲げている。

今後の交通体系の在り方についても、これを踏まえ、

　○東アジアとの直接交流や連携（シームレスアジア）
　○全国1日交通圏の充実
　○地域交通における公共交通機関の活用、人が主役の歩いて暮らせる「まちなか交通」の環境整備

等の方針を掲げている。これを踏まえて空港、港湾、道路等の交通関連施設を含む社会資本整備が進められることとなる。また、これらの国土形成計画や社会整備重点

計画は、環境や防災への配慮についても触れている。

以上を踏まえると、今後の道路交通政策における課題は、大きく次のように考えられる。

イ 社会生活と経済活動を支えるシームレスな交通体系の実現

国土の均衡ある発展を促し、市民の豊かな生活を実現するためには、各地を相互につなぐ交通ネットワークを整備し、人々のスムーズな移動を可能にすることが必要である。また、経済の発展のためには、いずれの時代においても経済活動を支える輸送力の確保が重要である。今後とも、政府の国土整備計画において、幹線道路ネットワークの整備とその機能維持は重要な位置を占め、推進されるであろう。

この場合、特に、陸、海、空にわたる各交通モードが相互に連携し、一体の交通体系として機能するようにすることが何よりも重要である。従来、我が国の交通インフラの整備は、それぞれ急増する交通需要に応じるため、各交通モードが相互に十分連携しないままに施設整備を進めて来た側面がある。今後、我が国の経済規模の大幅な拡大は見込まれないことから、現在進められている交通インフラの整備水準が維持されるならば、基本的な輸送力不足の問題は生じてこないものと考えられる。したがって、今後は、人やモノのよりスムーズな輸送や移動を可能にするため、港湾、空港、鉄道駅、物流施設を相互に結ぶ幹線道路の整備と各交通モードの結節点の構造改善とその連携に焦点が当てられるであろう。

特に、今後さらに進展する世界経済のグローバル化に対処するため、国内の産業立地と交通体系を国際物流に適したものとする必要がある。道路交通政策においても、引き続きこの面での対応が迫られよう。

一方、地域交通においては、過疎地等における高齢者のモビリティの確保が深刻な課題として残っている。

また、既にかなりの量にのぼっている交通インフラの維持管理をどのように進めるかは、今後の交通行政において重大な課題である。

ウ 都市政策に対する貢献

今後、長期的に都市への人口の再集積が進む公算が強く、その中でそれぞれの都市でどのような街づくりを進めるかは、大きな課題である。大都市からコンパクトな中小の都市までその規模と地理的条件は様々であるが、いずれの場合も道路は街づくりにおいて決定的な役割を果たすものであり、都市政策に対する道路交通行政の貢献が大きなポイントとなる。

今後地域主導型の街づくりが進む過程で、都市政策と道路交通政策は相互に協働しながら、同一の青写真の下に進められることになるであろう。

エ 持続可能な社会の形成に向けた取組

環境に配慮した低炭素社会を実現し、循環型の持続可能な社会を形成するために、道路交通政策は、大きな役割を果たすことが期待されている。

道路交通政策は、これまでもCO_2の削減や省資源、省エネルギーに向けた取組を行ってきたが、今後とも引き続き「サステイナブルな社会を支える交通体系の構築」に向け必要な取組を続けることとなろう。

オ 非常時における避難、救援の交通路及び輸送力の確保

現在、我が国の平時における道路交通機能及び輸送力は、一応の水準に達しているものと評価できる。しかし、災害時等の非常時における交通路と輸送力の確保は、引き続き重要な課題である。今後、災害に強い道路整備の在り方及び管理方策についてさらに検討が進み、逐次実現していくこととなろう。

カ　外部費用とされる交通事故、渋滞、環境被害の問題

自動車交通に伴う交通事故、渋滞、環境被害等の自動車交通の負の部分については、これまでの諸対策により大きな改善を見ているものの、引き続き大きな課題として残っている。

これらの課題は、人命や人の健康に関わるものであり、また、交通機能の維持そのものに関わるものであるところから、今後とも道路交通政策における主要な政策課題として真剣な取組が続けられるであろう。究極的には、「交通事故死者ゼロ」、「交通渋滞ゼロ」、「交通公害ゼロ」といった理想を最終目標に掲げ、これに向けた取組を進めることとなろう。

具体的には、交通安全の分野では、①ドライバーの注意力不足や注意力の限界による過失という根源的な問題のほか、②高齢ドライバーの安全対策、③都市部における自動車と二輪車、自転車、歩行者等の混合交通の処理、④住宅街や商業地区の生活道路における安全対策といった個別の課題に対する取組が必要である。

渋滞対策や環境保全等の都市交通対策については、引き続き道路のボトルネックとなっている箇所に対する個別の対策のほか、交通体系の見直しを含む交通需要マネジメント（TDM）による包括的な取組が進むであろう。また、車両単体の燃費の改善ないし電気自動車等への転換が進むことにより、道路交通の分野における環境負荷については大幅な改善が見込まれる。

2　ITSの今後の方向

ITSは、平成8（1996）年に策定された全体構想で定められた開発分野と利用者サービス（ITSサービス）をスタートとして、政府主導による産官学連携体制で開発と普及が進められた。また、ITSは、道路交通政策にも積極的に取り入れられ、道路交通問題の解決や道路交通の利便性や快適性の向上に貢献をしてきた。

ITSが今後どのような方向に進展していくかについては、社会の変化や技術の変革等によるところが大きいが、現状での問題点や課題から想定される範囲で考えてみたい。ここでは特に、ITSサービスが、今後、どのような方向に進展していくのか、また我が国のITSの推進体制が、どのように変化していくのか等について展望する。

また、前述の「道路交通政策の今後の方向」で取り上げられているいくつかの政策課題に関して、ITSでどのような対応が可能かについても言及する。

(1)　ITSサービスの進展方向

全体構想では、ITSユーザーとしてのドライバー、歩行者等、公共交通利用者、輸送事業者、管理者の視点から、ITSサービスとして情報提供、課金、安全運転支援、交通管制、道路管理、車両の運行管理等が定められている（「第3章 第2節 3 ITS サービスと要素技術」を参照）。

第3章の図表3－1の全体構想における利用者サービスは、利用者の立場から分類整理されたものであるが、これを利用分野別に整理し直すと図表4－1のようになる。

ITSの利用分野	目的	事例
1．道路交通政策におけるITSの活用	(1) 道路交通固有の課題解決 　①道路交通機能の最大発揮 　②交通事故防止、交通渋滞改善、交通公害の防止 　③道路利用者の快適性、利便性等の向上 (2) 道路交通政策を通じた社会の一般課題への対応 　①ITSとエネルギーの融合 　②省エネ、省資源、CO_2削減 　③防災、減災　　　　　等	・信号制御システム ・ASV、VICS、ITSスポット ・ETC ・UTMS ・TDM 等 ・電力エネルギー管理 ・エコドライブ ・隊列走行、自動運転 ・公的情報と民間情報を組み合わせた情報収集・提供システム　等
2．クルマ利用の安全性、効率性、利便性等の向上	(1) 走行支援に係わるもの 　①事故防止 　②運転負担軽減 　③渋滞回避 (2) 交通関連周辺サービス 　①通行料金等支払い・決済 　②駐車場、周辺施設情報提供 　③気象、イベント情報提供 (3) 事業者の車両管理 　①物流車両の運行管理 　②公共交通車両の運行管理	・ASV、DSSS、ITSスポット ・カーナビ ・VICS 等 ・ETC、ETC多目的サービス ・テレマティクスサービス等 ・車両運行管理システム等
3．地域の街づくり、地域経済の活性化	(1) 地域固有の道路交通問題解決 　①事故防止 　②渋滞回避 (2) 都市政策との連携、交通体系の改善	・UTMS、信号制御システム ・デマンド・シェアリング交通システム等 ・交通結節点での情報サービス ・駐車場管理システム等

図表4－1　ITSサービスの利用分野別分類

我が国のITSは、これまで、道路交通政策の中にVICS、ETC、UTMS等が取り入れられ、道路交通が有する課題解決に活用された。一方、市民のクルマ利用に対しては、安全性、効率性、利便性等の向上に向けて、カーナビ、ASV、DSSS、ETC、ITSスポット等の車載装置が走行支援サービスや交通関連周辺サービス等を提供し、

また、物流事業者や公共交通事業者の車両運行管理システムが、運行効率の向上と利用者へ利便性をもたらしてきた。地域においてITSは、地域固有の道路交通問題の解決や都市政策との連携、交通体系の改善等を通して街づくりや地域経済の活性化に貢献してきた。

最新のIT戦略である世界最先端IT国家創造宣言では、平成26（2014）年度から社会実装を前提としたモデル地区での先導的な実証実験を公道上で実施するとともに、高度運転支援技術の開発に着手し、平成30（2018）年を目途に、交通事故死者数2,500人以下とし、平成32（2020）年までに世界で最も安全な道路交通社会を実現するとともに、交通渋滞を大幅に削減し、平成32（2020）年代中に、自動走行システムを試用開始するという目標が掲げられており、ITSは、道路交通の安全と環境の、より一層の向上に向けた道路交通政策の支援ツールとして活用されようとしている。

近年では、高齢化や脱化石燃料の進行等の社会の急激な変化に伴い、ITSは、運転能力の低下した高齢ドライバーを的確に支援するシステム、例えば、高齢者の移動ニーズに合わせた超小型EV等の移動手段の整備や安全、快適な移動のための道路環境の整備など、高齢者に重点を置いた新しいITSサービスが求められている。また、道路交通政策を通じた社会の一般課題への対応に関しては、EVの電力管理を包含した地域全体の電力の最適管理に見られるように、ITSとエネルギーが融合した新たなサービスが重要となるであろう。

将来的には、情報通信技術の更なる進展に伴い、ITSと社会の情報システムとのネットワーク化も加速・拡大することから、ITSは、社会のより広い分野の一般課題への対応にも活用されていくことが予想される。

(2) ITSの推進主体
ア ITS進展の経緯と官と民の役割

我が国のITSの進展に関しては、日米欧で、毎年持ち回りで開催されるITS世界会議が、一つの区切りを作っている。平成7（1995）年に我が国で初めて開催されたITS世界会議横浜を出発点としてファーストステージが始まり、平成16（2004）年のITS世界会議愛知・名古屋を境にセカンドステージに入り現在に至っている。我が国のITSは、3度目の日本開催となった平成25（2013）年のITS世界会議東京を契機に、次世代のステージにステップアップしようとしている。

ファーストステージは、政府主導による産官学連携体制で進められ、全体構想で取り上げられた9つの開発分野の開発・普及が行われた段階であった。ここでは、全体構想以前に民間企業が独自に開発・販売を進めてきたカーナビをベースとしたVICSが花開き、そのあとをETC、ASV、UTMS等が続いたのである。

セカンドステージでは、民間企業が開発・販売するVICS、ETCの車載装置の普及がより一層拡大するとともに、VICSとETCの2つのサービスを一つの車載装置で受けられるサービス（ITSスポットサービス）が実現するなど、ITSサービスの融合が進む一方で、民間の事業者による道路交通情報提供事業が進展した。

2013年のITS世界会議東京以降の次世代

のステージでは、交通事故や渋滞等の道路交通の負の側面を解消して社会生活の質をより一層向上させるとともに、人やモノの移動をより活発にして経済発展にも貢献する社会に向けて、様々な技術開発とシステムの実用化が進むであろう。また、今後は、国だけでなく地方自治体も地域におけるITSの導入、活用への取組を強めるものと考えられる。

平成7（1995）年に策定された「高度情報通信社会推進に向けた基本方針」では、我が国のIT化は、民間を主体として進めることを基本とし、政府は自らのIT化を進めるとともに民間の取組が進むような条件整備や支援を行うこととしており、ITSについてもその基本的な考え方に基づいて進められてきた。今後、ITSの多様な展開が進むにつれ、民間の果たす役割はますます拡大するであろう。

イ　地域へのITSの導入と実用化

我が国のITSは、ファーストステージからセカンドステージにかけて、「安全・安心」、「環境・効率」、「快適・利便」な社会の実現を目指し、VICSやETC等の基幹システムの開発や普及が進められてきたが、それと並行して地域の各都市でも、それぞれの都市が抱える道路交通問題を解決し、地域経済の活性化を図ることを目的とした地域ITSの取組が進められてきた。この背景には、近年、地域では高齢化と過疎化が進み、高齢者や身障者を含めた地域住民のモビリティの確保が重要な課題になってきたことが挙げられている。

地域ITSの取組は、これまでITS関係府省庁及び地方支分部局、自治体、地域のITS推進団体等の連携のもとに進められ、雪寒地域や山間地の都市、渋滞の激しい大都市等、気候特性、地域特性、交通特性の異なる各都市で、地域固有のITSが開発・導入されてきた。2008年からスタートした内閣府の総合科学技術会議の社会還元加速プロジェクトでは、ITS実証実験モデル都市として青森市、柏市、横浜市、豊田市の4都市を選定し、国と地域が連携した街づくり、交通社会づくりに着手しており、今後、地域ITSが大きく進展する段階に来ている。

地域でITSを円滑に実用化する方策としては、その地域固有の取組として自治体が中心になって進められるものや、国家プロジェクトの実証実験やITS世界会議のような大規模イベントの機会を利用し、その一環として実験システムを構築するものがある。特に後者の場合は、国や地方自治体、ITS関係府省庁の地方支分部局、大学等を中心とした地域の関係者の連携による推進体制を継続させる方策と、構築した実験システムを実験終了後に実用システムに発展させていく方策が重要で、そのためにもシステムを自立運営できるビジネスモデルの構築が最重要課題となっている。

(3)　ITS推進体制における連携の深化
ア　ITS推進のための国の取組体制

我が国のITSに関しては、平成8（1996）年のITS関係省庁による全体構想の公表以降は、IT戦略本部から各種のIT戦略が継続して策定・公表され、その中でITSの取組は進められてきた。その結果、我が国は世界のITS最先進国となり、道路交通政策にもITS施策がタイムリーに取り入れられ、我が国の道路交通行政の高度化

に貢献してきた（「第3章第3節3道路交通行政におけるITSの進展」を参照）。

最新のIT戦略である「世界最先端IT国家創造宣言」では、平成30（2018）年までの交通事故死者数の削減（年間の死者数を2,500人以下とする）と平成32（2020）年までの交通渋滞の大幅削減の2つの長期的な目標を掲げてITSプロジェクトが推進されている。政府のIT戦略は、これまで随時改訂されながら継続して策定されており、現在の「世界最先端IT国家創造宣言」が終了しても、目標達成に向けて、引き続き次のIT戦略が策定・推進されることが見込まれる。

イ　道路交通政策におけるITS施策の組み合わせ活用と総合化

我が国のITS推進については、これまで政府主導の産官学連携体制による開発と普及、道路交通政策と民間における研究開発の連携が進められる中で、次第に相互の連携が進化してきた。

道路交通政策の支援ツールであるITSは、従来VICS、ETC、ASV、UTMS、ITSスポットサービス等のシステムが、警察庁の交通警察行政及び国土交通省の道路行政、運輸行政の中でそれぞれ重要な政策支援ツールとして個別に活用されてきたが、最近ではITSスポットサービスに見られるように関係システム相互の機能的な融合がなされてきており、この流れは、ITSに更なる進展をもたらすことをうかがわせる。例えば、先に述べた「新たな情報通信技術戦略」や「世界最先端IT国家創造宣言」では、プローブ情報の活用に関し、ITS関係府省庁がそろって同一プロジェクトに参画して役割分担を明確化し、交通事故や交通渋滞の削減という共通の目標を掲げ、予算、技術、体制等の面から連携・協力してプロジェクトに取り組んでいるところである。この事例からみられるように、今後の道路交通政策におけるITSの推進については、関係府省庁の行政事務の枠を超えた次元を高めたスケールの大きい包括的な政策・施策を策定し、ITS関係府省庁が同一のプロジェクトの中で目標の共同化を図り、各府省庁の成果の総合化を図るという形で進展するであろう。

(4) 道路交通政策の課題に対するITSの可能性

ここでは、前項「道路交通政策の今後の方向」で取り上げられている今後の政策課題に対して、ITSを活用することによりどのような対応が可能かを考察する。

ア　社会生活と経済活動を支えるシームレスな交通体系の実現

㈦　陸、海、空にわたる総合的な交通システムの確立

ITSは、従前の概念にこだわることなくその名（Intelligent Transport Systems）が示唆するとおり、自動車だけではなく、陸、海、空にわたる各交通モード（交通手段）をネットワーク化させ、一体の交通体系として、より大きな効果を発揮できるように支援するシステムとして捉えることも可能である。

今後の道路交通政策の展開を考えるとき、ITSはシームレスな交通体系の実現に大きな役割を果たすことができる。これまで技術的にも制度的にも十分な連携が取られていなかった陸、海、空の各交通モードを情報通信技術で結び、それぞれの交通

モードの交通結節点での安全でスムーズな乗り換えや乗り継ぎを実現できるよう、交通環境の整備を行うとともに交通モード全体の最適管理を行うことにより、陸、海、空にわたる総合的な交通システムを実現することができる。

確実に進む世界経済のグローバル化に対処するためにも、物流も含めて、陸、海、空にわたる各交通モードの連携構築が今後のITSの重要課題となろう。

(イ) 過疎化と地域格差の解消

地域交通においては、過疎地等でのモビリティの確保が、ユニバーサルな交通体系実現の面から深刻な課題として残っている。高度成長期に大量の人々が地方から都市に移住し大都市圏の郊外に住む一方、地方には高齢者が残り、これが現在の過疎化に拍車をかけている。世界に先駆けて超高齢社会を迎えた我が国では、高齢者に対して移動の手段と機会を提供して社会への参画を促すことは、高齢者の健康面・精神面への効果もさることながら、地域経済の発展にとっても極めて重要である。

そのためには、地域の社会活動の基盤となる乗り合いバスやコミュニティバス、乗り合いタクシーや福祉タクシーなどの公共交通手段を充実し、さらには小型EVなどの簡便な自家用の移動手段を利用可能にするとともに、ITSを活用して自家用交通手段と公共交通手段の最適な組み合わせを図る交通システムの構築が考えられる。

現在、元気な高齢者の多様なニーズに対応する新たな交通手段として、1～2人乗りの超小型EVなどのPMV（Personal Mobility Vehicle）等が検討されている。既存の交通手段の改善と併せ、ITSを活用して高齢者にとって安全で自由に移動できる交通環境を整備することが可能である。

イ　都市政策に対する貢献

自動車交通の発達とともに郊外へスプロール化した都市は、公共インフラ維持のコストも割高で、高齢者にとって住みにくい街になっている。近年、この解決策として、コンパクトシティというコンセプトが提唱されている。すなわち、都市の郊外への拡大を抑制し、市街地のスケールを小さく保ち、歩いて行ける範囲を生活圏と捉え、コミュニティの再生や住みやすい街づくりを目指そうというものである。

コンパクトシティにおける交通系は、プライベートな自動車の利用は相対的に抑制され、公共交通のほか自転車と徒歩が中心となることが想定されており、ITSで貢献できる余地が大きい。例えばモビリティの確保の面では、デマンドバス・タクシー、シェアリング用の小型EV、自転車などを、ITSを活用して誰でも簡単、安全、効率的に利用することができ、結果としてCO_2の少ない街づくりにも貢献できる。

最近では次世代の公共交通としてLRT（Light Rail Transit：路面電車）に焦点が当てられている。LRTは、以前は安全性や交通の円滑化の面から都市内での自動車との共存が難しく衰退したが、最近、運行管理が高度化し、また、ASV技術の車車間通信技術により車と共存できる可能性が出てきたことから、再び都市内公共交通手段として復活が期待されている。

ウ　持続可能な社会の形成に向けた取組

サステイナブルな社会の構築に向けて、これまで運輸部門の陸上交通におけるCO_2削減の国の主な取組として、①自動車単体

対策及び走行形態の環境配慮化、②交通流対策、③物流の効率化、④公共交通の利用促進等の取組が行われてきた。

これまでカーナビ、VICS、ETC、信号制御等といったITSは、交通流の円滑化によって燃料消費量を減らしCO_2を削減するという間接的な効果にとどまっていた。このような燃費向上による間接的な削減では更なるCO_2削減が難しい段階に来ており、より一層のCO_2削減に向けて、自動車の交通需要をマネジメントして走行量を調整するTDMが注目されている。

ITSを活用したTDMは、都市の交通状況や地域の交通環境に応じて、自動車から公共交通への乗り換えだけでなく、出発時間の調整、走行経路の変更、エコドライブの実践など自動車の効率的な利用を促し、CO_2を削減するものである。市民の交通行動の変容によるCO_2削減効果に関する社会実験の結果として、一人一日あたり約0.3kg（社会実験結果）、名古屋市で年間14.4万トン（シミュレーション結果）のCO_2を削減できる可能性があることが示されている。今後の直接的なCO_2削減策として、TDMが期待される（「第3章第4節1道路交通政策に対するITSの貢献」を参照）。

エ　非常時における避難、救援の交通路及び輸送力の確保

⑺　災害時の道路ネットワークの確保

平成23（2011）年3月に発生した東日本大震災は、我々に地震・台風・洪水等、災害時の情報の大切さを痛切に感じさせた。広範囲にわたって停電や道路決壊が発生し、交通機関がマヒして身動きが取れなかった時に、最も必要とされたのが交通の情報や安否確認のための情報であった。

固定電話、携帯電話、パソコン、インターネット等の情報機器も停電や情報通信インフラの破壊により、全面的に使えなかったり一部使用が制限されたりした状態であった。その中でも威力を発揮したのが、インターネットと携帯電話であったといわれている。

震災の発生後、間もなく、被災地で車が実際に走行した経路がインターネット上で公開され、通行可能ルートの発見に役立ったことは記憶に新しいところである。この仕組みは、自動車メーカーで実施中のテレマティクスサービスで収集した車のプローブ情報を、デジタル道路地図上に重畳したもので、確実に走行したという実績情報から通行可能性を判定し、明示したものである。

今後の対策として、災害時の道路ネットワークの確保には、現場の状況をいち早く把握するために、現場を走る車のプローブ情報を収集・活用し、走行可能な道路を検出して救援活動に用いることのできる道路を特定するとともに、早期に障害箇所の修復作業に着手することが有効な方策となろう。

⑷　災害時の道路交通情報の収集と提供

道路交通情報に関しては、これまでは警察や道路管理者等の公的機関から、車両感知器やカメラ等を中心とした収集機器で集めた情報がラジオやテレビ、パソコン、携帯電話等を通じて市民に提供されてきた。一方、東日本大震災の体験から個人発の情報の価値や有用性が見直されてきている。すなわち、スマートフォンの普及とそれを使ったツイッターで、天気や交通事故、電車の遅れ等、最新の現場情報あるいは口コ

ミ的な情報をリアルタイムで個人が携帯電話等から発信し、それを受信した人々が個人の責任でそれを活用するという、民間情報の新しい使い方である。

今後、道路交通情報の収集及び提供については、公的機関が責任を持って提供する公的情報を中心に、ITSを活用することで私的ではあるが現場にいる個人発の民間情報をうまく組み合わせた新しい情報収集・提供の仕組みを検討することが必要で、これにより交通路と輸送力の確保にも貢献できるものと考えられる。

オ　外部費用とされる交通事故、渋滞、環境被害

道路交通の事故や渋滞が引き起こす負の側面、いわゆる外部費用は、交通事故全体による経済損失で年間およそ6.7兆円規模、渋滞によって発生する無駄時間が日本全体で年間およそ33.1億人時間、貨幣価値換算で年間10兆円規模にのぼると推定されている（「第3章第4節1　道路交通政策に対するITSの貢献」を参照）。

安全や空気、無駄時間はその問題の大きさが直感的に感じにくく、その経済的損失の大きさを見逃しやすい状況になっているが、損失の大きさを再認識して、対策を本格的に進めることがITS先進国としての我が国の責務であろう。

ドライバーの注意力不足や注意力の限界による過失、高齢ドライバーの安全対策、都市部における自動車と二輪車、自転車、歩行者等の混合交通における安全対策、生活道路における平穏の確保や安全対策、さらには道路のボトルネック対策等の渋滞対策、車両の燃費改善ないし交通モードの転換などに対しても、VICS、ETC、ASV、UTMS、ITSスポット、TDMなどのITSは有効であり、引き続き「交通事故死者ゼロ」、「交通渋滞ゼロ」、「交通公害ゼロ」といった目標を掲げて、その機能・性能の向上と普及拡大に努め、外部費用を削減することが重要である。

3　道路交通政策とITSが実現する将来のモビリティ

今後長期にわたって続く高齢化社会への対応、地球環境問題及び根本的な解決を迫られているエネルギー問題等、現在、我が国は極めて困難な多くの課題を克服しなければならない状況にある。

こうした状況の中でなお、豊かで活発な社会生活や産業活動を維持し、発展を期するには人々の活力が必要である。そのためには「衣」、「食」、「住」がまず十分に満たされることが必要であり、さらに現代においてはこれに加えて「移動」、すなわちモビリティを加えるべきであろう。モビリティはまた、豊かな衣食住を生む経済活動の基盤でもあり、これを支える道路交通政策の役割は今後一層重要性を増すであろう。

モビリティという言葉には色々な含意がある。一般的にモビリティは移動の主体に関わる言葉であり、モノの輸送に対しては用いられないが、ここでは、モノを移動させる手段が豊富であるという意味を含めることにする。したがって、ここで言うモビリティとは、人々が、徒歩も含めて種々の移動・輸送手段を利用できる状態にあるということである。

このようなモビリティを実際の行動に移した結果、すなわち「移動」、「輸送」の総

第4章　将来展望

体が交通である。

道路交通政策の推進、また、そのツールであるITSの開発、普及は、第3章第2節に示されたように、「安全・安心な」、「環境にやさしく効率的な」、「利便性が高く快適な」社会の実現を目指して進められてきた。また、特に自動車による移動の視点に特化して、「安全」、「円滑」、「快適」が政策の実現目標として列挙される場合もあった。

これらの目標はもともと独立した概念ではない。例えば、「安全」の向上は交通事故による交通渋滞の防止を通じて円滑な交通を実現し、「利便」や「効率」につながる。また、これにより運転が「快適」になることはもとより、道路周辺の環境にも好影響を与える。さらに、円滑な交通は省エネルギーや業務の効率化等にも直結している。

しかし、社会の成熟化によって生活の豊かさが一層求められるようになっている現在「安全」、「安心」、「円滑」、「快適」、「利便」、「環境」、「効率」の追求は、これまで以上に広範かつ総合的な視点からなされることが求められている。

まず、「安全」については、これまでも交通事故防止に向けて官民双方による各種の努力により大きな成果が上げられてきた。しかし、これは、道路交通に内在する事故の危険と向き合いながら辛うじて実現しているものである。成熟化に向かう我が国の社会においては安全への希求も一層強まり、様々な交通参加者の色々な状況における「安心」も求められるようになっている現在、さらに一段と高い水準（交通事故の心配のない社会）の実現に向けた取組が必要である。

「円滑」、「快適」は端的には渋滞の解消を目指すものであるが、先に述べたように、これらの目的は「環境調和」、「省エネルギー」、「効率化」等にも敷衍できる。また、ここでいう「快適」は快適・安全な走行環境という意味合いの他、自動車の持つドア・ツー・ドアの「利便性」を十分に享受できることも含意している。しかし、情報化が進み一層の豊かさを求める現在においては、モビリティにおける快適性や利便性への要求はこれにとどまるものではない。

特に、環境や資源の制約の中で豊かさの維持（サステイナビリティ：後に詳述）をどう実現するかという課題は、先進諸国共通のものであり、我が国においてなかんずく緊急度が高いといえよう。

こうした状況を踏まえて、本項では、将来のモビリティが目指すべき方向を、「安全・安心」で、利便性が高く「豊か」で、「サステイナブルな社会にふさわしい」ものとして捉えなおし、これを実現するための交通手段に求められる機能や技術が目指すべき方向、また、それらを利用する環境が持つべき条件や社会的サービスの在り方等を展望する。

さらに、これらの実現に必要な留意事項等を述べることを通じて、道路交通政策並びにそのツールとしてのITSが果たすべき役割を示唆する。

(1) 安全・安心なモビリティを目指して

道路交通において、安全・安心なモビリティを実現することは道路交通政策の最大の課題であり、官民双方で大きな努力がな

されてきた。既に述べられているように、官においては昭和41（1966）年の交通安全施設等整備事業に関する緊急措置法や昭和45（1970）年の交通安全対策基本法に基づき、交通事故防止に向けて様々な努力が継続されてきている。一方自動車産業においても、事故の防止や乗員の安全性を確保する方向で各種の技術的努力がなされている。特に最近にあっては、急速に進展するカーエレクトロニクスや制御技術を駆使して安全性を確保しようとする高度な運転支援機能が実用化されつつある。しかし、一方で、ドライバー始め交通参加者の急速な高齢化が進み、交通安全に関する新たな懸念が増大している。

ア　自動車－ドライバー系における安全機能

　交通事故のほとんどは、ドライバーの走行環境やその中で発生するリスク（危険性）の認識及び判断と危険性に対処するための操作のミスに起因する。このミスを防ぐためには、自動車－ドライバー系の安全機能をさらに充実させる必要がある。

　安全運転のためには、まず、ドライバーの認知機能が十分に発揮されることが必要で、そのために自動車の運転席の視界の確保が前提になる。特に、夜間の視認性確保は重要である。また、ドライバーの基本的な認知能力は免許条件で規定されているが、道路交通の場における実際の認知能力は、ドライバーの身体状況や走行環境によって大きく変わる。ドライバーの認知能力が十分に発揮される状況を維持するためには、ドライバーの疲労を低減し、覚醒状況を維持する必要がある。また、リスクに遭遇した場合に事故を防止できるかどうかは、ドライバーのリスク察知能力に大きく依存し、さらにはリスクに対処する運転操作の可否にも大きく左右される。

　現在、自動車に装備されつつある安全機能は、自動車－ドライバー系に求められるこれらの様々な能力を補い、強化する方向を目指しており、各種の運転支援や自動化機能が提案され、一部が商品化されている。最近にあっては、高度な障害物察知機能や車線維持機能、さらには最終的な衝突を避ける自動停止機能も実用化されている状況である。

　今後とも長期間にわたって続く社会の高齢化に伴うドライバー機能の低下傾向に対処し、また、長時間の運転等過酷な運転環境にさらされているドライバーの就労環境を改善するためには、これらの予防安全に係る機能を高度化し、広く普及することが期待される。

　しかし、これらの自動車－ドライバー系の機能強化も車両側から見た視界の外にあるリスクには対処できず、また、基本的な通行ルールを無視した行動に対しても同様である。そのためには道路側の状況監視機能との連携による安全システムの構築が次のステップとして期待される。

　一方で、このような自動車－ドライバー系の機能発展への期待に対して、これらの安全機能がドライバーの機械への依存心を助長し、全体の安全性を必ずしも高めないかもしれないという懸念（例えば、リスク・ホメオスターシス説（ワイルド他））もある。こうした懸念も考慮に入れていく必要がある。

イ　安全な道路交通環境の実現

　先に述べた自動車－ドライバー系の安全

機能の実用化は、安全、安心なモビリティの実現に大きな可能性を与えてくれる。一方で、後にも述べるように、様々な社会的要求によって進行する自動車の超小型化や自転車利用等も含む車両の多様化が安全な道路交通に与える影響にも十分な留意が必要である。また、先に述べた安全機能もすべての車に一律に装備できるわけではなく、色々な段階の機能を持った車両の混在が続くことになる。

こうした状況の中で更なる交通安全を達成するために求められることは、道路空間の最適配分であり、そのための道路構造の見直し、道路設計思想の再構築である。また、交通管理についても、どの程度まで管理者側からの規制を及ぼし、どの程度まで移動体の自律性に委ねるか、そしてどのような内容の規制を行うべきか再吟味する必要がある。今後、さらなる交通安全の向上には、高度な機能を持つ車両から得られるデータや様々な立場の交通参加者の意見を吸い上げ、反映させるシステムの整備も必要で、こうした分野へのITSの応用やこれにもとづく新たな政策展開が期待される。

ウ　交通参加者への安全教育

安全教育は、歩行者、自転車利用者、自動車のドライバー等すべての交通参加者を対象に進める必要がある。自動車の普及途上において、必ずしもインフラ整備が十分でなかった我が国では、歩行者や自転車は当然ながら弱者として位置付けられ、保護されてきた。しかし、最近にあってはその保護対象という権利意識が、自己防衛意識を低下させている状況もうかがえ、憂慮されるところとなっている。例えば、若年層にあっても、歩行中や自動車運転中の携帯電話利用等の危険な行為は看過できない状況であり、また、歩道上等で自転車による加害や自転車の飛び出し等の事例も多発している。

ドライバーについては、運転免許の取得や更新時に一定の教育機会を確保でき、また、その行動を法的に規制ができるが、歩行者や自転車利用者など、それ以外の人たちを対象とする活動は容易ではない。また今後、自動車技術が高度化されることにより、搭載システムと人間の判断力との乖離がさらに大きくなることが懸念され、その克服は引き続き今後の大きな課題といえる。

こうした状況に対処するには、交通参加者全員の安全意識を向上させることが重要で、そのための理解促進活動や教育機会を充実させることが今後の大きな課題である。

近年では自動車や自転車の運転シミュレータが高度化され、車両開発や安全教育に生かされている。また、併せて、高齢者の認知症の早期発見や健常者の運転ミスを防ぐためのヒューマン・ファクターの研究にも応用されている。

今後に向けては、これらの分野において情報通信技術やネットワーク技術等を活用して、どのように貢献できるかを幅広く検討することもITSの大きな課題である。

エ　安全研究の基盤強化

交通事故を防止するために、事故の原因の分析を把握した上で的確な対策を実施することが必要であり、これまでも大きな努力がなされてきている。この場合、的確な対策の実現には、人間の行動特性（ヒューマン・ファクター）の理解が不可欠である

ことはいうまでもない。

　今後の道路交通の一層の安全を目指すには、ドライバーの運転行動についてだけではなく、歩行者、自転車等についても、様々な年齢層や状況に応じた交通行動に対する研究を深化させる必要がある。これまでも、交通心理学や産業心理学等の分野で様々な研究や事故分析等がなされ一定の成果が得られているが、ITSサービスが普及しネットワーク化が進んだ現在の技術的環境は、学際を超えたヒューマン・ファクターの研究に必要なデータの確保や新たな計測手段の実現に大きな可能性を与えてくれていることに改めて留意すべきであろう。

　交通安全をさらに推進するには、交通安全に関する研究・開発を、実際の交通において起こる事故やリスク等の事象に対処するためのものに加えて、人間行動の理解に必要な基本的な研究分野にまでわたる幅広いものにしてゆくため、研究機関相互の連絡や協力を促進するための活動も、ITS分野が今後の取組の柱の一つとすべきものであろう。

(2) 豊かなモビリティを目指して

　先に述べた「快適性」あるいは「利便性」への努力は、これまで商品開発サービスについての競争として、主として民間分野でなされてきた。しかし、社会の成熟化や情報化によって人々の要求が拡大しつつある現在においては、道路交通政策においても十分な配意が求められる。

ア　快適で利便性の高いモビリティ

　モビリティに関する快適性、利便性の要素は、基本的には移動手段へのアクセスの容易性、乗り心地、目的地到達までの所要時間、到着時間の確実性等であり、情報化が進んだ現在にあっては、移動中の時間の有効利用やエンターテインメント等にまで及んでいる。また、交通の結節点での行動に対する不安解消等もその要素の一つである。

　こうした様々な要求への対応は、ナビゲーションシステムの高度化はもとより、スマートフォンによる歩行者用の経路案内や交通機関に関する各種のサービスが実現され、急速な発展途上にあるのが現状である。

　これらのサービスの普及に伴い、公的情報提供においても利便性への配慮が一層求められることになろう。

　こうしたサービスの実現や進展を促進するには、既存あるいは今後実現されるサービス相互間の連携性を高めることが必要で、各種のデータの標準化や変換方式の開発への努力が求められる。

イ　多様な物流サービス

　社会の情報化は、通販の急速な発展に見られるように、人々の購買行動を大きく変化させている。また、「第3章第4節　道路交通政策に対するITSの貢献と課題」に述べたように、情報化やグローバル化によって一層熾烈な競争を迫る市場環境と、環境問題やエネルギー問題等の社会的課題への対処も求められる状況の中で、企業における調達や配送等の物流システムの重要性は急速に増大している。物流システムを効率化する努力の中で、輸送手段や流通経路の選択について様々な工夫がなされつつある。

　一方、高齢化や地域の過疎化も、新たな

購買形態を発展させつつある。例えば、通信を利用する配達付きの小売業のような方式でありこれらの動きは、物流の需要の起終点分布や利用する輸送手段を変化させ、交通に大きな影響を与えている貨物車両の動きも変わる。したがって、道路交通の管理においては、これら動向への留意が一層重要になろう。

また、物流は、産業と生活の両面にわたる多くの分野の動きに関連しており、これらの分野の動きと道路交通の関連を、広範な視野で展望することもITS分野に課せられた役割の一つである。

ウ　道路交通の境界領域におけるサービス

スマートフォンの爆発的な普及に見られるように、IT利用は一層身近でパーソナルなものになりつつあり、ITやマスメディアで取り上げられた情報が、人々の購買や観光に関する行動に大きな影響を与える状況が既に身近な現象となっている。無論、将来の生活スタイルにもさらに大きな影響を与えるであろう。

また、情報通信や制御機能を高度化させつつある自動車を始め各種の交通手段と、車外のネットワークとの連携は今後さらに密接になろう。これを、自動車を中心にして考えると、自動車と車外の「つながり」の拡大、深化ととらえることができる。今後は、このような自動車内と車外をつなぐネットワークが拡大、深化するに伴い、これを活用し、道路交通の境界領域における種々のサービスが展開することとなろう。後に詳述するプローブシステムのように、自動車や各種の交通手段の運行から得られる情報を車外で利用する動きも、さらに高度化するであろう。

このように、道路交通の分野におけるIT技術の活用のみならず、道路交通と一般生活にまたがる境界領域におけるサービス実現への努力も今後のITSに期待されるところであり、詳細については、次項以降で述べる。

(3)　サステイナブルなモビリティの実現

地球の温暖化への対応やエネルギー資源を始めとする天然資源の有限性が身近な課題となり、現代社会を将来にわたってどう維持・発展させてゆくかが問われている。生活や産業活動の基盤であるモビリティの在り方についても新たな取組が求められるのは無論のことである。

こうした文脈で、ITS分野では「サステイナブル・モビリティ」が目指すべき将来のモビリティを表す言葉として用いられている。サステイナブル・モビリティが含意するところについては、様々な見方があるが、ここでは、端的に省エネルギーと環境性能の向上を指向する交通手段あるいは道路交通として捉えることにする。

ア　自動車の燃費向上努力

自動車の燃費の向上は、これまでも商品の魅力を向上させる努力の一環として続けられてきた。また、環境問題への対処として、排ガスの低減にも大きな努力がなされてきた。

ハイブリッド車の急速な普及は、自動車の燃費向上を目指す努力の代表的な成果であるが、自動車各社では、次世代をにらみ電気自動車の技術開発を急速に拡大している。電気自動車は、ゼロエミッションの車両として、早くから官民の連携によりその普及が試行錯誤的に続けられてきた経緯を

持つ。最近に至り、エネルギー問題や地球環境問題の緊急性が急速に増大したことを受けて、電気自動車は改めて見直され、その開発や普及努力は新たな段階に入っている。

この動きと並行して、既存のエンジンの高効率化や様々な工夫による画期的な低燃費エンジンあるいは環境性能に留意したエンジン技術の見直しなども着実に進んでいる。

最近の10年にあっては、地球環境問題や資源開発を巡る世界経済の動きの中で、石油燃料への過度の依存を反省する動きが高まりつつあったが、2011年3月の東日本大震災に伴う原子力発電の安全神話の崩壊によって、我が国のエネルギー源の在り方が根本的に問われる状況になった。

こうした中で、エネルギー消費のほぼ25％を占める運輸部門における省エネルギー努力がこれまでにも増して強く求められるところとなっている。特に、石油燃料への依存度の高い自動車の燃費向上努力の必要性は高く、今後の動力系の更なる技術開発と併せ、車両の小型化や軽量化も急速に進むであろう。また、高齢化や交通弱者への対応も一層求められるようになり、誰でも簡単かつ安全に利用できる乗り物の姿が追求され、この点からも車の小型化、軽量化は一層加速されよう。

物流に用いられる貨物車両は、輸送の効率を向上させる方向で、長距離輸送用の大型化と集配用車両についてはサイズの最適化が進むと考えられる。

イ　省エネルギー走行支援

自動車のエネルギー消費量は、基本的には個々の自動車の燃料消費率（電気自動車の場合は電力消費率）によって決まるが、使用時の走行状況にも大きく依存する。燃費は走行の速度変化の状況、すなわち加減速の程度や頻度に大きく関わり、ドライバーの運転操作の差異がエネルギーの消費量の差に表れる。急速な加減速を避けるあるいは、停止、発進頻度を避けるような運転は燃費向上につながる。こうした運転を促すような情報を提供する機能は、既に商品化されつつある。省エネルギーへの指向がさらに強まった段階においては、個々のドライバーの省燃費走行への指向はさらに強まり、これに応じるサービスへの要求はさらに高まろう。

また、自動車の燃費は、当然走行する道路の状況に大きく影響される。信号機や渋滞によって、加減速や停止を余儀なくされる回数が大きく変化するからであり、できるだけ円滑な交通流の中を走行することがエネルギー節約につながる。

省エネルギーの観点からも、渋滞回避や適切な経路選択への道路利用者からの要望は強まり、道路の混雑状況や信号制御タイミングの状況に関する正確な情報の提供等が求められることになろう。さらには自動車の利用時間帯調整のため正確な渋滞予測等も求められよう。これらの情報の収集、管理は交通管制システムによって行われているが、渋滞地点の迂回誘導のための情報は、自動車の走行距離を増大させる場合もあり、全体的な省エネルギーの評価は必ずしも容易なことではない。今後は、情報の正確性や、道路交通全体としての省エネルギー効果の把握に対する社会的要求が強まろう。

一方、最近、民間事業者においても個々

の車の走行によって得られる交通状況データを集約して関係車両に提供するプローブ情報システムをスタートさせている。これらのサービスは、個々の道路利用者の立場に立って、円滑な移動の実現を目指すものであるが、さらには省エネルギー走行の支援にまで発展する可能性も有している。特に、多数の車両を有する運送事業者がこうしたサービスに参入するようになれば、プローブ情報の活用がさらに加速することは容易に想定できる。

道路交通における省エネルギーに関して、道路交通を全体的に見る政策と個々の道路利用者の動きをどのように連携、協調させるかが今後の課題になる。これに向けては、ドライバーや様々な立場の道路利用者の動向を集約する仕組みがその出発点になるのではなかろうか。幸いネットワーク社会は、そのための情報基盤を提供してくれている。

ウ 交通・輸送手段の選択

移動や輸送手段選択の基準は、目的地までの所要時間、コスト、身体的負担・快適性あるいは移動目的との適合性等様々なものが挙げられる。特に人の移動においては、随時ドア・ツー・ドアの移動が可能でパーソナルな移動手段である自動車を利用するか、あるいはその魅力を多少犠牲にして、大・中量公共輸送機関を利用するかを判断する場面が、生活や業務行動の中で多く経験されるところである。

一方、社会全体の省エネルギーを進めるには、エネルギー消費率の低い大・中量公共交通機関の利用率を増大させることが望まれ、これまでも様々な努力がなされている。こうした交通機関の利用を促進させるために、これらを利用する際あるいは乗り換え時の不便さ等をできるだけ解消する方向、いわゆるシームレスな移動や輸送の実現に向けた努力がなされてきているが、その成果は今後に待たれるところが大である。

今後、エネルギー問題や環境問題の圧力は、個人の生活や企業活動の移動の経済性に対する感受性を一層鋭いものにするであろうし、エコを重視するライフスタイルも現在よりはるかに普遍的なものになっていくと考えられる。また、自動車の保有形態についても都市域を中心に共同利用システムが徐々に普及し始めている状況もあり、移動手段の選択範囲が今までになく広がる条件が揃いつつある。さらに、普及を続ける携帯電話システムにおける情報サービスの高度化は、移動手段の選択行動を変化させ、多くの移動手段を組み合わせて賢く利用することを可能にする。

例えば、電車やバスの発着時間や乗り換え案内は、既にスマートフォン等で容易に知ることができる。特にバスについて、目的地に最も近い停留所や路線がすぐにわかり、実際の待ち時間をリアルタイムで知ることができるようになれば、バスの魅力はさらに増し、利用者は増えるであろう。

また、自動車や自転車の共同利用システムが広範囲に普及した段階では、ローカルな共同利用システムがインターネットのように相互に連携すれば、利用者への利便性は大きく拡大するであろう。

こうした新しい機軸を実現するには、公共の運送事業者の積極的な取組行動はもとより、新たな関係方面の連携を促す取組や行政の柔軟な対応等が必要である。こうし

た動きをリードすることも今後のITS分野に期待されるところである。

エ　社会の情報化と構造変化に伴う交通・輸送行動の合理化

　社会の情報化が進む中で、通信と移動、すなわち交通行動との関係も様々に論議されており、その関係は、「代替」、「補完」、「相乗」の関係で論じられることが多い。「代替」は移動の代わりを通信で済ませ、移動をやめてしまうことである。これにより、移動が通信に置き換われば確かに省エネルギーにつながる。逆に、情報通信が交通需要を増大させる可能性も大きい。情報を得ることによって移動したいという欲求が高まる「相乗」の効果である。なお、「補完」は、移動に必要なあるいは関連する通信という関係である。

　情報通信やネットワーク化の進展は、既に潜在的に交通需要に影響を及ぼし始めている。通信の代替である、SOHO（Small Office／Home Office）が色々な産業で導入されつつある。また、ネットワークや放送メディアを利用した販売形式の急速な伸びが見られる。充分なモビリティを有しない高齢化所帯では、こうした販売形式や移動店舗等に頼ることが多くなろう。

　さらに長期的に考えれば、3次産業の比率の高まりは産業立地に、また、高齢化の一層の進行は地域の人口配置や機能配置に大きな変化を与えるであろう。これらによって、道路交通需要の起終点は大きく変わる可能性を有している。

　今後の道路交通政策は、以上に述べた道路利用者の交通行動や交通需要の構造の変化にも適応してゆく必要がある。また、ITSはこうした状況変化を的確に把握するための技術的ツールとして一層重要な役割を担うことになる。

オ　物流の効率化

　現代の産業活動や生活を支えているモノの動きは、道路交通需要の大きな部分を占めている。物流は、企業経営におけるコスト低減の重要項目であり、当然ながら企業努力の一環として鋭意進められている。それらは、物資の調達先や利用する貨物車種の選択、集配や保管、輸送の方法等を経済的に最適化する努力である。道路を利用する場合の輸送効率は、通行する道路の状況や個々のドライバーの運転行動に大きく影響されるため、運送事業においても、自家用輸送においても貨物車両のドライバーは渋滞回避や省エネルギー運転を一般のドライバーよりも強く指向する立場におかれる。特に、エネルギーコストの高騰が懸念される中で、輸送産業においては省エネルギー運転を支援する機器や管理用のシステムの導入への動きは一層強まろう。また、円滑な道路交通への要望も輸送産業においてさらに真剣さを増すであろう。

　なお、その管理下に多くの車両を擁する運送事業者は、プローブ機能等により事業者自身で道路状況を把握する能力を向上させる可能性を持っている。こうした能力と交通管制機能の結びつきが道路交通の円滑化や省エネルギー効果を画期的に進める可能性もある。

　また、既に日常化しているインターネットと宅配による通販は、現在は日用品等の小口商品に限られているが、対象商品の規模が増大する等の展開も考えられ、この動きが生鮮食料品やその他の物資に対して地産地消を促進することにつながれば、輸送

ルートの短縮化によって大きな省エネルギー効果を生む可能性も有している。

カ　円滑な道路交通に向けた社会制度改善の新たな努力

情報通信技術やインターネット利用の高度化を始め関連技術の発展は、道路状況の的確な把握を容易にし、交通流予測の精度の向上に大きな可能性を与えてくれる。

これにより、道路交通の管理の手法も、交通情報提供はもとより、所要時間短縮や燃費節減等を指向する道路利用者の様々なニーズに応えることが求められ、これらへの対応は道路交通の円滑化を画期的に進めるであろう。

また、こうした努力の過程で、道路交通の円滑化を阻害する原因やその影響の程度が客観的な形で明らかになり、こうした状況把握から、関連分野の活動の道路交通における外部不経済の現実や規模の程度を知ることができよう。これによって、社会制度の改善を促し、社会全体の効率性の向上に資することも今後の道路交通政策の重要な柱の一つになろう。また、ITSは、こうした努力を実現するための技術的ツールとして不可欠なものである。

(4)　プローブ情報とその活用
ア　プローブ情報の意義

車の機能は、以前は人やモノを所定の場所に運ぶという移動・輸送機能にとどまっていたが、近年の情報通信技術の進展によって自動車電話や携帯電話が普及し、車は外部との通信機能も持つようになった。道路上を移動する車は出発地、目的地、現在地、走行速度等その都度変化する情報や、車の所有者やナンバープレート等車固有の固定情報を持っている。また移動する車は、自車あるいは路側に設置されたセンサーにより、自車及び周辺環境の情報、交通状況や道路状況、気象などの多種多様の情報を自動収集することが可能になった。車の集合体である道路交通は、個別の様々な情報を持った車群もしくはその流れといえる。

移動機能に加えて車が通信機能を持つことにより、車の保有する様々な情報を社会の情報システムに提供することが可能になった。ITSと社会の情報システムがネットワーク化されることにより、個々の車や車群が持つ様々な情報を社会の情報システムに伝達し、新たな価値を持つ情報に変換できる可能性が出てきたのである。
(プローブ情報の用語解説については、「第3章第2節2(1)ア(注2)」を参照。)

イ　プローブ情報の活用

現在行われているプローブ情報の活用は、車が実際に走行した交差点等の通過地点と通過時刻が基本となり、そこから通過地点間の旅行時間を計算し、それを情報センターで収集し、同じ時間帯に走行した複数の車両の情報と併せて高精度の道路交通情報を生成するものである。今後の道路交通管理においては、さらに様々な活用が期待されている。

(ア)　交通渋滞の改善

車が実際に走った結果の情報をセンターでできるだけ多く収集することにより、路側に車両感知器等のセンサーが設置されていない道路も含めて、正確な道路交通情報が生成できることから、現在では民間事業として、自動車メーカー等が、クラブ形式でユーザー会員のプローブ情報を集めて正

確な道路交通情報を生成し、それを会員にフィードバックするというシステムを実用化している。

政府でもプローブ情報の有用性に注目して、平成22（2010）年の「新たな情報通信技術戦略」と平成25（2013）年の「世界最先端IT国家創造宣言」において、車のプローブ情報を最適経路案内や信号制御の最適化等に活用する計画を推進している。

(イ) 道路交通に関する統計情報の収集

車の通過地点と通過時刻の情報に加えて、車載のナビからはOD情報や途中の経路の情報も収集可能である。これらの情報を収集・総合化し、コンピュータシミュレーション等で補完することにより、都市の交通状況の再現、OD情報やリンク単位の交通量のOD構成などを推定し、道路交通に関する統計情報を生成することが可能になってきている。

また、最近のスマートフォンが持つGPSセンサーと加速度センサーを使って、人のプローブ情報を収集し、道路の交通量や交通手段の分担等を把握するパーソントリップ調査が地域の都市レベルで行われている。今後は、現在行われている人手によるパーソントリップ調査から人や車のプローブ情報を使った調査手法に順次替わっていくものと思われる。

(ウ) ドライバーの運転特性の解析

車には、エンジン制御や操舵制御等の車の運転に関する履歴情報が車載メモリーに累積されている。これらの情報はこれまでのところ、車の保守管理等自動車メーカーの内部の活用にとどまっているが、今後、これらの情報を社会の情報システムで活用することができれば、新たな価値を持つ情報を生成できる可能性が高い。

例えば、個人の運転情報を蓄積・分析することにより、個々のドライバーに対する安全運転やエコドライブ運転の教育が可能になる。また、複数のドライバーの運転情報を重ね合わせることにより、道路上の危険箇所を見つけることも可能になろう。

(エ) 課金・課税への適用

現在のETCは、高速道路等の入口と出口の料金所のガントリーに設置されたアンテナと車の間で通信を行い、車と走行区間を特定して所定の料金を徴収する仕組みになっている。最近のGPSによる位置特定技術は、精度向上によって路側アンテナとの通信データがなくとも、車側の機能のみで走行位置・区間が特定できるレベルに来ている。この技術を使えば、将来的には、例えば任意の区間あるいはゾーンでの渋滞課金システムを導入する場合は、路側インフラ無しでも車の走行履歴情報から容易に正確に課金区間・ゾーンを走ったかどうかを判別することができ、必要料金をICカード等で徴収することが可能である。また、走行履歴情報から走行区間や距離がわかることから、将来、走行距離課税への適用も技術的には可能といえよう。

ウ 物流分野において派生するプローブ情報とその活用

物流システムには、様々な種類の物資を所定の時間・場所に正確に運ぶことが求められていることから、一般車両以上に正確な道路交通情報に対するニーズが強い。そのため運送事業者においては、自社の貨物車両をプローブカーにしたてて、正確な道路交通情報を運行管理センターでいち早く入手し、同センターから、きめ細かい配送

ルートの変更指示などを行うといった高度な運行管理が行われている。

また、車載の輸送物資は、新たな情報源となる。ICタグ等による管理システムにより、輸送物資の名称、内容、発送先、荷主等の情報が運行管理センターと貨物車両の間で、オンラインで共有されており、輸送物資状態の常時把握が可能になっている。また、この情報を、輸送車両の目的地あるいは途中の中継地点へ、情報通信技術を活用してトラックの到着よりも先に伝えることにより、車両到着後の配送処理や積み替え処理の時間短縮が可能になる。

貨物車両の輸送形態は、比較的経路の決まった多頻度の小口輸送が多く、一般車両とは異なる交通特性を持つといわれている。物流分野においては、民間の運送事業者が個別に高精度の運行管理システムを構築してきていることから、民間の運行管理システムがこれまで蓄積してきた貨物車両のプローブ情報は、都市の交通特性を把握するのに極めて貴重な情報となろう。今後の交通管制システムの高度化の方向として、貨物車両のプローブ情報も取り込み、UTMSやITSスポットサービスなどの公的な道路交通管理システムとも連携を図り、人流・物流の一体化した効率的な交通管制システムを実現することが重要になってくるものと考えられる。

エ　プローブ情報の活用上の課題

プローブ情報の生成と活用上の課題は、情報量の増大とプライバシーの保護、セキュリティーの確保である。これらは相互に関連しており、大量のプローブ情報を確保するためにはプライバシー問題の解決が必要であり、プライバシーの問題は、プローブ情報の量が増加し利用範囲が拡大するほど深刻になり、そのためにはセキュリティーの確保が重要になる。

(ア)　プローブ情報とプライバシー及びセキュリティーの問題

プローブ情報生成の基礎となる車両の位置・時間・速度等の情報の収集には、特定の個人の交通行動が、法令違反も含めてすべて把握されるという問題がつきまとう。これまでのところ、運営システムの会員と管理者との個別の契約で、個人のID等個人の特定情報の削除を前提としてシステムが運営されているが、今後のプローブ情報を使ったシステムの円滑な進展のためには情報量の増大が必要で、そのためには早期に個人情報保護に関する仕組み、例えばITSにおける個人情報保護の規定やガイドラインの作成、並びにそれを利用するシステム間での標準化を進める必要がある。

(イ)　プローブ情報の量の増大と共同利用の問題

車の通過地点情報と通過時刻情報から通過地点間の旅行時間を生成する場合、旅行時間情報は、ドライバー特性や交通状況等により数値が変動することから確率的な要素を持っている。従って正確な道路交通情報を得るためには、できるだけ多くの情報量を収集する必要がある。

自動車メーカー等によるクラブ形式の事業は、これまでのところ自社のビジネス上の都合や投資等の理由から各社個別に行われており、各社のプローブ情報を共通に活用するというところまではいっていない。道路交通問題の解決という公的な視点からは、プローブ情報の共通活用に関して、政府主導のもと、一般車両だけでなく貨物車

両や公共交通車両等も含めたプローブ情報のデータベースを構築し、プローブ情報を誰でも使える共同利用システムが早期に実現されることを期待したい。

　一般にネットワーク社会の拡大は、個人情報の漏洩やハッカーからの攻撃の被害を膨大なものにするリスクを内包している。プローブ情報の共同利用を進めるためには運営システムのデータ分散管理やセキュリティーの確保に関する規定やガイドラインと標準化が必要になると考えられる。

(5) 対話促進の必要性

　ここでは将来のモビリティに関して一つの視点から様々な可能性について述べたが、未来の交通社会をより客観的に捉えるには、様々な視点を持つ人々の対話が重要である。ITSの普及を促進させよりよい交通社会をつくるためにも、このような対話を促進する仕組みの構築もまた重要といえよう。

第3節　未来の交通社会

社会の変化とともに、道路交通の実態は変化してきた。今後、我が国の交通社会はどのようなものになっていくであろうか。また、平成の時代に出現し道路交通の発展に多大な影響を与えたITSは、今後どのように進展し、どのような交通社会をもたらすであろうか。ここでは断片的ではあるが、道路交通とITSの構成要素である「人」、「自動車」、「道路」等について、それぞれの20年から30年後の将来を考え、未来の交通社会を考察する。また、その過程で展開されるであろうITSの姿についても、技術的な実現可能性を考慮しながら考えてみたい。

(1)　人

人に関する最も大きな変化は、少子高齢化の更なる進行であろう。我が国の人口減少は今後も続き、平成72（2060）には8,600万人のレベルまで減少していくといわれている。高齢化の進行については、65歳以上の人口と総人口の比率である高齢化率は今後も上昇を続け、平成47（2035）年に33.4％で3人に1人となる。平成54（2042）年以降は高齢者人口が減少に転じても高齢化率は上昇を続け、平成72（2060）年には39.9％に達して、国民の2.5人に1人が65歳以上の高齢者となる社会が到来すると考えられている。この高齢化の進行が、我が国の交通安全問題にきわめて重大な影響を及ぼすことが予想され、その安全対策が最大の道路交通問題の一つになろう。

また、同時にその社会生活における簡便なモビリティの確保は、道路交通政策上の大きな課題となるであろう。この場合、現在の高齢者群の性質と20年から30年後に高齢者となる人達の性質の違い、いわゆるコーホートの問題にも注意しながら、的確な高齢者向けの安全対策を考えていくことが必要となろう。

(2)　自動車
ア　動力系

化石燃料の枯渇、エネルギーの多様化等の地球環境問題への対応から、次世代の車は、化石燃料系車両（ガソリン自動車、ディーゼル自動車等）から、徐々に電気系車両（電気自動車、ハイブリッド電気自動車、プラグインハイブリッド自動車等）に移行し、さらには究極のエコカーである水素系車両（燃料電池車、水素エンジン車）にシフトしていくと思われる。しかし、しばらくは化石燃料系車両も含め様々な動力源（エネルギー源）を持つ車が混在する状態が続くであろう。2030年頃には、依然として化石燃料系車両が中心を占めるものの、次世代の電気系車両が規模的に化石燃料系車両に近づくことが予想されている。

電気系車両が増加し運輸部門の電力使用量が増えてくると、限られた電力の中で運輸部門以外の産業部門や民生部門での電力使用量との調整を考えることが必要となる。すなわち運輸部門の電力使用量が産業部門、民生部門での電力使用に問題を起こさないように、三部門の電力使用量を合わせた形で電気系車両の電力使用の最適管理（充電タイミング、充電量、充電場所、蓄・放電量等）を行っていくことが課題となる。

イ　車両構造

　基本的には上述のとおり、電気系車両の増加とともに、利便性やコストの観点から小型・軽量・シンプルな構造の車が増えていくであろう。一方では、LRTや新交通システムが延伸し、遠距離用の中・大型のハイブリッド電気自動車も出現することが予想される。特に今後増加が見込まれる高齢者の様々な移動ニーズに対応する超小型電気自動車は、台数的にも質的にもこの先20年後から30年後の間に大きく進展し、将来の日常生活における移動・交通手段の中心となる可能性がある。

　未来の交通社会は、様々な大きさや構造を持った車が混在して形成されることが想定され、これに見合う形で走行環境（専用道路等）を整備する必要が生じるであろう。

ウ　車のITS機能

　現在の情報処理技術や通信技術の進展スピードとそれに求められる機能や性能を考えると、将来的には高度な情報処理機能や通信機能（路車間、車車間、歩車間等）は車の標準装備となり、車の安全性、効率性、利便性は飛躍的に向上するであろう。具体的には、人やモノや車の移動・輸送・交通に関するデータのほとんどが道路交通インフラとの協調により、移動体側及びセンター側で収集・蓄積することが可能になろう。情報集約センター（仮称）では、その都市内に存在する人や車一台一台の現在の状態を、ほぼ常時、正確に把握することが可能になると予想される。一方、ドライバーにとっては、自車の周辺の車両や人の状態のデータを周辺車両等から直接受信、あるいは情報集約センターから受信するなどとして、周辺車両等との相対的な位置や速度等の関係を自動的に認識できるようになり、衝突事故を未然に防げる可能性が出てくる。

　ただし情報集約センターで人や車の状態を常時把握することは、技術的に可能になっても実用化にあたってはプライバシーの問題が残る。このような制度上や法的な問題についても、解決に向けての検討を開発と並行して進めることが必要となろう。

エ　車両台数

　我が国では、自動車保有台数（含：軽自動車）は、平成19（2007）年の約7,900万台をピークにほぼ横ばいの状況が続いている。最近では、車は所有するものから利用するものにとドライバーの意識が変わりつつあり、各家庭では車を持たず、あるいは2台目の車にはカーシェアリングを利用するケースが増加することが予想されている。我が国の車の台数は、人口減も併せて考えると、将来的に見て徐々に減少していくものと思われる。

(3)　道路交通インフラ

　これまで半世紀にわたる道路整備の結果、我が国の道路交通インフラには一定のストックが形成されてきていることから、今後は新たな道路整備ではなく、これまで蓄積したストックの適切な維持管理と有効活用が課題となっている。この場合、道路の様々な機能の高度化が求められることとなろう。

　将来的には、車の安全機能が道路交通インフラとの協調による高度化の方向に進展することが予想され、路側に設置されているガードレールや交通標識等の交通安全施

設、並びに車両感知器、カメラ等の路側のセンサー類などの一部には、車両との情報通信機能が付加されることが予想される。また、車両だけで十分な安全機能が果たせる箇所の路側インフラは撤去され、道路そのものは美観を考慮した走りやすいものになると予想される。

従来、多種、多様な移動・輸送手段が混在する道路交通の安全と円滑を図るため、道路の構造面からの異種交通の分離、すなわち、歩行者（含：自転車）と車の分離や方向と速度の異なる車同士の分離を図り、また、衝突防止機能の充実を図ってきた。しかし、道路構造面からの物理的な措置には限界がある。ITSの更なる進展により、道路管理や車両の運行管理にソフトのシステムを組み込むことにより、多種、多様な移動・輸送手段の安全かつ円滑な走行を実現することができるであろう。

(4) **道路交通を取り巻く社会インフラ**

先に述べた道路交通インフラ以外に、情報通信インフラ（インターネット、無線・有線回線網）やエネルギーインフラ（送電網）は、道路交通に密接に関連している。現在、人、道路、車、交通管制センター、道路交通施設（駐車場やETCゲート等）の間は、路車間通信、車車間通信、歩車間通信、インターネット等の情報通信インフラにより結ばれつつあり、将来的にこれらの社会インフラのネットワーク化は拡大の一途をたどり、また、通信スピードも格段に向上すると考えられている。

社会インフラのネットワーク化により、人、道路、車、交通、エネルギーに関するあらゆる情報が情報集約センターに集約・一体化され、デジタル処理技術、予測技術、シミュレーション技術等の情報処理技術により、個別の車の移動の最適化、あるいはマルチモーダルやインターモーダルの交通システムの最適化等を目指す交通管制システムが実現可能になるものと予想される。

車の視点からみると、車はインターネットにつながる情報端末となり、個々の車は他の車ともネットワーク化され、あらゆる車との情報交換を情報集約センター経由、あるいは直接、車同士で行うことが可能になると予想される。

(5) **物流システム**

人口が減少し高齢社会や超高齢社会へ進行していけば、社会全体としての活動量が低下するため、必然的に人の移動や物資の輸送量は減少すると予想される。さらに情報通信の進展は、必要とするものをいながらにして入手できる環境を作り出すことから、人の移動の減少と裏腹にモノ、特に小口物資の多頻度輸送が増加することが予想される。また、書籍等電子データで送れるモノについては輸送量も減少することが予想される。

高齢者の場合、外出ができない状況に至ると食糧や薬など、生活していく上で不可欠な物資の入手は、小口物資の多頻度輸送に頼らざるを得ないという状況になる。結果として将来的には、社会全体として人流に伴う交通量が減り、物資輸送量も減るものの、小口物資の多頻度輸送量は増加するという状況になることが予想される。

このような需要に応じるため、トラックの運行管理システムの性能は格段に向上

し、ハイレベルの運行効率が実現されるであろう。

(6) 情報集約センター

情報集約センター（その運営主体を官民のいずれが担うべきかは、俄かに判断できないが）において、その対象範囲に存在するすべての移動体に関する情報、例えば車や人の現在位置・速度・目的地等の走行情報、並びにその周辺に存在する車や人の情報、交通流、渋滞情報、CO_2排出等の環境関連情報、電気系車両であれば残存容量など、車や人に関係する情報を集約・蓄積し、交通状況の現状の推定と将来の予測が正確にできるようになると、情報集約センターあるいはその関連システムから、個々の車や人に対して、安全な移動のための周辺情報（視界に入らない車や人も含めた位置情報）や、環境・エネルギーのための情報（充電場所、充電時間等）等をリアルタイムに近い状況で知らせることが可能になる。

このように車の高インテリジェント化（情報処理機能、通信機能の高度化）と社会インフラとのネットワーク化により、車は周辺状況の自動検知能力が高まる。これによりドライバーの認知・判断ミスやビル陰からの飛び出し等、ドライバーの認知能力だけでは防ぎにくかった危険状況を回避できる可能性が生まれ、交通事故削減に大きな威力を発揮する。この技術は、今後急激に増加する運転能力が低下する高齢者にとって、極めて重要な技術となろう。また、高速道路等のコンボイ走行や一般道路における自動運転などもかなりの範囲で実現され、事故削減やドライバーの負担軽減等に効果を上げるものと期待される。

交通事故が起きにくくなるということは、車の安全装備の軽減を可能にし、ひいては車体の軽量化、燃費向上、CO_2削減といった幅広い波及効果も期待できる。

(7) 課金制度

これまでのところ我が国では、法律上、交通需要を抑制するために一般道路に課金する方策は行われていないが、情報集約センターで車の位置等の走行状態を常時正確に把握することが可能になれば、交通渋滞がもたらす膨大な社会的・経済的な損失を削減することを目的に、将来的には、有効な交通需要管理の方策として道路課金や渋滞課金を導入することが考えられる。

混雑エリアに流入する車両に対してペナルティー（料金）を課すという規制的手法だけでなく、逆に、ドライバーが自動車利用から公共交通機関利用に変更したり、エコドライブを実践したり、出発時間を夜間・早朝等道路の空いている時間帯に変更したりするなど、交通需要の削減や混雑の平準化、環境保全等に貢献する交通行動をとった場合、インセンティブ（ポイント）を与えることにより交通需要の管理手法の幅を拡げ、システム効果を増大させることが考えられる。

個人の交通行動に対して、金銭的にプラスとマイナスの価値を持つポイントを管理するシステムに関しては、例えば決済機能を有するICカードを活用して構築することが考えられる。この管理手法は、さらに将来的には、駐車場や充電施設、公共交通機関等の料金システムにもポイントのネットワーク化の対象を拡げ、それらの利用料

金にポイントを充当させることにより、ポイントをパラメータとした交通需要管理システムに発展させることができる。

(8) 未来の交通社会の実現のために

ITSの将来を考えると、情報処理技術、移動体通信技術、ネットワーク技術等ITS技術は、今後20年から30年の間に相当の進歩が期待され、安全問題、渋滞問題、環境・エネルギー問題の解決はもとより、新たな社会問題への適用も予想される。

ITSは市民を利用者とする大規模な社会システムである。先進的なITS技術が交通事故や渋滞のない交通社会を作り出す可能性を持っていても、利用者である市民に受容されなければ実現しない。

環境、安全、渋滞等の道路交通問題は、健康面、社会面、経済面等いずれの視点からも損失は膨大で早期解決が求められている。そのためには市民が受け入れられる未来の交通社会を提示することが必要である。さらにその実験導入のフェーズにおいて市民参加による社会実験を行い、ITSのメリットを市民に実感してもらうとともに、プライバシー保護の問題、道路課金の是非、ドライバー責任／システム責任の問題等、様々な社会的な課題に対して法整備を含めた解決策を提示し、市民の十分な合意を得た上で実用化につなげていくステップが重要である。

平成年間の交通年表

【平成年間の交通年表】

平成元年		
	2月24日	大喪の礼
	4月10日	道路法の一部改正（道路と建築物等とを一体的に整備する制度の創設）
	7月11日	「二輪車の事故防止に関する総合対策について」（交通対策本部決定）（「バイクの日（8月19日）」を制定）
	8月15日	「二輪車交通安全対策推進会議の設置について」（交通対策本部決定）
	8月29日	縄張り争いに起因する暴走族少年等50人による殺人事件が発生し、即日検挙（北海道）
	9月27日	首都高湾岸線横浜ベイブリッジ開通
	11月28日	「交通事故非常事態宣言」発令（交通対策本部）
	12月19日	道路交通法の一部改正（初心運転者期間、取消処分者講習制度の新設等）
	12月19日	道路運送法の一部改正（道路運送法から貨物運送を切り離し、「貨物自動車運送事業法」及び「貨物運送取扱事業法」（いわゆる物流二法）を制定）
平成2年		
	1月24日	横断歩道を通行中の自転車をダンプカーがひき逃げし、乗車していた園児は即死、主婦も自転車ごと引きずられ死亡　4月検挙（警視庁）
	4月1日	AMTICS関西実験実施（大阪）
	5月28日	「大都市における駐車対策の推進について」（交通対策本部申合せ）
	6月27日	スパイクタイヤ粉じんの発生の防止に関する法律の制定
	7月3日	自動車の保管場所の確保等に関する法律の一部改正（軽自動車に対する保管場所の届出義務の新設等）
	7月3日	道路交通法の一部改正（放置車両対策、地域交通安全活動推進委員制度の新設等）
	12月12日	天皇陛下の即位の礼、世界158カ国等から祝賀代表が参列
平成3年		
	3月12日	第5次交通安全基本計画策定（平成3～7年度、目標は、平成7年の死者数を1万人以下とする。）
	3月30日	道路法の一部改正（道路の付属物の範囲に新たに自動車駐車場を追加）
	4月1日	第1期ASV推進計画スタート
	5月2日	駐車場法の一部改正（都市計画駐車場の対象地区の拡大、附置義務駐車場の建築物基準の引き下げによる附置義務対象建築物の範囲の拡大）
	5月8日	自動車安全運転センター安全運転中央研修所の開所
	6月15日	ゼロヨン実行行為者124人を共同危険行為禁止違反で検挙（千葉）
	9月1日	初心運転者期間制度に係る再試験制度の運用開始
	10月25日	道路交通情報通信システム（VICS）推進協議会設立総会
	11月1日	オートマチック車限定免許制度の実施
	11月29日	第5次交通安全施設等整備事業五箇年計画（閣議決定）

平成4年		
	2月14日	「物件事故現場臨場省略制度」(昭和63年導入)を「物件事故現場見分省略制度」に改め、物件事故処理業務の簡素合理化を推進(警察庁)
	3月5日	(財)交通事故総合分析センター設立
	3月13日	(社)日本自家用自動車管理業協会設立
	3月25日	熊本県で違法駐車防止条例制定(平成4年中には全国11市1区で制定)
	4月10日	警察庁交通局都市交通対策課の新設及び高速道路課の廃止
	5月6日	道路交通法の一部改正(原付講習等を導入)
	5月28日	第11次道路整備五箇年計画(閣議決定)
	6月1日	業務上過失事件について、全国一斉に「簡約特例書式」の運用を開始
	11月13日	保管場所法に基づく全国初の運行供用制限処分
	12月10日	(財)安全運転研修推進協会設立
平成5年		
	1月1日	「30日死者統計」の運用開始
	1月2日	暴走族11グループ二百数十名が白昼行った暴走行為に対し、ヘリコプター等を用いた採証活動により112名を共同危険行為で検挙(愛知)
	1月22日	(財)日本自動車交通安全用品協会設立
	1月25日	優良交通安全用品認定登録規定(国家公安委員会告示)
	3月26日	全国反射材普及促進協議会設置
	5月12日	道路交通法の一部改正(優良運転者制度を創設し、ゴールド免許は有効期間を5年に延長、過積載対策、車輪止め装置の導入等)
	6月24日	日本坂トンネル事故(昭和54・7・11発生)訴訟に関し、東京高裁は、日本道路公団の控訴を棄却(判決確定)
	7月28日	交通情報サービス株式会社(ATIS)設立(警視庁)
	8月11日	(財)交通事故総合分析センターによる事故例調査(ミクロ調査)を開始
	8月26日	首都高速道路11号台場線が新規供用(レインボーブリッジ開通)
	9月21日	中央交通安全対策会議会長(内閣総理大臣)の談話(交通安全について、国民の皆さんへ)
	9月27日	首都高速道路湾岸線が延伸供用され、羽田空港新ターミナルへ接続、指定自動車専用道路の延長距離が900キロを超える
	11月9日	VICS(道路交通情報通信システム)公開デモンストレーション実験の実施(警察庁)(～10日)
	11月25日	道路構造令の一部改正(自転車歩行者専用道路及び自転車歩行者道の幅員の基準の引き上げ)
	11月25日	車両制限令の一部改正(自動車の車両総重量の最高限度の引き上げ)
	11月26日	自動車から排出される窒素酸化物の特定地域における総量削減等に関する特別措置法に基づき「総量削減計画」を策定(埼玉、千葉、東京、神奈川、大阪、兵庫)
	12月22日	自転車の安全利用の促進及び自転車等の駐車対策の総合的推進に関する法律の一部改正(自転車の安全利用の促進及び自転車駐車場の整備に関する法律の名称を変更)

平成6年		
	1月20日	標準駐車条例の改正（荷捌きのための駐車施設を設けるよう附置義務を追加）
	1月21日	VERTIS（道路・交通・車両・インテリジェント化推進協議会）発足（平成13年1月に、名称をITS Japanに変更）
	3月16日	四国縦貫自動車道（徳島自動車道）が新規供用、47都道府県すべてにおいて高速自動車道が供用
	3月30日	東京外郭環状道路大泉～和光間が供用開始し、常磐自動車道、東北縦貫自動車道及び関越自動車道が接続
	4月2日	関西国際空港線、阪神高速道路湾岸線供用開始（大阪）
	5月10日	指定自動車教習所の普通自動車等教習カリキュラム（25年ぶりに全面改正）の実施
	6月29日	高齢者、障害者等が円滑に利用できる特定建築物の建築の促進に関する法律（いわゆる「ハートビル法」）の制定
	7月4日	道路運送車両法の一部改正（自動車メーカーに「リコール」の実施を義務付け、それが適切に実施されない場合には国が「改善勧告」を行うこと等）
	7月19日	UTMS（新交通管理システム）のデモ試験を実施（神奈川）
	8月2日	内閣に高度情報通信社会推進本部設置
	8月13日	関越自動車道で午前8時30分、帰省ラッシュのため過去最高の122kmの渋滞を記録
	11月3日	全国に先駆けて更新免許証に係る小型運転免許証の交付開始（警視庁）
	11月11日	道路運送法の一部改正（許認可の整理合理化、平成7年5月にも同様の改正）
平成7年		
	1月17日	阪神・淡路大震災の発生に伴う交通関係諸対策の実施
	2月21日	「高度情報通信社会推進に向けた基本方針」の策定（内閣・推進本部）
	3月23日	電線共同溝の整備に関する特別措置法の制定
	4月1日	建設省道路局に国道課及び道路環境課を新設（国道第一課及び第二課は廃止） （なお、国道課は平成15年4月1日に国道・防災課となり、道路環境課は平成13年4月1日に地方道・環境課に、平成22年4月1日に環境安全課となる。）
	4月21日	道路交通法の一部改正（大型二輪免許及普通二輪免許を新設、駆動補助機付自転車等に関する規定等を整備）
	6月16日	災害対策基本法の一部改正（交通規制関係の改正）
	7月1日	運転免許保有者6,800万人突破
	7月1日	日本橋問屋街トラックタイム・プラン（総合駐車対策）の実施（警視庁）
	7月1日	（財）道路交通情報通信システムセンター設立
	7月7日	国道43号・阪神高速道路騒音等請求事件に関する最高裁判決において、国の責任を認める

	7月27日	九州縦断道路人吉～えびのIC間の供用開始（青森～鹿児島2,150kmが一本の高速道路でつながる）
	8月28日	「道路・交通・車両分野における情報化実施指針」の策定（ITS関係5省庁）
	11月9日	第2回ITS世界会議開催（横浜）（～11日） （なお、第11回ITS世界会議が平成16年10月18日～24日に名古屋で開催され、第20回ITS世界会議が平成25年10月14日～18日に東京で開催）
	11月15日	高齢社会対策基本法制定
	12月1日	現下の情勢を踏まえた交通事故防止対策の推進について（交通対策本部申合せ）
	12月12日	交通事故死者数の1万人突破に関する中央交通安全対策会議会長（内閣総理大臣）の談話
平成8年		
	2月1日	被害者対策要綱制定（警察庁）
	3月1日	（社）全国運転代行協会設立
	3月12日	第6次交通安全基本計画策定（平成8～12年度、目標は、年間の交通事故死者を平成9年までに1万人以下とし、さらに、平成12年までに9,000人以下とする。）
	4月1日	（社）新交通管理システム協会設立
	4月1日	自動車安全情報提供事業開始（独立行政法人自動車事故対策センター）なお、11年4月1日に事業拡張し、自動車アセスメント情報も提供開始
	4月23日	VICS東京圏（東京、神奈川、埼玉、千葉）において運用開始
	5月9日	道路交通法の一部改正（自動二輪車に係る運転免許制度の改正）
	5月24日	幹線道路の沿道の整備に関する法律等の一部を改正する法律の一部改正（「道路交通騒音減少計画」の策定、助成措置の拡充等）
	6月15日	戦後の交通事故死者数50万人突破
	7月5日	高齢社会対策大綱（閣議決定） なお、平成13年12月28日に新しい高齢社会対策大綱が閣議決定された。
	7月8日	「高度道路交通システム（ITS）推進に関する全体構想」の策定（ITS関係5省庁）
	11月29日	交通死亡事故抑止のための緊急対策の推進について（交通対策本部申合せ）
	12月13日	第6次交通安全施設等整備事業五箇年計画（閣議決定）
平成9年		
	1月4日	交通事故死者数が1万人以下となったことに関する中央交通安全対策会議会長（内閣総理大臣）の談話
	5月1日	道路交通法の一部改正（処分者講習の新設、高齢者の保護、交通安全活動推進センター等に関する規定の整備等）
	6月13日	環境影響評価法の制定
	8月5日	東名高速道路でタンクローリーが横転、危険物が漏出して15時間にわたり通行止め
	12月11日	気候変動に関する国際連合枠組条約の京都議定書締結（平成17年2月16

	日発効）
12月18日	東京湾アクアライン（東京湾横断道路）供用開始
平成10年	
1月30日	交通安全施設等整備事業七箇年計画（閣議決定）
2月7日	長野オリンピック冬季競技大会開催（〜22日）
3月31日	全国総合開発計画「21世紀のグランドデザイン」（閣議決定）
5月27日	道路運送車両法の一部改正（運輸大臣が車両装置についても型式指定を実施）
6月3日	高速自動車国道法等の一部改正（高速自動車国道の管理に関する抜本的な規制緩和）
6月19日	「地球温暖化対策推進大綱」を決定（地球温暖化対策推進本部）（道路交通情報通信システム（VICS）の推進、新交通管理システム（UTMS の推進、交通安全施設の整備等の施策の推進）
9月22日	交通安全教育指針（国家公安委員会告示）
12月4日	都市圏交通円滑化総合対策要綱を策定（警察庁及び建設省）
平成11年	
2月17日	尼崎訴訟（第1次・第2次）和解（企業と原告）
4月1日	警察庁交通局交通安全企画官新設
5月1日	本州と四国を結ぶ3番目のルートとなる西瀬戸自動車道（しまなみ海道）が全線供用
5月10日	道路交通法の一部改正（チャイルドシートの使用の義務付け、携帯電話等の走行中の使用の禁止等）
5月20日	川崎訴訟（第1次〜第4次）和解（国、公団と原告）
5月21日	道路運送法の一部改正（国による需給調整規制が廃止されて許可制が導入）
5月30日	暴走族が起こした死亡事故を実況見分中の警察官に対して、蝟集したギャラリーが襲撃し、公務執行妨害罪で49名を検挙（愛媛）
6月18日	犯罪捜査規範（国家公安委員会規則第2号）を改正（捜査時における警察官の被害者等に対する配慮、被害者又は遺族に対する刑事処分結果の通知等の規定を新設）
8月4日	ドクターヘリ調査検討委員会発足（内閣官房）
9月29日	警察庁交通局と米国運輸省道路交通安全局との間で日米科学技術協力実施取決めの締結
10月21日	「チャイルドシート着用の徹底を図るための対策について」（交通対策本部決定）
11月5日	「高度道路交通システム（ITS）に係るシステムアーキテクチャ」の公表（ITS関係5省庁）
平成12年	
2月14日	暴力団組員等の指揮により複数の暴走族グループの合同で敢行された暴走事件で107名を検挙（岡山）
5月17日	高齢者、身体障害者等の公共交通機関を利用した移動の円滑化の促進に関する法律（いわゆる交通バリアフリー法）の制定

5月31日	道路運送車両法の一部改正（路線バス及びタクシーの両事業について大幅な規制緩和を実施、なお、法律の名称が、「タクシー業務適正化臨時措置法」から「タクシー業務適正化特別措置法」に変更）
6月23日	保管場所法施行令の一部改正（軽自動車の届出義務適用地域の拡大）
7月7日	内閣に情報通信技術戦略本部（IT戦略本部）及びIT戦略会議を設置
7月21日	沖縄県において九州・沖縄サミット首脳会合開催
7月24日	道路交通法施行令の一部改正（軽自動車及び自動二輪車の高速自動車国道における最高速度の引き上げ（時速80kmから100kmへ）
8月27日	三菱自動車工業株式会社によるいわゆるリコール隠し事件で東京本社に対し強制捜査を実施、同社及び幹部9名を道路運送車両法違反で検挙（警視庁）
9月2日	三宅島の噴火等に伴い全島民が避難（～4日）
9月7日	「交通死亡事故の抑止に向け当面緊急に実施すべき対策の推進強化について」（交通対策本部決定）
11月27日	「IT基本戦略」の策定（IT戦略本部）
11月29日	「高度情報通信ネットワーク社会形成基本法（IT基本法）」の制定
12月8日	尼崎訴訟（第1次・第2次）和解（国、公団と原告）
平成13年	
1月6日	省庁再編（中央省庁等改革関連法の施行）
1月6日	内閣に高度情報通信ネットワーク社会推進戦略本部（IT戦略本部）設置
1月6日	都市交通対策課の廃止及び高度道路交通政策担当参事官の新設（警察庁）
1月6日	（社）日本交通福祉協会及び（財）日本交通安全教育普及協会の所管官庁が警察庁等に変更
1月22日	IT国家戦略としてe-Japan戦略を策定（IT戦略本部） IT戦略本部は、3月29日に「e-Japan重点計画」を、6月26日に「e-Japan 2002プログラム」をそれぞれ策定
3月16日	第7次交通安全基本計画策定（平成13～17年度、目標は、平成17年までに、年間の24時間死者数を交通安全対策基本法施行以降の最低であった昭和54年の8,466人以下とする。）
3月29日	e-Japan重点計画を策定（IT戦略本部）
4月19日	「踏切事故防止総合対策について」（交通対策本部決定）
4月25日	道路構造令の一部改正（自転車歩行者道等の設置条件の明確化）
5月8日	内閣に都市再生本部設置（閣議決定）
5月10日	警察庁広域交通管制室の運用開始
6月20日	自動車運転代行業の業務の適正化に関する法律の制定
6月20日	道路交通法の一部改正（飲酒運転の罰則強化、一般運転者の運転免許証の有効期間を5年に延長、障害者に係る免許の欠格事由の見直し、応急救護講習の受講義務付け等）
7月6日	国土交通省と経済産業省が「新総合物流施策大綱」を策定（閣議決定）
8月31日	道路運送車両の保安基準の一部改正（平成15年9月から大型貨物自動車

	について速度リミッターを導入)
10月22日	首都高湾岸線全線開通
11月30日	ETCの全国展開
12月5日	刑法の一部改正(危険運転致死傷罪の新設)
平成14年	
3月19日	「地球温暖化対策推進大綱」を決定(地球温暖化対策推進本部)
3月31日	(財)共栄火災交通財団解散
4月2日	自動車排出窒素酸化物及び自動車排出粒子状物質の総量の削減に関する基本方針(閣議決定)
4月5日	都市再生特別措置法の制定
5月1日	道路運送車両法の一部改正(国のリコール命令に違反した場合の罰則強化等)
5月31日	「2002ワールドカップサッカー大会」に伴う交通対策の実施(～6月30日)
6月1日	交通情報の提供に関する指針(国家公安委員会告示)の施行
6月1日	身体障害者標識等の実施
6月18日	ITSの推進目標を明記した「e-Japan重点計画—2002」を策定(IT戦略本部)
7月19日	都市再生基本方針(閣議決定)
10月29日	泥酔運転によるひき逃げ事件で危険運転致死傷罪では過去最高の量刑(懲役8年)を判決(東京地裁八王子支部)
平成15年	
1月2日	交通事故死者数半減達成に関する内閣総理大臣(中央交通安全対策会議会長)の談話
2月14日	VICS情報サービスの全国展開
3月27日	「本格的な高齢社会への移行に向けた総合的な高齢者交通安全対策について」(交通対策本部決定)
3月31日	社会資本整備重点計画法の制定
3月31日	道路整備緊急措置法の一部改正(法律名称を「道路整備事業に係る国の財政上の特別措置に関する法律」に変更)
4月1日	社会資本整備重点計画法の施行に伴う関係法律の整備等に関する法律の施行により、交通安全施設等整備事業に関する緊急措置法を交通安全施設等整備事業の推進に関する法律に改正
7月2日	e-Japan戦略の対象分野を広げたe-Japan戦略Ⅱ策定(IT戦略本部)
8月8日	「e-Japan重点計画—2003」を策定(IT戦略本部)
10月1日	自動車安全運転センターを民間法人化
10月10日	第1次社会資本整備重点計画を閣議決定
平成16年	
2月6日	加速して推進すべき施策をまとめたe-Japan戦略Ⅱ加速化パッケージを策定(IT戦略本部)
3月31日	(社)全国ダンプカー協会解散

5月6日		「三菱自動車リコール隠し事件」発生（元経営陣7名逮捕）
5月26日		道路運送車両法の一部改正（ワンストップサービスシステムの構築等）
5月26日		自動車の保管場所の確保等に関する法律の一部改正（自動車関係手続きにおける電子情報処理組織の活用のための規定の整備）
6月9日		道路交通法の一部改正（放置違反金制度の導入、運転中の携帯電話の使用に対する直罰化、共同危険行為の抽象的危険犯化、高速道路における自動二輪車の二人乗り規制の見直し等）
6月9日		「高速道路株式会社法」等いわゆる道路関係四公団民営化関係四法の制定
6月15日		「e-Japan重点計画―2004」を策定（IT戦略本部）
8月27日		道路交通法施行令の一部改正（携帯電話の使用等に係る点数及び反則金の額の整備等）
8月30日		スマートウェイ推進会議が「ITS、セカンドステージへ」を提言
10月16日		日本ITS推進会議が「ITS推進の指針」を発表
10月18日		「ITS世界会議愛知・名古屋2004」の開催（～24日）
10月23日		新潟県中越地震の発生に伴う交通関係対策の実施
11月7日		首都高速湾岸線において共同危険行為の現行犯として71名を逮捕、その後の捜査で総数135名を逮捕（警視庁）
12月3日		道路交通法施行令の一部改正（運転者以外の者を乗車させて大型二輪車等を運転することができる者の用件の整備等）
12月8日		犯罪被害者等基本法の制定
12月10日		道路交通法施行令の一部改正（放置違反金の額、仮納付の方法等放置違反金に関する規定の整備）
平成17年		
	2月24日	e-Japan戦略の最終年次におけるIT政策パッケージ2005を策定（IT戦略会議）
	4月25日	JR福知山線脱線事故発生（死者107名）
	4月28日	「京都議定書目標達成計画」（閣議決定）
	5月27日	道路交通法施行令の一部改正（中型自動車が高速自動車国道の本線車道を通行する場合の最高速度の新設等）
	5月27日	自動車の保管場所の確保等に関する法律施行令の一部改正（自動車関係手続きにおける電子情報処理組織の活用のための規定の整備）
	6月1日	AT限定二輪免許の導入
	7月22日	流通業務の総合化及び効率化の促進に関する法律の制定
	11月15日	「総合物流施策大綱（2005-2009）」を閣議決定
	12月27日	「犯罪被害者等基本計画」（閣議決定）
平成18年		
	1月19日	e-Japan戦略の後継として、交通事故死者数5,000人以下の達成による「世界一安全な交通社会」の実現等を柱とした「IT新改革戦略」を策定（IT戦略本部）
	3月14日	第8次交通安全基本計画策定（平成18～22年度、目標は、平成22年までに、年間の24時間死者数を5,500人以下にする。平成22年までに、年間

3月31日	の死傷者数を100万人以下にする。）
3月31日	「運輸の安全性の向上のための鉄道事業法等の一部を改正する法律」（いわゆる「運輸安全一括法」）の制定
3月31日	（財）佐川交通社会財団解散
4月1日	危機管理・運輸安全政策審議官設置（国土交通省）
5月19日	道路運送法の一部改正（コミュニティバス等の普及促進）
5月19日	道路運送車両法の一部改正（自動車登録情報の電子的提供制度の創設）
5月19日	道路運送法の一部改正（地域公共交通会議の導入）
5月31日	駐車場法の一部改正（法の適用対象を自動二輪車にも拡大）
6月1日	道路整備の中期ビジョンを策定（国土交通省）
6月2日	簡素で効率的な政府を実現するための行政改革の推進に関する法律（いわゆる「行政改革推進法」）の制定
6月21日	高齢者、身体障害者等の移動等の円滑化の促進に関する法律（いわゆる「新交通バリアフリー法」）の制定
8月25日	幼児3人が死亡した飲酒ひき逃げ事件発生（福岡）
9月15日	「飲酒運転の根絶について」（交通対策本部決定）
11月10日	道路交通法施行令の一部改正（運転免許試験手数料等の標準額の改正）
12月8日	「道路特定財源の見直しに関する具体策」（閣議決定）

平成19年

1月4日	IC免許証の発行開始（警視庁、茨城、埼玉、兵庫、島根）
3月31日	UTMSをさらに強力に推進するため、「警察によるITSの今後の展開～UTMS全体構想～」を策定
4月1日	警察庁交通局運転免許課外国人運転者対策官新設
4月5日	加速して推進すべき施策をまとめたIT新改革戦略政策パッケージを決定（IT戦略本部）
5月23日	刑法の一部改正（危険運転致死傷罪の適用範囲の拡大及び罰則強化等）
6月1日	2025年までを視野に入れ、未来をつくる無限の可能性への挑戦として、長期戦略指針「イノベーション25」を閣議決定
6月18日	刑事訴訟法、犯罪被害者保護法及び民事訴訟法の一部改正（被害者参加制度、被害者参加のための国選弁護人制度を新設）
6月20日	道路交通法の一部改正（悪質・危険運転者対策、高齢運転者対策、自転車利用者対策、被害軽減対策等の推進を図るための規定の整備）
6月27日	救急医療用ヘリコプターを用いた救急医療の確保に関する特別措置法の制定
7月10日	「飲酒運転の根絶に向けた取組の強化について」、「自転車の安全利用の促進について」、「後部座席シートベルトの着用の徹底を図るための対策について」（いずれも交通対策本部決定）
7月16日	新潟県中越沖地震の発生に伴う交通関係対策の実施
8月8日	東京大気汚染訴訟の和解が成立（気管支ぜん息患者に対する医療費助成制度の創設、環境対策の実施、解決金の支払い等を内容とする。）

平成20年

1月11日	「『交通事故死ゼロを目指す日』の実施について」（交通対策本部決定）

	5月19日	内閣府総合科学技術会議の社会還元加速プロジェクト「情報通信技術を用いた安全で効率的な道路交通システムの実現」がスタート
	6月1日	改正道路交通法の一部施行（自転車の歩道要件の明確化、後部座席のシートベルトの着用義務化、聴覚障害者標識の標示義務付け等）
	6月18日	少年法の一部改正（少年審判における傍聴制度等の創設）
	7月1日	経済産業省「エネルギーITS推進事業」がスタート
	7月4日	国土形成計画全国計画（閣議決定）
	7月7日	主要国首脳会議開催に伴う諸対策の実施
	7月16日	愛知県岡崎市内東名高速道路上における高速バス乗っ取り、監禁等事件検挙
平成21年		
	1月2日	交通事故死者数が第8次交通安全基本計画の目標を下回ったことに関する内閣総理大臣（中央交通安全対策会議会長）の談話
	2月25日	「IT新改革戦略」で公道における大規模合同実証実験（東京）を実施（〜28日）
	3月20日	本四高速・アクアラインETC休日特別割引、高速道路（都市圏またぎを除く）ETC休日特別割引（いずれも上限1,000円）の実施
	3月27日	「事業用自動車総合安全プラン2009」策定（国土交通省）
	3月31日	第2次社会資本整備重点計画を閣議決定
	4月24日	改正道路交通法の一部施行（高齢運転者標識制度の見直し）
	4月30日	道路整備事業に係る国の財政上の特別措置に関する法律の一部改正（道路特定財源の一般財源化）
	6月26日	タクシー適正化・活性化法の制定
	7月1日	各都道府県公安委員会規則が順次改正され、自転車の幼児2人同乗が容認
	7月6日	「i-Japan戦略2015」策定（IT戦略本部）
	7月14日	総合物流施策大綱（2009-2013）を閣議決定
	10月1日	改正道路交通法の一部施行（車間距離保持義務違反に係る法定刑の引き上げ、地域交通安全活動推進委員による高齢者等への支援の充実）
	12月18日	「コミュニティバスの導入に関するガイドライン」策定（国土交通省）
平成22年		
	1月19日	天皇皇后両陛下御臨席による「第50回交通安全国民運動中央大会」の開催
	4月19日	改正道路交通法の一部施行（高齢運転者等専用駐車区間制度の導入）
	5月11日	安全運転支援システムの導入・整備に加えて人やモノの移動のグリーン化等を重点施策とする「新たな情報通信技術戦略」を決定（IT戦略本部）
	6月28日	全国37路線で高速道路の無料化社会実験の実施
	7月17日	改正道路交通法施行規則の施行（裏面に臓器提供の意思表示欄を加える等した新様式の運転免許証の発行）
	11月13日	「APEC首脳会議」に伴う諸対策

平成23年	
3月11日	平成23年（2011年）東北地方太平洋沖地震（三陸沖を震源とするマグニチュード9.0の地震）が発生
3月12日	東日本大震災の発生により、災害対策基本法に基づき、東北自動車道、常磐自動車道、磐越自動車道の一部区間等が緊急交通路に指定
3月22日	緊急交通路とされた区間が道路交通法の通行規制に切り替わる
3月25日	自動車排出窒素酸化物及び自動車排出粒子状物質の総量の削減に関する基本方針の変更（閣議決定）
3月25日	第二次犯罪被害者等基本計画（閣議決定）
3月31日	第9次交通安全基本計画策定（平成23～27年度、目標は、平成27年度までに24時間死者数を3,000人（＊）以下とし、世界一安全な道路交通を実現する（＊この3,000人に平成22年中の24時間死者数と30日以内死者数の比率を乗ずると概ね3,500人）。平成27年までに死傷者数を70万人以下にする。）
4月18日	鹿沼市におけるてんかんの持病を有する運転者による児童6名死亡の自動車運転過失致死事件が発生（栃木）
5月21日	日中韓サミット開催に伴う諸対策（～22日）
6月20日	高速道路の無料化社会実験が一時凍結
7月1日	次世代安全運転支援システム（DSSS）が運用開始
11月28日	「安全で快適な自転車利用環境の創出に向けた検討委員会」第1回検討委員会開催（平成23年中2回開催）
平成24年	
1月13日	「交通基本法案」国会に提出（11月衆議院の解散に伴い廃案）
3月24日	日本海沿岸東北自動車道・鶴岡JCT～あつみ温泉IC間が開通し、供用距離が8,000kmに達する。
4月12日	京都市（祇園）における被害者多数の交通事故（死者7名、重傷者12名）が発生
4月14日	新東名高速道路・御殿場JCT～三ヶ日JCT161.9km（連絡路含む。）が開通
4月27日	第4次環境基本計画が閣議決定
4月29日	関越自動車道高速バス居眠り運転事故発生（死者7名、負傷者39名）
6月5日	第1回「一定の病気等に係る運転免許制度の在り方に関する有識者検討会」開催（警察庁） なお、有識者検討会は、10月に提言を国家公安委員長に提出
7月1日	警察庁広域交通管制システムを更新
8月31日	第3次社会資本整備重点計画を閣議決定
10月5日	第1回「自転車の交通ルールの徹底方策に関する懇談会」開催（警察庁）
10月9日	IMF・世界銀行年次総会開催に伴う諸対策（～14日）
12月2日	中央自動車道笹子トンネル内で天井が崩落（9名死亡）

資料編

＜参考資料＞

1　道路交通法（昭和35年6月25日　法律第105号）関連の改正経緯

改正年月日	法律番号	関連法及び改正概要
昭和37. 6. 2	147	道路交通法の一部を改正する法律
37. 9.15	161	行政不服審査法の施行に伴う関係法律の整理等に関する法律
38. 4.15	90	高速自動車国道等（高速道路）関係（第4章の2追加）
39. 6. 1	91	○道路交通に関する条約（ジュネーブ条約）加入に伴う法整備（国際運転免許証制度の導入等） ○小型特殊免許の新設
40. 6. 1	96	○高速道路での自動二輪のヘルメット着用義務化 ○安全運転管理者制度の創設 ○三輪免許及び第二種原付免許の廃止、牽引免許の新設 ○軽免許の廃止（昭和43.9.1施行）
42. 8. 1	126	○横断歩行者保護規定の整備 ○反則通告制度（反則金）の創設
45. 5.21	86	○自転車道、自転車の歩道通行の導入 ○交通巡視員制度の創設
45.12.25	143	道路交通法の一部改正（交通公害関係）
46. 4.15	46	道路法等の一部を改正する法律
46. 5.31	88	環境庁設置法
46. 6. 1	96	許可、認可等の整理に関する法律
46. 6. 2	98	全面大改正 ○高速道路での座席ベルト装着の努力義務
46.12.31	130	沖縄の復帰に伴う関係法令の改廃に関する法律
47. 6. 1	51	○初心運転者標識の表示義務 ○免許証有効期間の末日を誕生日に設定
51. 6.10	64	振動規制法
53. 5.20	53	○自転車関係の規定整備（第13節の追加） ○共同危険行為等の禁止（暴走族対策） ○自動二輪のヘルメット着用を一般道路でも義務化 ○原付のヘルメット着用に努力義務 ○高速道路での座席ベルト非着用に反則点数付加
58. 5.16	36	地方交付税法等の一部を改正する法律
59. 5. 8	25	運輸省設置法の一部を改正する法律

60. 7. 5	87	○原付の2段階右折 ○一般道路における座席ベルト着用義務化 ○原付のヘルメット着用義務化
61. 5.23	63	駐車禁止違反関係の規定整備
平成 1.12.19	82	貨物運送取扱事業法
1.12.19	83	貨物自動車運送事業法
1.12.22	90	○初心運転者期間制度 ○取り消し処分者講習 ○指定講習機関制度
2. 7. 3	73	○放置車両の使用者に対する公安委員会の指示及び運行制限 ○地域交通安全活動推進委員制度
2. 7. 3	74	自動車の保管場所の確保等に関する法律の一部を改正する法律
3. 5. 2	60	道路法及び駐車場法の一部を改正する法律
4. 5. 6	43	○原付講習の義務化 ○交通事故調査分析センターの指定
5. 5.12	43	○免許証の有効期間の延長(優良運転者(ゴールド免許)制度の導入) ○普通免許取得時に講習の受講義務付け(取得時講習) ○車輪止め装置の取り付け制度 ○過積載車両に対する積載物の重量測定及び軽減措置等の命令
5.11.12	89	行政手続法の施行に伴う関係法律の整備に関する法律
7. 4.21	74	○大型及び普通二輪免許の新設 ○アシスト自転車、歩行補助具等に関する規定を整備
8. 5. 9	32	大気汚染防止法の一部を改正する法律
9. 5. 1	41	○軽微な違反行為をした者に対する講習の新設 ○運転免許の欠格期間の延長(3年→5年) ○公安委員会による交通安全教育(努力義務) ○交通安全教育指針の作成、公表 ○地域交通安全推進委員の活動及び安全運転管理者の業務として交通安全教育を明示 ○申請による免許取消し制度 ○75歳以上の更新者に対する高齢者講習の義務付け ○高齢運転者標識の表示(75歳以上努力義務)、表示車両に対する保護義務 ○最高速度違反行為に係る車両の使用者等に対する措置他
10. 9.28	110	精神薄弱の用語の整理のための関係法律の一部を改正する法律
11. 5.10	40	○幼児用保護装置(チャイルドシート)の使用の義務付け ○携帯電話等の走行中の使用禁止等

11. 7.16	87	地方分権の推進を図るための関係法律の整備等に関する法律
11.12.22	160	中央省庁等改革関係法施行法
12. 5.26	86	道路運送法及びタクシー業務適正化臨時措置法の一部を改正する法律
13. 6.20	51	○飲酒運転の罰則強化 ○一般運転者の運転免許証の有効期間の延長（3年→5年） ○運転免許証の更新期間の延長 ○障害者に係る免許の欠格事由の見直し ○応急救護講習の受講義務付け
13.12. 5	138	刑法の一部を改正する法律
14. 6.19	77	鉄道事業法等の一部を改正する法律
14. 7.31	98	日本郵政公社法施行法
16. 6. 2	73	出入国管理及び難民認定法の一部を改正する法律
16. 6. 9	90	○放置違反金制度の導入 ○放置車両の確認及び標章取付に関する事務等の委託 ○中型自動車免許等の新設 ○運転中の携帯電話の使用に対する直罰化 ○共同危険行為の抽象的危険犯化 ○高速道路における自動二輪車の二人乗り規制の見直し
16. 6.18	112	武力攻撃事態等における国民の保護のための措置に関する法律
16. 6.18	113	武力攻撃事態等におけるアメリカ合衆国の軍隊の行動に伴い我が国が実施する措置に関する法律
17. 6.29	77	介護保険法等の一部を改正する法律
17.10.21	102	郵政民営化法等の施行に伴う関係法律の整備等に関する法律
18. 5.19	40	道路運送法等の一部を改正する法律
18. 6. 2	50	一般社団法人及び一般財団法人に関する法律及び公益社団法人及び公益財団法の認定等に関する法律の施行に伴う関係法律の整備等に関する法律
18.12.22	118	防衛庁設置法等の一部を改正する法律
19. 5.23	54	刑法の一部を改正する法律
		○飲酒運転、飲酒検知拒否、過労運転等に対する罰則引上げ ○飲酒運転のおそれのある者に対する車両及び酒類の提供禁止 ○飲酒運転と知りながら自己の運送を要求、又は依頼して、同乗することの禁止 ○救護義務違反に対する罰則引上げ ○運転免許証の提示義務の拡大 ○免許を取り消された場合の欠格期間の延長（3年以上10年以内）

19. 6.20	90	○認知機能検査の新設（75歳以上運転者） ○高齢者運転者標識の表示義務付け（75歳以上運転者）（罰則化） ○聴覚障害者標識の表示義務付け（聴覚障害者運転者） ○児童又は幼児を自転車に同乗させる場合の乗車用ヘルメットの着用努力義務 ○助手席以外の同乗者に対する座席ベルト着用義務化 ○指定移動保管機関制度の廃止
21. 4.24	21	○高齢運転者標識の表示義務の見直し（当分の間努力義務） ○高齢運転者等専用駐車区間制度 ○高速道路等における車間距離保持義務違反に係る罰則の引き上げ
21. 7.15	79	出入国管理及び難民認定法及び日本国との平和条約に基づき日本の国籍を離脱した者等の出入国管理に関する特例法の一部を改正する法律
23. 6.22	72	介護サービス基盤強化のための介護保険法等の一部を改正する法律
24. 8.22	67	子ども・子育て支援法及び就学前の子どもに関する教育、保育等の総合的な提供の推進に関する法律の一部を改正する法律の施行に伴う関係法律の整備等に関する法律
25. 6.14	43	○免許を受けようとする者等に対する一定の病気等に該当するかどうかの判断に必要な質問のための質問票の交付権限と被質問者の回答義務 ○無免許運転等に対する罰則引上げ ○無免許運転幇助行為に対する罰則化 ○公安委員会による自転車の運転による交通の危険を防止するための講習の実施と受講命令 ○一定の制動装置を備えていないため交通の危険を生じさせるおそれがある自転車に対する停止、制動装置についての検査、応急措置、運転継続の禁止命令 ○軽車両の通行可能路側帯は、道路左側の路側帯に限定 ○環状交差点における車両等の交通方法の特例 ○放置違反金の収納事務の委託
25. 6.14	44	地域の自主性及び自立性を高めるための改革の推進を図るための関係法律の整備に関する法律
25. 6.21	53	総合特別区域法の一部を改正する法律

2　道路局関連法改正経緯（平成元年以降）

公布	施行	法律名	趣旨
平成元年6月28日	平成元年11月22日	道路法等の一部を改正する法律（平成元年法律第56号）	市街地において適正かつ合理的な土地利用を図りつつ道路と建築物等との一体的な整備を促進するため、道路について道路の立体的区域、道路一体建物に関する協定等の制度を創設するとともに、地区計画等に関する都市計画に定めることが出来る事項として道路と建築物等との一体的な整備に関する事項を新たに設け、当該事項が定められた道路における建築制限の合理化等を行うこととし、あわせて道路と施設建築物との一体的な整備を行うための市街地再開発事業の特例を設ける等のため、所要の改正を行うもの。
平成2年6月27日	平成2年6月27日	スパイクタイヤ粉じんの発生の防止に関する法律（平成2年法律第55号）	スパイクタイヤの使用を規制するとともにその発生防止に関する対策を実施すること等により、スパイクタイヤ粉じんの発生を防止することによって、国民の健康を保護し、生活環境を保全することを目的とするもの。
平成2年7月3日	平成3年7月1日	自動車の保管場所の確保等に関する法律の一部を改正する法律（平成2年法律第74号）	道路上の場所以外の場所に保管場所が確保されていない自動車による駐車によって道路における危険が生じ、又は円滑な道路交通に支障が生じているという現状の改善を目指したもの。
平成3年3月15日	平成3年4月1日	交通安全施設等整備事業に関する緊急措置法の一部を改正する法律（平成3年法律第4号）	平成3年度以降5箇年間において実施すべき交通安全施設等整備事業に関する計画を作成し、総合的な計画の下に交通安全施設等整備事業を推進するとともに、あわせて交通安全施設等整備事業の範囲を拡大すること等により、交通安全施設等のより一層の整備拡充を図ろうとするもの。
平成3年3月30日	平成3年4月1日	国の補助金等の臨時特例等に関する法律（平成3年法律第15号）	平成3年度から平成5年度までの補助率等の引き下げについて、各省庁が所管している法律について一括して措置するもの。
平成3年5月2日	平成3年4月24日	道路法及び駐車場法の一部を改正する法律	自動車駐車場の整備を推進するとともに、道路の構造の保全と安全かつ円滑な

		（平成3年法律第60号）	道路交通を図るもの。
平成5年3月31日	平成5年4月1日	国の補助金等の整理及び合理化等に関する法律（平成5年法律第8号）	平成5年度以降の補助率等の見直しについて、各省庁が所管している法律について一括して措置するもの。
平成5年3月31日	平成5年4月1日	道路整備緊急措置法及び奥地等産業開発道路整備臨時措置法の一部を改正する法律（平成5年法律第16号）	平成5年度を初年度とする第11次道路整備5箇年計画及び第8次奥地等産業開発道路整備計画の策定等に関する規定を整備するもの。
平成5年12月22日	平成6年6月20日	自転車の安全利用の促進及び自転車駐車場の整備に関する法律の一部を改正する法律（平成5年法律第97号）	自転車等の駐車対策に関する総合計画の策定、自転車等駐車対策協議会の設置、放置自転車等に対する措置、自転車防犯登録の義務化等を定めるもの。
平成7年3月23日	平成7年6月22日	電線共同溝の整備等に関する特別措置法（平成7年法律第39号）	電線の地中化による安全かつ円滑な道路交通の確保と道路の景観の整備を図るもの。
平成8年3月31日	平成8年4月1日	踏切道改良促進法の一部を改正する法律（平成8年法律第26号）	立体交差化、構造改良及び保安設備の整備により改良することが必要と認められる踏切道を指定する期間を平成8年度以降の5箇年延長することとするもの。
平成8年3月31日	平成8年4月1日	交通安全施設等整備事業に関する緊急措置法の一部を改正する法律（平成8年法律第2号）	緊急に交通の安全を確保する必要がある道路について、平成8年度以降5箇年において実施すべき交通安全施設等整備事業に関する計画を作成することとするもの。
平成8年5月9日	平成8年6月8日	本州四国連絡橋公団法の一部を改正する法律（平成8年法律第33号）	多極分散型国土形成に資するため、本州四国連絡橋公団の移転に伴い主たる事務所の所在地を変更するとともに、あわせて本州四国連絡橋公団の事業に対する無利子資金の貸付制度を創設し、阪神・淡路大震災による追加事業費に伴う道路利用者の負担を軽減する等の改正を行うもの。
平成8年5月24日	平成8年11月10日	幹線道路の沿道の整備に関する法律等の一部を改正する法律（平成8年法律第48号）	近年の道路交通騒音と沿道の生活環境の現状に鑑み、まちづくりと一体となってより良い沿道環境の整備を図るため、幹線道路の沿道の整備に関する法律等について、沿道整備計画の拡充、沿道の整備

			を促進するための措置の拡充等を行うもの。
平成9年6月13日	平成9年12月12日	環境影響評価法（平成9年法律第81号）	大規模で環境に著しい影響を及ぼすおそれがある事業について環境影響評価が適切かつ円滑に行われるための手続等を定め、それらの結果をその事業の許認可等に反映させる等により事業に係る環境の保全について適正な配慮がなされることを確保することを図るもの。
平成10年3月31日	平成10年4月1日	道路整備緊急措置法及び奥地等産業開発道路整備臨時措置法の一部を改正する法律（平成10年法律第33号）	平成10年度を初年度とする新たな道路整備5箇年計画及び奥地等産業開発道路整備計画の策定等に関する規定を整備するもの。
平成10年6月3日	平成10年9月2日	高速自動車国道法等の一部を改正する法律（平成10年法律第89号）	高速自動車国道の連結制限の緩和や利用可能な空間の合理的利用等により、高速自動車国道を活用した新たな民間事業機会を創出するとともに、民間事業者による多様な利用者サービスの提供を可能にするため、連結許可制度及び占用許可制度の規制緩和を行うとともに、これに関連して高速自動車国道の管理主体である日本道路公団の業務規定の改正等を行うもの。
平成11年7月16日	平成11年4月1日	地方分権の推進を図るための関係法律の整備等に関する法律（平成11年法律第87号）	地方分権推進計画に基づき、各般の行政を展開する上で国及び地方公共団体が分担するべき役割を明確にし、かつ、地方公共団体の自主性及び自立性を高めることにより、個性豊かで活力に満ちた地域社会の実現を図り、具体的には、機関委任事務制度を廃止すること等の改正を行うもの。
平成12年5月17日	平成12年11月15日	高齢者、身体障害者等の公共交通機関を利用した移動の円滑化の促進に関する法律（平成12年法律第68号）	高齢者、身体障害者等の公共交通機関を利用した移動の利便性・安全性の向上を促進するため、鉄道駅等の旅客施設及び車両について、公共交通事業者によるバリアフリー化を推進し、鉄道駅等の旅客施設を中心とした一定の地区において、市町村が作成する基本構想に基づき、旅客施設、周辺の道路、駅前広場等のバリアフリー化を重点的・一体的に推進する

			ことを目的とするもの。
平成13年3月30日	平成13年4月1日	踏切道改良促進法の一部を改正する法律（平成13年法律第5号）	交通事故の防止及び交通の円滑化を図るため、現行の措置に引き続いて平成13年度以降の5箇年においても踏切道の改良を促進するための措置を講ずるとともに、踏切道の指定に係る都道府県知事の申出制度を創設する等の改正を行うもの。
平成15年3月31日	平成15年4月1日	社会資本整備重点計画法の施行に伴う関係法律の整備等に関する法律（平成15年法律第21号）	社会資本の重点的、効率的な整備を推進すること等を目的とするもの。
平成15年5月1日	平成15年5月1日	高速自動車国道法及び沖縄振興特別措置法の一部を改正する法律（平成15年法律第36号）	平成15年度より高速自動車国道の整備について新直轄方式を導入することとしたもの。
平成16年3月31日	平成16年4月1日	国の補助金等の整理及び合理化等に伴う国土利用計画法及び都市再生特別措置法の一部を改正する法律（平成16年法律第10号）	「全国都市再生」の推進とあわせて「地方にできることは地方に」との原則の下、国の補助金等の整理合理化を行い、地方の自由度や裁量を拡大する「三位一体の改革」を推進していくため、地域の実情を熟知した市町村のまちづくりに関する権限の拡充、市町村の創意工夫が生かせるまちづくり交付金の創設等の措置を講ずるもの。
平成16年6月9日	平成17年10月1日	高速道路株式会社法（平成16年法律第99号）	高速道路の新設、改築、維持、修繕その他の管理を効率的に行うこと等により、道路交通の円滑化を図り、もって国民経済の健全な発展と国民生活の向上に寄与することを目的とする株式会社を設立することを目的とするもの。
平成16年6月9日	平成17年10月1日	独立行政法人日本高速道路保有・債務返済機構法（平成16年法律第100号）	日本道路公団等の民営化に伴い、独立行政法人日本高速道路保有・債務返済機構の名称、目的、業務の範囲等に関する事項を定めることを目的とするもの。
平成16年6月9日	平成17年10月1日	日本道路公団等の民営化に伴う道路関係法律の整備等に関する法律（平成16年法律第101	日本道路公団等の民営化に伴い、道路整備特別措置法、道路法、高速自動車国道法等の一部を改正するもの。

		号)	
平成18年3月31日	平成18年4月1日	運輸の安全性の向上のための鉄道事業法等の一部を改正する法律（平成18年法律第19号）	今後さらに道路交通量の伸びや都市化の進展が予想される中、踏切道の立体交差化や踏切道の拡幅などの必要性が一層高まると考えられ、特に踏切道の中でも、「開かずの踏切」について即効的な対策と立体交差化による抜本的な対策の双方の対策を講じることが必要であり、これらを踏まえ、法による措置を講ずる期間を平成18年度以降5箇年に延長するとともに、施策の充実を行い、踏切道の改良を促進することを図るもの。
平成18年6月21日	平成18年12月20日	高齢者、障害者等の移動等の円滑化の促進に関する法律（平成18年法律第91号）	ハートビル法、交通バリアフリー法を統合するとともに、施策の拡充を図るため、対象施設の拡充、基本構想制度の拡充、基本構想の作成等に係る当事者参加制度の創設、責務規定の創設等を行うこととするもの。
平成19年3月31日	平成19年9月28日	都市再生特別措置法等の一部を改正する法律（平成19年法律第19号）	都市の再生や地域の活性化を推進するため、民間活力を生かした都市開発を引き続き推進するとともに、地域のニーズを踏まえた道路等の公共施設の整備やまちづくりにおける多様な担い手の参画を促し、また、これと同時に地震等が発生すれば被害が甚大となるおそれのある密集市街地の安全性の早急な確保を行うこととすることとするもの。
平成19年3月31日	平成19年4月1日	特別会計に関する法律（平成19年法律第23号）	道路整備特別会計、治水特別会計、港湾整備特別会計、空港整備特別会計及び都市開発資金融通特別会計の5つの特別会計を平成20年度までに統合し、これらの特別会計において経理されていた事務及び事業についてその合理化及び効率化を図るもの。
平成20年5月13日	平成20年4月1日	道路整備費の財源等の特例に関する法律の一部を改正する法律（平成20年法律第31号）	「道路特定財源の見直しについて（平成19年12月7日政府・与党合意）」の内容を具体化し、揮発油税等の収入額の予算額を毎年度道路整備費に充てる措置の適用期間を平成20年度以降10年間延長すること等の改正を行うもの。

平成21年 2月20日	平成21年 2月20日	平成20年度における地方道路整備臨時交付金の総額の限度額の特例に関する法律（平成21年法律第2号）	平成20年度において、揮発油税収の減額補正に伴って地方道路整備臨時交付金の総額の限度額が減少しないよう、特例措置を講じることとするもの。
平成21年 4月30日	平成21年 4月30日	道路整備事業に係る国の財政上の特別措置に関する法律等の一部を改正する法律（平成21年法律第28号）	道路特定財源制度を廃止し、平成21年度から一般財源化することとするもの。
平成22年 3月31日	平成22年 4月1日	国の直轄事業に係る都道府県等の維持管理負担金の廃止等のための関係法律の整備に関する法律（平成22年法律第20号）	国土交通大臣が行う砂防設備、道路及び河川の管理等に要する費用について、受益者負担の観点から都道府県等に対して求めていた応分の負担のうち維持管理に係るものを廃止するため、その根拠となっている砂防法、道路法、河川法等の規定について所要の改正を行うこととするもの。
平成23年 3月31日	平成23年 4月1日	踏切道改良促進法の一部を改正する法律（平成23年法律第6号）	近年における踏切事故の発生状況等に鑑み、交通事故の防止や交通の円滑化に寄与するため、引き続き平成23年度以降の5箇年間においても踏切道の改良を促進するための措置を講ずるとともに、地域の実情に応じた踏切道の改良を促進するため、国土交通大臣による指定を受けた踏切道の改良に関する手続を見直す等の改正を行うこととするもの。
平成23年 4月27日	平成23年 7月25日	都市再生特別措置法の一部を改正する法律（平成23年法律第24号）	都市再生法に基づく道路の占用の許可基準の特例等の創設及び食事施設等の占用許可対象物件への追加、建築基準法の道路内建築制限の緩和及び特定都市道路の上空に設ける建築物等の占用許可対象物件への追加等の改正を行うこととするもの。
平成23年 5月2日	平成23年 5月2日	地域の自主性及び自立性を高めるための改革の推進を図るための関係法律の整備に関する法律（平成23年法律第37号）	地方分権改革推進計画（平成21年12月15日閣議決定）を踏まえ、地方自治体の自主性を強化し、自由度の拡大を図るため、各省庁が所管する法律について一括して義務付け・枠付けを見直すもの。 道路法については、地方道に係る道路構

			造及び道路標識の参酌基準化、都道府県知事の都道府県道の認定等に係る国土交通大臣との協議の廃止等の改正を行う。
平成23年8月30日	平成23年8月30日	地域の自主性及び自立性を高めるための改革の推進を図るための関係法律の整備に関する法律（平成23年法律第105号）	地域主権戦略大綱（平成22年6月22日閣議決定）を踏まえ、基礎自治体への権限移譲、義務付け・枠付けの見直しと条例制定権の拡大を行うもの。道路法については、町村においても指定市以外の市の場合と同様に、都道府県と協議し、同意を得た上で、都道府県道の管理を行うことができることとする等の改正を行い、その他特措法、沿道法、交安法等について改正を行うもの。

3　自動車局関連法改正経緯（平成元年以降）

法律名・（　）は改正法の法律番号	改正年	改正事項
道路運送法 （平成元年12月19日法律第83号）	平成元年	貨物自動車運送事業法を新設し、貨物関係事業を道路運送法から分離
道路運送車両法 （平成6年7月4日法律第86号）	平成6年	・点検整備の励行対策 ・リコール制度の法制化 ・車検証の有効期間の延長 ・限定車検証及び限定保安基準適合証の交付制度の創設 ・番号標の表示義務化
道路運送法 （平成6年11月11日法律第97号）	平成6年	行政改革の一環として許認可等の整理・合理化
道路運送法 （平成7年5月8日法律第85号）	平成7年	許認可等の整理・合理化のための運輸省関係法律の一部改正に伴う許認可等の規制緩和
自動車損害賠償保障法 （平成7年12月20日法律第137号）	平成7年	保険会社と共済組合の一体化
道路運送法 （平成9年6月20日法律第96号）	平成9年	独占禁止法の適用除外制度整理に伴う独占禁止法の適用除外
道路運送車両法 （平成10年5月27日法律第74号）	平成10年	・装置型式指定等の創設 ・分解整備検査の廃止等
道路運送法 （平成11年5月21日法律第48号）	平成11年	一般貸切旅客自動車運送事業における需給調整規制の廃止
道路運送車両法 （平成11年6月4日法律第66号）	平成11年	車検証の有効期間の延長
道路運送法 （平成12年5月26日法律第86号）	平成12年	一般乗合旅客自動車運送事業・一般乗用旅客自動車運送事業における需給調整規制の廃止、運行管理者試験の創設
タクシー業務適正化特別措置法 （平成12年5月26日法律第86号）	平成12年	タクシー業務適正化臨時措置法を恒久法化

改正内容
貨物自動車運送事業法の制定に伴い、貨物自動車運送事業に関する規定を道路運送法から削除し、同法に規定する等の改正を実施。
・点検及び整備の義務を明確化するとともに、定期点検における項目の簡素化や実施時期の柔軟化によって点検整備を励行 ・リコール実施義務について法制化、改善勧告制度・罰則の創設 ・車齢11年以上の自家用乗用自動車並びに車齢10年以上の小型二輪自動車及び大型特殊自動車について、検査証の有効期間を1年から2年に延長 ・整備等を目的とする限定車検証、限定保安基準適合証の交付 ・運行時における全面の番号標の表示を義務化
運輸開始の運輸大臣による確認の廃止、営業割引等の認可制から事前届出制への移行、標準運送約款への変更届出の廃止等を実施。
一般乗合旅客自動車運送事業の免許等の際の都知事・市長（東京都特別区、仙台市、横浜市、名古屋市、大阪市、京都市、福岡市）の意見聴取の廃止等を実施。
・消費生活協同組合及び事業協同組合の責任共済への参入 ・責任共済に対するノーロス・ノープロフィット原則の適用 ・責任準備金の積立義務付け ・共同プール事務への参加義務付け　等
独占禁止法の適用除外制度を整理することに伴い、路線維持のための共同経営、適切な運行時刻設定のための共同経営の二類型に限って独占禁止法の適用除外とする措置を実施。
・自動車の装置型式指定及び相互認証制度の創設 ・分解整備検査の廃止及び完成検査修了証の有効期間の延長
一般貸切旅客自動車運送事業について、参入規制の免許制から許可制への移行、需給調整規制の廃止等を実施。
車両総重量8トン未満の貨物車等の初回の自動車検査証の有効期間を1年から2年に延長
・一般貸切旅客自動車運送事業及び一般乗用旅客自動車運送事業について、参入規制を免許制から許可制に改め、需給調整規制の廃止等を実施。 ・一般乗用旅客自動車運送事業に係る緊急調整措置を創設。 ・運行管理者試験に合格した者等に対し運行管理者資格者証を交付することとし、旅客自動車運送事業者は当該資格者証の交付を受けている者のうちから運行管理者を選任する措置等を実施。 ・運行管理者試験実施機関の指定制度を創設。
法律の題名を「タクシー業務適正化特別措置法」に改正するとともに、目的規定を改正し恒久法化。また、指定地域の要件等を改正。

法律	年	内容
自動車損害賠償保障法 （平成13年6月29日法律第83号）	平成13年	政府再保険制度の廃止及び被害者保護の充実
道路運送法 （平成14年5月31日法律第54号）	平成14年	陸運支局から運輸支局への名称変更
自動車運転代行業の業務の適正化に関する法律 （平成14年5月31日法律第54号）	平成14年	陸運支局から運輸支局への名称変更
貨物自動車運送事業法 （平成14年6月19日法律第77号）	平成14年	営業区域規制の廃止、運賃料金規制の見直し、元請下請関係の規制の適正化、地方貨物自動車運送適正化事業実施機関の権限の見直し等
道路運送法 （平成18年3月31日法律第19号）	平成18年	運輸安全マネジメントの導入
貨物自動車運送事業法 （平成18年3月31日法律第19号）	平成18年	安全管理体制の強化
道路運送車両法 （平成18年5月19日法律第40号）	平成18年	車検証の有効期間の延長
道路運送法 （平成18年5月19日法律第40号）	平成18年	・乗合旅客の運送に係る規制の適正化 ・自家用自動車による有償旅客運送制度の創設
道路運送車両法 （平成19年3月30日法律第9号）	平成19年	審査等に係る手数料の納付先の変更

・政府再保険による支払いの全件チェックの廃止 ・支払基準の法定化 ・保険金の支払いに関する情報提供の保険会社への義務付け ・被害者等から国土交通大臣に対する支払基準違反等の申出制度の創設 ・指定紛争処理機関制度の創設
国土交通省の地方支分部局である陸運支局が運輸支局に再編されたことに伴う所要の改正を実施。
国土交通省の地方支分部局である陸運支局が運輸支局に再編されたことに伴う所要の改正を実施。
・営業区域規制の廃止：発地及び着地のいずれもが営業区域外に存する貨物の運送を禁止する営業区域規制を廃止。 ・運賃料金規制の見直し：運賃及び料金の事前届出制を廃止するとともに、国土交通大臣は、一般貨物自動車運送事業者の運賃又は料金が利用者の利便その他公共の福祉を阻害している事実があると認めるときは、当該運賃又は料金の変更を命ずることができることとする。 ・元請下請関係の規制の適正化：貨物自動車運送事業者が行う貨物自動車利用運送について、一般貨物自動車運送事業の規制を適用するとともに、貨物自動車利用運送を行う場合には、その利用する事業者が輸送の安全を確保することを阻害することをしてはならないこととする。 ・地方貨物自動車運送適正化事業実施機関の権限の見直し：地方貨物自動車運送適正化事業実施機関は、苦情の解決その他の事業の実施に必要な限度において、貨物自動車運送事業者に対し、文書若しくは口頭による説明又は資料の提出を求めることができることとする。
運輸事業の安全性向上を図るため、一定規模以上の旅客自動車運送事業者に対し安全管理規程の作成・届出及び安全統括管理者の選任・届出を義務付け。
・安全管理規程の作成及び届出の義務付け ・安全に関する情報の公表の義務付け ・輸送の安全の確保に関する責務規定の追加 ・安全管理規程に係る報告徴収・立入検査の実施に係る基本的な方針の策定等
・二輪の小型自動車の初回の自動車検査証の有効期間を2年から3年に延長 ・交通安全環境研究所における、リコールに係る技術的な検証体制の整備
・一般乗合旅客自動車運送事業について路線を定めて定期に運行するとの要件を撤廃するとともに、地域の関係者が合意している場合の運賃及び料金について規制を緩和。 ・地域住民の生活に必要な旅客輸送を確保するため、市町村・NPO等が国土交通大臣の登録を受けた場合に、自家用自動車による有償旅客運送を可能とする制度を創設。
自動車検査証の交付手数料及び基準適合性審査に係る手数の納付先をそれぞれ国及び自動車検査独立行政法人へ変更

タクシー業務適正化特別措置法 （平成19年6月15日法律第87号）	平成19年	・指定地域制度の改正 ・タクシー運転者登録制度の見直し
自動車損害賠償保障法 （平成20年6月6日法律第57号）	平成20年	請求時効の延長
道路運送法 （平成25年11月27日法律第83号）	平成25年	旅客自動車運送適正化事業実施機関の創設等
タクシー業務適正化特別措置法 （平成25年11月27日法律第83号）	平成25年 （未施行）	・指定地域及び特定指定地域の指定制度の見直し ・タクシー運転者登録制度の対象拡大等
特定地域及び準特定地域における一般乗用旅客自動車運送事業の適正化及び活性化に関する特別措置法 （平成25年11月27日法律第83号）	平成25年	・特定地域の指定要件の見直し ・特定地域における参入・増車規制及び供給輸送力の削減措置の導入 ・公定幅運賃制度等の導入

・指定地域の要件に輸送の安全を確保する観点を追加するとともに、新たに「特定指定地域」を創設。 ・タクシー運転者登録制度の見直し。
請求に関する時効を2年から3年に延長等
・輸送の安全を阻害する行為の防止に関して事業者への指導等を行う旅客自動車運送適正化事業実施機関の指定制度を創設。 ・一般乗用旅客自動車運送事業に係る緊急調整措置を廃止。
・指定地域及び特定指定地域について国土交通大臣の指定制へと改正。 ・タクシーの運転者登録制度を全国に拡大するとともに、指定地域における登録は一定の経歴又は試験合格を要件とし、指定地域以外の地域では講習の受講のみを要件とする改正を実施。
・従前の法律の題名を「特定地域及び準特定地域における一般乗用旅客自動車運送事業の適正化及び活性化に関する特別措置法」に改正。 ・特定地域の指定要件を見直すとともに、新たに準特定地域を創設。特定地域においては新規参入・供給輸送力の増加を禁止し、準特定地域においては新規参入・供給輸送力の増加の要件にr供給過剰とならない」ことを追加。 ・公定幅運賃制度を導入。

4　交通局組織改編の推移（平成元年以降）

年月日	新設 課等（政令職）	新設 府令職	廃止	目的
平成 4. 4.10	都市交通対策課			都市交通問題に対して、統一的かつ総合的に対処していくため、組織の再編強化を図った。
			高速道路課（昭和57.4.6設置）	都市交通対策課の新設に伴い、廃止することとされた。
		高速道路管理室（都交）		昭和52年4月1日交通指導課内に高速道路管理官として設置、昭和57年4月6日高速道路課に改組、高速道路課の廃止に伴い、高速道路に係る警察事務を統一的に実施していく必要性等から、都市交通対策課に設置された。
11. 4. 1		交通安全企画官（交企）		交通安全教育の充実を図るため、交通企画課に設置された。
13. 1. 6			都市交通対策課（平成 4.4.10設置）	都市交通機能の回復傾向及び中央省庁等改革の推進に関する方針（平成11.4.27中央省庁等改革推進本部決定）を踏まえ、廃止された。
	高度道路交通政策担当参事官			ITS技術は、世界規模での情報交換と協力体制が不可欠であることから、新たに設置された。
		高速道路管理室（交企）		都市交通対策課の廃止に伴い、交通企画課に移管された。
14. 4. 1		交通事故事件捜査指導室（交指）		平成14年4月1日、交通事故事件捜査の適正化・高度化を推進するため、交通事故事件捜査指導官として設置され、平成18年4月1日、交通事故事件捜査を組織的に一体として運用していく必要から、交通事故事件捜査指導室に改組された。

18. 4. 1		交通管制技術室（交規）		昭和55年4月1日、全国的に統一された交通管制システムの導入・運用及び技術革新に対応した標準システムの定期的な見直しなどを適正に実施するとともに、交通管制システムの高度化をめぐる多様な情勢に的確に対応していくため、交通管制官として設置され、平成18年4月1日、より組織的に運用していく必要から交通管制技術室に改組された。
19. 4. 1		外国人運転者対策官（運免）		外国からの要望等への対応及び外国人運転者に対する交通安全対策の強化を図るため、運転免許課に設置された。

5　道路局組織の変遷（平成24年4月1日現在）

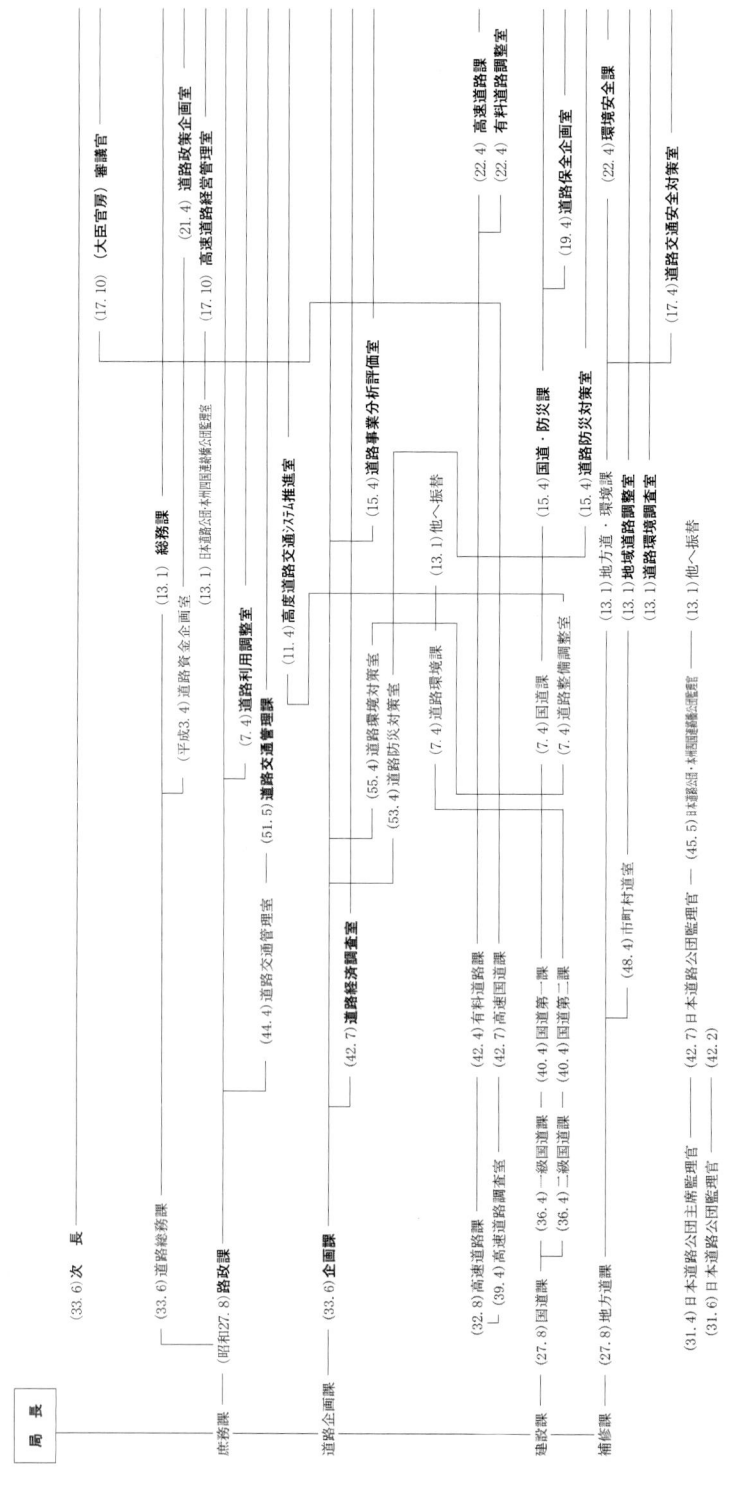

```
局 長 ─┬─ (33.6) 次　長
        ├─ (昭和27.8) 路政課 ─┬─ (33.6) 道路総務課
        │                      ├─ (平成3.4) 道路資金企画室
        │                      ├─ (13.1) 総務課
        │                      ├─ (13.1) 日本道路公団・本州四国連絡橋公団監理室
        │                      ├─ (17.10)(大臣官房) 審議官
        │                      ├─ (17.10) 道路政策企画官
        │                      └─ (21.4) 高速道路経営管理室
        ├─ 道路企画課 ─┬─ (33.6) 企画課
        │              ├─ (7.4) 道路利用調整室
        │              ├─ (44.4) 道路交通管理室
        │              ├─ (51.5) 道路交通管理課
        │              ├─ (11.4) 高度道路交通システム推進室
        │              ├─ (15.4) 道路事業分析評価室
        │              └─ (13.1) 他へ振替
        ├─ (42.7) 道路経済調査室
        ├─ 建設課 ─┬─ (27.8) 国道課
        │          ├─ (32.8) 高速道路課
        │          ├─ (39.4) 高速道路調査室
        │          ├─ (36.4) 一級国道課
        │          ├─ (36.4) 二級国道課
        │          ├─ (40.4) 国道第一課
        │          ├─ (40.4) 国道第二課
        │          ├─ (42.4) 有料道路課
        │          ├─ (42.7) 高速国道課
        │          ├─ (7.4) 道路環境課
        │          ├─ (55.4) 道路環境対策室
        │          ├─ (53.4) 道路防災対策室
        │          ├─ (7.4) 国道課
        │          ├─ (7.4) 道路整備調整室
        │          ├─ (15.4) 国道・防災課
        │          ├─ (15.4) 国道調整室
        │          ├─ (15.4) 道路防災対策室
        │          ├─ (19.4) 道路保全企画室
        │          ├─ (22.4) 高速道路課
        │          └─ (22.4) 有料道路調整室
        └─ 補修課 ─┬─ (27.8) 地方道課
                   ├─ (48.4) 市町村道室
                   ├─ (13.1) 地方道・環境課
                   ├─ (13.1) 地域道路調整室
                   ├─ (13.1) 道路環境調整室
                   ├─ (13.1) 他へ振替
                   ├─ (17.4) 道路交通安全課
                   ├─ (22.4) 環境安全企画室
                   ├─ (17.4) 道路交通安全対策室
                   ├─ (31.4) 日本道路公団監理官
                   ├─ (31.6) 日本道路公団監理官
                   ├─ (42.7) 日本道路公団主席監理官
                   ├─ (42.2)
                   └─ (45.5) 日本道路公団・本州四国連絡橋公団監理官
```

※ゴシック体は、現行組織である。

334

資料編

6　自動車局組織の変遷（昭和59年以降）

昭和59年度運輸省組織改定

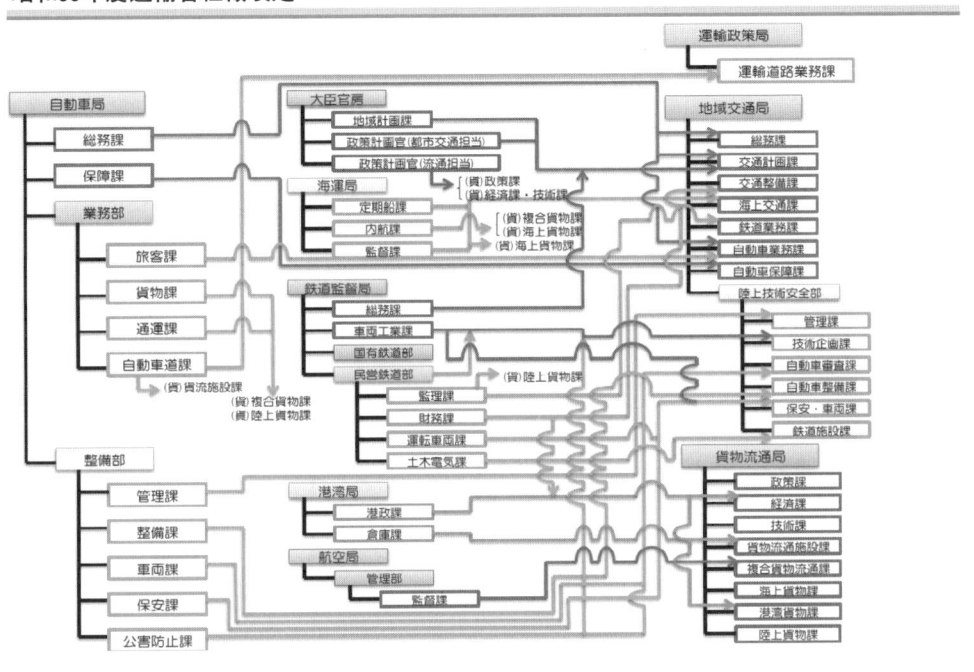

平成3年度運輸省組織改定

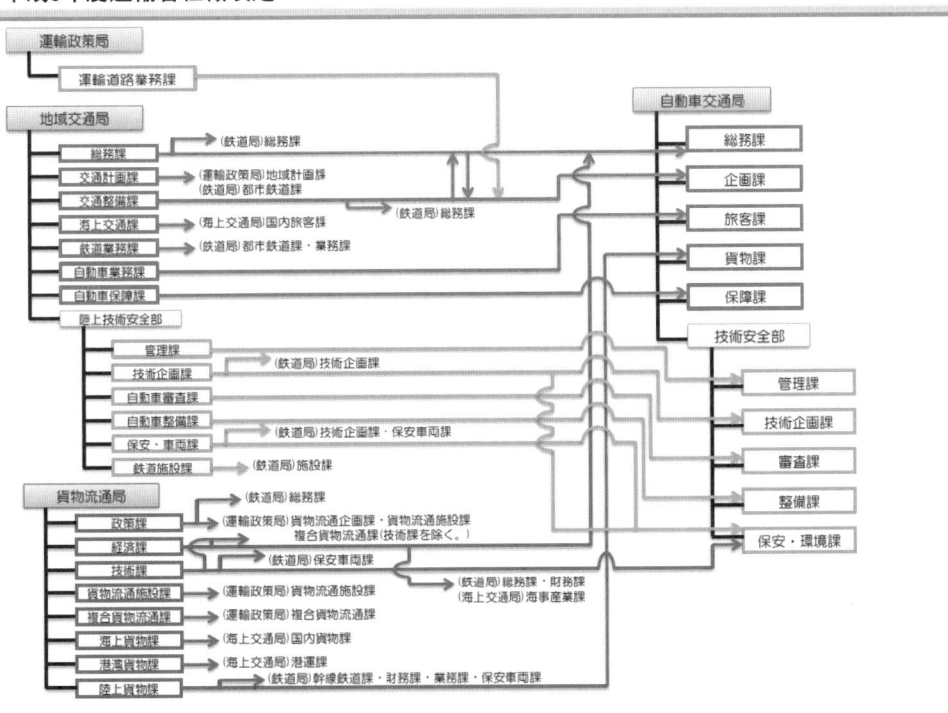

自動車交通局組織変遷（平成13年～平成25年）

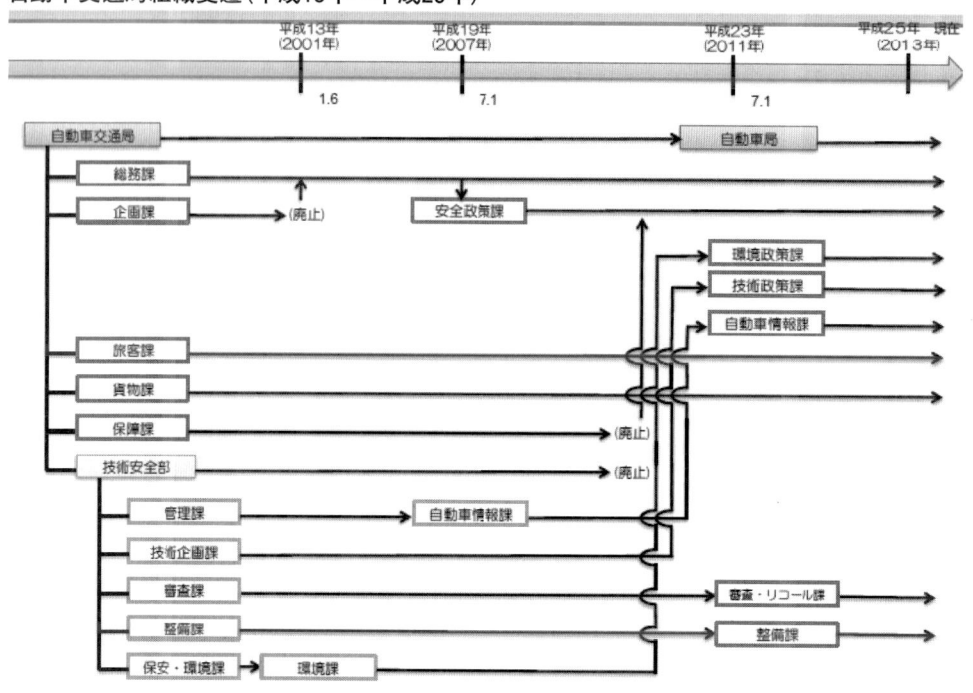

時期	平成13年(2001年) 1.6	平成19年(2007年) 7.1	平成23年(2011年) 7.1	平成25年(2013年) 現在

- 自動車交通局 → 自動車局
  - 総務課
  - 企画課 →（廃止）
  - 安全政策課
  - 環境政策課
  - 技術政策課
  - 自動車情報課
  - 旅客課
  - 貨物課
  - 保障課 →（廃止）
  - 技術安全部 →（廃止）
    - 管理課 → 自動車情報課
    - 技術企画課
    - 審査課 → 審査・リコール課
    - 整備課 → 整備課
    - 保安・環境課 → 環境課

7　交通安全推進体制の推移

　交通事故死者数は、昭和25年までは4,000人台であったが昭和30年に6,000人台となり、昭和34年からは1万人を突破し、ついに昭和45年には1万6,765人と史上最悪を記録した。昭和45年の交通安全対策基本法制定以降の官民一体となった交通安全対策の推進により、昭和54年に8,466人と昭和45年のほぼ半減を達成するが、その後再び死者数は増加し、昭和63年以降死者数は再び1万人を超え、平成8年にようやく9,000人台となった。

　多数の人々が交通事故により犠牲となる悲惨さをたとえて、「交通戦争」と称されるが、この間の交通安全対策の推進体制は、以下のとおりである。我が国の交通安全対策の歴史は、交通戦争ともいうべき極めて厳しい状況を打開するため、交通安全対策が最大の効果を上げ得るような組織とは如何にあるべきかを追求した歴史でもある。

昭和30年5月　総合的な交通安全対策推進体制を確立するため、内閣に「交通事故防止対策本部」（本部長は内閣官房長官、本部員は関係省庁の局長等）を設置し、6月に「交通事故防止対策要綱」を決定。同本部は、32年10月に「踏切事故防止対策要綱」を、33年4月に「タクシー事故防止対策要綱」をそれぞれ決定。

　　35年6月　道路交通法が制定され、同法案を審議した衆・参両議院は付帯決議により「交通関係行政機関の連絡調整を図り、総合的な交通対策を推進するため、内閣に強力な機関を設置すべき」との議決を行う。

　　　12月　前記を受けて、「交通事故防止対策本部」を発展的に解消し、総理府に「交通対策本部」（本部長は総理府総務長官、部員は関係省庁事務次官等）を設置。「全国交通安全運動」は、昭和23年以降毎年警察庁の主唱の下に開催されてきたが、37年春の運動からは交通対策本部で実施要綱を定め、国民運動として全国一斉に実施されるようになった。

　　36年8月　交通対策本部決定により、都道府県に国の地方支分部局及び都道府県の機関相互の連絡機関として「都道府県交通対策協議会」を設置。

　　37年5月　内閣総理大臣の諮問機関として総理府に「交通基本問題調査会」を設置。同調査会は、39年3月、「交通体系」、「大都市交通」及び「交通安全」を内容とする「わが国の陸上交通安全に関する総合的施策について」を答申する。
　　　　　　交通安全については、国民の協力体制の確立、交通安全基本法の制定、交通安全行政に関する総合的調整機関の設置等による交通安全推進体制の整備等を提言している。

　　40年1月　佐藤内閣総理大臣は、第48回国会における施政方針演説で、交通事故が大きな社会問題となっており、寸時もこれを放置できない状態にあると指摘するとともに、政府の交通事故絶滅への強い姿勢を示す。

3月	交通対策本部の「交通事故防止の徹底を図るための緊急対策」の決定に基づき、内閣総理大臣を議長とし、関係閣僚及び民間団体の代表を構成員とする「交通安全国民会議」を開催。同会議は昭和46年まで毎年開催され、官民一体となった国を挙げての交通安全対策の推進に大きく貢献した。 多くの都道府県においても交通安全県民会議が開催され、昭和42年3月の自治事務次官通知等により、全国的に知事部局における交通安全総合調整組織の整備が進められ、交通安全対策の推進体制が強化された。
5月	総理府に各行政機関の陸上交通に係る安全施策の総合調整を行う機関として「陸上交通安全調査室」を設置。同調査室は交通対策本部、交通関係閣僚協議会、交通安全国民会議等の庶務を行うとともに、関係省庁の施策等の総合調整や事務の連絡、他の行政機関に属しないものの調査、企画等の事務を行うこととなった。
45年5月	交通安全対策基本法が制定され、これに基づき、総理府に「中央交通安全対策会議」(内閣総理大臣が会長、内閣官房長官、指定行政機関の長及び特命担当大臣のうちから内閣総理大臣が任命する者を委員として構成)を設置。同会議は、交通安全基本計画の作成及びその実施の推進その他交通安全に関する総合的な施策で重要なものの企画に関する審議及びその実施の推進を行うこととなった。
6月	陸上交通安全調査室が改組され、総理府に新たに「交通安全対策室」を設置。 同対策室は、陸上交通安全に関する総合調整のほか、中央交通安全対策会議の庶務及び調査、企画、立案に関する事務等を所掌。
53年7月	沖縄県の交通方法の変更が実施(昭和48年に総理府に交通安全対策室が庶務を行う「沖縄県交通方法変更対策本部」(本部長は総理府総務長官、本部員は関係省庁事務次官等)を設置)。
59年7月	総務庁発足に伴い、交通対策本部は総務庁に移管(本部長は総務庁長官に変更)。交通安全対策室も総務庁に移管。
平成13年1月	中央省庁再編。「中央交通安全対策会議」を内閣府に置き、交通対策本部も内閣府に移管。内閣府は、交通安全の確保に関し行政各部の施策の統一を図るために必要となる企画及び立案並びに総合調整に関する事務をつかさどる。

〈調査統計資料〉

1-(1) 交通関係指標の推移

区分 年	交通事故 死者数 (人)	指数	交通事故 負傷者数 (千人)	指数	車両保有 台数 (万台)	指数	人口 (千人)	指数	運転免許 保有者数 (万人)	指数	自動車 走行キロ (億km)	指数	道路 実延長 (万km)	指数
昭和41年	13,904	83	517.8	53	1,801	63	99,036	95	2,286	86	1,047	46	98.9	97
42	13,618	81	655.4	67	2,040	72	100,196	97	2,470	93	1,322	58	99.7	98
43	14,256	85	828.1	84	2,310	81	101,331	98	2,634	100	1,634	72	99.5	98
44	16,257	97	967.0	99	2,590	91	102,536	99	2,478	94	1,936	86	100.5	99
45	16,765	100	981.1	100	2,839	100	103,720	100	2,645	100	2,260	100	101.5	100
46	16,278	97	949.7	97	3,054	108	105,145	101	2,800	106	2,435	108	102.4	101
47	15,918	95	889.2	91	3,288	116	107,595	104	2,947	111	2,596	115	103.8	102
48	14,574	87	789.9	81	3,552	125	109,104	105	3,078	116	2,762	122	104.9	103
49	11,432	68	651.4	66	3,733	131	110,573	107	3,214	122	2,665	118	105.9	104
50	10,792	64	622.5	63	3,859	136	111,940	108	3,348	127	2,863	127	106.8	105
51	9,734	58	614.0	63	4,089	144	113,094	109	3,515	133	3,097	137	107.9	106
52	8,945	53	593.2	60	4,341	153	114,165	110	3,702	140	3,423	151	108.8	107
53	8,783	52	594.1	61	4,638	163	115,190	111	3,917	148	3,613	160	109.7	108
54	8,466	50	596.3	61	4,945	174	116,155	112	4,104	155	3,820	169	110.6	109
55	8,760	52	598.7	61	5,225	184	117,060	113	4,300	163	3,891	172	111.3	110
56	8,719	52	607.3	62	5,523	195	117,902	114	4,497	170	3,947	175	111.8	110
57	9,073	54	626.2	64	5,849	206	118,728	114	4,698	178	4,031	178	112.3	111
58	9,520	57	654.8	67	6,179	218	119,536	115	4,881	185	4,089	181	112.3	111
59	9,262	55	644.3	66	6,454	227	120,305	116	5,061	191	4,157	184	112.5	111
60	9,261	55	681.3	69	6,704	236	121,049	117	5,235	198	4,284	190	112.8	111
61	9,317	56	712.3	73	6,934	244	121,660	117	5,408	204	4,416	195	112.7	111
62	9,347	56	722.2	74	7,126	251	122,239	118	5,572	211	5,488	243	109.9	108
63	10,344	62	752.8	77	7,362	259	122,745	118	5,742	217	5,756	255	110.4	109
平成元年	11,086	66	814.8	83	7,596	268	123,205	119	5,916	224	6,002	266	111.0	109
2	11,227	67	790.3	81	7,811	275	123,611	119	6,091	230	6,286	278	111.5	110
3	11,109	66	810.2	83	7,984	281	124,043	120	6,255	236	6,573	291	112.0	110
4	11,452	68	844.0	86	8,109	286	124,452	120	6,417	243	6,782	300	112.5	111
5	10,945	65	878.6	90	8,220	290	124,764	120	6,570	248	6,838	303	113.1	111
6	10,653	64	881.7	90	8,349	294	125,034	121	6,721	254	6,943	307	113.6	112
7	10,684	64	922.7	94	8,497	299	125,570	121	6,856	259	7,203	319	114.2	113
8	9,943	59	942.2	96	8,655	305	125,864	121	6,987	264	7,378	326	114.8	113
9	9,642	58	958.9	98	8,754	308	126,166	122	7,127	269	7,444	329	115.2	113
10	9,214	55	990.7	101	8,799	310	126,486	122	7,273	275	7,461	330	115.6	114
11	9,012	54	1,050.4	107	8,860	312	126,686	122	7,379	279	7,651	339	116.2	114
12	9,073	54	1,155.7	118	8,925	314	126,926	122	7,469	282	7,757	343	116.6	115
13	8,757	52	1,181.0	120	8,972	316	127,291	123	7,555	286	7,908	350	117.2	115
14	8,396	50	1,168.0	119	9,011	317	127,435	123	7,653	289	7,908	350	117.7	116
15	7,768	46	1,181.7	120	9,013	317	127,619	123	7,747	293	7,934	351	118.3	117
16	7,425	44	1,183.6	121	9,046	319	127,687	123	7,825	296	7,817	346	118.8	117
17	6,927	41	1,157.1	118	9,138	322	127,768	123	7,880	298	7,689	340	119.3	118
18	6,403	38	1,098.6	112	9,144	322	127,770	123	7,933	300	7,626	337	119.7	118
19	5,782	34	1,034.7	105	9,117	321	127,771	123	7,991	302	7,636	338	120.1	118
20	5,197	31	945.7	96	9,083	320	127,692	123	8,045	304	7,469	330	120.4	119
21	4,968	30	911.2	93	9,046	319	127,510	123	8,081	306	7,460	330	120.8	119
22	4,922	29	896.3	91	9,029	318	128,057	123	8,101	306	7,263	321	121.0	119
23	4,663	28	854.6	87	9,015	318	127,799	123	8,122	307	7,098	314	121.3	119
24	4,411	26	825.4	84	9,056	319	127,515	123	8,149	308	…	…	…	…

注1 車両保有台数は、国土交通省統計資料「自動車保有車両数月報（各年12月末現在）」による。ただし、原付二種、原付一種、ミニカー、小特は各年4月1日現在による。
2 平成18年以降の車両保有台数に含まれる原付二種、原付一種、ミニカー、小特は総務省資料（各年4月1日現在）による。
3 人口は、総務省統計資料「各年10月1日現在推計人口」または「国勢調査結果」による。（昭和46年以前は沖縄県を含まない。）
4 運転免許保有者数は、各年12月末現在の数値である。
5 自動車走行キロは、バス、乗用車及び貨物車の合計であり、国土交通省統計資料「自動車輸送統計調査（各年度集計）」による。なお、昭和62年から軽自動車分も計上している。
6 道路実延長は、高速自動車国道を含み、国土交通省統計資料「道路統計年報（各年4月1日現在、なお、昭和49年以前は3月31日現在）」による。
7 指数は、昭和45年を100としたものである。（単位未満四捨五入）

1-(2) 交通事故発生状況の推移

区分 年	交通事故件数	うち死亡事故件数	指数	1日当たり平均件数	死者数 人数	指数	1日当たり平均人数	負傷者数 人数	指数	1日当たり平均人数
＊昭和23年	21,341	…	-	58.3	3,848	23	10.5	17,609	-	48.1
24	25,113	…	-	68.8	3,790	23	10.4	20,242	-	55.5
25	33,212	…	-	91.0	4,202	25	11.5	25,450	-	69.7
26	41,423	…	-	113.5	4,429	26	12.1	31,274	-	85.7
＊27	58,487	…	-	159.8	4,696	28	12.8	43,321	-	118.4
28	80,019	…	-	219.2	5,544	33	15.2	59,280	-	162.4
29	93,869	…	-	257.2	6,374	38	17.5	72,390	-	198.3
30	93,981	…	-	257.5	6,379	38	17.5	76,501	-	209.6
＊31	122,691	…	-	335.2	6,751	40	18.4	102,072	-	278.9
32	146,833	…	-	402.3	7,575	45	20.8	124,530	-	341.2
33	168,799	…	-	462.5	8,248	49	22.6	145,432	-	398.4
34	201,292	…	-	551.5	10,079	60	27.6	175,951	-	482.1
＊35	449,917	…	-	1,229.3	12,055	72	32.9	289,156	29	790.0
36	493,693	…	-	1,352.6	12,865	77	35.2	308,697	31	845.7
37	479,825	…	-	1,314.6	11,445	68	31.4	313,813	32	859.8
38	531,966	11,830	-	1,457.4	12,301	73	33.7	359,089	37	983.8
＊39	557,183	12,767	-	1,522.4	13,318	79	36.4	401,117	41	1,095.9
40	567,286	11,922	-	1,554.2	12,484	74	34.2	425,666	43	1,166.2
41	425,944	13,257	59	1,167.0	13,904	83	38.1	517,775	53	1,418.6
42	521,481	12,885	73	1,428.7	13,618	81	37.3	655,377	67	1,795.6
＊43	635,056	13,556	88	1,735.1	14,256	85	39.0	828,071	84	2,262.5
44	720,880	15,396	100	1,975.0	16,257	97	44.5	967,000	99	2,649.3
45	718,080	15,801	100	1,967.3	16,765	100	45.9	981,096	100	2,687.9
46	700,290	15,340	98	1,918.6	16,278	97	44.6	949,689	97	2,601.9
＊47	659,283	15,009	92	1,801.3	15,918	95	43.5	889,198	91	2,429.5
48	586,713	13,791	82	1,607.4	14,574	87	39.9	789,948	81	2,164.2
49	490,452	10,845	68	1,343.7	11,432	68	31.3	651,420	66	1,784.7
50	472,938	10,165	66	1,295.7	10,792	64	29.6	622,467	63	1,705.4
＊51	471,041	9,196	66	1,287.0	9,734	58	26.6	613,957	63	1,677.5
52	460,649	8,487	64	1,262.1	8,945	53	24.5	593,211	60	1,625.2
53	464,037	8,311	65	1,271.3	8,783	52	24.1	594,116	61	1,627.7
54	471,573	8,048	66	1,292.0	8,466	50	23.2	596,282	61	1,633.6
＊55	476,677	8,329	66	1,302.4	8,760	52	23.9	598,719	61	1,635.8
56	485,578	8,278	68	1,330.4	8,719	52	23.9	607,346	62	1,664.0
57	502,261	8,606	70	1,376.1	9,073	54	24.9	626,192	64	1,715.6
58	526,362	9,045	73	1,442.1	9,520	57	26.1	654,822	67	1,794.0
＊59	518,642	8,829	72	1,417.1	9,262	55	25.3	644,321	66	1,760.4
60	552,788	8,826	77	1,514.5	9,261	55	25.4	681,346	69	1,866.7
61	579,190	8,877	81	1,586.8	9,317	56	25.5	712,330	73	1,951.6
62	590,723	8,981	82	1,618.4	9,347	56	25.6	722,179	74	1,978.6
＊63	614,481	9,865	86	1,678.9	10,344	62	28.3	752,845	77	2,057.0
平成元年	661,363	10,570	92	1,812.0	11,086	66	30.4	814,832	83	2,232.4
2	643,097	10,651	90	1,761.9	11,227	67	30.8	790,295	81	2,165.2
3	662,392	10,551	92	1,814.8	11,109	66	30.4	810,245	83	2,219.8
＊4	695,346	10,892	97	1,899.9	11,452	68	31.3	844,003	86	2,306.0
5	724,678	10,398	101	1,985.4	10,945	65	30.0	878,633	90	2,407.2
6	729,461	10,158	102	1,998.5	10,653	64	29.2	881,723	90	2,415.7
7	761,794	10,232	106	2,087.1	10,684	64	29.3	922,677	94	2,527.9
＊8	771,085	9,518	107	2,106.8	9,943	59	27.2	942,204	96	2,574.3
9	780,401	9,222	109	2,138.1	9,642	58	26.4	958,925	98	2,627.2
10	803,882	8,800	112	2,202.4	9,214	55	25.2	990,676	101	2,714.2
11	850,371	8,687	118	2,329.8	9,012	54	24.7	1,050,399	107	2,877.8
＊12	931,950	8,713	130	2,546.3	9,073	54	24.8	1,155,707	118	3,157.7
13	947,253	8,424	132	2,595.2	8,757	52	24.0	1,181,039	120	3,235.7
14	936,950	8,062	130	2,567.0	8,396	50	23.0	1,168,029	119	3,200.1
15	948,281	7,522	132	2,598.0	7,768	46	21.3	1,181,681	120	3,237.5
＊16	952,709	7,148	133	2,603.0	7,425	44	20.3	1,183,616	121	3,233.9
17	934,339	6,681	130	2,559.8	6,927	41	19.0	1,157,115	118	3,170.2
18	887,257	6,196	124	2,430.8	6,403	38	17.5	1,098,566	112	3,009.8
19	832,691	5,625	116	2,281.3	5,782	34	15.8	1,034,653	105	2,834.7
＊20	766,382	5,067	107	2,093.9	5,197	31	14.2	945,703	96	2,583.9
21	737,628	4,826	103	2,020.9	4,968	30	13.6	911,215	93	2,496.5
22	725,903	4,783	101	1,988.8	4,922	29	13.5	896,294	91	2,455.6
23	692,056	4,532	96	1,896.0	4,663	28	12.8	854,610	87	2,341.4
＊24	665,138	4,280	93	1,817.3	4,411	26	12.1	825,396	84	2,255.2

注 1 昭和34年までは、軽微な被害（8日未満の負傷、2万円以下の物的損害）事故は含まれていない。
  2 昭和41年以降の件数には、物損事故を含まない。
  3 昭和46年以前は、沖縄県を含まない。
  4 指数は、昭和45年を100としたものである。
  5 ＊印は閏年のため、1年を366日として計算した。

1-(3) 年齢層別死者数の推移

年齢層 年	15歳 以下	16～ 19歳	20～ 29歳	30～ 39歳	40～ 49歳	50～ 59歳	60～ 64歳	65～ 69歳	65歳 以上	70歳 以上	75歳 以上	合　計
昭和31年	1,782	389	1,302	823	748	734	…	…	(973)	…	…	6,751
32	1,886	460	1,461	941	858	833	…	…	(1,136)	…	…	7,575
33	1,927	479	1,615	1,056	954	921	…	…	(1,296)	…	…	8,248
34	2,159	710	2,084	1,342	1,067	1,131	…	…	(1,586)	…	…	10,079
35	2,335	910	2,588	1,667	1,294	1,341	…	…	(1,920)	…	…	12,055
36	2,293	938	2,753	1,857	1,504	1,451	…	…	(2,069)	…	…	12,865
37	1,938	817	2,523	1,772	1,163	1,287	…	…	(1,945)	…	…	11,445
38	2,008	911	2,655	1,954	1,334	1,393	1,172		(2,046)	874	…	12,301
39	1,971	1,076	2,857	2,109	1,501	1,535	1,271		(2,269)	998	…	13,318
40	1,880	1,101	2,556	1,864	1,462	1,418	1,239		(2,203)	964	…	12,484
41	2,130	1,356	2,629	2,106	1,643	1,512	1,464		(2,528)	1,064	…	13,904
42	1,891	1,323	2,583	2,078	1,606	1,590	741	691	1,806	1,115	…	13,618
43	1,910	1,391	2,685	2,006	1,730	1,715	785	780	2,034	1,254	…	14,256
44	2,062	1,622	3,163	2,256	1,917	1,845	983	870	2,409	1,539	…	16,257
45	2,094	1,791	3,298	2,114	1,954	1,826	954	983	2,734	1,751	…	16,765
46	2,024	1,923	3,049	1,947	1,956	1,736	996	900	2,647	1,747	…	16,278
47	2,097	1,594	2,955	1,980	2,008	1,768	986	853	2,530	1,677	…	15,918
48	1,970	1,600	2,586	1,605	1,861	1,556	864	793	2,532	1,739	925	14,574
49	1,494	1,369	1,973	1,284	1,442	1,233	669	633	1,968	1,335	738	11,432
50	1,535	1,383	1,813	1,124	1,394	1,160	601	586	1,782	1,196	686	10,792
51	1,297	1,144	1,724	1,040	1,300	1,095	512	574	1,622	1,048	603	9,734
52	1,232	1,106	1,567	939	1,124	977	474	468	1,526	1,058	616	8,945
53	1,220	1,152	1,468	865	1,063	991	450	469	1,574	1,105	653	8,783
54	1,069	1,107	1,259	866	1,073	1,008	471	473	1,613	1,140	660	8,466
55	985	1,183	1,398	977	1,068	1,020	421	499	1,708	1,209	712	8,760
56	896	1,322	1,433	918	1,071	1,017	431	469	1,631	1,162	726	8,719
57	893	1,392	1,480	938	1,067	1,105	424	509	1,774	1,265	764	9,073
58	790	1,429	1,534	1,052	1,105	1,211	473	553	1,926	1,373	864	9,520
59	699	1,414	1,523	900	1,174	1,283	469	458	1,800	1,342	838	9,262
60	632	1,477	1,551	894	1,042	1,203	505	490	1,957	1,467	924	9,261
61	565	1,427	1,575	950	1,039	1,172	477	485	2,112	1,627	1,028	9,317
62	600	1,515	1,658	810	963	1,147	552	497	2,102	1,605	1,060	9,347
63	532	1,644	1,948	837	1,072	1,353	589	567	2,369	1,802	1,210	10,344
平成元年	623	1,680	2,090	966	1,149	1,392	666	608	2,520	1,912	1,280	11,086
2	580	1,705	2,095	905	1,193	1,346	730	664	2,673	2,009	1,367	11,227
3	481	1,558	2,107	850	1,242	1,353	684	708	2,834	2,126	1,501	11,109
4	491	1,588	2,140	859	1,162	1,445	775	727	2,992	2,265	1,557	11,452
5	416	1,278	2,044	836	1,168	1,403	801	741	2,999	2,258	1,567	10,945
6	420	1,148	2,034	760	1,056	1,374	761	761	3,100	2,339	1,601	10,653
7	384	1,071	2,031	742	1,121	1,305	789	756	3,241	2,485	1,676	10,684
8	331	952	1,778	736	1,014	1,232	755	748	3,145	2,397	1,656	9,943
9	295	912	1,710	709	884	1,246	733	697	3,153	2,456	1,698	9,642
10	321	784	1,628	671	823	1,113	700	743	3,174	2,431	1,652	9,214
11	265	696	1,520	711	822	1,210	643	688	3,145	2,457	1,647	9,012
12	231	668	1,498	781	805	1,229	694	699	3,167	2,468	1,698	9,073
13	271	609	1,386	810	705	1,174	583	679	3,219	2,540	1,758	8,757
14	264	606	1,256	760	682	1,084	581	654	3,163	2,509	1,746	8,396
15	226	484	1,066	685	641	966	560	674	3,140	2,466	1,739	7,768
16	226	423	940	723	571	921	550	581	3,071	2,490	1,748	7,425
17	184	325	875	648	543	892	509	567	2,951	2,384	1,701	6,927
18	158	364	722	550	475	824	476	518	2,834	2,316	1,674	6,403
19	134	305	637	482	461	676	345	494	2,742	2,248	1,641	5,782
20	127	261	504	430	418	577	363	447	2,517	2,070	1,530	5,197
21	112	228	480	376	385	532	376	419	2,479	2,060	1,550	4,968
22	113	196	474	384	405	498	376	404	2,476	2,072	1,560	4,922
23	114	197	428	349	411	488	385	342	2,291	1,949	1,480	4,663
24	92	171	369	340	386	452	337	334	2,264	1,930	1,488	4,411

注1　昭和46年以前は沖縄県を含まない。
　2　「65歳以上」欄の内、昭和41年以前は60歳以上の数値である。

1-(4) 状態別死者数の推移

年	自動車乗車中 死者数	構成率	二輪車乗車中 死者数	構成率	自転車乗用中 死者数	構成率	歩行中 死者数	構成率	その他 死者数	構成率	合計 死者数
昭和31年	1,274	18.9	521	7.7	1,310	19.4	3,163	46.9	483	7.2	6,751
32	1,649	21.8	703	9.3	1,430	18.9	3,425	45.2	368	4.9	7,575
33	1,612	19.5	867	10.5	1,659	20.1	3,781	45.8	329	4.0	8,248
34	2,162	21.5	1,283	12.7	1,924	19.1	4,370	43.4	340	3.4	10,079
35	2,762	22.9	2,023	16.8	2,084	17.3	4,875	40.4	311	2.6	12,055
36	3,451	26.8	2,456	19.1	1,967	15.3	4,642	36.1	349	2.7	12,865
37	3,094	27.0	2,366	20.7	1,691	14.8	3,932	34.4	362	3.2	11,445
38	3,333	27.1	2,537	20.6	1,759	14.3	4,235	34.4	437	3.6	12,301
39	2,795	21.0	3,762	28.2	1,864	14.0	4,466	33.5	431	3.2	13,318
40	2,865	22.9	3,253	26.1	1,746	14.0	4,213	33.7	407	3.3	12,484
41	3,435	24.7	3,498	25.2	1,867	13.4	4,755	34.2	349	2.5	13,904
42	3,733	27.4	3,084	22.6	1,743	12.8	4,684	34.4	374	2.7	13,618
43	4,242	29.8	2,805	19.7	1,790	12.6	5,095	35.7	324	2.3	14,256
44	5,169	31.8	2,939	18.1	1,979	12.2	5,835	35.9	335	2.1	16,257
45	5,612	33.5	2,941	17.5	1,940	11.6	5,939	35.4	333	2.0	16,765
46	5,538	34.0	2,933	18.0	1,741	10.7	5,761	35.4	305	1.9	16,278
47	5,657	35.5	2,586	16.2	1,756	11.0	5,689	35.7	230	1.4	15,918
48	5,079	34.8	2,330	16.0	1,700	11.7	5,376	36.9	89	0.6	14,574
49	4,010	35.1	1,909	16.7	1,299	11.4	4,140	36.2	74	0.6	11,432
50	4,013	37.2	1,696	15.7	1,254	11.6	3,732	34.6	97	0.9	10,792
51	3,707	38.1	1,514	15.6	1,132	11.6	3,267	33.6	114	1.2	9,734
52	3,371	37.7	1,467	16.4	1,083	12.1	2,961	33.1	63	0.7	8,945
53	3,242	36.9	1,502	17.1	1,113	12.7	2,871	32.7	55	0.6	8,783
54	2,998	35.4	1,538	18.2	1,005	11.9	2,888	34.1	37	0.4	8,466
55	3,216	36.7	1,693	19.3	1,051	12.0	2,767	31.6	33	0.4	8,760
56	3,251	37.3	1,762	20.2	990	11.4	2,679	30.7	37	0.4	8,719
57	3,347	36.9	2,034	22.4	898	9.9	2,756	30.4	38	0.4	9,073
58	3,487	36.6	2,257	23.7	958	10.1	2,792	29.3	26	0.3	9,520
59	3,391	36.6	2,322	25.1	947	10.2	2,576	27.8	26	0.3	9,262
60	3,266	35.3	2,340	25.3	965	10.4	2,656	28.7	34	0.4	9,261
61	3,323	35.7	2,309	24.8	962	10.3	2,697	28.9	26	0.3	9,317
62	3,192	34.1	2,402	25.7	918	9.8	2,797	29.9	38	0.4	9,347
63	3,719	36.0	2,559	24.7	1,061	10.3	2,967	28.7	38	0.4	10,344
平成元年	4,252	38.4	2,575	23.2	1,210	10.9	3,005	27.1	44	0.4	11,086
2	4,501	40.1	2,492	22.2	1,161	10.3	3,042	27.1	31	0.3	11,227
3	4,676	42.1	2,186	19.7	1,047	9.4	3,179	28.6	21	0.2	11,109
4	4,783	41.8	2,332	20.4	1,178	10.3	3,128	27.3	31	0.3	11,452
5	4,835	44.2	2,003	18.3	1,114	10.2	2,969	27.1	24	0.2	10,945
6	4,484	42.1	2,102	19.7	1,138	10.7	2,886	27.1	43	0.4	10,653
7	4,551	42.6	1,991	18.6	1,123	10.5	2,989	28.0	30	0.3	10,684
8	4,289	43.1	1,780	17.9	1,052	10.6	2,794	28.1	28	0.3	9,943
9	4,251	44.1	1,662	17.2	1,067	11.1	2,643	27.4	19	0.2	9,642
10	3,974	43.1	1,632	17.7	989	10.7	2,605	28.3	14	0.2	9,214
11	3,872	43.0	1,516	16.8	1,033	11.5	2,575	28.6	16	0.2	9,012
12	3,955	43.6	1,575	17.4	989	10.9	2,540	28.0	14	0.2	9,073
13	3,714	42.4	1,568	17.9	993	11.3	2,460	28.1	22	0.3	8,757
14	3,463	41.2	1,503	17.9	997	11.9	2,417	28.8	16	0.2	8,396
15	3,056	39.3	1,359	17.5	980	12.6	2,357	30.3	16	0.2	7,768
16	2,945	39.7	1,323	17.8	866	11.7	2,273	30.6	18	0.2	7,425
17	2,741	39.6	1,187	17.1	851	12.3	2,133	30.8	15	0.2	6,927
18	2,382	37.2	1,121	17.5	821	12.8	2,067	32.3	12	0.2	6,403
19	2,030	35.1	1,035	17.9	749	13.0	1,956	33.8	12	0.2	5,782
20	1,724	33.2	991	19.1	726	14.0	1,739	33.5	17	0.3	5,197
21	1,627	32.7	890	17.9	709	14.3	1,726	34.7	16	0.3	4,968
22	1,625	33.0	878	17.8	665	13.5	1,736	35.3	18	0.4	4,922
23	1,465	31.4	851	18.3	635	13.6	1,702	36.5	10	0.2	4,663
24	1,417	32.1	788	17.9	563	12.8	1,634	37.0	9	0.2	4,411

注 昭和46年以前は沖縄県を含まない。

1-(5) 昼夜別交通事故発生状況の推移

年 \ 区分	交通事故件数 昼	交通事故件数 夜	死亡事故件数 昼	死亡事故件数 夜	死亡事故率 昼	死亡事故率 夜
昭和48年	423,402	163,311	7,836	6,608	17.0	40.5
構成率	72.2	27.8	52.1	47.9		
49	358,790	131,662	5,590	5,255	15.6	39.9
構成率	73.2	26.8	51.5	48.5		
50	342,515	130,145	5,194	4,971	15.2	38.2
構成率	72.5	27.5	51.1	48.9		
51	340,532	130,534	4,461	4,735	13.1	36.3
構成率	72.3	27.7	48.5	51.5		
52	337,861	122,786	4,290	4,197	12.7	34.2
構成率	73.3	26.7	50.5	49.5		
53	344,344	199,714	4,273	4,038	12.4	20.2
構成率	63.3	36.7	51.4	48.6		
54	349,536	122,110	4,071	3,977	11.6	32.6
構成率	74.1	25.9	50.6	49.4		
55	349,495	127,182	4,096	4,233	11.7	33.3
構成率	73.3	26.7	49.2	50.8		
56	355,395	130,183	3,981	4,297	11.2	33.0
構成率	73.2	26.8	48.1	51.9		
57	364,434	137,827	4,051	4,555	11.1	33.0
構成率	72.6	27.4	47.1	52.9		
58	377,358	149,004	4,224	4,821	11.2	32.4
構成率	71.7	28.3	46.7	53.3		
59	370,974	147,668	4,161	4,668	11.2	31.6
構成率	71.5	28.5	47.1	52.9		
60	391,934	160,854	4,010	4,816	10.2	29.9
構成率	70.9	29.1	45.4	54.6		
61	411,617	167,573	3,951	4,951	9.6	29.4
構成率	71.1	28.9	44.5	55.1		
62	416,560	174,163	4,030	5,520	9.7	28.4
構成率	70.5	29.5	44.9	56.0		
63	425,767	188,714	4,345	5,977	10.2	29.3
構成率	69.3	30.7	44.0	56.5		
平成元年	451,302	210,061	4,593	5,977	10.2	28.5
構成率	68.2	31.8	43.5	56.5		
2	437,134	205,963	4,610	6,041	10.5	29.3
構成率	68.0	32.0	43.3	56.7		
3	448,697	213,695	4,451	6,100	9.9	28.5
構成率	67.7	32.3	42.2	57.8		
4	474,643	220,703	4,660	6,232	9.8	28.2
構成率	68.3	31.7	42.8	57.2		
5	499,779	224,899	4,516	5,882	9.0	26.2
構成率	69.0	31.0	43.4	56.6		
6	508,319	221,142	4,475	5,683	8.8	25.7
構成率	69.7	30.3	44.1	55.9		
7	532,392	229,402	4,566	5,666	8.6	24.7

構成率	69.9	30.1	44.6	55.4		
8	533,900	237,185	4,276	5,242	8.0	22.1
構成率	69.2	30.8	44.9	55.1		
9	541,933	238,468	4,166	5,056	7.7	21.2
構成率	69.4	30.6	45.2	54.8		
10	557,593	246,289	3,938	4,862	7.1	19.7
構成率	69.4	30.6	44.8	55.3		
11	594,641	255,730	3,936	4,751	6.6	18.6
構成率	69.9	30.1	45.3	54.7		
12	646,292	285,658	3,890	4,823	6.0	16.9
構成率	69.3	30.7	44.6	55.4		
13	661,752	285,501	3,897	4,527	5.9	15.9
構成率	69.9	30.1	46.3	53.7		
14	660,783	276,167	3,792	4,270	5.7	15.5
構成率	70.5	29.5	47.0	53.0		
15	672,454	275,827	3,610	3,912	5.4	14.2
構成率	70.9	29.1	48.0	52.0		
16	684,837	267,872	3,414	3,734	5.0	13.9
構成率	71.9	28.1	47.8	52.2		
17	673,569	260,770	3,232	3,449	4.8	13.2
構成率	72.1	27.9	48.4	51.6		
18	639,441	247,816	3,040	3,156	4.8	12.7
構成率	72.1	27.9	49.1	50.9		
19	611,864	220,827	2,819	2,806	4.6	12.7
構成率	73.5	26.5	50.1	49.9		
20	562,276	204,106	2,560	2,507	4.6	12.3
構成率	73.4	26.6	50.5	49.5		
21	544,453	193,175	2,480	2,346	4.6	12.1
構成率	73.8	26.2	51.4	48.6		
22	532,883	193,020	2,424	2,359	4.5	12.2
構成率	73.4	26.6	50.7	49.3		
23	508,838	183,218	2,210	2,322	4.3	12.7
構成率	73.5	26.5	48.8	51.2		
24	483,753	181,385	2,069	2,211	4.3	12.2
構成率	72.7	27.3	48.3	51.7		

注1　死亡事故件数は、交通事故件数の内数である。
　2　死亡事故率は、交通事故件数1,000件当たりの死亡事故件数である。

資料編

1−(6) 自動車等1万台当たり及び人口10万人当たりの死者数・負傷者数の推移

区分　年	自動車等1万台当たり死者数・負傷者数 死者数	自動車等1万台当たり死者数・負傷者数 負傷者数	人口10万人当たり死者数・負傷者数 死者数	人口10万人当たり死者数・負傷者数 負傷者数
昭和31年	28.00	423.40	7.49	113.20
32	25.87	425.25	8.33	136.95
33	23.56	415.34	8.99	158.48
34	23.38	408.10	10.88	189.93
35	22.74	545.45	12.90	309.53
36	18.45	442.62	13.64	327.40
37	13.18	361.25	12.02	329.70
38	11.03	321.84	12.79	373.44
39	9.79	294.75	13.70	412.75
40	7.91	269.87	12.70	433.14
41	7.72	287.56	14.04	522.81
42	6.67	321.20	13.59	654.09
43	6.17	358.50	14.07	817.19
44	6.28	373.43	15.85	943.08
45	5.91	345.62	16.16	945.91
46	5.33	310.93	15.48	903.22
47	4.84	270.40	14.79	826.43
48	4.10	222.41	13.36	724.03
49	3.06	174.48	10.34	589.13
50	2.80	161.29	9.64	556.07
51	2.38	150.16	8.61	542.87
52	2.06	136.64	7.84	519.61
53	1.89	128.11	7.62	515.77
54	1.71	120.58	7.29	513.35
55	1.68	114.59	7.48	511.46
56	1.58	109.97	7.40	515.13
57	1.55	107.07	7.64	527.42
58	1.54	105.98	7.96	547.80
59	1.44	99.83	7.70	535.57
60	1.38	101.64	7.65	562.87
61	1.34	102.72	7.66	585.51
62	1.31	101.34	7.65	590.79
63	1.40	102.25	8.43	613.34
平成元年	1.46	107.27	9.00	661.36
2	1.44	101.17	9.08	639.34
3	1.39	101.48	8.96	653.20
4	1.41	104.08	9.20	678.18
5	1.33	106.88	8.77	704.23
6	1.28	105.61	8.52	705.19
7	1.26	108.58	8.51	734.79
8	1.15	108.86	7.90	748.59
9	1.10	109.54	7.64	760.05
10	1.05	112.59	7.28	783.23
11	1.02	118.55	7.11	829.14
12	1.02	129.50	7.15	910.54
13	0.98	131.64	6.88	927.83
14	0.93	129.63	6.59	916.57
15	0.86	131.10	6.09	925.94
16	0.82	130.85	5.82	926.97
17	0.76	126.62	5.42	905.64
18	0.70	120.14	5.01	859.80
19	0.63	113.49	4.53	809.77
20	0.57	104.12	4.07	740.61
21	0.55	100.73	3.90	714.62
22	0.55	99.27	3.84	699.92
23	0.52	94.80	3.65	668.71
24	0.49	91.14	3.46	647.29

注1　算出基礎とした自動車等（原付を含む。）の台数は、国土交通省統計資料「自動車保有車両数月報（各年12月末現在）」による。ただし、原付二種、原付一種、小特は各年4月1日現在による。
　　　平成18年以降の自動車等に含まれる、原付二種、原付一種、小特は総務省資料（各年4月1日現在）による。
　2　人口は、総務省統計資料「各年10月1日現在推計人口」または「国勢調査結果」による。
　3　昭和46年以前は沖縄県を含まない。

1－(7) 自動車走行キロ当たりの事故率の推移

区分　年	1億走行キロ当たり事故率 交通事故件数	1億走行キロ当たり事故率 死亡事故件数	1億走行キロ当たり死者数	1億走行キロ当たり負傷者数
昭和31年	885.2	…	48.7	736.5
32	879.5	…	45.4	745.9
33	874.3	…	42.7	753.3
34	936.6	…	46.9	818.7
35	1,597.5	…	42.8	1,026.7
36	1,388.9	34.5	36.2	868.5
37	1,116.8	25.7	26.6	730.4
38	945.2	21.0	21.9	638.0
39	792.3	18.2	18.9	570.3
40	690.5	14.5	15.2	518.1
41	406.6	12.7	13.3	494.3
42	394.4	9.8	10.3	495.7
43	388.6	8.3	8.7	506.7
44	372.3	8.0	8.4	499.5
45	317.7	7.0	7.4	434.1
46	287.6	6.3	6.7	390.0
47	254.0	5.8	6.1	342.5
48	212.4	5.0	5.3	286.0
49	184.0	4.1	4.3	244.4
50	165.2	3.6	3.8	217.4
51	152.1	3.0	3.1	198.2
52	134.6	2.5	2.6	173.3
53	128.4	2.3	2.4	164.5
54	123.5	2.1	2.2	156.1
55	122.5	2.1	2.3	153.9
56	123.0	2.1	2.2	153.9
57	124.6	2.1	2.3	155.3
58	128.7	2.2	2.3	160.1
59	124.8	2.1	2.2	155.0
60	129.0	2.1	2.2	159.0
61	131.2	2.0	2.1	161.3
62	107.6	1.6	1.7	131.6
63	106.8	1.7	1.8	130.8
平成元年	110.2	1.8	1.9	135.8
2	102.3	1.7	1.8	125.7
3	100.8	1.6	1.7	123.3
4	102.5	1.6	1.7	124.4
5	106.0	1.5	1.6	128.5
6	105.1	1.5	1.5	127.0
7	105.8	1.4	1.5	128.1
8	104.5	1.3	1.4	127.7
9	104.8	1.2	1.3	128.8
10	107.8	1.2	1.2	132.8
11	111.2	1.1	1.2	137.3
12	120.1	1.1	1.2	149.0
13	119.8	1.1	1.1	149.3
14	118.5	1.0	1.1	147.7
15	119.5	1.0	1.0	148.9
16	121.9	0.9	1.0	151.4
17	121.5	0.9	0.9	150.5
18	116.3	0.8	0.8	144.1
19	109.0	0.7	0.8	135.5
20	102.6	0.7	0.7	126.6
21	98.9	0.7	0.7	122.1
22	100.0	0.7	0.7	123.4
23	97.5	0.6	0.7	120.4
24	93.7	0.6	0.6	116.3

注1 事故率の算出基礎とした各年の走行キロは、国土交通省統計資料「自動車輸送統計年報」によるもので、各年度集計である。ただし、平成22年以降の数値は「自動車輸送統計月報」による。
　　また、平成24年は平成23年度の走行キロによって算出した。
　2 走行キロは、昭和62年から軽自動車が含まれる。

1－(8) 警察統計と厚生統計の交通事故死者数比較の推移

区分 年	警察統計の死者数 24時間死者（A）	警察統計の死者数 30日以内死者（B）	比率（B／A）	厚生統計の死者数（C）	比率（C／A）
昭和45年	16,765	…	…	21,535	1.28
46	16,278	…	…	21,101	1.30
47	15,918	…	…	20,494	1.29
48	14,574	…	…	19,068	1.31
49	11,432	…	…	15,448	1.35
50	10,792	…	…	14,206	1.32
51	9,734	…	…	13,006	1.34
52	8,945	…	…	12,095	1.35
53	8,783	…	…	12,030	1.37
54	8,466	…	…	11,778	1.39
55	8,760	…	…	11,752	1.34
56	8,719	…	…	11,874	1.36
57	9,073	…	…	12,377	1.36
58	9,520	…	…	12,919	1.36
59	9,262	…	…	12,432	1.34
60	9,261	…	…	12,660	1.37
61	9,317	…	…	12,458	1.34
62	9,347	…	…	12,544	1.34
63	10,344	…	…	13,617	1.32
平成元年	11,086	…	…	14,512	1.31
2	11,227	…	…	14,631	1.30
3	11,109	…	…	14,558	1.31
4	11,452	…	…	14,735	1.29
5	10,945	13,269	1.21	14,168	1.29
6	10,653	12,768	1.20	13,712	1.29
7	10,684	12,670	1.19	14,840	1.39
8	9,943	11,674	1.17	14,006	1.41
9	9,642	11,254	1.17	13,667	1.42
10	9,214	10,805	1.17	13,176	1.43
11	9,012	10,372	1.15	12,858	1.43
12	9,073	10,403	1.15	12,565	1.38
13	8,757	10,071	1.15	12,134	1.39
14	8,396	9,645	1.15	11,483	1.37
15	7,768	8,944	1.15	10,645	1.37
16	7,425	8,561	1.15	10,318	1.39
17	6,927	7,990	1.15	9,685	1.40
18	6,403	7,326	1.14	8,836	1.38
19	5,782	6,681	1.16	8,088	1.40
20	5,197	6,067	1.17	7,314	1.41
21	4,968	5,831	1.17	7,086	1.43
22	4,922	5,806	1.18	7,065	1.44
23	4,663	5,507	1.18	6,593	1.41
24	4,411	5,237	1.19	…	…

注1 警察統計の死者のうち「24時間死者」とは、道路交通法第2条第1項第1号に規定する道路上において、車両等及び列車の交通によって発生した事故により24時間以内に死亡したものをいう。
「30日以内死者」とは、交通事故発生から30日以内に死亡したものをいう（24時間死者も含む。）。
2 厚生統計の死者は、厚生労働省統計資料「人口動態統計」による。この場合の交通事故死者数は、当該年に死亡した者のうち原死因が交通事故によるもの（事故発生後1年を超えて死亡した者及び後遺症により死亡した者を除く）をいう。
厚生統計は、平成6年までは、自動車事故とされた者の数を計上しており、平成7年以降は、陸上の交通事故とされた者から鉄道員等明らかに道路上の交通事故ではないと判断される者を除いた数を計上している。

2-(1) 男女別運転免許保有者数の推移

区分 年	運転免許保有者数（人）	指数	保有率	男（人）	指数	保有率	女（人）	指数	保有率
昭和41年	22,856,547	86	31.5	…	…	…	…	…	…
42	24,697,215	93	33.4	…	…	…	…	…	…
43	26,343,152	100	35.0	…	…	…	…	…	…
44	24,782,107	94	32.5	20,572,948	95	55.6	4,209,159	88	10.7
45	26,449,229	100	34.3	21,683,599	100	58.0	4,765,630	100	12.0
46	28,000,367	106	35.8	22,699,349	105	59.0	5,301,018	111	13.2
47	29,474,643	111	36.9	23,675,142	109	61.4	5,799,501	122	14.1
48	30,778,778	116	38.1	24,477,063	113	62.8	6,301,715	132	15.1
49	32,143,688	122	39.4	25,338,592	117	64.3	6,805,096	143	16.1
50	33,482,514	127	40.3	26,106,101	120	64.8	7,376,413	155	17.2
51	35,148,742	133	41.8	26,956,923	124	66.1	8,191,819	172	18.9
52	37,022,922	140	43.6	27,769,945	128	67.4	9,252,977	194	21.2
53	39,174,099	148	45.6	28,730,091	132	69.0	10,444,008	219	23.6
54	41,042,876	155	47.3	29,548,200	136	70.1	11,494,676	241	25.7
55	43,000,383	163	49.0	30,408,233	140	71.5	12,592,150	264	27.9
56	44,973,064	170	50.6	31,212,847	144	72.4	13,760,217	289	30.1
57	46,978,577	178	52.4	32,024,310	148	73.7	14,954,267	314	32.4
58	48,814,356	185	53.8	32,789,800	151	74.5	16,024,556	336	34.3
59	50,606,685	191	55.1	33,542,077	155	75.2	17,064,608	358	36.1
60	52,347,735	198	56.3	34,277,091	158	75.9	18,070,644	379	37.7
61	54,079,827	204	57.4	35,036,361	162	77.6	19,043,466	400	39.3
62	55,724,173	211	58.3	35,752,664	165	77.1	19,971,509	419	40.6
63	57,423,924	217	59.4	36,483,593	168	77.6	20,940,331	439	42.1
平成元年	59,159,342	224	60.4	37,244,077	172	78.2	21,915,265	460	43.5
2	60,908,993	230	61.4	38,028,875	175	78.9	22,880,118	480	44.9
3	62,553,596	237	61.6	38,773,374	179	78.6	23,780,222	499	45.6
4	64,172,276	243	63.0	39,482,617	182	79.7	24,689,659	518	47.1
5	65,695,677	248	64.3	40,143,572	185	80.8	25,552,105	536	48.6
6	67,205,667	254	65.3	40,793,347	188	81.6	26,412,320	554	49.9
7	68,563,830	259	66.0	41,406,176	191	82.0	27,157,654	570	50.8
8	69,874,878	264	66.8	41,973,336	194	82.6	27,901,542	585	51.8
9	71,271,222	269	67.7	42,578,341	196	83.3	28,692,881	602	53.0
10	72,733,411	275	68.7	43,223,086	199	84.1	29,510,325	619	54.1
11	73,792,756	279	69.3	43,601,205	201	84.5	30,191,551	634	55.0
12	74,686,752	282	69.9	43,865,900	202	84.7	30,820,852	647	56.0
13	75,550,711	286	70.2	44,143,259	204	84.6	31,407,452	659	56.6
14	76,533,859	289	70.9	44,489,377	205	85.1	32,044,482	672	57.5
15	77,467,729	293	71.5	44,786,148	207	85.4	32,681,581	686	58.4
16	78,246,948	296	72.0	45,020,226	208	85.7	33,226,722	697	59.2
17	78,798,821	298	72.6	45,135,941	208	86.0	33,662,880	706	60.0
18	79,329,866	300	72.7	45,257,391	209	85.8	34,072,475	715	60.5
19	79,907,212	302	73.1	45,412,614	209	86.0	34,494,598	724	61.1
20	80,447,842	304	73.6	45,517,585	210	86.1	34,930,257	733	61.8
21	80,811,945	306	73.9	45,539,419	210	86.3	35,272,526	740	62.4
22	81,010,246	306	74.3	45,487,010	210	86.6	35,523,236	745	62.8
23	81,215,266	307	73.9	45,448,263	210	85.7	35,767,003	751	62.9
24	81,487,846	308	74.2	45,437,260	210	85.8	36,050,586	756	63.4

注1 昭和41年から昭和43年までの免許保有者数は各県報告に基づく集計数、昭和44年以降は警察庁情報管理システムによる集計数である。（昭和46年以前は、沖縄県を含まない。）

2 指数は昭和45年を100としたものである。

3 保有率は、16歳以上の人口に対する運転免許保有者数の割合（％）で、算出の基礎とした人口は、総務省統計資料「各年10月1日現在推計人口」または「国勢調査結果」による。

2－(2) 車種別運転免許保有者数の推移

区分 年齢別	第一種 大型	中型	普通	大特	大自二	普自二	小特	原付
昭和48年	1,843,432		21,595,367	16,531	1,746,239		635,241	2,652,707
49	1,947,928		22,895,644	15,635	1,646,983		612,433	2,704,523
50	2,012,903		24,194,770	14,674	1,543,272		591,096	2,762,947
51	2,076,140		25,647,552	13,370	1,410,069		577,361	3,031,139
52	2,137,436		27,154,766	12,815	1,294,520		551,777	3,457,438
53	2,223,523		28,848,272	12,296	1,222,546		532,401	3,878,741
54	2,319,403		30,542,461	11,844	1,160,980		513,990	4,026,005
55	2,416,780		32,262,729	11,222	1,115,540		493,722	4,211,785
56	2,506,329		33,921,395	10,728	1,055,746		474,887	4,486,599
57	2,593,505		35,688,631	10,304	1,014,135		459,387	4,684,075
58	2,668,882		37,430,283	10,029	986,226		443,275	4,733,486
59	2,750,482		39,116,115	9,506	981,848		428,613	4,760,430
60	2,832,969		40,812,685	9,316	967,174		415,678	4,754,140
61	2,919,030		44,016,836	9,055	940,580		401,905	4,664,031
62	3,006,974		44,347,520	8,845	921,472		388,309	4,480,250
63	3,099,578		46,178,284	8,540	893,882		376,079	4,309,663
平成元年	3,192,989		48,041,252	8,348	844,520		361,825	4,162,706
2	3,289,829		49,892,680	7,852	803,783		347,795	4,020,216
3	3,391,082		51,660,557	7,435	764,369		335,491	3,869,044
4	3,492,952		53,411,208	7,246	729,676		321,919	3,694,047
5	3,588,082		55,071,563	6,964	698,419		308,078	3,501,839
6	3,683,848		56,624,332	6,707	678,173		296,501	3,407,160
7	3,780,998		57,976,936	6,561	663,993		283,645	3,354,161
8	3,875,827		59,306,352	6,344	99,769	537,320	270,420	3,279,530
9	3,976,495		60,697,101	6,196	97,404	501,171	260,877	3,238,954
10	4,068,879		62,099,409	6,123	95,439	476,620	252,147	3,228,821
11	4,139,088		63,257,889	5,756	90,732	443,944	235,579	3,127,995
12	4,193,262		64,326,199	5,323	84,749	414,296	215,779	3,002,981
13	4,249,848		65,343,581	4,948	79,451	388,705	197,048	2,867,712
14	4,313,009		66,415,617	4,783	75,803	368,144	184,597	2,760,240
15	4,365,560		67,440,827	4,605	72,222	344,711	174,262	2,660,109
16	4,422,859		68,317,200	4,411	67,828	323,907	161,105	2,546,341
17	4,470,402		69,037,030	4,136	62,582	304,224	144,259	2,407,669
18	4,534,554		69,721,666	3,991	57,907	286,002	129,180	2,261,309
19	4,584,566	69,712,075	704,129	3,841	54,361	270,567	117,194	2,150,993
20	4,563,766	69,156,510	1,958,171	3,601	51,433	259,240	107,219	2,070,228
21	4,532,786	68,492,679	3,170,109	3,358	47,977	243,099	95,984	1,974,782
22	4,494,752	67,744,252	4,352,938	3,078	43,962	226,573	83,832	1,853,086
23	4,466,688	67,011,600	5,514,092	2,797	40,300	211,140	72,567	1,735,281
24	4,441,453	66,310,223	6,684,429	2,534	37,305	198,784	63,172	1,634,719

注）2種類以上の運転免許を保有している者は、上位の運転免許（本表の左側となる運転免許）の欄に計

資料編

	第二種						合計
小計	大型	中型	普通	大特	けん引	小計	
28,489,517	1,146,893		1,141,454	768	146	2,289,261	30,778,778
29,823,146	1,163,195		1,156,410	778	159	2,320,542	32,143,688
31,119,662	1,177,779		1,184,097	801	175	2,362,852	33,482,514
32,755,631	1,189,765		1,202,334	826	186	2,393,111	35,148,742
34,608,752	1,199,918		1,213,210	843	199	2,414,170	37,022,922
36,717,779	1,218,065		1,237,169	873	213	2,456,320	39,174,099
38,574,683	1,219,945		1,247,124	897	227	2,468,193	41,042,876
40,511,778	1,230,601		1,256,862	912	230	2,488,605	43,000,383
42,455,684	1,245,612		1,270,582	941	245	2,517,380	44,973,064
44,450,037	1,246,950		1,280,366	973	251	2,528,540	46,978,577
46,272,181	1,253,994		1,286,922	992	267	2,542,175	48,814,356
48,046,994	1,263,908		1,294,482	1,019	282	2,559,691	50,606,685
49,791,962	1,259,156		1,295,304	1,029	284	2,555,773	52,347,735
52,951,437	1,263,473		1,294,693	1,054	298	2,559,518	55,510,955
53,153,370	1,272,775		1,296,656	1,067	305	2,570,803	55,724,173
54,866,026	1,266,285		1,290,217	1,082	314	2,557,898	57,423,924
56,611,640	1,266,117		1,280,173	1,085	327	2,547,702	59,159,342
58,362,155	1,270,300		1,275,096	1,110	332	2,546,838	60,908,993
60,027,978	1,258,381		1,265,791	1,111	335	2,525,618	62,553,596
61,657,048	1,254,754		1,258,990	1,137	347	2,515,228	64,172,276
63,174,945	1,257,619		1,261,595	1,164	354	2,520,732	65,695,677
64,696,721	1,245,703		1,261,706	1,169	368	2,508,946	67,205,667
66,066,294	1,239,657		1,256,323	1,189	367	2,497,536	68,563,830
67,375,562	1,240,020		1,257,683	1,226	387	2,499,316	69,874,878
68,778,198	1,232,531		1,258,810	1,273	410	2,493,024	71,271,222
70,227,438	1,236,019		1,268,226	1,302	426	2,505,973	72,733,411
71,300,983	1,227,738		1,262,279	1,324	432	2,491,773	73,792,756
72,242,589	1,202,167		1,240,252	1,317	427	2,444,163	74,686,752
73,131,293	1,191,554		1,226,129	1,304	431	2,419,418	75,550,711
74,122,193	1,185,062		1,224,824	1,338	442	2,411,666	76,533,859
75,062,296	1,174,799		1,228,777	1,403	454	2,405,433	77,467,729
75,843,651	1,168,067		1,233,345	1,422	463	2,403,297	78,246,948
76,430,302	1,151,006		1,215,564	1,478	471	2,368,519	78,798,821
76,994,609	1,134,485		1,198,768	1,526	478	2,335,257	79,329,866
77,597,726	1,122,994	1,027,578	156,823	1,589	502	2,309,486	79,907,212
78,170,168	1,106,704	1,000,815	168,011	1,621	523	2,277,674	80,447,842
78,560,774	1,089,135	970,915	188,972	1,632	517	2,251,171	80,811,945
78,802,473	1,068,347	938,239	199,026	1,639	522	2,207,773	81,010,246
79,054,465	1,046,361	906,792	205,471	1,651	526	2,160,801	81,215,266
79,372,619	1,026,180	875,519	211,327	1,670	531	2,115,227	81,487,846

上している。

351

3-(1) 車種別車両保有台数の推移

区分 年	合計	指数	自動車 乗用車 事業用	指数	自家用	指数	貨物車 事業用	指数	自家用	指数
昭和41年	18,006,045	63	239,280	79	2,708,262	31	269,881	75	5,104,818	62
42	20,403,731	72	253,631	84	3,712,001	43	292,695	81	6,039,085	74
43	23,098,231	81	271,326	90	5,086,284	59	317,746	88	6,956,784	85
44	25,895,353	91	288,268	96	6,815,606	79	339,590	94	7,721,627	94
45	28,386,962	100	301,267	100	8,665,688	100	360,818	100	8,179,768	100
46	30,543,449	108	309,807	103	10,456,677	121	381,648	106	8,546,366	104
47	32,884,109	116	312,565	104	12,421,405	143	404,707	112	9,018,303	110
48	35,517,677	125	316,318	105	14,369,935	166	439,026	122	9,537,898	117
49	37,334,563	132	323,779	107	15,752,202	182	460,805	128	9,852,591	120
50	38,593,180	136	331,769	110	17,130,841	198	464,418	129	9,664,441	118
51	40,886,143	144	331,214	110	18,366,740	212	483,684	134	10,347,020	126
52	43,412,842	153	332,395	110	19,717,970	228	501,843	139	10,870,472	133
53	46,375,730	163	334,653	111	21,172,011	244	523,355	145	11,456,842	140
54	49,451,325	174	336,922	112	22,559,421	260	557,834	155	12,094,253	148
55	52,250,508	184	338,934	113	23,550,614	272	582,121	161	12,668,122	155
56	55,228,364	195	340,382	113	24,502,800	283	598,631	166	13,425,754	164
57	58,485,758	206	340,612	113	25,429,271	293	614,873	170	14,169,493	173
58	61,786,363	218	341,081	113	26,274,765	303	636,447	176	14,868,017	182
59	64,539,585	227	341,337	113	27,032,776	312	667,066	185	15,643,111	191
60	67,035,425	236	342,927	114	27,732,902	320	696,556	193	16,514,107	202
61	69,344,628	244	344,274	114	28,541,934	329	725,051	201	17,455,900	213
62	71,264,131	251	345,643	115	29,366,862	339	759,969	211	18,476,748	226
63	73,624,843	259	347,894	115	30,666,404	354	807,935	224	19,620,882	240
平成元年	75,959,594	268	350,379	116	32,512,548	375	855,223	237	20,314,141	248
2	78,113,378	275	354,841	118	34,815,040	402	897,076	249	20,515,131	251
3	79,843,362	281	355,654	118	36,968,669	427	938,191	260	20,482,371	250
4	81,091,190	286	356,570	118	38,855,915	448	962,969	267	20,269,941	248
5	82,204,643	290	355,381	118	40,664,820	469	972,149	269	20,011,664	245
6	83,485,381	294	353,752	117	42,570,201	491	998,049	277	19,779,290	242
7	84,973,442	299	351,571	117	44,571,778	514	1,039,246	288	19,513,913	239
8	86,548,705	305	351,710	117	46,759,245	540	1,067,514	296	19,148,893	234
9	87,543,090	308	353,037	117	48,498,547	560	1,093,642	303	18,689,476	228
10	87,991,336	310	353,956	117	49,780,071	574	1,088,127	302	18,125,061	222
11	88,602,301	312	353,145	117	51,047,432	589	1,088,803	302	17,675,088	216
12	89,245,093	314	354,398	118	52,319,168	604	1,102,808	306	17,258,976	211
13	89,718,613	316	356,373	118	53,419,655	616	1,104,406	306	16,899,710	207
14	90,106,830	317	363,224	121	54,410,693	628	1,095,199	304	16,523,870	202
15	90,134,695	318	368,327	122	55,076,719	636	1,092,283	303	16,128,022	197
16	90,456,094	319	373,286	124	55,852,325	645	1,107,519	307	15,817,805	193
17	91,383,065	322	378,185	126	56,944,940	657	1,124,539	312	15,759,248	193
18	91,443,421	322	380,281	126	57,373,017	662	1,128,540	313	15,524,604	190
19	91,166,120	321	380,890	126	57,474,335	663	1,136,629	315	15,294,730	187
20	90,827,260	320	380,144	126	57,716,046	666	1,127,580	313	14,929,168	183
21	90,464,031	319	374,397	124	57,874,388	668	1,087,408	301	14,628,110	179
22	90,287,538	318	361,838	120	58,213,362	672	1,077,031	298	14,362,738	176
23	90,148,271	318	355,750	118	58,541,051	676	1,300,986	361	13,825,833	169
24	90,564,785	319	353,022	117	59,294,608	684	1,301,555	361	13,691,677	167

注1 国土交通省統計資料「自動車保有車両数月報（各年12月末現在）」による。原付二種、原付一種
 2 平成18年以降の原付二種、原付一種及び小特（ミニカーを含む）は総務省資料（各年4月1日現
 3 軽自動車は、自家用、事業用の区別ができないため、一括して自家用欄に計上した。
 4 指数は、昭和45年を100としたものである。（単位未満四捨五入）
 5 昭和48年以前は、沖縄県を含まない。

| 自動車 ||||| 二輪車 |||||
| その他
(大型・小型特殊・特種用途車) || 計 || 自動二輪
(小型・軽二輪・原付二種) || 原付
(原付一種) || 計 ||
	指数		指数		指数		指数		指数
1,486,153	75	9,808,394	50	5,020,231	97	3,177,420	85	8,197,651	92
1,628,112	82	11,925,524	61	5,223,630	101	3,254,577	87	8,478,207	95
1,769,239	89	14,401,379	74	5,389,108	104	3,307,744	89	8,696,852	98
1,902,925	96	17,068,016	88	5,341,519	103	3,485,818	94	8,827,337	99
1,982,603	100	19,490,144	100	5,169,392	100	3,727,426	100	8,896,818	100
2,051,081	103	21,745,579	112	4,935,682	95	3,862,188	104	8,797,870	99
2,114,396	107	24,271,376	125	4,596,004	89	4,016,729	108	8,612,733	97
2,296,980	116	26,960,157	138	4,312,228	83	4,245,292	114	8,557,520	96
2,327,274	117	28,716,651	147	4,097,789	79	4,520,123	121	8,617,912	97
2,262,097	114	29,853,566	153	3,924,618	76	4,814,996	129	8,739,614	98
2,412,093	122	31,940,751	164	3,756,752	73	5,188,640	139	8,945,392	101
2,646,096	133	34,068,776	175	3,549,200	69	5,794,866	155	9,344,066	105
2,799,537	141	36,286,398	186	3,384,570	65	6,704,762	180	10,089,332	113
2,924,747	148	38,473,177	197	3,304,400	64	7,673,748	206	10,978,148	123
3,027,082	153	40,166,873	206	3,289,300	64	8,794,335	236	12,083,635	136
3,124,778	158	41,992,345	215	3,313,628	64	9,922,391	266	13,236,019	149
3,188,020	161	43,742,269	224	3,401,409	66	11,342,080	304	14,743,489	166
3,237,835	163	45,358,267	233	3,543,587	69	12,884,509	346	16,428,096	185
3,286,600	166	46,970,890	241	3,665,123	71	13,903,572	373	17,568,695	197
3,352,214	169	48,638,706	250	3,787,320	73	14,609,399	392	18,396,719	207
3,402,260	172	50,469,419	259	3,917,286	76	14,957,923	401	18,875,209	212
3,452,592	174	52,401,814	269	4,076,706	79	14,785,611	397	18,862,317	212
3,524,578	178	54,967,693	282	4,235,327	82	14,421,823	387	18,657,150	210
3,560,631	180	57,592,922	295	4,332,861	84	14,033,811	377	18,366,672	206
3,613,248	182	60,195,336	309	4,378,773	85	13,539,269	363	17,918,042	201
3,666,506	185	62,411,391	320	4,383,834	85	13,048,137	350	17,431,971	196
3,695,317	186	64,140,712	329	4,429,643	86	12,520,835	336	16,950,478	191
3,729,012	188	65,733,026	337	4,472,677	87	11,998,940	322	16,471,617	185
3,763,375	190	67,464,667	346	4,498,820	87	11,521,894	309	16,020,714	180
3,814,261	192	69,290,769	356	4,517,283	87	11,165,390	300	15,682,673	176
3,894,439	196	71,221,801	365	4,490,970	87	10,835,934	291	15,326,904	172
3,970,971	200	72,605,673	373	4,449,843	86	10,487,574	281	14,937,417	168
4,055,482	205	73,402,697	377	4,407,190	85	10,181,449	273	14,588,639	164
4,119,413	208	74,283,881	381	4,398,546	85	9,919,874	266	14,318,420	161
4,150,736	209	75,186,086	386	4,415,504	85	9,643,503	259	14,059,007	158
4,122,139	208	75,902,283	389	4,461,776	86	9,354,554	251	13,816,330	155
4,067,032	205	76,460,018	392	4,509,980	87	9,136,832	245	13,646,812	153
3,999,638	202	76,664,989	393	4,554,669	88	8,915,037	239	13,469,706	151
3,934,309	198	77,085,244	396	4,631,164	90	8,739,686	234	13,370,850	150
3,885,962	196	78,092,874	401	4,723,578	91	8,566,613	230	13,290,191	149
3,874,230	195	78,280,672	402	4,817,524	93	8,345,225	224	13,162,749	148
3,849,565	194	78,136,149	401	4,895,279	95	8,134,692	218	13,029,971	146
3,795,386	191	77,948,324	400	4,976,885	96	7,902,051	212	12,878,936	145
3,764,069	190	77,728,372	399	5,041,650	98	7,694,009	206	12,735,659	143
3,738,561	189	77,753,530	399	5,085,146	98	7,448,862	200	12,534,008	141
3,857,867	195	77,881,487	400	5,112,329	99	7,154,455	192	12,266,784	138
3,855,611	194	78,496,473	403	5,168,853	100	6,899,459	185	12,068,312	136

(ミニカーを含む)及び小特は各年4月1日現在による。
在)による。

3-(2) 車種別自動車走行キロの推移

年度 区分	走行キロ	指数	バス	指数	乗用車	指数
昭和41年	104,746,513	46	3,898,335	72	43,489,704	36
42	132,213,728	58	4,278,356	79	58,100,265	48
43	163,421,042	72	4,707,369	87	76,207,835	63
44	193,602,944	86	5,013,385	93	96,572,290	80
45	226,016,858	100	5,394,083	100	120,582,367	100
46	243,478,952	108	5,378,047	100	137,399,672	114
47	259,593,276	115	5,666,980	105	146,272,038	121
48	276,194,188	122	5,473,747	101	164,010,339	136
49	266,484,708	118	5,318,404	99	161,009,634	134
50	286,345,148	127	5,450,669	101	176,035,354	146
51	309,698,312	137	5,469,302	101	186,082,581	154
52	342,325,595	151	5,722,647	106	205,366,844	170
53	361,261,270	160	5,896,439	109	220,362,502	183
54	381,951,189	169	5,959,711	110	235,007,020	195
55	389,051,711	172	6,045,821	112	241,459,291	200
56	394,657,738	175	6,091,312	113	247,156,485	205
57	403,100,946	178	6,076,693	113	255,967,631	212
58	408,928,139	181	6,163,876	114	259,744,111	215
59	415,742,593	184	6,313,337	117	265,095,892	220
60	428,441,720	190	6,351,738	118	275,556,532	229
61	441,612,821	195	6,454,743	120	285,293,934	237
62	548,834,533	243	6,626,287	123	295,083,745	245
63	575,585,221	255	6,736,993	125	308,629,245	256
平成元年	600,216,914	266	6,961,804	129	328,375,855	272
2	628,581,034	278	7,111,973	132	350,316,534	291
3	657,305,386	291	7,185,231	133	366,288,675	304
4	678,211,408	300	7,068,182	131	380,102,242	315
5	683,753,202	303	6,933,858	129	383,356,180	318
6	694,336,083	307	6,806,980	126	391,598,967	325
7	720,283,281	319	6,767,953	125	407,001,030	338
8	737,763,166	326	6,706,027	124	418,980,169	347
9	744,379,458	329	6,641,053	123	425,987,921	353
10	746,054,332	330	6,520,152	121	427,689,092	355
11	765,056,264	338	6,600,779	122	438,550,491	364
12	775,723,401	343	6,619,057	123	438,203,900	363
13	790,820,473	350	6,762,378	125	448,844,505	372
14	790,828,748	350	6,652,731	123	445,133,997	369
15	793,378,171	351	6,661,535	123	438,730,041	364
16	781,711,422	346	6,665,325	124	429,260,043	356
17	768,878,611	340	6,650,213	123	417,536,546	346
18	762,613,241	337	6,655,014	123	405,388,369	336
19	763,628,848	338	6,726,651	125	398,579,070	331
20	746,869,380	330	6,567,880	122	382,499,327	317
21	746,008,093	330	6,549,406	121	382,739,745	317
22	726,256,358	321	6,422,412	119	372,889,388	309
23	709,835,524	314	6,146,779	114	366,888,870	304

注 1 国土交通省統計資料「自動車輸送統計年報」によるもので、各年度集計である。ただし、平成22年以降の数値は「自動車輸送統計月報」による。
　 2 平成6年度の数値には、平成7年1月～3月の兵庫県の数値を含まない。
　 3 軽自動車については、昭和62年度分から計上された。（乗用車、貨物車の外数）
　 4 指数は昭和45年を100としたものである。ただし、軽自動車は昭和62年を100とし

(単位：千km)

貨物車	指数	軽自動車 乗用車	指数	軽自動車 貨物車	指数
57,358,474	57	…	…	…	…
69,835,107	70	…	…	…	…
82,505,938	82	…	…	…	…
92,017,269	92	…	…	…	…
100,040,408	100	…	…	…	…
100,701,233	101	…	…	…	…
107,654,258	108	…	…	…	…
106,710,102	107	…	…	…	…
100,156,670	100	…	…	…	…
104,859,125	105	…	…	…	…
118,146,429	118	…	…	…	…
131,236,077	131	…	…	…	…
135,002,329	135	…	…	…	…
140,984,458	141	…	…	…	…
141,546,599	141	…	…	…	…
141,409,941	141	…	…	…	…
141,056,622	141	…	…	…	…
143,020,152	143	…	…	…	…
144,333,364	144	…	…	…	…
146,533,450	146	…	…	…	…
149,864,144	150	…	…	…	…
156,147,759	156	12,978,087	100	77,998,655	100
162,922,548	163	12,866,965	99	84,429,470	108
165,849,122	166	12,997,772	100	86,032,361	110
170,535,985	170	15,280,783	118	85,335,759	109
177,635,617	178	20,726,145	160	85,469,718	110
179,104,668	179	25,627,236	197	86,309,080	111
178,210,267	178	29,673,538	229	85,579,359	110
177,725,843	178	33,946,379	262	84,257,914	108
182,594,034	183	39,386,280	303	84,533,984	108
184,496,400	184	45,143,031	348	82,437,539	106
182,470,151	182	49,610,868	382	79,669,465	102
179,741,538	180	54,861,720	423	77,241,830	99
181,134,933	181	62,981,556	485	75,788,505	97
185,932,105	186	70,054,549	540	74,913,790	96
184,211,444	184	77,577,185	598	73,424,961	94
182,608,651	183	84,073,623	648	72,359,746	93
183,377,193	183	90,986,479	701	73,622,923	94
174,410,681	174	97,058,459	748	74,316,914	95
168,302,258	168	102,600,945	791	73,788,649	95
168,439,999	168	108,720,688	838	73,409,171	94
168,499,873	168	116,441,649	897	73,381,605	94
163,163,119	163	121,326,604	935	73,312,450	94
155,751,713	156	128,585,283	991	72,381,946	93
141,351,865	141	132,549,528	1,021	73,043,165	94
126,043,713	126	137,626,435	1,060	73,129,727	94

た。

4-(1) 道路実延長の推移

年	総実延長(km)	指数	内 高速国道(km)	指数	改良道路(km)	指数	歩道延長(km)	指数
昭和41年	988,963	97	189	30	141,971	78	…	…
42	996,818	98	189	30	149,742	82	…	…
43	995,132	98	207	32	161,784	89	…	…
44	1,005,409	99	595	93	173,821	95	…	…
45	1,014,589	100	638	100	182,681	100	…	…
46	1,023,585	101	649	102	198,387	109	17,005	100
47	1,037,605	102	710	111	216,785	119	21,439	126
48	1,049,364	103	868	136	235,940	129	26,288	155
49	1,058,862	104	1,214	190	253,372	139	29,540	174
50	1,067,547	105	1,519	238	270,334	148	33,750	198
51	1,079,208	106	1,888	296	284,596	156	38,921	229
52	1,088,252	107	2,022	317	299,014	164	42,960	253
53	1,097,248	108	2,195	344	314,799	172	47,395	279
54	1,106,138	109	2,430	381	329,978	181	52,032	306
55	1,113,387	110	2,579	404	345,936	189	57,820	340
56	1,118,008	110	2,860	448	360,898	198	62,490	367
57	1,123,030	111	3,010	472	378,044	207	66,920	394
58	1,123,283	111	3,232	507	396,019	217	71,789	422
59	1,125,217	111	3,435	538	413,001	226	76,505	450
60	1,127,505	111	3,555	557	429,333	235	80,572	474
61	1,127,405	111	3,721	583	446,581	244	85,005	500
62	1,098,931	108	3,910	613	496,868	272	91,137	536
63	1,104,282	109	4,280	671	512,437	281	95,931	564
平成元年	1,109,981	109	4,407	691	526,095	288	100,247	590
2	1,114,697	110	4,661	731	540,209	296	104,486	614
3	1,120,461	110	4,869	763	553,266	303	108,237	637
4	1,124,844	111	5,054	792	565,593	310	111,974	658
5	1,130,892	111	5,410	848	578,443	317	116,083	683
6	1,136,346	112	5,568	873	591,211	324	120,093	706
7	1,142,308	113	5,677	890	602,807	330	124,202	730
8	1,147,532	113	5,932	930	614,226	336	128,012	753
9	1,152,207	114	6,114	958	625,033	342	131,808	775
10	1,156,371	114	6,402	1,003	635,064	348	135,556	797
11	1,161,894	115	6,455	1,012	646,162	354	139,015	817
12	1,166,340	115	6,617	1,037	654,821	358	142,168	836
13	1,171,647	115	6,851	1,074	665,322	364	145,649	857
14	1,177,278	116	6,915	1,084	676,481	370	148,924	876
15	1,182,593	117	7,196	1,128	685,932	375	152,175	895
16	1,187,638	117	7,296	1,144	695,251	381	155,786	916
17	1,192,972	118	7,383	1,157	688,913	377	158,246	931
18	1,197,008	118	7,392	1,159	696,155	381	160,536	944
19	1,200,890	118	7,431	1,165	703,712	385	163,141	959
20	1,203,777	119	7,560	1,185	710,636	389	165,443	973
21	1,207,867	119	7,642	1,198	718,460	393	167,264	984
22	1,210,251	119	7,803	1,223	724,504	397	169,198	995
23	1,212,664	120	7,920	1,241	730,482	400	170,945	1,005

注1 国土交通省統計資料「道路統計年報（各年4月1日現在、なお、昭和49年以前は3月31日現在）」による。
 2 指数は、昭和45年を100としたものである。ただし、歩道延長は昭和46年を100とした。

4 －(2) 自転車道の整備状況の推移

(単位：km)

年度	自転車道	自転車歩行者道	自転車歩行者専用道路	計
昭和46年				1,197
47				3,297
48				4,967
49				7,609
50				10,558
51				14,800
52				17,385
53				19,730
54				26,121
55				29,612
56				31,824
57				35,794
58				39,115
59				42,103
60	1,179	41,457	2,321	44,957
61				48,981
62				53,900
63				58,449
平成元年				62,342
2	1,530	60,959	3,192	65,681
3				70,761
4				75,401
5				79,766
6				84,532
7	1,924	83,567	3,741	89,231
8				94,919
9				99,313
10				103,567
11				107,950
12	1,665	100,729	4,780	107,174
13	1,588	96,009	4,842	102,439
14	1,629	98,610	5,031	105,270
15	1,622	99,102	5,071	105,795
16	1,666	100,653	5,177	107,495
17	1,680	102,247	5,281	109,209
18	1,743	102,932	5,314	109,989
19	1,745	103,487	5,448	110,680
20	1,747	104,618	5,481	111,847
21	1,766	105,788	5,526	113,080

注) 1. 各年4月1日の現況
　　2. 延長は延べ延長
　　3. 自転車歩行者専用道路とは、自転車専用道路及び自転車歩行者専用道路
　　4. 平成12、13年は管理台帳の見直しによる数値の適正化のため減少
出典：国土交通省統計資料

4－(3) 道路事業費の推移（一般道路事業費及び都市計画街路事業費の合計）

平成24年4月1日現在

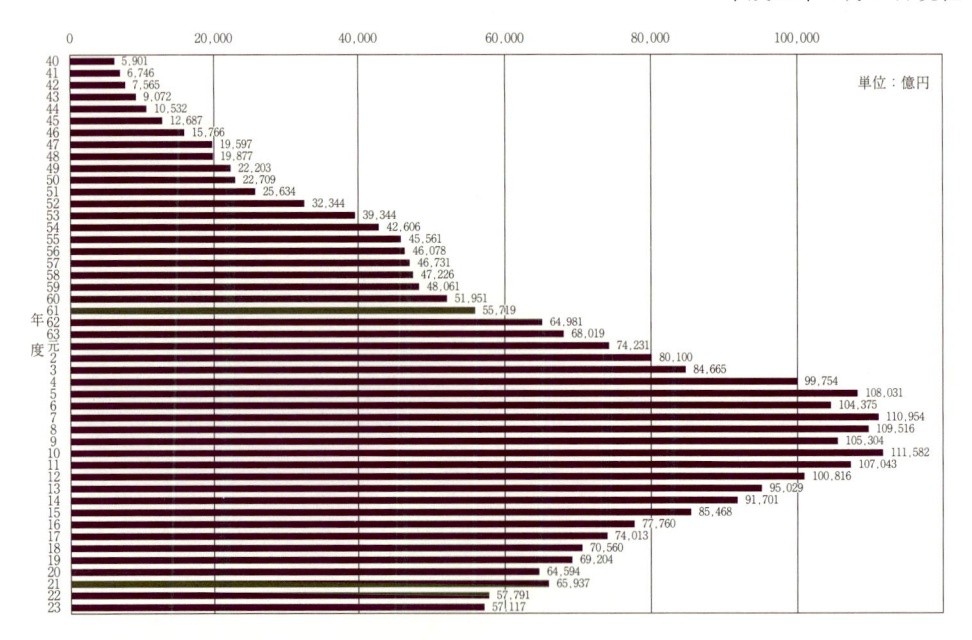

単位：億円

年度	金額
40	5,901
41	6,746
42	7,565
43	9,072
44	10,532
45	12,687
46	15,766
47	19,597
48	19,877
49	22,203
50	22,709
51	25,634
52	32,344
53	39,344
54	42,606
55	45,561
56	46,078
57	46,731
58	47,226
59	48,061
60	51,951
61	55,719
62	64,981
63	68,019
元	74,231
2	80,100
3	84,665
4	99,754
5	108,031
6	104,375
7	110,954
8	109,516
9	105,304
10	111,582
11	107,043
12	100,816
13	95,029
14	91,701
15	85,468
16	77,760
17	74,013
18	70,560
19	69,204
20	64,594
21	65,937
22	57,791
23	57,117

出典：「国土交通省道路統計年報2013」

5-(1) 東京の交通渋滞発生状況（警視庁調べ）

～平日における調査区間100km当たりの平均渋滞延べ延長～

単位：km

年次	一般道路	首都高
平成7年	12.4	20.3
8	12.9	20.8
9	14.7	20.8
10	14.9	18.9
11	14.7	19.4
12	13.4	22.9
13	12.8	20.4
14	12.1	19.6
15	11.3	19.8
16	10.4	21.2
17	9.7	21.5
18	8.8	21.6
19	8.1	20.2
20	7.0	15.1
21	6.4	13.8

○期間
　1月4日から12月28日（土、日曜、祝日を除く。）
○時間
　午前7時から午後7時
○基準
　一般道路は走行速度が20キロ未満
　高速道路は、走行速度が40キロ未満
○調査区間
　一般道路　平成7～12年　　　2,100km
　　　　　　　13～16年　　　　2,300km
　　　　　　　17年　　　　　　2,372km
　　　　　　　18～21年　　　　2,406km
　首都高　　平成7～11年　　　403km
　　　　　　　12～16年　　　　363km
　　　　　　　17～21年　　　　377km

一般道路　1日平均

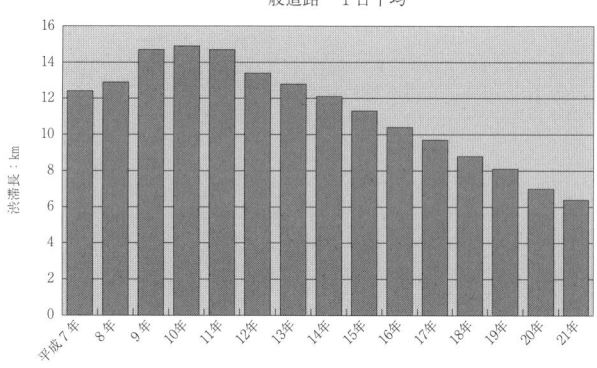

首都高　1日平均

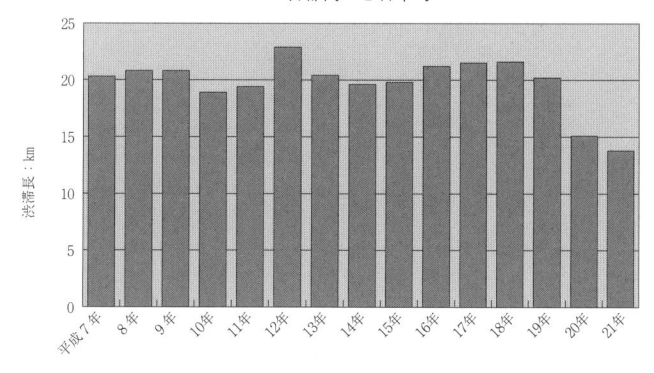

5-(2) 大阪の交通渋滞発生状況（大阪府警調べ）

～情報収集地点における1日平均の総渋滞発生時間～

単位：時間

年次	一般道路	高速道路	全体
昭和58年	289	40	329
59	324	44	368
60	340	52	392
61	367	58	425
62	377	63	440
63	418	78	496
平成元年	437	94	531
2	341	107	448
3	323	102	425
4	291	88	379
5	314	100	414
6	311	100	411
7	324	94	418
8	347	101	448
9	320	96	416
10	303	83	386
11	268	70	338
12	243	68	311
13	249	61	310
14	252	61	313
15	272	66	338
16	247	60	307
17	213	58	271
18	196	61	257
19	157	57	214
20	122	45	167
21	122	39	161

○基準
　走行速度が20km毎時未満で、渋滞長が500メートル以上
○情報収集地点数
　昭和58～59年　187　　平成元年　　199
　　　60年　　　189　　　2～4年　　213
　　　61年　　　195　　　5～7年　　214
　　　62～63年　196　　　8～21年　 220
○1日当たりの総時間を計上。情報収集地点数の増加による数値の補正は行っていない。

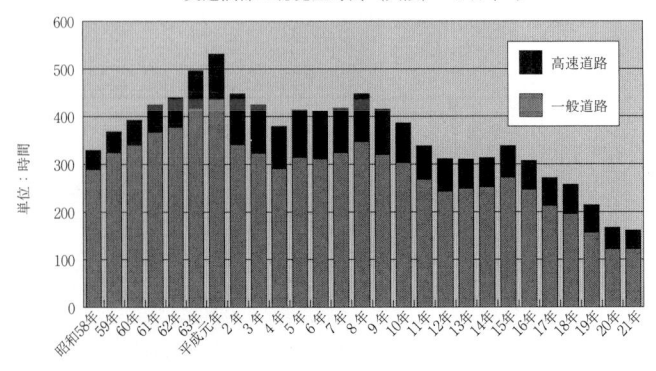

交通渋滞の総発生時間（大阪）　1日平均

6　東京、大阪の瞬間路上駐車台数の推移

警視庁、大阪府警による実態調査

単位：台

	東京都 （総数）	東京23区 総数	東京23区 うち違法駐車	大阪府 （総数）	大阪市 総数	大阪市 うち違法駐車
平成元年	212,001	184,580	160,152	378,679	216,468	187,432
2	231,335	200,156	176,540	366,990	204,029	174,881
3	214,858	184,051	160,846	351,650	191,294	164,416
4	187,353	161,545	135,195	323,283	175,225	151,269
5	173,225	150,091	119,699	293,667	164,416	143,449
6	165,153	143,671	114,548	283,439	159,423	141,008
7	159,952	137,653	107,785	273,900	157,598	135,474
8	155,136	134,467	108,955	252,809	147,286	123,193
9	153,553	131,844	104,553	236,105	142,098	120,982
10	148,357	127,685	102,063	223,647	135,402	113,056
11	121,085	105,860	86,309	211,073	128,210	108,523
12	142,102	124,123	96,146	198,268	119,657	103,342
13	149,777	130,592	101,577	191,032	115,657	99,260
14	151,663	133,439	100,272	181,004	108,010	91,537
15	144,666	128,303	99,214	184,116	108,804	92,551
16	139,277	122,304	93,169	182,971	108,241	92,181
17	119,012	105,388	86,109	177,033	105,369	89,898
18	93,690	81,175	68,656	157,385	91,747	78,080
19	81,021	66,826	56,259	73,787	36,736	26,376
20	75,212	60,161	48,775	58,324	27,331	18,564
21	69,447	56,867	45,003	46,439	19,809	11,005
22	69,408	58,277	48,480	39,875	16,801	9,828
23	74,094	58,065	48,181	35,226	15,276	8,085
24	74,081	58,465	48,497	31,037	12,555	6,126

7 交通安全施設等整備状況の推移

安全施設等			年度	昭和47年度	48年度	49年度	50年度	51年度	52年度	53年度
交通管制センター			(都市)	14	21	24	31	34	39	45
信号機	系統制御	集中制御 ※1	(基)	2,582	5,157	7,129	8,823	10,851	12,336	16,952
		路線自動化	(基)	3,328	4,529	5,014	5,465	5,760	6,229	6,732
		プログラム多段系統他	(基)	6,425	6,539	6,936	7,242	7,933	7,456	7,571
		押ボタン系統	(基)	455	487	422	473	444	607	679
		計	(基)	10,208	11,555	12,372	13,180	14,137	14,292	14,982
	単独制御	全感応式	(基)	752	889	967	1,023	1,135	1,186	1,197
		半感応式	(基)	1,362	1,723	2,012	2,216	2,678	3,156	3,746
		バス感知式	(基)	–	–	–	–	94	130	145
		列車感知式 ※2	(基)	205	228	241	227	255	264	282
		定周期(プログラム多段他)※3	(基)	28,698	35,303	42,474	48,491	54,121	59,483	64,857
		押ボタン式	(基)	6,970	8,430	9,725	11,703	13,231	14,928	16,656
		一灯点滅式他	(基)	257	251	211	186	214	212	198
		計	(基)	38,244	46,824	55,630	63,846	71,728	79,359	87,081
	合計		(基)	51,034	63,536	75,131	85,849	96,716	105,987	119,015
灯器	車両用 (内LED式)		(灯)(灯)	32,683 / –	41,340 / –	46,116 / –	57,172 / –	122,709 / –	74,310 / –	85,137 / –
	歩行者用 (内LED式)		(灯)(灯)	51,758 / –	72,294 / –	87,852 / –	106,079 / –	65,133 / –	141,949 / –	168,833 / –
道路標識	可変標識		(面)	1,664	3,478	4,463	6,413	7,599	8,481	9,706
	固定標識	大型 ※4	(枚)	100,009	137,523	168,119	186,788	192,443	216,535	241,612
		路側式	(枚)	2,629,261	3,355,140	4,079,922	4,711,804	5,378,753	5,984,540	6,580,895
		計	(枚)	2,729,270	3,492,663	4,248,041	4,898,592	5,571,196	6,201,075	6,822,507
道路標示	横断歩道		(本)	233,011	280,350	335,123	342,842	379,604	420,889	463,984
	実線標示		(km)	24,013	30,864	38,695	47,020	55,170	66,354	76,254
	図示標示		(箇)	601,106	874,179	1,090,882	1,272,576	1,391,491	1,653,995	1,955,107

注) ※1 プログラム多段系統には、多段系統及び一段系統の基数を含む。
※2 列車感知式には、踏切単独と近接交差点設置がある。
※3 定周期には、プログラム多段、多段及び一般がある。
※4 昭和62年以前の路上式固定標識は、大型に計上した。

2年度	3年度	4年度	5年度	6年度	7年度	8年度	9年度	10年度	11年度	12年度
74	74	74	75	75	75	75	75	75	75	75
43,019	44,375	46,050	47,862	49,232	50,556	51,861	53,592	55,023	56,502	57,908
4,682	4,682	4,650	4,646	4,590	4,585	4,535	4,473	4,440	4,155	4,023
14,355	15,219	15,880	16,521	16,915	17,340	17,481	18,258	19,288	19,877	20,218
801	981	1,016	1,159	1,203	1,213	1,435	1,376	948	935	963
19,838	20,882	21,546	22,326	22,708	23,138	23,451	24,107	24,676	24,967	25,204
984	984	984	978	981	959	970	953	909	895	867
7,788	8,179	8,684	9,439	9,875	10,110	10,471	10,731	10,960	11,243	11,535
101	184	177	169	169	165	163	159	156	156	154
162	193	180	192	182	180	173	174	175	174	177
41,200	42,177	42,943	42,979	44,127	45,282	46,234	47,033	47,749	48,304	48,802
20,713	21,000	21,527	22,187	22,600	23,083	23,859	24,097	24,680	25,204	25,696
1,829	2,280	2,867	3,350	3,859	4,319	4,709	5,037	5,286	5,541	5,670
72,777	74,997	77,362	79,294	81,793	84,098	86,579	88,184	89,915	91,517	92,901
135,634	140,254	144,958	149,482	153,733	157,792	161,891	165,883	169,614	172,986	176,013
720,725 / –	767,036 / –	796,938 / –	821,912 / –	853,245 / –	885,383 / –	896,067 / –	920,003 / –	961,950 / –	979,502 / –	1,001,623 / –
524,122 / –	554,258 / –	577,288 / –	598,252 / –	610,856 / –	634,959 / –	666,777 / –	693,205 / –	720,660 / –	744,649 / –	764,976 / –
24,109	23,622	23,763	24,074	23,831	23,259	26,827	30,611	28,704	29,936	30,186
500,347	518,472	522,531	546,542	560,266	582,255	603,744	608,768	621,326	622,062	617,279
10,020,616	10,126,967	10,130,843	10,201,151	10,162,820	10,379,062	10,358,151	10,373,197	10,326,395	11,002,134	10,183,538
10,520,963	10,645,439	10,653,374	10,747,693	10,723,086	10,961,317	10,961,895	10,981,965	10,947,721	11,624,196	10,800,817
801,464	819,628	840,603	857,386	875,530	890,722	907,424	923,840	939,255	952,344	967,355
116,248	116,920	116,613	117,217	128,311	115,898	122,522	125,380	126,449	125,914	125,838
3,913,961	4,228,870	4,065,462	4,075,327	4,091,985	3,995,149	3,831,461	3,919,961	3,989,001	4,043,239	3,945,511

54年度	55年度	56年度	57年度	58年度	59年度	60年度	61年度	62年度	63年度	平成元年度
50	60	65	67	70	72	74	74	74	74	74
18,101	22,838	25,306	27,369	29,272	31,162	32,585	34,510	36,444	38,298	40,549
7,041	5,556	5,688	5,813	5,767	5,605	5,576	5,247	5,257	5,298	4,939
8,494	9,183	10,670	11,600	11,723	12,253	12,814	13,044	13,328	13,886	13,692
664	520	782	1,137	1,160	1,239	1,164	1,208	1,232	1,218	1,006
16,199	15,259	17,140	18,550	18,650	19,097	19,554	19,499	19,817	20,402	19,637
1,226	1,258	1,204	1,196	1,145	1,137	1,120	1,039	1,017	983	996
4,133	4,782	5,113	5,517	5,949	6,190	6,640	6,439	6,565	6,881	7,427
161	190	243	247	226	235	238	199	187	105	107
297	275	274	263	251	237	228	191	175	164	164
69,502	74,480	78,615	81,378	84,099	86,179	87,716	39,811	39,479	39,934	40,613
18,552	19,941	20,240	211,251	21,863	22,344	23,113	19,471	19,560	19,597	20,213
185	174	394	143	189	294	465	645	1,359	1,646	1,923
94,056	101,100	106,083	299,995	113,722	116,616	119,520	67,795	68,342	69,310	71,443
128,356	139,197	148,529	345,914	161,644	166,875	171,659	121,804	124,603	128,010	131,629
102,274	111,600	127,597	135,634	141,945	150,702	157,251	626,721	659,054	676,793	701,905
−	−	−	−	−	−	−	−	−	−	−
194,946	224,140	256,819	278,074	299,304	314,153	326,291	458,702	473,195	501,660	509,976
10,721	12,253	14,873	17,572	20,397	21,870	23,089	23,409	24,408	23,464	24,370
260,742	286,028	355,928	398,078	397,410	407,790	420,640	437,045	451,714	467,863	482,186
6,987,802	7,615,375	8,566,377	8,804,620	9,145,604	9,376,578	9,705,165	9,748,697	9,927,167	9,895,840	9,945,721
7,248,544	7,901,403	8,922,305	9,202,698	9,543,014	9,784,368	10,125,805	10,185,742	10,378,881	10,363,703	10,427,907
512,432	573,539	616,487	646,019	672,804	698,991	719,548	721,966	745,351	766,289	782,918
84,411	93,578	99,583	104,961	106,902	110,499	110,465	107,184	108,939	115,351	115,374
2,250,131	2,550,415	2,726,428	2,969,168	2,998,924	3,153,459	3,238,374	3,341,629	3,416,607	3,755,170	3,823,129

(各年度末)

13年度	14年度	15年度	16年度	17年度	18年度	19年度	20年度	21年度	22年度	23年度
75	75	75	75	75	75	75	75	75	75	75
59,174	60,871	61,935	64,055	66,037	67,231	68,785	70,371	71,375	72,211	72,900
3,830	3,619	3,489	2,824	2,293	2,225	1,957	1,141	754	481	211
20,904	21,389	21,909	22,108	22,653	23,233	23,700	23,676	23,965	23,382	23,710
941	941	901	932	1,106	1,131	1,187	1,193	1,181	1,168	1,170
25,648	25,949	26,299	25,864	26,052	26,589	26,844	26,010	25,900	25,031	25,091
827	813	800	786	802	771	749	745	737	739	774
12,018	12,487	12,620	12,804	13,032	13,149	13,321	13,996	14,087	14,533	14,592
153	149	139	130	127	123	121	121	121	116	28
185	183	190	195	183	179	180	185	180	184	179
49,183	51,032	51,433	51,474	51,087	50,921	50,769	50,984	51,707	52,059	52,838
26,092	27,482	27,897	28,070	28,200	28,599	28,774	29,135	29,565	30,599	30,678
5,781	6,007	6,080	6,181	6,250	6,295	6,354	6,409	6,412	6,406	6,409
94,239	98,153	99,159	99,640	99,681	100,037	100,268	101,575	102,809	104,636	105,498
179,061	184,973	187,393	189,559	191,770	193,857	195,897	197,956	200,084	201,878	203,489
1,019,420	1,057,940	1,082,980	1,109,483	1,125,659	1,146,167	1,169,963	1,189,368	1,208,241	1,222,359	1,241,059
−	−	(61,634)	(103,247)	(144,013)	(180,265)	(217,764)	(275,265)	(338,422)	(390,561)	(458447)
771,651	812,943	834,178	850,274	869,188	884,349	899,928	912,899	928,546	942,541	954,542
		(15,014)	(29,582)	(46,461)	(64,445)	(88,129)	(126,541)	(177,129)	(214,243)	(279,166)
29,152	28,583	28,236	27,078	27,526	23,353	22,667	21,912	20,490	19,816	17,039
615,787	622,328	649,683	630,888	642,270	628,255	623,709	624,671	624,276	614,753	617,593
9,915,947	9,767,724	9,849,332	9,533,123	9,422,368	9,297,292	9,346,943	9,420,018	9,366,820	9,416,920	9,282,355
10,531,734	10,390,052	10,499,015	10,164,011	10,064,638	9,925,547	9,970,652	10,044,689	9,991,096	10,031,673	9,899,948
981,599	1,010,924	1,033,769	1,043,062	1,054,219	1,064,369	1,080,358	1,092,226	1,100,886	1,110,888	1,118,335
135,767	125,436	125,502	126,745	131,141	127,660	128,169	128,375	123,411	124,129	124,284
4,063,430	4,221,541	4,298,653	4,467,654	4,506,671	4,531,593	4,571,460	4,609,045	4,607,652	4,637,370	4,486,284

8-(1) 道路交通法違反等検挙（告知・送致）件数の推移

区分 年別	道路交通法違反 車両等 件数	指数	道路交通法違反 その他 件数	指数	その他交通関係法令違反 件数	指数	合計 件数	指数
昭和25年	384,562	5	21,213	114	8,918	29	414,693	5
26	450,361	5	20,872	112	8,526	28	479,759	6
27	442,279	5	12,879	69	6,951	23	462,109	5
28	862,535	10	19,740	106	8,081	26	890,356	10
29	1,351,929	16	28,148	151	8,716	28	1,388,793	16
30	1,619,224	19	33,407	179	10,778	35	1,663,409	20
31	1,732,318	20	38,252	205	11,191	36	1,781,761	21
32	2,069,680	24	38,728	208	9,499	31	2,117,907	25
33	2,052,442	24	37,896	203	10,657	35	2,100,995	25
34	2,102,886	25	24,702	133	9,755	32	2,137,343	25
35	2,755,818	33	40,786	219	17,106	55	2,813,710	33
36	3,241,122	38	36,053	193	22,766	74	3,299,941	39
37	4,404,257	52	34,894	187	13,068	42	4,452,219	52
38	4,229,808	50	24,776	133	38,795	126	4,293,379	50
39	4,651,301	55	21,604	116	35,484	115	4,708,389	55
40	5,066,230	60	19,454	104	35,801	116	5,121,485	60
41	4,619,644	55	17,230	92	42,241	137	4,679,115	55
42	4,704,572	56	19,477	105	59,556	193	4,783,605	56
43	3,964,929	47	19,677	106	61,706	200	4,046,312	47
44	4,135,109	49	18,762	101	50,658	164	4,204,529	49
45	5,309,424	63	37,700	202	43,074	140	5,390,198	63
46	6,690,875	79	30,887	166	80,605	261	6,802,367	80
47	7,224,302	85	26,353	141	70,041	227	7,320,696	86
48	8,069,481	95	22,331	120	64,628	210	8,156,440	96
49	8,833,472	104	15,020	81	98,255	319	8,946,747	105
50	10,158,709	120	20,189	108	89,560	290	10,268,458	120
51	11,836,250	140	20,790	112	98,767	320	11,955,807	140
52	12,470,100	147	25,276	136	92,746	301	12,588,122	148
53	12,119,233	143	27,555	148	83,724	272	12,230,512	143
54	10,910,767	129	23,840	128	83,331	270	11,017,938	129
55	11,642,059	137	23,474	126	75,654	245	11,741,187	138
56	11,687,758	138	23,482	126	85,681	278	11,796,921	138
57	12,307,752	145	24,457	131	89,035	289	12,421,244	146
58	13,154,814	155	20,733	111	90,264	293	13,265,811	156
59	13,735,091	162	26,085	140	95,031	308	13,856,207	163
60	13,684,112	161	25,537	137	109,166	354	13,818,815	162
61	13,188,225	156	23,344	125	94,551	307	13,306,120	156
62	12,725,577	150	21,322	114	52,196	169	12,799,095	150
63	10,954,897	129	20,001	107	29,137	95	11,004,035	129
平成元年	8,474,055	100	18,637	100	30,831	100	8,523,523	100
2	9,040,369	107	26,178	140	37,371	121	9,103,918	107
3	9,264,940	109	25,303	136	64,378	209	9,354,621	110
4	8,846,233	104	24,890	134	75,447	245	8,946,570	105
5	8,600,922	101	30,100	162	63,999	208	8,695,021	102
6	8,653,881	102	24,923	134	61,441	199	8,740,245	103
7	8,362,972	99	19,177	103	50,623	164	8,432,772	99
8	8,666,385	102	14,875	80	49,202	160	8,730,462	102
9	8,956,413	106	14,231	76	47,646	155	9,018,290	106
10	9,000,102	106	12,523	67	42,859	139	9,055,484	106
11	8,953,560	106	10,741	58	44,691	145	9,008,992	106
12	7,882,785	93	8,503	46	33,817	110	7,925,105	93
13	7,774,398	92	7,393	40	32,360	105	7,814,151	92
14	7,791,587	92	5,679	30	30,454	99	7,827,720	92
15	8,106,728	96	5,496	29	25,843	84	8,138,067	95
16	8,505,919	100	4,934	26	24,805	80	8,535,658	100
17	8,939,678	105	3,913	21	23,958	78	8,967,549	105
18	8,573,609	101	4,442	24	20,815	68	8,598,866	101
19	8,480,056	100	5,346	29	18,595	60	8,503,997	100
20	8,175,691	96	5,231	28	16,773	54	8,197,695	96
21	8,345,760	98	4,829	26	16,504	54	8,367,093	98
22	8,040,944	95	5,671	30	16,077	52	8,062,692	95
23	7,844,013	93	6,754	36	14,031	46	7,864,798	92
24	7,804,828	92	8,003	43	13,661	44	7,826,492	92

注 1　車両等の件数は、重被けん引車以外の軽車両を除いた告知・送致件数である。
　 2　指数は、平成元年を100としたものである。
　 3　昭和43年以降の車両等の件数は、告知、送致件数である。

8－(2) 道路交通法違反取締り総件数の推移

区分 年別	告知・送致 件数	指数	点数告知 件数	指数	放置違反金納付命令件数 件数	指数	合計 件数	指数
昭和25年	384,562	5						
26	450,361	5						
27	442,279	5						
28	862,535	10						
29	1,351,929	16						
30	1,619,224	19						
31	1,732,318	20						
32	2,069,680	24						
33	2,052,442	24						
34	2,102,886	25						
35	2,755,818	33						
36	3,241,122	38						
37	4,404,257	52						
38	4,229,808	50						
39	4,651,301	55						
40	5,066,230	60						
41	4,619,644	55						
42	4,704,572	56						
43	3,964,929	47						
44	4,135,109	49						
45	5,309,424	63						
46	6,690,875	79						
47	7,224,302	85						
48	8,069,481	95						
49	8,833,472	104						
50	10,158,709	120	－	－			－	－
51	11,836,250	140	－	－			－	－
52	12,470,100	147	－	－			－	－
53	12,119,233	143	102,256	13			12,221,489	132
54	10,910,767	129	71,852	9			10,982,619	119
55	11,642,059	137	56,293	7			11,698,352	126
56	11,687,758	138	48,032	6			11,735,790	127
57	12,307,752	145	39,936	5			12,347,688	133
58	13,154,814	155	32,282	4			13,187,096	142
59	13,735,091	162	26,835	3			13,761,926	149
60	13,684,112	161	72,830	9			13,756,942	149
61	13,188,225	156	728,051	93			13,916,276	150
62	12,725,577	150	1,110,539	142			13,836,116	149
63	10,954,897	129	1,002,965	128			11,957,862	129
平成元年	8,474,055	100	783,139	100			9,257,194	100
2	9,040,369	107	1,245,496	159			10,285,865	111
3	9,264,940	109	1,628,391	208			10,893,331	118
4	8,846,233	104	2,437,346	311			11,283,579	122
5	8,600,922	101	3,391,677	433			11,992,599	130
6	8,653,881	102	4,312,442	551			12,966,323	140
7	8,362,972	99	4,357,818	556			12,720,790	137
8	8,666,385	102	4,114,141	525			12,780,526	138
9	8,956,413	106	3,867,604	494			12,824,017	139
10	9,000,102	106	3,949,921	504			12,950,023	140
11	8,953,560	106	3,793,590	484			12,747,150	138
12	7,882,785	93	3,355,819	429			11,238,604	121
13	7,774,398	92	3,389,200	433			11,163,598	121
14	7,791,587	92	3,313,148	423			11,104,735	120
15	8,106,728	96	3,302,878	422			11,409,606	123
16	8,505,919	100	3,426,919	438			11,932,838	129
17	8,939,678	105	3,293,760	421			12,233,438	132
18	8,573,609	101	3,186,151	407	931,354	100	12,691,114	137
19	8,480,056	100	2,899,496	370	2,353,830	253	13,733,382	148
20	8,175,691	96	2,488,001	318	2,251,254	242	12,914,946	140
21	8,345,760	98	2,286,464	292	2,032,626	218	12,664,850	137
22	8,040,944	95	2,173,483	278	1,621,502	174	11,835,929	128
23	7,844,013	93	2,068,021	264	1,618,096	174	11,530,130	125
24	7,804,828	92	1,931,176	247	1,508,564	162	11,244,568	121

注1　車両等（重被けん引車以外の軽車両を除く。）の運転者による違反件数である。
　2　点数告知制度は、昭和50年に導入されたが、昭和50年から昭和52年までの統計はない。
　3　指数は、平成元年を100としたものである。ただし、放置違反金納付命令件数の指数にあっては平成18年を100としたものである。

8 −(3) 自動車運転過失致死傷等検挙件数等の推移

区分 年別	自動車運転過失(業過)致死 検挙件数	検挙人員総数	うち少年	自動車運転過失(業過)傷害 検挙件数	検挙人員総数	うち少年	(重)過失致死 検挙件数	検挙人員総数	うち少年	(重)過失傷害 検挙件数	検挙人員総数	うち少年
昭和45年	15,423	16,187	1,859	635,143	674,251	74,400	140	150	48	1,908	2,032	614
46	14,803	15,265	1,814	614,788	647,408	71,229	108	109	38	1,516	1,545	521
47	14,135	14,598	1,472	579,209	612,085	59,564	116	118	47	1,082	1,117	373
48	13,472	13,948	1,366	523,481	558,316	53,634	115	120	41	1,124	1,207	299
49	10,842	11,202	1,126	449,028	476,682	45,724	83	84	24	1,007	1,095	258
50	9,556	10,002	1,135	428,869	454,932	43,156	104	108	34	919	1,017	267
51	8,852	9,181	1,020	433,787	460,985	42,523	79	88	26	898	1,103	271
52	7,942	8,240	937	427,732	449,743	42,159	81	87	28	849	1,105	249
53	7,884	8,181	1,029	431,086	452,364	45,010	69	84	25	882	1,167	312
54	7,742	8,045	1,028	440,274	462,875	47,099	92	97	44	939	1,190	282
55	7,724	7,987	1,068	446,635	468,484	48,440	57	59	36	921	1,201	269
56	7,640	7,942	985	454,056	477,212	49,785	57	61	32	855	1,266	305
57	7,867	8,147	1,041	467,916	492,702	51,595	57	60	32	700	1,179	304
58	8,311	8,585	1,033	489,314	514,900	54,429	44	50	26	823	1,304	316
59	7,985	8,269	979	482,680	504,974	51,394	86	97	33	879	1,406	306
60	7,820	8,114	897	505,041	528,603	52,702	57	76	35	829	1,326	322
61	7,826	8,059	912	534,133	558,634	55,862	64	72	38	838	1,345	302
62	8,014	8,304	932	545,790	569,538	60,010	49	49	23	810	1,278	253
63	8,527	8,803	1,019	556,648	580,441	60,363	61	71	23	834	1,234	287
平成元年	8,997	9,280	1,043	578,071	610,840	63,702	46	61	37	694	1,021	252
2	9,396	9,831	1,096	570,786	595,530	60,448	62	72	20	687	953	230
3	9,566	9,978	1,089	566,191	591,872	57,806	60	70	25	707	945	207
4	9,102	9,651	988	603,143	627,213	56,764	54	58	28	839	1,123	201
5	8,792	9,154	875	626,562	650,745	52,026	45	48	16	703	803	159
6	8,583	8,932	725	633,042	656,530	45,873	50	54	20	587	677	132
7	8,364	8,668	664	643,923	667,396	43,321	29	29	10	723	834	176
8	7,939	8,221	579	644,586	674,526	38,858	50	52	20	809	892	168
9	7,579	7,931	505	610,175	635,135	36,028	45	46	7	711	775	139
10	7,377	7,677	453	648,163	673,555	36,385	36	36	16	1,145	1,273	266
11	7,178	7,481	418	729,831	755,651	36,812	37	37	8	1,379	1,583	364
12	7,283	7,549	382	803,105	840,561	39,519	36	37	12	2,215	2,346	534
13	6,689	6,899	325	836,981	861,322	39,379	34	38	12	2,205	2,346	502
14	6,751	7,027	365	830,828	862,251	39,294	38	42	14	2,250	2,364	464
15	6,283	6,543	317	847,050	880,728	36,874	70	75	19	2,406	2,529	501
16	6,004	6,333	247	856,128	891,169	37,257	33	47	16	2,404	2,570	505
17	5,463	5,813	256	847,611	882,697	33,933	58	67	16	2,512	2,668	512
18	5,246	5,458	186	817,020	847,516	31,570	32	39	13	3,500	3,715	828
19	4,725	4,918	163	772,924	809,190	27,626	28	28	10	3,936	4,198	943
20	4,371	4,552	165	705,800	732,239	24,561	33	33	13	4,773	5,031	1,084
21	4,067	4,227	129	687,129	708,955	22,897	21	23	7	5,116	5,428	1,203
22	3,869	4,002	92	676,056	696,664	22,290	25	29	10	5,170	5,466	1,169
23	3,815	3,985	128	649,579	670,469	20,316	29	33	16	5,204	5,630	1,260
24	3,665	3,834	165	624,272	643,155	20,283	21	23	8	4,899	5,428	1,212

資料編

検挙件数	小計 検挙人員総数	うち少年	危険運転致死 検挙件数	検挙人員総数	うち少年	危険運転致傷 検挙件数	検挙人員総数	うち少年	小計 検挙件数	検挙人員総数	うち少年	総計 検挙件数	検挙人員総数	うち少年
652,614	692,620	76,921							0	0	0	652,614	692,620	76,921
631,215	664,327	73,602							0	0	0	631,215	664,327	73,602
594,542	627,918	61,456							0	0	0	594,542	627,918	61,456
538,192	573,591	55,340							0	0	0	538,192	573,591	55,340
460,960	489,063	47,132							0	0	0	460,960	489,063	47,132
439,448	466,059	44,592							0	0	0	439,448	466,059	44,592
443,616	471,357	43,840							0	0	0	443,616	471,357	43,840
436,604	459,175	43,373							0	0	0	436,604	459,175	43,373
439,921	461,796	46,376							0	0	0	439,921	461,796	46,376
449,047	472,207	48,453							0	0	0	449,047	472,207	48,453
455,337	477,731	49,813							0	0	0	455,337	477,731	49,813
462,608	486,481	51,107							0	0	0	462,608	486,481	51,107
476,540	502,088	52,972							0	0	0	476,540	502,088	52,972
498,492	524,839	55,804							0	0	0	498,492	524,839	55,804
491,630	514,746	52,712							0	0	0	491,630	514,746	52,712
513,747	538,119	53,956							0	0	0	513,747	538,119	53,956
542,861	568,110	57,114							0	0	0	542,861	568,110	57,114
554,663	579,169	61,218							0	0	0	554,663	579,169	61,218
566,070	590,549	61,692							0	0	0	566,070	590,549	61,692
587,808	621,202	65,034							0	0	0	587,808	621,202	65,034
580,931	606,386	61,794							0	0	0	580,931	606,386	61,794
576,524	602,865	59,127							0	0	0	576,524	602,865	59,127
613,138	638,045	57,981							0	0	0	613,138	638,045	57,981
636,102	660,750	53,076							0	0	0	636,102	660,750	53,076
642,262	666,193	46,750							0	0	0	642,262	666,193	46,750
653,039	676,927	44,171							0	0	0	653,039	676,927	44,171
653,384	683,691	39,625							0	0	0	653,384	683,691	39,625
618,510	643,887	36,679							0	0	0	618,510	643,887	36,679
656,721	682,541	37,120							0	0	0	656,721	682,541	37,120
738,425	764,752	37,602							0	0	0	738,425	764,752	37,602
812,639	850,493	40,447							0	0	0	812,639	850,493	40,447
845,909	870,605	40,218							0	0	0	845,909	870,605	40,218
839,867	871,684	40,137	54	54	15	268	268	13	322	322	28	840,189	872,006	40,165
855,809	889,875	37,711	71	71	7	237	237	23	308	308	30	856,117	890,183	37,741
864,569	900,119	38,025	38	38	5	232	232	8	270	270	13	864,839	900,389	38,038
855,644	891,245	34,717	52	52	6	227	227	15	279	279	21	855,923	891,524	34,738
825,798	856,728	32,597	60	60	4	319	320	15	379	380	19	826,177	857,108	32,616
781,613	818,334	28,742	55	54	6	379	371	31	434	425	37	782,047	818,759	28,779
714,977	741,855	25,823	36	35	10	315	313	48	351	348	58	715,328	742,203	25,881
696,333	718,633	24,236	27	27	2	298	290	45	325	317	47	696,658	718,950	24,283
685,120	706,161	23,561	28	31	10	305	305	44	333	336	54	685,453	706,497	23,615
658,627	680,117	21,720	31	32	5	302	288	52	333	320	57	658,960	680,437	21,777
632,857	652,440	21,668	36	36	4	333	329	33	369	365	37	633,226	652,805	21,705

9　高速道路における交通事故発生状況の推移

年別	合計 件数	合計 人員	死亡 件数	死亡 人員	重傷 件数	重傷 人員	軽傷 件数	軽傷 人員	供用延長キロ
昭和38年	94	178	2	2	13	20	79	156	71.0
39	245	451	18	19	46	65	181	367	181.4
40	301	633	18	22	57	87	226	524	189.7
41	345	735	28	30	74	120	243	585	189.7
42	386	845	17	23	93	122	276	700	200.1
43	743	1,763	40	48	116	175	587	1,540	351.4
44	1,907	4,218	105	121	331	478	1,471	3,619	621.5
45	2,671	6,216	119	148	419	630	2,133	5,438	649.7
46	2,298	4,484	113	135	356	481	1,829	3,868	710.0
47	2,319	4,514	131	151	356	527	1,823	3,836	867.9
48	2,625	5,129	139	162	436	609	2,050	4,358	1,214.2
49	2,212	4,231	113	132	384	544	1,715	3,555	1,453.4
50	2,271	4,269	134	147	363	504	1,774	3,618	1,856.7
51	4,280	7,828	223	261	531	745	3,526	6,822	2,385.5
52	4,025	7,623	191	224	493	682	3,341	6,717	2,909.6
53	4,131	7,593	167	191	502	649	3,462	6,753	2,859.4
54	3,781	7,011	165	192	474	638	3,142	6,181	2,976.0
55	3,623	6,423	155	175	475	613	2,993	5,635	3,293.0
56	3,824	6,917	167	188	500	651	3,157	6,078	3,460.6
57	3,834	6,959	193	227	474	622	3,167	6,110	3,669.3
58	4,349	7,748	217	245	544	707	3,588	6,796	3,937.8
59	4,725	8,585	225	261	580	744	3,920	7,580	4,025.6
60	4,741	8,333	223	250	570	766	3,948	7,317	4,248.0
61	5,129	9,023	215	241	607	765	4,307	8,017	4,423.6
62	5,811	10,224	220	239	618	775	4,973	9,210	4,746.6
63	6,636	11,536	290	335	687	885	5,659	10,316	5,119.8
平成元年	8,337	14,635	386	439	913	1,186	7,038	13,010	5,290.0
2	9,060	15,647	401	459	1,018	1,333	7,641	13,855	5,563.6
3	9,756	16,924	449	522	1,157	1,504	8,150	14,898	5,816.2
4	9,785	16,106	402	449	1,023	1,323	8,360	14,334	6,060.6
5	11,127	18,030	395	451	1,114	1,401	9,618	16,178	6,411.6
6	11,628	18,721	366	402	1,067	1,366	10,195	16,953	6,617.6
7	11,304	18,131	375	416	1,101	1,404	9,828	16,311	6,878.9
8	11,673	18,669	359	413	1,091	1,371	10,223	16,885	7,017.3
9	11,914	18,868	353	397	1,033	1,278	10,528	17,193	7,426.7
10	12,029	19,625	326	366	1,063	1,304	10,640	17,955	7,724.6
11	12,986	21,402	296	323	1,155	1,423	11,535	19,656	7,984.8
12	14,325	23,548	327	367	1,194	1,444	12,804	21,737	8,282.2
13	14,726	24,277	336	389	1,165	1,428	13,225	22,460	8,644.3
14	14,083	23,213	290	338	1,193	1,469	12,600	21,406	8,978.5
15	13,993	23,013	307	352	1,077	1,378	12,609	21,283	9,262.9
16	13,799	22,450	274	331	1,003	1,273	12,522	20,846	9,373.9
17	13,776	22,217	249	285	932	1,120	12,595	20,812	9,533.4
18	13,803	22,269	234	262	860	1,040	12,709	20,967	9,748.4
19	12,675	21,251	222	244	830	1,007	11,623	20,000	9,930.6
20	10,970	18,321	177	196	700	816	10,093	17,309	10,109.7
21	11,114	19,451	162	179	761	893	10,191	18,379	10,294.7
22	12,202	20,918	167	189	762	913	11,273	19,816	10,543.0
23	11,710	20,212	190	216	808	971	10,712	19,025	10,766.1
24	11,299	19,961	196	225	745	921	10,358	18,815	11,185.0

注　供用延長キロは都道府県警察からの報告を基に警察庁が集計したもの。
　　昭和50年以前は高速国道のみ（自動車専用道路は含まず）の計上である。

10-(1) シートベルト着用率の推移

	シートベルト着用率（%）					
	一般道路			高速道路		
	運転席	助手席	後部座席	運転席	助手席	後部座席
平成14年	88.1	75.2	6.7	97.1	90.6	9.3
15	89.4	75.2	6.9	97.4	91.4	11.0
16	90.7	78.5	7.5	97.3	91.3	11.5
17	92.4	80.3	8.1	97.7	92.1	9.8
18	93.8	83.4	7.5	98.2	93.0	12.7
19	95.0	86.3	8.8	98.5	93.5	13.5
20	95.9	89.2	30.8	99.0	96.4	62.5
21	96.6	90.8	33.5	99.2	96.9	63.4
22	97.3	92.2	33.1	99.2	97.0	63.7
23	97.5	92.7	33.2	99.3	97.3	63.5
24	97.7	93.2	33.2	99.5	97.7	65.4

注 警察庁と社団法人日本自動車連盟（JAF）合同による全国調査を実施した結果である（各年10月実施）。

10-(2) 乗車位置別・シートベルト着用有無別・自動車乗車中死者数の推移

乗車位置		年	昭和61年	62年	63年	平成元年	2年
運転中		着用	316	840	852	934	869
		非着用	1,994	1,352	1,672	1,980	2,183
		不明	37	55	78	92	104
		合計	2,347	2,247	2,602	3,006	3,156
同乗中	前席	着用	90	230	218	237	202
		非着用	550	374	485	559	616
		不明	4	11	14	23	29
		小計	644	615	717	819	847
	後席	着用	18	14	14	9	6
		非着用	297	282	362	399	461
		不明	1	15	9	8	14
		小計	316	311	385	413	481
	その他	着用	−	−	−	1	−
		非着用	16	19	15	13	16
		不明	−	−	−	−	1
		小計	16	19	15	14	17
	計	着用	108	244	232	247	208
		非着用	863	675	862	968	1,093
		不明	5	26	23	31	44
		合計	976	945	1,117	1,246	1,345
合計		着用	424	1,084	1,084	1,181	1,077
		非着用	2,857	2,027	2,534	2,948	3,276
		不明	42	81	101	123	148
		総計	3,323	3,192	3,719	4,252	4,501

11年	12年	13年	14年	15年	16年	17年	18年
1,080	1,220	1,134	1,116	1,006	973	989	820
1,785	1,711	1,555	1,433	1,222	1,162	1,035	906
115	127	136	100	112	122	114	90
2,980	3,058	2,825	2,649	2,340	2,257	2,138	1,816
220	228	220	216	208	182	177	207
312	300	318	257	203	172	153	140
18	30	23	12	9	17	14	11
550	558	561	485	420	371	344	358
21	21	25	18	21	34	25	21
292	285	290	278	257	260	214	162
11	15	7	15	8	12	6	9
324	321	322	311	286	306	245	192
−	1	−	−	1	3	−	2
18	17	5	17	9	7	14	10
−		1	1	−	1	−	4
18	18	6	18	10	11	14	16
241	250	245	234	230	219	202	230
622	602	613	552	469	439	381	312
29	45	31	28	17	30	20	24
892	897	889	814	716	688	603	566
1,321	1,470	1,379	1,350	1,236	1,192	1,191	1,050
2,407	2,313	2,168	1,985	1,691	1,601	1,416	1,218
144	172	167	128	129	152	134	114
3,872	3,955	3,714	3,463	3,056	2,945	2,741	2,382

3年	4年	5年	6年	7年	8年	9年	10年
761	807	789	839	935	926	1,056	977
2,476	2,570	2,687	2,372	2,356	2,145	1,946	1,869
91	76	73	65	120	122	171	129
3,328	3,453	3,549	3,276	3,411	3,193	3,173	2,975
193	184	184	210	194	204	266	230
689	660	639	578	522	488	416	382
22	15	18	16	19	20	28	15
904	859	841	804	735	712	710	627
19	11	9	12	7	8	14	18
382	430	417	375	363	353	326	332
9	11	5	5	9	9	18	15
410	452	431	392	379	370	358	365
−	−	−	−	−	1	2	−
31	18	14	12	26	13	8	7
3	1	−	−	−	−	−	−
34	19	14	12	26	14	10	7
212	195	193	222	201	213	282	248
1,102	1,108	1,070	965	911	854	750	721
34	27	23	21	28	29	46	30
1,348	1,330	1,286	1,208	1,140	1,096	1,078	999
973	1,002	982	1,061	1,136	1,139	1,338	1,225
3,578	3,678	3,757	3,337	3,267	2,999	2,696	2,590
125	103	96	86	148	151	217	159
4,676	4,783	4,835	4,484	4,551	4,289	4,251	3,974

19年	20年	21年	22年	23年	24年
776	639	651	639	564	549
731	611	524	552	497	443
59	59	41	37	27	35
1,566	1,309	1,216	1,228	1,088	1,027
146	143	144	127	124	131
102	75	71	67	56	66
9	7	9	2	6	5
257	225	224	196	186	202
26	44	50	58	62	63
168	134	123	128	123	104
6	9	9	7	4	3
200	187	182	193	189	170
−	1	−	2	−	1
7	2	5	6	1	10
−	−	−	−	1	7
7	3	5	8	2	18
172	188	194	187	186	195
277	211	199	201	180	180
15	16	18	9	11	15
464	415	411	397	377	390
948	827	845	826	750	744
1,008	822	723	753	677	623
74	75	59	46	38	50
2,030	1,724	1,627	1,625	1,465	1,417

10-(3) 乗車位置別・チャイルドシート使用有無別・自動車乗車中死者数の推移

乗車位置		平成13年	14年	15年	16年	17年	18年
前席	使 用	4	3	4	2	1	1
	不使用	10	12	9	14	6	7
	不 明	-	1	-	-	-	-
	小 計	14	16	13	16	7	8
後席	使 用	7	6	4	9	6	2
	不使用	21	11	13	15	8	11
	不 明	1	-	1	-	-	-
	小 計	29	17	18	24	14	13
その他	使 用	-	-	-	-	-	-
	不使用	1	2	1	1	-	-
	不 明	-	-	-	-	-	-
	小 計	1	2	1	1	-	-
計	使 用	11	9	8	11	7	3
	不使用	32	25	23	30	14	18
	不 明	1	1	1	-	-	-
	合 計	44	35	32	41	21	21

資料編

19年	20年	21年	22年	23年	24年
3 4 −	2 4 −	1 3 −	− 4 −	3 2 −	1 4 −
7	6	4	4	5	5
6 8 −	2 8 −	6 8 1	5 8 −	3 8 −	4 6 −
14	10	15	13	11	10
− − −	− − −	− − −	− 1 −	− − 1	− 1 −
−	−	−	1	1	1
9 12 −	4 12 −	7 11 1	5 13 −	6 10 1	5 11 −
21	16	19	18	17	16

10-(4) ヘルメット着用有無別死者数の推移

年	着用	非着用	不明	合計
昭和50年	801	917		1,718
51	883	640		1,523
52	808	657		1,465
53	834	669		1,503
54	909	629		1,538
55	909	629		1,538
56	964	795	3	1,762
57	1,203	827		2,030
58	1,387	866	4	2,257
59	1,458	863	1	2,322
60	1,534	806		2,340
61	1,768	536	5	2,309
62	2,145	254	3	2,402
63	2,287	268	4	2,559
平成元年	2,281	283	11	2,575
2	2,143	341	8	2,492
3	1,860	314	12	2,186
4	2,018	300	14	2,332
5	1,752	248	3	2,003
6	1,820	275	7	2,102
7	1,751	228	12	1,991
8	1,556	211	12	1,779
9	1,440	204	18	1,662
10	1,413	199	20	1,632
11	1,299	197	20	1,516
12	1,383	181	11	1,575
13	1,386	167	13	1,566
14	1,357	122	18	1,497
15	1,248	98	7	1,353
16	1,218	86	9	1,313
17	1,120	64		1,184
18	1,045	67	7	1,119
19	969	54	8	1,031
20	928	54	8	990
21	846	31	9	886
22	842	24	5	871
23	815	23	8	846
24	760	22	6	788

11-(1) 安全運転管理者数等の推移

区分 年別	事業所 数	増加率	指数	安全運転管理者 数	増加率	指数	副安全運転管理者 数	増加率	指数	管理下運転者数 数	増加率	指数	管理下自動車台数 数	増加率	指数
昭和41年	16,713	−	−	16,705	−	−	−	−	−	422,352	−	−	373,212	−	−
42	57,382	243.34	100	57,390	243.55	100	−	−	−	1,031,162	144.15	100	735,530	97.08	100
43	82,862	44.40	144	82,891	44.43	144	−	−	−	1,249,380	21.16	121	998,160	35.71	136
44	90,318	9.00	157	90,442	9.11	158	−	−	−	1,340,415	7.29	130	1,073,939	7.59	146
45	98,744	9.33	172	99,033	9.50	173	−	−	−	1,434,086	6.99	139	1,195,915	11.36	163
46	113,706	15.15	198	113,940	15.05	199	−	−	−	1,648,234	14.93	160	1,368,394	14.42	186
47	125,473	10.35	219	125,740	10.36	219	−	−	−	1,823,619	10.64	177	1,503,492	9.87	204
48	135,374	7.89	236	135,537	7.79	236	−	−	−	2,046,293	12.21	198	1,637,153	8.89	223
49	144,332	6.62	252	144,459	6.58	252	−	−	−	2,147,194	4.93	208	1,765,186	7.82	240
50	153,528	6.37	268	153,942	6.56	268	−	−	−	2,244,872	4.55	218	1,876,828	6.32	255
51	164,852	7.38	287	165,219	7.33	288	−	−	−	2,399,250	6.88	233	1,985,716	5.80	270
52	193,770	17.54	338	193,993	17.42	338	−	−	−	2,657,755	10.77	258	2,209,892	11.29	300
53	207,231	6.95	361	207,637	7.03	362	−	−	−	2,913,064	9.61	283	2,362,215	6.89	321
54	217,648	5.03	379	217,889	4.94	380	19,756	−	−	3,056,898	4.94	296	2,484,568	5.18	338
55	228,138	4.82	398	228,370	4.81	398	28,176	42.62	100	3,205,402	4.86	311	2,598,736	4.60	353
56	239,681	5.06	418	239,887	5.04	418	30,526	8.34	108	3,335,979	4.07	324	2,716,888	4.55	369
57	252,387	5.30	440	252,597	5.30	440	32,182	5.42	114	3,528,481	5.77	342	2,838,093	4.46	386
58	262,072	3.84	457	262,236	3.82	457	33,578	4.34	119	3,729,692	5.70	362	2,953,432	4.06	402
59	270,226	3.11	471	270,344	3.09	471	34,788	3.60	123	3,877,238	3.96	376	3,066,629	3.83	417
60	277,004	2.51	483	277,100	2.50	483	35,793	2.89	127	4,013,646	3.52	389	3,147,953	2.65	428
61	283,383	2.30	494	283,463	2.30	494	36,761	2.70	130	4,104,285	2.26	398	3,222,177	2.36	438
62	289,085	2.01	504	289,234	2.04	504	37,648	2.41	134	4,238,482	3.27	411	3,325,189	3.20	452
63	294,766	1.97	514	294,829	1.93	514	38,509	2.29	137	4,293,521	1.30	416	3,404,258	2.38	463
平成元年	301,931	2.43	526	302,011	2.44	526	39,966	3.78	142	4,403,036	2.55	427	3,486,860	2.43	474
2	308,694	2.24	538	308,722	2.22	538	40,995	2.57	145	4,606,976	4.63	447	3,580,519	2.69	487
3	316,744	2.61	552	316,860	2.64	552	42,319	3.23	150	4,772,754	3.60	463	3,696,918	3.25	503
4	324,961	2.59	566	325,081	2.59	566	43,771	3.43	155	4,919,852	3.08	477	3,814,726	3.19	519
5	332,917	2.45	580	333,047	2.45	580	45,648	4.29	162	5,160,436	4.89	500	3,982,306	4.39	541
6	338,312	1.62	590	338,488	1.63	590	47,174	3.34	167	5,314,530	2.99	515	4,098,762	2.92	557
7	343,249	1.46	598	343,409	1.45	598	48,480	2.77	172	5,470,104	2.93	530	4,183,729	2.07	569
8	346,820	1.04	604	347,082	1.07	605	49,774	2.67	177	5,640,520	3.12	547	4,261,620	1.86	579
9	350,662	1.11	611	350,961	1.12	611	51,012	2.49	181	5,750,251	1.95	558	4,348,750	2.04	591
10	354,355	1.05	618	354,600	1.04	618	52,486	2.89	186	5,859,277	1.90	568	4,418,362	1.60	601
11	355,804	0.41	620	355,806	0.34	620	53,278	1.51	189	6,027,185	2.87	585	4,484,459	1.50	610
12	354,707	−0.31	618	354,707	−0.31	618	54,337	1.99	193	6,008,440	−0.31	583	4,531,916	1.06	616
13	351,964	−0.77	613	351,964	−0.77	613	54,693	0.66	194	6,126,880	1.97	594	4,522,152	−0.22	615
14	348,612	−0.95	608	348,612	−0.95	607	54,967	0.50	195	6,125,433	−0.02	594	4,550,972	0.64	619
15	346,109	−0.72	603	346,109	−0.72	603	55,628	1.20	197	6,132,984	0.12	595	4,467,440	−1.84	607
16	342,525	−1.04	597	342,525	−1.04	597	56,028	0.72	199	6,104,978	−0.46	592	4,457,205	−0.23	606
17	341,566	−0.28	595	341,566	−0.28	595	57,176	2.05	203	6,403,073	4.88	621	4,650,723	4.34	632
18	338,211	−0.98	589	338,211	−0.98	589	56,586	−1.03	201	6,585,632	2.85	639	4,639,752	−0.24	631
19	337,717	−0.15	589	337,717	−0.15	588	58,938	4.16	209	6,508,545	−1.17	631	4,668,750	0.62	635
20	336,434	−0.38	586	336,434	−0.38	586	60,004	1.81	213	6,859,378	5.39	665	4,702,005	0.71	639
21	335,817	−0.18	585	335,817	−0.18	585	60,593	0.98	215	6,947,310	1.28	674	4,666,813	−0.75	634
22	332,870	−0.88	580	332,870	−0.88	580	61,044	0.74	217	7,022,676	1.08	681	4,647,715	−0.41	632
23	332,407	−0.01	579	332,414	−0.14	579	61,371	0.54	218	7,024,058	0.02	681	4,639,409	−0.18	631
24	330,873	−0.46	577	330,873	−0.46	577	62,003	1.03	220	7,119,627	1.36	690	4,633,606	−0.13	630

注1 調査月日は、昭和41年（5月31日）、昭和42年（4月30日）、昭和43年（6月30日）、昭和45年（12月31日）以外は、3月31日現在である。
 2 昭和47年以前は、沖縄を除く。
 3 昭和42年4月から選任基準が5台（従来は10台以上）に、昭和52年1月から乗車定員11人以上の自動車1台以上に選任範囲が拡大された。
 4 昭和53年12月1日から副安全運転管理者制度が発足した。

11-(2) 運行管理者数の推移

区分 年別	旅客自動車運送事業所	貨物自動車運送事業所
平成3年	23,413	76,736
4	23,740	83,948
5	24,099	87,554
6	24,331	90,860
7	24,492	91,911
8	24,471	94,432
9	35,094	105,512
10	34,730	113,406
11	22,400	87,593
12	22,529	88,882
13	26,047	100,994
14	28,347	103,722
15	28,837	104,557
16	29,004	108,144
17	28,877	111,928
18	29,577	115,324
19	30,252	117,862
20	32,103	123,691
21	33,587	125,431
22	37,483	128,827
23	38,638	132,064
24	39,948	135,322

注　国土交通省統計資料「数字で見る自動車」による。

【略語集】

ABS	:	Anti-lock Brake System
ACC	:	Adaptive Cruise Control（車間距離自動制御）
AHS	:	Advanced cruise-assist Highway System（走行支援道路システム。米国のAHSは、cruise-assistを含まない自動運転システム）
ALI	:	Autofahrer Leit und Informatins system（経路案内システム）
AMIS	:	Advanced Mobile Information Systems（交通情報提供システム）
AMTICS	:	Advanced Mobile Traffic Information and Communication Systems（新自動車交通情報通信システム）
AP	:	Asia-Pacific（アジア・太平洋）
ARIB	:	Association of Radio Industries and Broadcast（電波産業会）
ARTS	:	Advanced Road Traffic Systems（次世代道路交通システム）
ASV	:	Advanced Safety Vehicle（先進安全自動車）
ATT	:	Advanced Transport Telematics
CACS	:	Comprehensive Automobile Traffic Control System（自動車総合管制システム）
CNSS	:	Compass Navigation Satellite System
CPS	:	Cyber Physical Systems
DRIVE	:	Dedicated Road Infrastructure for Vehicle Safety in Europe
DSRC	:	Dedicated Short Range Communication（専用狭域通信）
DSSS	:	Driving Safety Support Systems（安全運転支援システム）
EC	:	European Commission（欧州委員会）
EPMS	:	Environment Protection Management Systems（交通公害低減システム）
ERGS	:	Electronic Route Guidance System（電子経路案内システム）
ERTICO	:	European Road Transport Telematics Implementation Coordination Organization
ETC	:	Electronic Toll Collection（自動料金収受）
EU	:	European Union（欧州連合）
FAST	:	Fast Emergency Vehicle Preemption Systems（現場急行支援システム）
GLONASS	:	Global Navigation Satellite System（ロシア版GPS）
GPS	:	Global Positioning System（全地球測位システム）
HELP	:	Help system for Emergency Life saving and Public safety（緊急通報システム）
HIDO	:	Highway Industry Development Organization（道路新産業開発機構）
ISO	:	International Organization for Standardization（国際標準化機構）
IST	:	Information Society Technologies

ISTEA	:	Inter-modal Surface Transportation Efficiency Act（総合陸上輸送効率化法）
ITCS	:	Integrated Traffic Control Systems（高度交通管制システム）
ITS	:	Intelligent Transport Systems（高度道路交通システム）
ITU	:	International Telecommunication Union（国際電気通信連合）
IVHS AMERICA	:	Intelligent Vehicle Highway Society of America
IVI	:	Intelligent Vehicle Initiative
JAMA	:	Japan Automobile Manufacturers Association, Inc（日本自動車工業会）
JARTIC	:	Japan Road Traffic Information Center（日本道路交通情報センター）
JARI	:	Japan Automobile Research Institute（日本自動車研究所）
JEITA	:	Japan Electronics and Information Technology Industries Association（電子情報技術産業協会）
JPO	:	Joint Program Office
LRT	:	Light Rail Transit（路面電車）
MAP-21	:	Moving Ahead for Progress in the 21st Century
MOCS	:	Mobile Operation Control Systems（車両運行管理システム）
OD	:	Origin- Destination（起終点）
ORSE	:	Organization for Road System Enhancement（道路システム高度化推進機構）
PHTH	:	Partners for Advanced Transportation TecHnology
PICS	:	Pedestrian Information and Communication Systems（歩行者等支援情報通信システム）
PMV	:	Personal Mobility Vehicle
PROMETHEUS	:	PROgraMme for a European Traffic with Highest Efficiency and Unprecedented Safety
PTPS	:	Public Transportation Priority Systems（公共車両優先システム）
QZSS	:	Quasi Zenith Satellite System（準天頂衛星システム）
RACS	:	Road/Automobile Communication System（路車間情報システム）
RITA	:	Research and Innovative Technology Administration（研究革新技術局）
RTI	:	Road Transport Informatics
SAFETEA-LU	:	Safe, Accountable, Flexible and Efficient Transportation Equity Act: A Legacy for Users
SOHO	:	Small Office／Home Office
SSVS	:	Super Smart Vehicle System（高知能自動車交通システム）
TDM	:	Transportation Demand Management（交通需要マネジメント）
TEA-21	:	Transportation Equity Act for the 21st Century
Telematics	:	Telecommunicationと Informaticsの合成語（移動体通信による情報サービス）

T-TAP	:	Transport Telematics Applications Programme
USDOT	:	US Department of Transportation（米国運輸省）
UTMS	:	Universal Traffic Management Systems（新交通管理システム）
VICS	:	Vehicle Information and Communication System（道路交通情報通信システム）
VII	:	Vehicle Infrastructure Integration
VSC	:	Vehicle Stability Control（横滑り防止装置）
Wi-Fi	:	Wireless Fidelity

【参考文献】

第1章 社会の変化と交通情勢

○警察白書　各年版
○建設白書　各年度版（平成12年度まで）
○運輸白書　各年度版（平成12年度まで）
○国土交通白書　各年度版（平成13年度以降）
○交通安全白書　各年版
○環境白書　各年版
○交通事故統計　警察庁・各年
○道路統計年報　国土交通省（建設省）・各年度
○陸運要覧　国土交通省（運輸省）・各年度（平成18年度まで）
○交通関連資料集　国土交通省・各年度（平成19年度以降）
○「道路行政」全国道路利用者会議　各年度版（平成22年度で廃止）
○「道路交通の現状と対策～安全・円滑・快適な交通を目指して～」警察庁交通局　各年版（平成18年で廃止）

　　　　　—以上は、本書全体を通じて参考資料となるものである—

○運輸政策審議会答申　「21世紀初頭における総合的な交通政策の基本的方向について」答申第20号　平成12年10月19日
○道路審議会答申　「21世紀に向けた道路構造のあり方—新時代の"道の姿"をもとめて」答申　平成6年11月10日
○道路審議会建議　「道路政策変革への提言～より高い社会的価値をめざして」建議　平成9年6月30日
○閣議決定　「高度情報通信社会推進本部の設置について」平成6年8月2日
○地球温暖化対策推進本部決定　「地球温暖化対策推進要綱—2010年に向けた地球温暖化対策について—」平成10年6月19日
○閣議決定　「都市再生基本方針」平成14年7月19日

第2章 道路交通政策　第2節 交通体系の整備とモビリティの確保

○閣議決定　「全国総合開発計画について」昭和62年6月30日
○閣議決定　「全国総合開発計画について—21世紀の国土のグランドデザイン—」平成10年3月31日
○閣議決定　「国土形成計画（全国計画）」平成20年7月4日
○閣議決定　「道路整備五箇年計画について」第10次　昭和63年6月30日
○閣議決定　「道路整備五箇年計画について」第11次　平成5年5月28日

○閣議決定　「道路整備五箇年計画について」第12次　平成10年5月29日
○閣議決定　「社会資本整備重点計画」（1次）平成15年10月10日
○閣議決定　「社会資本整備重点計画」（2次）平成21年3月31日
○閣議決定　「社会資本整備重点計画」（3次）平成24年8月31日
○運輸政策審議会　「21世紀に向けての中長期の鉄道整備に関する基本的な考え方について」答申第13号　平成4年6月19日
○運輸政策審議会　「大阪圏における高速鉄道を中心とする交通網の整備に関する基本計画について」答申第10号　平成元年5月31日
○運輸政策審議会　「名古屋圏における高速鉄道を中心とする交通網の整備に関する基本計画について」答申第12号　平成4年1月10日
○運輸政策審議会　「東京圏における高速鉄道を中心とする交通網の整備に関する基本計画について」答申第13号　平成12年1月27日
○国土交通省自動車交通局長通達　「地域公共交通会議に関する国土交通省としての考え方について」国自旅第161号　平成18年9月15日　各地方運輸局長・沖縄総合事務局長宛
○運輸政策審議会交通体系分科会地域公共交通部会報告書　「地域による地域のための公共交通の活性化・再生を目指して」平成19年7月5日

第2章　道路交通政策　第3節　交通安全
3　運転免許制度の改善
（自動二輪車関係）
○須貝一二　「道路交通法の一部改正について」（警察学論集昭和40年11月号）
○山田晋作　「道路交通法施行規則の一部改正について」（月刊交通昭和47年10月号）
○鈴木四郎　「二輪車事故対策の推進について」（月刊交通昭和48年6月号）
○宮関元　「道路交通法施行規則の一部改正」（警察公論昭和50年11月号）
○室城信之・楠芳伸　「道路交通法の一部を改正する法律について」（上）（下）（警察学論集平成7年6月号、7月号）

（中型免許関係）
○運転免許制度に関する懇談会　「貨物自動車を運転することができる運転免許の在り方についての提言」（警察庁ホームページ平成15年11月）
○道路交通研究会編　「わかりやすい道路交通法の改正要点」（月刊交通臨時増刊号平成16年）
○人見信男　「改正道路交通法と今後の交通警察行政」（警察学論集平成16年10月号）
○郷治知道　「「道路交通法の一部を改正する法律」について(2)」（警察学論集平成16年10月号）

○杉本伸正　「道路交通法一部改正における運転者対策の推進（中型免許の新設等）について」（月刊交通平成16年11月号）

（オートマチック車関係）
○運転免許制度研究会　「オートマチック車限定免許制度の導入について」（月刊交通平成3年9月号）
○村由隆裕　「AT車実験教習について」（月刊交通平成3年9月号）
○西川直哉　「オートマチック車限定普通免許制度の導入等について」（警察公論平成3年9月号）
○吉田知明　「AT限定二輪免許の導入について」（月刊交通平成16年11月号）
○片桐裕　「道路交通法の一部改正について」（警察学論集第43巻第2号）
○片桐裕、廣田耕一、西川直哉　「改正運転免許制度解説」平成2年
○田村正博　「運転免許制度の改正と今後の課題」（警察学論集第54巻第9号）
○福田守雄　「道路交通法の一部を改正する法律について」（警察学論集第54巻第9号）
○田村正博　「更新制度の規制緩和への対応」（月刊交通平成12年7月号）
○山本和毅　「運転免許証の更新制度の規制緩和について」（月刊交通平成12年7月号）
○山本和毅　「運転免許証の更新を受ける者の負担軽減等について」（月刊交通平成13年10月号）
○平成4年改正　「道路交通法の解説」

第2章　道路交通政策　第3節　交通安全
4　高齢者対策
（高齢者対策全般）
○交通安全基本計画（第4次〜第9次）交通対策本部
○「高齢社会白書」（平成7年版〜23年版）
○大塚博保　「高齢者用の運転者L生検査器の開発と事故防止」（人と車平成元年11月号）
○松田哲也　「道路交通法を改正する法律について」（前・後編）（月刊交通平成9年7、8月号）
○矢代隆義　「改正道路交通法の施行と今後の交通安全活動」（警察学論集平成10年3月号）
○坂口拓也　「高齢化社会における交通警察活動」（警察学論集平成10年3月号）
○種田英明　「新たな交通安全施設等整備事業」（月刊交通平成15年12月号）
○倉田潤　「道路交通秩序の形成場面における合意形成と交通弱者支援」（警察学論集平成21年9月号）

（高齢歩行者対策）

○吉川徹　「高齢者に配意した交通弱者用信号システムの開発と運用」（月刊交通昭和61年8月号）
○横山雅之　「長寿社会対策の推進について」（月刊交通昭和61年8月号）
○内村契嗣　「交通弱者を保護する交通安全施設」（月刊交通平成5年3月号）
○木下慎哉　「道路構造令等の一部を改正する政令について」（道路セミナー平成5年12月号）
○建設省道路局企画課　道路審議会答申「21世紀に向けた新たな道路構造のあり方～新時代の"道の姿"を求めて～」（道路セミナー平成6年12月）
○見坂茂範　「コミュニティ・ゾーン対策の推進」（月刊交通平成8年12月号）

（高齢者講習）
○中島真信　「高齢者運転教育の在り方」（月刊交通昭和61年8月号）
○松島修平　「高齢運転者に対する運転教育（講習）の現状と在り方」（月刊交通平成7年11月号）
○名和振平　「道路交通法の一部を改正する法律について」（警察学論集平成9年6月号）
○半田新一朗　「高齢運転者標識の選定とその法的効果」（月刊交通平成9年9月号）
○黒川智　「運転免許制度の改正について」（警察学論集平成10年3月号）
○古田英法　「実践的かつ効果的な運転者教育の推進」（月刊交通平成10年12月号）
○丹羽則周　「筆記による運転適性検査「認知・判断力診断」について」（月刊交通平成10年12月号）
○福田守雄　「道路交通法の一部を改正する法律について(3)」（警察学論集平成13年11月号）
○運転免許制度懇談会　「高齢運転者に係る記憶力、判断力等に関する検査の導入等についての提言」平成18年11月
○佐々木真郎　「高齢運転者に対する認知機能検査の導入について」（警察学論集平成19年10月号）
○今村剛　「道路交通法の一部を改正する法律について」の「第4　高齢運転者標識表示義務の見直し」（警察学論集平成21年9月号）
○仲村健二　「改正道路交通法について（高齢運転者対策）」（月刊交通平成21年10月号）
○小禄茂弘　「講習予備検査（認知機能検査）制度の現状」（月刊交通平成21年10月号）
○楼井壮太郎　「新しい高齢運転者標識について」（月刊交通平成23年3月号）
○古川尚史　「運転者講習の変遷」（月刊交通平成23年6月号）

第2章　道路交通政策　第3節　交通安全
5　交通安全教育の指針制定
○住友一仁　「生涯学習の一環としての体系的な交通安全教育の推進について」（警察学論

集第51巻第3号）
○小田部耕治　「民間等における組織的な交通安全活動の促進について」（警察学論集第51巻第3号）
○小長谷一晴　「今後の交通安全教育の展開」（月刊交通平成13年3月号）
○警察庁交通局　道路交通の現状と対策―安全・円滑・快適な道路交通を目指して（トラフィック・グリーンペーパー平成10年10月）

第2章　道路交通政策　第3節　交通安全
6　財団法人交通事故総合分析センターの設立
○扇澤昭宏　財団法人交通事故総合分析センターの設立について（警察学論集第45巻第6号）
○浅野信二郎　財団法人交通事故総合分析センターの設立（同）
○鈴木基久　今後の交通安全対策における分析センターの役割（月刊交通平成4年6月号）

第2章　道路交通政策　第4節　都市交通対策
2　円滑化対策
○交通対策本部決定　「大都市における道路交通円滑化対策について」昭和63年7月28日
○交通対策本部申合せ　「大都市における駐車対策の推進について」平成2年5月28日
○交通対策本部決定　「踏切事故防止総合対策について」（第7次）平成13年4月19日
○警察庁交通局都市交通対策課・交通規制課
　「今後における都市交通対策について《都市の機能確保と良好な生活空間形成のために》」平成6年2月執務資料
○倉田　潤　「安全で安心できるやさしい交通環境の実現にむけて」（警察学論集第56巻第3号平成15年3月）
○警察庁交通局・建設省都市局・道路局　「都市圏交通円滑化総合対策要綱」平成10年12月策定
○一瀬圭一　「都市圏交通円滑化総合対策について」（警察学論集第52巻第4号、平成11年4月）
○警察庁交通局都市交通対策課　「都市圏交通円滑化総合対策について」（月刊交通平成12年8月号）
○警察庁交通局交通規制課長通達　「『道路交通情報の提供の在り方に関する基本的な考え方』の作成公表について」警察庁丁規発第27号　平成14年3月14日　警視庁交通部長、各都道府県警察本部長、各方面本部長宛
○警察庁交通局　「警察によるITSの今後の展開～UTMS全体構想～」平成14年8月策定
○閣議決定　「総合物流施策大綱」平成9年4月4日

○閣議決定 「新総合物流施策大綱」平成13年7月6日
○閣議決定 「総合物流施策大綱（2005-2009）」平成17年11月15日
○閣議決定 「総合物流施策大綱（2009-2013）」平成21年7月14日

第2章 道路交通政策　第4節　都市交通対策
3　駐車対策
○建設省都市局長通知 「標準駐車場条例の改正について」平成3年11月1日　各都道府県知事・各政令指定都市の市長あて
○国土交通省都市・地域整備局長通知 「標準駐車場条例の改正について（技術的助言）」平成16年7月2日　各都道府県知事・各政令指定都市の市長宛
○警察庁違法駐車問題検討懇談会 「違法駐車問題への対処の在り方についての提言」平成15年9月

第2章 道路交通政策　第5節　環境対策
3　交通管理
○高橋和成 「警察における道路交通環境対策の概要」（月刊交通平成13年8月号）
○岸田憲夫 「自動車交通公害の現況」（月刊交通平成9年4月号）
○牧　丈二 「交通管理を通じた交通公害対策の概要」（月刊交通平成9年4月号）

第2章 道路交通政策　第6節　省エネルギー対策と道路交通行政
○閣議決定 「省エネルギー・省資源対策推進会議の設置について」昭和52年11月25日
○内閣官房副長官（事務）決裁 「省エネルギー・省資源対策推進会議省庁連絡会議の設置について」平成2年10月1日
○省エネルギー・省資源対策推進本部決定 「省エネルギー広報の強化について」平成9年12月11日
○省エネルギー・省資源対策推進本部決定 「省エネルギー国民運動の強化について」平成19年11月29日

第2章 道路交通政策　第7節　防災と道路交通行政
○扇澤昭宏 「阪神・淡路大震災における交通管理対策について」（警察学論集第48巻第10号、平成7年10月）
○大野　敬 「東日本大震災における交通対策」（警察学論集第64巻第12号、平成23年12月）
○国土交通省・高速道路のあり方検討有識者委員会 「東日本大震災を踏まえた緊急提言」平成23年7月14日
○同上 「今後の高速道路のあり方　中間とりまとめ」平成23年12月9日

第2章　道路交通政策　第11節　法律改正及び組織改編の推移

（保管場所法の改正関係）
○宮越　極　「道路交通法の一部を改正する法律について」（警察学論集第43巻第9号）
○東川　一　「自動車の保管場所の確保等に関する法律の一部改正について㈠、㈡、㈢」（警察学論集第43巻第10号、警察学論集第43巻第11号、警察学論集第43巻第12号）
○月刊交通　「自動車の保管場所の確保等に関する法律の一部を改正する法律の概要」（平成2年9月号）

（自動車運転代行業関係）
○室城信之　「運転代行事業の問題点と交通安全対策について」（警察学論集第48巻第1号）
○松尾庄一　「自動車運転代行業の業務の適正化に関する法律の制定について」（警察学論集第54巻第10号）
○西本茂人　「自動車運転代行業の現状と課題」（警察学論集第54巻第10号）
○後藤輝久　「第二種免許に関する規定の見直し」（警察学論集第54第10号）
○自動車運転代行業適正化法の解説（平成14年）

（法改正の推移関係）
○月刊交通　平成元年～平成22年　各1月号
○月刊交通　平成14年　臨時増刊号「交通警察の歩み」
○内海　倫　「道路交通法の制定について」（警察学論集第13巻第12号）
○田中節夫　「道路交通法の目指すもの」（警察学論集第63巻第12号）
○菱川雄治　「道路交通法の一部を改正する法律について（警察学論集第45巻第7号、8号、9号）…平成4年改正
○室城信之、楠　芳伸　「道路交通法の一部を改正する法律について」（警察学論集第48巻6号、7号）…平成7年改正
○名和振平　「道路交通法の一部を改正する法律について」（警察学論集第50巻第6号）
○人見信男　「改正道路交通法と今後の交通警察行政」（警察学論集第57巻第9号）
○北村博之　「違法駐車対策に関する制度改正について」（警察学論集第57巻第9号）
○楠　芳伸　「道路交通法の一部を改正する法律について」（警察学論集第57巻第9号）
○矢代隆義　「改正道路交通法と今後の交通警察行政」（警察学論集第60巻第9号）
○横山雅之　「飲酒運転根絶に向けた取組みについて」（警察学論集第60巻第9号）
○倉田　潤　「道路交通秩序の形成場面における合意形成と交通弱者支援～21年改正道路交通法を題材に～」（警察学論集第62巻第9号）

（組織改編関係）

○矢代隆義　「都市交通対策の推進」（月刊交通平成5年1月号、平成6年1月号）
○伴　敏之　「都市交通対策の推進」（月刊交通平成12年1月号）
○北村　滋　「21世紀における安全・快適にして環境に優しい道路交通環境創出のための施策」（月刊交通平成13年1月号）
○熊崎義純　「警察によるITSの推進」（月刊交通平成14年1月号）
○東川　一　「平成4年度警察庁交通局の組織改編について」（警察学論集第45巻第5号）

第3章　ITS　第2節　ITSの概要
○「高度道路交通システム（ITS）推進に関する全体構想」
　http://www.mlit.go.jp/road/ITS/j-html/5Ministries/index.html
○ITS推進の指針
　http://www.its-jp.org/wp-content/uploads/2010/09/e9c44f4ce4de9a56ab87a285d61e988e.pdf
○（財）自動車走行電子技術協会　「自動車における情報処理・通信システムに関する国際調査」　平成元年3月
○（財）自動車走行電子技術協会　「車が変わる　交通が変わる―インフォ・モビリティ時代を拓く―」1989年10月30日
○工業調査会　「21世紀の自動車交通システム」1998年8月20日
○ITS Japan　「ITS年次レポート　日本のITS」
○道路・交通・車両分野における情報化実施指針
　http://www.mlit.go.jp/road/ITS/j-html/ITSinJapan/mri2.html
○高度道路交通システム（ITS）に係るシステムアーキテクチャ
　http://www.tongji.edu.cn/~yangdy/temp/Japan/architecture/main.pdf

第3章　ITS　第3節　道路交通政策とITS
○高度情報通信社会推進に向けた基本方針
　http://www.kantei.go.jp/jp/IT/990422ho-7.html
○IT基本戦略
　http://www.kantei.go.jp/jp/IT/goudoukaigi/dai6/6siryou2.html
○高度情報通信ネットワーク社会形成基本法
　http://www.kantei.go.jp/jp/IT/kihonhou/honbun.html
○e-Japan戦略
　http://www.kantei.go.jp/jp/singi/IT2/dai1/1siryou05
○e-Japan重点計画
　http://www.kantei.go.jp/jp/singi/IT2/dai3/3siryou40.html
○IT新改革戦略

http://www.kantei.go.jp/jp/singi/IT2/kettei/060119honbun.pdf
○新たな情報通信技術戦略
　http://www.kantei.go.jp/jp/singi/IT2/100511honbun.pdf
○新たな情報通信技術戦略　工程表（平成24年7月4日改訂）
　http://www.kantei.go.jp/jp/singi/IT2/pdf/120704_siryou1.pdf
○世界最先端IT国家創造宣言
　http://www.kantei.go.jp/jp/singi/it2/kettei/pdf/20130614/siryou1.pdf
○世界最先端IT国家創造宣言　工程表
　http://www.kantei.go.jp/jp/singi/it2/kettei/pdf/20130614/siryou4.pdf
○警察白書
　http://www.npa.go.jp/hakusyo/index.html
○国土交通白書
　http://www.mlit.go.jp/statistics/file000004.html
○ITS情報通信システム研究会編「ITSテレコミュニケーションビジネス」平成11年4月13日

第3章　ITS　第4節　道路交通政策に対するITSの貢献と課題
○警察庁交通局　「平成24年中の交通事故の発生状況」平成25年2月28日
　http://www.e-stat.go.jp/SG1/estat/List.do?lid=000001108012
○内閣府　「交通事故の被害・損失の経済的分析に関する調査研究報告書」　平成19年3月
　http://www8.cao.go.jp/koutu/chou-ken/19html/houkoku.html
○国土交通省　「平成19年度国土交通白書」「平成23年度国土交通白書」
　http://www.mlit.go.jp/statistics/file000004.html
○日本自動車工業会　運輸部門のCO_2排出量推移と削減目標
　http://www.jama.or.jp/eco/earth/graph_04.html
○ITS Japan　「環境ITSプロジェクトの推進～環境・エネルギーの視点から持続可能なモビリティ社会の実現を目指して～」2009年4月
○日本自動車研究所　『エネルギーITS推進事業「自動運転・隊列走行プロジェクト」の進捗状況報告（2011）』
○トヨタ自動車HP　「インフラ協調型運転支援システム」
　http://www.toyota.co.jp/jpn/tech/its/infrastructure/
○国土交通省　「先進安全自動車（ASV）推進計画報告書」　平成23年6月
　http://www.mlit.go.jp/jidosha/anzen/01asv/resourse/data/asv4pamphlet_seika.pdf
○DSSS有識者懇談会（第1回）「DSSSの実験結果」　平成21年6月
○VICSセンター　「VICS情報提供の社会・経済効果の調査結果の取りまとめ」　平成18年度

○国土交通省 「ITS効果事例集2007」2007年11月
　http://www.mlit.go.jp/road/ITS/j-html/ITSCaseStudies/ITSCaseStudies2007_j.pdf
○高速道路と自動車 「ITSスポットの全国サービス開始について」 国土交通省 道路局 高度道路交通システム推進室 2012年1月
○国土技術政策総合研究所研究動向・成果 「実展開したITSスポットサービスの利用者評価」 2011年11月
　http://www.nilim.go.jp/lab/bcg/siryou/2012report/2012nilim90.pdf

第4章　将来展望　第2節　道路交通政策とITSの今後の方向

○国土形成計画（平成20年7月4日閣議決定）
○資本整備重点計画（平成24年8月31日閣議決定）
○総合物流施策大綱（平成21年7月14日閣議決定）
○社会資本整備審議会道路分科会建議「中間とりまとめ」（平成24年6月12日）
○交通政策審議会陸上交通分科会自動車交通部会報告「交通事故のない社会を目指した今後の車両安全対策のあり方について」（平成23年6月2日）
○国土交通省 「ICTが変える、私たちの暮らし～国土交通分野のイノベーション大綱」平成19年5月25日公表
○国土交通省 「これからの重点政策～次の世代に引き継ぐ国土づくり～」平成24年8月10日公表
○国土交通省 「国土交通政策のこれからの方向性（重点施策）」平成24年8月27日公表

第4章　将来展望　第3節　未来の交通社会

○内閣府 「将来推計人口でみる50年後の日本」平成24年版高齢社会白書（全体版）
　http://www8.cao.go.jp/kourei/whitepaper/w-2012/zenbun/s1_1_1_02.html
○経済産業省　次世代自動車戦略2010
　http://www.meti.go.jp/press/20100412002/20100412002.html
○東洋経済新報社　「考えるクルマ」が世界を変える　2012年2月23日

【編集後記】

「いま、やっと終わったというのが編纂に当たったものの一致した感慨である。平成6年に第1回の顔合わせをしてから8年もの歳月が経過している。」

　これは、「道路交通政策とITS」（以下「本書」）の前身ともいうべき「道路交通政策史概観（以下「既刊本」）の編纂後記に、当時の道路交通問題研究会の内海倫会長が編纂者代表として述べた感想である。歴史は繰り返すの言葉通り、本書の刊行にこぎ着けるまで、我々も平成18年1月に第1回の研究会を開催してから、8年以上の長きにわたり、40回以上の研究会を重ねて、ようやく世に本書を送り出すことができた。誠に感慨深いものがある。本書の出版に当たって警察庁長官、国土交通事務次官、日本自動車工業会会長から推薦の言葉をいただいたが、既刊本の発行の際に推薦の言葉を書いたのが、当時警察庁長官であった田中節夫・現道路交通問題研究会会長である。この意味でも深い「縁」を感ずる次第である。

　既刊本においてもそうであったとのことだが、本書の場合も、あっちに漂流、こっちに漂流で、なかなか研究の方向性が定まらなかった。まして、出版に至るのは至難の業かと思われた。その中で、内海前会長の、既刊本の触れていない平成年間の道路交通政策、なかでもITSについて、その政策的位置づけ、意味づけ、将来の発展可能性、方向性について考究し、論述するとの姿勢、そして、この基本を踏まえて、会員をまとめ、要所要所でリーダーシップを発揮された田中会長のご尽力がなければ、本書は日の目を見ることはなかったであろう。また、久本禮一氏はじめ既刊本発刊後も引き続き会員を継続された方々には、これまでの経験を踏まえた貴重なアドバイスをいただいた。

　具体的な執筆の段階では、矢代隆義氏、小出公平氏が、それぞれ道路交通政策、ITS関係の主査として、自ら筆を執るだけでなく、全体とりまとめに尽力したほか、会員以外からもその道のプロともいうべき専門家を執筆者に加えるなど、精力的に作業を推進したことで、本書刊行に至る道筋が見えてきた。

　ただ、いざ刊行となると、出版社の選定・折衝、販売先の開拓・確保、原稿のとりまとめ、校正等、現実的な課題も多数出てきた。会員が総力戦でこれらの難問をひとつひとつ解決していったことにより、ようやくこの本を出版にこぎ着けることができた。とりわけ出原健三氏には種々雑多な事務に至るまでご苦労いただいた。いずれにしても、確たる資金、確たる組織を持たずして世に問うに値する書物を刊行することの難しさを痛感したここ数年である。

　最後に、本書の出版に当たっては、警察庁、国土交通省はじめ関係官公庁、交通関係諸団体、自工会、損保協会等に、絶大なるご支援をいただいたことを深く謝して結びとする。

（人見信男）

「道路交通問題研究会」会員及び執筆協力者（名簿）

顧問	内 海　　倫	（故　人）	（元　人事院総裁）
会長	田 中 節 夫	（一社）全日本指定自動車教習所協会連合会会長	（元　警察庁長官）
幹事	人 見 信 男	（株）サン綜合管理代表取締役社長	（元　警察庁交通局長）
執筆主査	矢 代 隆 義	（一社）日本自動車連盟副会長	（元　警視総監）
同	小 出 公 平	東京大学大学院	（元 ITS Japan 常務理事／トヨタ自動車㈱）
	石 川　　正	（公財）交通事故総合分析センター	（元　九州管区警察局長）
	石　　太 郎	早稲田大学環境総合研究センター参事・招聘研究員	（元 ITS Japan 常務理事／日産自動車㈱）
	出 原 健 三	（株）サン綜合管理専務取締役	（元　長崎県警察本部長）
	大 石 久 和	（一財）国土技術研究センター国土政策研究所長	（元　国土交通省技監）
	太 田 昭 雄	（一社）日本二輪車普及安全協会常務理事	（元　高知県警察本部長）
	金 澤　　悟	（公財）運行管理者試験センター理事長	（元　国土交通省自動車交通局長）
	神 崎 晴 之	（故　人）	（元　㈱プロコムジャパン社長）
	久 保 潤 二	日本文化大学講師	（元　東北管区警察局長）
	小 橋 康 章	（株）大化社代表取締役社長、成城大学非常勤講師	
	榊　　正 剛	東日本高速道路（株）取締役（兼常務執行役員）	（元　国土交通省国土交通審議官）
	菅 沼　　篤	三井住友信託銀行営業開発部審議役	（元　徳島県警察本部長）
	杉 浦 孝 明	（株）三菱総合研究所主席研究員	
	関　　　一	（故　人）	（元　中部管区警察局長）
	長 倉 眞 一		（元　近畿管区警察局長）
	中 山 寛 治	軽自動車検査協会理事長	（元　国土交通省自動車交通局技術安全部長）
	橋 本 鋼太郎	（公社）土木学会会長	（元　建設事務次官）
	坂 東 自 朗	（株）ジェイアール東日本ビルディング取締役会長	（元　警察庁交通局長）
	東 川　　一	東日本旅客鉄道（株）常勤監査役	（元　警察庁交通局長）
	久 本 禮 一	キッコーマン（株）顧問	（元　警察大学校長）

藤井治樹　　（元（財）日本自動車研究所 ITS センター長/トヨタ自動車㈱）
牧村和彦　（一財）計量計画研究所主幹研究員
森　郷巳　　　　　　　　　　　　　　　　　　　（元 北海道警察本部長）

＊本書の刊行に当たっては、警察庁 OB の永野賢治氏、同、上高家耕一氏、国土交通省の内海英一氏、同 OB の林部史明氏に多くのご教示をいただいたほか、資料収集について、警察庁交通局、国土交通省道路局、同自動車局、その他多くの関係機関・団体の皆様から多大なるご協力をいただきました。

道路交通政策とITS

2014年3月20日　第1版第1刷発行

編集・発行	道路交通問題研究会

事務局：(株)サン綜合管理
〒102-0093 東京都千代田区平河町1-9-3
名倉ビル3階
電話　０３（3265）０３６３
FAX　０３（3265）０３９３

発　　売	株式会社 大成出版社

〒156-0042 東京都世田谷区羽根木1-7-11
電話　０３（3321）４１３１(代)
http://www.taisei-shuppan.co.jp/

印刷／信教印刷

ISBN978-4-8028-3154-3